目　录

引　子

在孙中山那个时代，中国还没有一个人像他这样广游世界，他到过日本、越南、美国、英国、加拿大、德国、法国、比利时等；也没有一个人像他这样广交朋友，在革命团体、秘密会党、海外华侨、基督教传教士、日本的浪人会社以及政治上的反对派中，都有他的至交好友。

正是这些不同凡响的经历，铸就了孙中山色彩斑斓的性格，成就了孙中山超群出众的思想。

孙中山是一个空想主义者。他梦想着在中国建立一个乌托邦，一个健全的、秩序井然的、对人民施行仁政的政府。由于有着这个崇高而又极难变为现实的梦，他被人称作“孙大炮”。

孙中山是一个现实主义者。他表现出为完成他的使命所需要的一切灵活性，他同三合会之类秘密会社的强人合作，同日本的扩张主义者合作，同苏联和共产国际合作，同美国传教士、中国留学生、华侨商人以及军阀等合作，只要能达到自己的目的。

孙中山更是一个爱国主义者。他的梦想、他的现实，都出于同一个思想渊源：爱国。为了爱国，他保持着原则的坚定性，无论遇到何种困难，遭受何种挫折，他都坚定地朝着“振兴中华”的目标前进，至死不渝。为了爱国，他又保持着策略的灵活性，无论哪国，无论何人，只要对“统一中国”有利，他都作为可资利用的工具。他的与众不同正在这里。

长久以来，人们所了解的是一个被“神化”了的孙中山，一个集国人的优点于一身的孙中山，一个永远站立时代潮流的孙中山，他高高地凌驾于凡人的思想乃至道德的顶峰，令人仰慕而又远不可及。

幸而近年来有大量丰富而珍贵的档案资料公之于世，才使笔者有勇气将“神坛”上的孙中山请向人间，透过笼罩在他身上的层层光环，向读者讲述一个有血有肉、有苦有乐、有对有错的孙中山……

一　屡挫屡奋的先行者

1. 睁眼看世界

或许是历史发展的需要，在孙中山 12 岁的时候，就走出了他的出生地——广东省香山县翠亨村，成为睁开眼睛看世界的人。

这一年是 1878 年。在当时，能有这种际遇的人可谓少之又少。

有生以来第一次漂洋过海的孙中山，看到巨大的轮船和浩渺的大海，十分惊奇。他后来回忆说：

> 始见轮舟之奇，沧海之阔，自是有慕西学之心，穷天地之想。比机器和汽轮更令我难忘的是船上的一根铁梁，它连着船两边，使船更加坚固。在我看来，这是一件很重大的事情。我记得，我那时想，这么重的一根铁梁，多少人才能把它装配好呢，最先想到的是那位发明这根大铁梁的天才和发明了应用它的机械方法。外国人所能做到的东西，我们中国人不能做，我立刻觉得中国总有不对的地方了。外国人既能制造这些坚硬的大梁，并且还能把它装配好，这不是说明他们在别的方面有优于中国人的经验吗?[1]

孙中山是同母亲一起，前往檀香山投靠自己的哥哥孙眉的。

在檀香山，孙中山又有了新的发现。当地有一个邮局，是个很平常的房子。但在孙中山看来，简直就像神话里的宫殿。他听人说，只要在信封上贴了邮票，写上姓名和住址，投入房子里的一只箱子里，便可以把信寄回中国去，像大汽船一样的快，不必等候几个星期，甚至几个月，才找到一个归国的侨民，托他带信回去。于是，孙中山便对这座神秘的房子产生了浓厚的兴趣，以至几十年后也未能忘怀。

更令孙中山感到新鲜的，还是檀香山的教育。孙中山发现，与在中国的私塾里读书截然不同，这里的教师上课时不带那吓人的铁戒尺，讲课时也不用那令人昏昏欲睡的声调，教学的内容丰富多彩，全然与私塾里的四书五经不同，而教学方法又很新奇，也不是他已经习惯了的死记硬背……这一切的一切，都令孙中山大开眼界。

这一时期，孙中山还受到爱国主义思想的强烈影响。被华侨华人称为“檀香山”的这个美丽的岛屿，美国人叫它“夏威夷”。早在 19 世纪 50 年代，美国政府就认定夏威夷是美国向太平洋地区扩张的跳板，并产生了吞

并的野心。1865 年，美国独立战争刚刚结束，其势力就侵入夏威夷。1874 年，美国政府乘夏威夷统治集团内讧之机，派出海军陆战队在夏威夷登陆，支持架剌鸠取得王位，紧接着就胁迫架剌鸠签订所谓的“互惠条约”，从而控制了夏威夷的政治、经济、军事大权，夏威夷从此失去了独立的地位。夏威夷人民为了反对美国的侵略，喊出了“夏威夷是夏威夷人民的夏威夷”的口号，英勇抗击美国侵略者，拼死驱逐和打击入侵的敌人。当地的华侨也卷进了这场独立运动。

位于孙中山故居的少年孙中山塑像

孙中山目睹了夏威夷人民反对美国殖民压迫的斗争，十分钦佩这个弱小民族反抗外来侵略的勇气。自此，孙中山开始关心起自己的祖国。他将中国政治腐败、国体衰微的状况同西方国家的发达、富强作了比较，认为中国的病根在封建专制制度，因而逐渐萌生了“改良祖国，拯救同群”的愿望。

孙中山后来追忆说：“至檀香山，就傅西学，见其教法之善，远胜吾乡，故每课暇，辄与同国同学诸人相谈衷曲，而改良祖国，拯救同群之愿，于是乎生。当时所怀，一若必使我国人人皆免苦难，皆享福乐而后快。”

1883 年，孙中山启程回国。此时他已是睁开眼睛看了世界的 17 岁的年轻人，满怀着对新事物的渴望和憧憬。

然而，面对的现实却令他颇为失望。

当船在上海靠岸时，首先映入眼帘的是黄浦江面上外国军舰伸出的黑森森的炮口，继而看到的是全副武装的外国士兵傲慢地巡游在码头上。从上海回家乡途中，孙中山又饱受了精神折磨。每当船停靠岸边，都要听候税关厘卡等人员的检查，这些官吏以各种借口对旅客进行勒索。

当他乘上一只到翠亨村的沙船时，更是遇到地方税吏的多种刁难。先是税吏登上船，命令旅客们开箱解包，接受检查。旅客们为了求个平安，纷纷送财物给税吏。

但第一批税吏允行后，第二批税吏又来检查。孙中山很是不解，便解释说，已经检查过了。税吏说："上次是查海关，这次是查厘金的。"孙中山只好又把箱子打开。

第二批税吏刚走，第三批又来查鸦片，他只好再把箱子打开。刚合上箱子，第四批又来查火油。孙中山这时实在是忍无可忍了，他坚决拒绝打开箱子。税吏们于是扣了船，直到第二天船主送了礼，才许开船。

家乡的情况也使孙中山感到闷闷不乐。乡村中一成不变的习俗，乡亲们愚昧、迷信和地方官吏的贪腐，不时刺激着他的神经，使他感到一种无法与现实沟通的困惑。

孙中山的心已经不再属于这个乡村了！

不久，孙中山便离开翠亨村，前往香港求学。

孙中山故居

1886 年，孙中山在香港中央书院完成学业后，先后进入美国基督教长老会办的广州博济医院附属南华医学堂和香港西医学院学医。这时，孙中山不仅在医学方面有所造诣，而且开始显露出他对政治的高度兴趣。

孙中山与陈少白、尤列、杨鹤龄、陆皓东以及秘密反清会党三合会主要人物郑士良经常聚在一起，谈论对时事的看法。每当此时，孙中山总是滔滔不绝地发表自己的见解。他认为洪秀全是反清第一英雄，对太平天国的失败深表惋惜。他自称为“洪秀全第二”，表示要继续太平天国的未竟事业。

对于孙中山来说，这是非常愉快的一段时光。他后来回忆说：

> 数年之间，每天学课余暇，皆致力于革命之鼓吹，常往来于香港、澳门之间，大放厥辞，无所顾忌。时闻而附和者，在香港只有陈少白、尤少纨、杨鹤龄三人，而上海归客，则陆皓东而已。若其他之交游，闻吾言者，不以为大逆不道而避之，则以为中风病狂相视也。予以陈、尤、杨三人常住香港，昕夕往还，所谈者莫不为革命之言论，所怀者莫不为革命之思想，所研究者莫不为革命之问题。四人相依甚密，非谈革命则无以为欢，数年如一日。故港澳间之戚友交游，皆呼予等为“四大寇”。[2]

1892 年秋，时年 26 岁的孙中山以优秀的学习成绩结束了他的学生生涯。这以后，他一面以学到的医术为病人解除痛苦，一面探索为中国解除痛苦的办法。

从 19 世纪 60 年代起，以曾国藩、李鸿章、左宗棠、张之洞为首的洋务派官僚，为改变中国落后面貌，提倡向西方学习。自此，兴起了以“求强”、“求富”为目的的“洋务运动”。

洋务派官僚除主张向西方派遣留学生、购买洋枪洋炮外，主要是大力兴办军事工业、建立新式的陆海军。但由于政治上不求改革，只求对封建专制制度的修修补补，而经济上又难以自立，所以虽然洋务运动搞得轰轰烈烈，结果不仅“求强”、“求富”的目标没有达到，还在中日甲午战争中遭到惨败。

1893 年，郑观应出版《盛世危言》一书，主张既要讲求武备，对付外国侵略者的“兵战”，更要振兴民族工商业，同外国进行“商战”。书中提出：“凡通商口岸，内省腹地，其应兴铁路、轮舟、开矿、种植、纺织、制造之外，一体准民间开设，无所禁止，或集股，或自办，悉听其便。令以商贾之道行之，绝不拘以官场体统。”这就是说，国家应当容许和保护私人资本主义的发展。

孙中山看到同乡郑观应的《盛世危言》后，受到很大启发。1894 年夏，他花了十多天时间，写成长约 8000 字的《上李鸿章书》。

在《上李鸿章书》中，孙中山提出了一系列解决中国问题的方案，如解除封建专制主义对民间工商业发展的束缚，全面实现国家工业化和农业机械化；根本改革教育制度和选拔人才制度，合理利用人力和物力资源来发展经济等。

孙中山在上书中还特别批评为对付外国威胁而片面强调军备的做法，认为欧洲富强之本，不尽在于船坚炮利，而在于“人能尽其才、地能尽其利、物能尽其用、货能畅其流”，这才是富强之大经、治国之大本。

孙中山请求李鸿章接见他，并支持他去法国考察蚕桑新法，以便将来能帮助中国贫瘠地区发展。

李鸿章

怀着匡时救弊的雄心，揣着《上李鸿章书》，孙中山携同好友陆皓东从广东出发，辗转抵达天津，找到了郑观应，又通过郑观应疏通总理衙门委员徐秋畦，将他们求见李鸿章的愿望予以转达。

此时，李鸿章任直隶总督兼北洋通商大臣，掌握着军、政和外交大

权，哪里会将一个无名青年放在眼里。就这样，孙中山求见李鸿章的愿望落了空，他的一腔热情没有得到任何回应。

怀着满腹的失望和惆怅，孙中山和陆皓东到北京一游。这时，中日甲午战争已经爆发，而皇宫里依然歌舞升平，清政府正动用巨款大修颐和园，准备庆祝慈禧六十寿辰。

孙中山对清政府彻底失望了！

孙中山后来谈到，此次天津、北京之行，是自己的思想由改良转变为革命的契机。他说，本来有见于中国政体有不合时势所需，故欲以和平之手段，渐进之方法请愿于朝廷，希望朝廷能倡行新的政治运动。只是在看到请愿上书不能生效时，才慨然长叹，知道和平方法已不可复施。但改变中国政治的思想却更加坚定，要求也更加迫切，所以不能不放弃和平手段而采取革命手段。

2. 立振兴中华之宏愿

1894 年 10 月，孙中山再次来到檀香山，从此开始了自己的革命生涯。

檀香山有两万名左右的华侨，也是广东籍华侨相对集中的地方。他们靠种田，经营甘蔗园，或者经商来维持生计。其中有少数人经过长期积累，成了有一定实力的资本家。但由于身在异国他乡，所有华侨都不同程度地感受到由于祖国贫弱而遭受歧视的痛苦。美国政府操纵檀香山军政大权后进行的排华暴行，则增强了华侨的民族意识和爱国精神。甲午战争中清军的惨败，使爱国华侨们悲愤至极，也易于接受反清宣传。

正是在这种情况下，孙中山开始在华侨中宣传反清思想。经过一个多月的奔走，动员了 20 多人。他决定把这些人组织起来，成立一个革命团体，并把这个团体命名为“兴中会”。

1894 年 11 月 24 日，兴中会正式成立。

兴中会不同于以往的会党组织，它是由一群接受了西方先进思想而又以改造中国为己任的海外赤子组成的资产阶级革命团体。

由孙中山起草的《兴中会章程》，充满了爱国主义情怀和振兴中华的愿望。其中写道：

> 中国积弱非一日矣，上则因循苟且，粉饰虚张；下则蒙昧无知，鲜能远虑。近之辱国丧师，强藩压境。堂堂华夏，不齿于邻

邦；衣物冠裳，被轻于异族。有志之士能无抚膺！夫以四百兆苍生之众，数万里土地之饶，固可发奋为雄，无敌于天下；乃以庸奴误国，荼毒苍生，一蹶不兴，如斯之极。方今列强环列，虎视鹰瞵，久垂涎于中华五金之富，特产之饶，蚕食鲸吞，已效尤于接踵；瓜分豆剖，实堪虑于目前。有心人不禁大声疾呼，亟拯斯民于水火，切扶大厦之将倾。……是会之设，专为振兴中华、维持国体起见……联络中外华人，创兴是会，以申民志而扶国宗。[3]

“振兴中华”，道出了孙中山成立兴中会的目的，也表达了孙中山的志向。后来，这四个字演变成一个令人热血沸腾的口号，激荡着一代又一代中国人的爱国热情。

孙中山以爱国主义的赤诚情怀，在《兴中会章程》中严正批判了腐朽的清政府，表达了对于民族危亡的深深忧虑，宣告了他救苍生于水火、扶大厦之将倾的雄心壮志。

杨鹤龄、孙中山、陈少白、尤列，后立者为关心焉

兴中会的成立，标志着孙中山资产阶级民主革命活动正式开始。

1895 年 2 月，孙中山在香港成立兴中会总部，并修改了《兴中会章程》，以誓词形式表达了兴中会的宗旨：

“驱除鞑虏，恢复中华，创立合众政府，倘有二心，神明鉴查。”

在此，孙中山正式揭示了民主革命的最终目标。

3. 领导起义

兴中会总部成立后，孙中山开始将革命的重心由海外转向国内。

从1895年3月起，孙中山和陆皓东、郑士良在广州积极筹划反清起义。在广州设立“农学会”作为掩护起义的机关，又在香港同兴中会领导成员多次开会，讨论起义计划和起义后的具体政策。孙中山亲自担任军务，拟订攻取方略，并率陆皓东等到广州主持起义事宜。

经过半年的活动，方购买600支新式手枪，联络并组织了广东省各地的防营、水师军队及城郊一带的会党、绿林和游勇等，先后建立秘密机关数十处，决定于当年10月26日（旧历九月初九日），利用重阳节回乡群众来省城扫墓的机会，炸毁两广总督署，在广州举行武装起义。

遗憾的是，起义发动之前，兴中会内部便发生分歧，而且起义风声也已经泄露，在香港准备的起义所用枪械被海关查封，清政府也加紧了广州的防范，封闭革命机关，搜捕起义人员。

10月26日，由于作为起义主力的香港一路人马未能在预定的时间到达广州，另一路主力也未能从汕头赶来，孙中山只得解散广州准备起义的队伍，以避免无谓牺牲。孙中山和起义骨干也分散撤离，他和郑士良潜至澳门，转赴香港。

但兴中会总部的陆皓东、程耀晨等人却遭到逮捕，最终英勇就义。

孙中山失去好友陆皓东，悲痛万分。直到他后来撰写《建国方略》时，仍称陆皓东是“中国有史以来为共和革命而牺牲者之第一人也”。

广州起义是孙中山自从立志以革命手段推翻清政府后所策划和组织的第一次武装起义，它虽然胎死腹中，但却是孙中山武力革命的开端，表明以孙中山为首的资产阶级革命者将以与改良派不同的形式来反对封建统治。

广州起义流产后，清政府发出通缉令，通缉孙中山、郑士良等人，并要求英国政府引渡在香港的孙中山。

为躲避追捕，孙中山和陈少白、郑士良等人于11月2日离开香港，前往日本。

从此时起，直到辛亥革命成功，在长达16年的时间里，孙中山一直居无定所，过着充满艰难和危险的流亡生活。

少年时代的陆皓东

到1901年，孙中山先后经历了广州起义失败、伦敦蒙难、惠州起义失败等挫折和不幸，但他的革命精神却屡挫屡奋。

惠州起义失败后，为了宣传革命思想，团结革命同志，联合华侨和海外会党，组织革命团体，并考察资本主义国家的经济、政治和社会状况，结交外国朝野人士，争取他们赞助中国革命，孙中山风尘仆仆地奔波于日本、檀香山、越南、暹罗（泰国），以及旧金山、华盛顿、纽约、伦敦、布鲁塞尔、柏林、巴黎之间，虽饱受挫折、备尝艰辛，但革命信念始终不变。

从1903年开始，中国的革命知识分子在政治上表现得非常活跃。他们出版大批宣传反清革命和民主思想的报刊，揭露清政府对帝国主义的屈膝献媚，痛斥资产阶级改良派反对革命的谬论，表现出强烈的爱国热情和旺盛的革命斗志。

很快，在中国南方的一些地区陆续涌现出由资产阶级、小资产阶级革

命分子组成的团体，公开半公开地或者秘密地进行着反清活动。其中由黄兴、刘揆一、陈天华等人组成的华兴会，以陶成章、龚宝铨、章太炎等人组成的光复会，尤为出名。它们与兴中会一样，都主张用革命手段推翻清政府的统治。

1905 年夏，孙中山了解到国内的反清组织有关情况后，决定把革命力量联合起来，组成一个有能力领导全国反清革命运动的团体。

这年 7 月 30 日，孙中山在日本东京邀集兴中会、华兴会、光复会、科学实习所以及其他革命团体代表开会，商讨整合力量，共建新党之事。经过讨论，决定新党定名为“中国同盟会”。经黄兴提议，当即由孙中山起草盟书，并经黄兴、陈天华略加润色，制定出盟誓为：“当天发誓，驱除鞑虏，恢复中华，创立民国，平均地权，矢信矢忠，有始有卒，如或渝此，任众处罚。”[4]

8 月 20 日，中国同盟会正式成立大会在日本东京举行。在孙中山主持下，大会通过了由黄兴、陈天华等人起草的中国同盟会章程，确定孙中山提出的 16 字纲领为同盟会宗旨，规定以东京为同盟会本部所在地。经黄兴提议，会上公推孙中山为同盟会总理。

中国同盟会的成立，是孙中山领导的民主革命历史上一个重要的里程碑。孙中山非常看重同盟会成立对于革命的重大意义，他说：

> 自革命同盟会成立之后，予之希望则为之开一新纪元。盖前此虽身当百难之中，为举世所非笑唾骂，一败再败，而犹冒险猛进者，仍未敢望革命排满事业能及吾身而成者也；其所以百折不回者，不过欲有以振起既死之人心，昭苏将尽之国魂，期有继我而起者成之耳。及乙巳之秋，集合全国之英俊而成立革命同盟会于东京之日，吾始信革命大业可及身而成矣。于是乃敢定立“中华民国”之名称而公布于党员，使之各回本省，鼓吹革命主义，而传布中华民国之思想焉。不期年而加盟者逾万人，支部则亦先后成立于各省。从此革命风潮一日千丈，其进步之速，有出人意表者矣！当时外国政府之对于中国革命党，亦多刮目相看。[5]

以武装斗争的方式推翻清政府，建立中华民国，是孙中山领导的同盟会的最终目的。同盟会成立后，组织策划武装起义就成为孙中山的主要工作。

到 1911 年辛亥革命前，同盟会连续发动了 9 次武装起义，包括 1906

年12月的萍乡、浏阳、醴陵起义，1907年5月的潮州黄冈起义，1907年6月的惠州七女湖起义，1907年9月的钦州、防城起义，1907年12月的镇南关起义，1908年3月的钦州、廉州地区起义，1908年4月的河口起义，1910年2月的广州新军起义，1911年4月的广州黄花岗起义。

黄花岗七十二烈士之墓

这9次起义，包括同盟会成立前的两次起义，无一不是以失败而告终。有多少人在起义中英勇牺牲，已经无法统计了。埋葬在广州白云麓的黄花岗七十二烈士，是这些牺牲英烈的集中代表；现在依然矗立着的黄花岗七十二烈士纪念碑，是对所有为推翻清政府作出牺牲的有名和无名英烈的缅怀。

4. 临时大总统

1907年至1910年间，长江中下游的湖南、湖北、江西、安徽和江苏等地发生了饥民暴动，特别是长沙的抢米风潮，震动了整个中国。全国各地的抗税抗捐斗争也风起云涌，尤其是1910年山东莱阳的抗税斗争规模最大，五六万群众在联庄会首领的组织下，四处捉拿一贯横征暴敛、横行乡

里的土豪劣绅。到1911年，全国已经到处布满了干柴，随时都有将清政府毁灭的可能。

面对日益高涨的民主革命浪潮和人民群众的反抗，清政府一方面导演欺骗群众的“预备立宪”，一方面继续采取卖国政策，以取得外国列强的支持。

川汉、粤汉两条铁路，清政府原已批准官督商办，但到1911年5月，清政府却宣布全国铁路干线一律收归国有，并准备同英、法、德、美四国银行签订川汉、粤汉铁路大借款合同。此时国家主权已大部丧失，借款修路实际上就是把这两条铁路命脉拱手让给外国列强。消息一经传出，立即遭到湖南、湖北、四川等省民众的强烈反对，资产阶级立宪派利用人民的呼声，组织了声势浩大的保路运动。

在保路运动不断扩大的形势下，湖南、湖北的革命党人积极准备武装起义。当时湖北两个较大的革命团体——文学社和共进会，都在清政府的新军中进行秘密活动，而这两个团体的主要领导人又都是同盟会会员。

1911年8月下旬，在同盟会推动下，湖北成立了领导武装起义的统一机构——军事指挥部，文学社领导人蒋翊武被推举为革命军总指挥，共进会领导人孙武为参谋长，刘复基、彭楚藩为军事筹备员。

10月9日，在汉口俄租界宝善里秘密配制炸药的孙武不慎失手，导致炸药爆炸，俄租界巡捕遂来搜查。第二天，设在武昌的指挥起义的秘密机关又遭到破坏，起义军领导人刘复基、彭楚藩等被捕就义。

在失去指挥的情况下，新军中的革命党人当机立断，毅然决定自行发动起义。

10月10日晚7时许，新军第八镇工程第八营的士兵熊秉坤、金兆龙，率领士兵打死对抗起义的军官，占领楚望台军械库，夺取了枪支弹药。武昌城内步兵、炮兵、辎重各营的士兵和革命党人听到枪声，纷纷奔向楚望台。晚11时左右，各路起义士兵3000多人兵分三路向湖广总督署发起进攻。

经过一夜战斗，至10月11日清晨，起义士兵攻克了总督署，占领了武昌城。接着，起义军向汉阳、汉口进攻。

10月11日，湖北军政府宣告成立。10月12日，武汉三镇全部攻克。

武昌起义后，全国各地长期积压的反清干柴一下子点燃起来。在10月余下的日子里，湖南、陕西、山西、江西、云南五省宣告独立。11月上旬，以上海为中心的江苏、浙江、安徽、福建等东南11省宣告独立。与此同时，反清起义浪潮迅速席卷到西南、华南各省。至12月2日，南北对峙的格局形成，清政府大势已去。

1911年正值农历辛亥年，故这次波澜壮阔的革命运动被称为辛亥革命。

正在美国为起义募集资金的孙中山，从报纸上看到革命军占领武昌城的消息后，心情万分激动，恨不得立即回到国内指挥革命军战斗，以快生平之志。但考虑到建立共和国将要碰到外交和财政两方面的困难，为了争取列强对中国革命的同情和支持，他决定暂时先不回国，而是前往伦敦和巴黎进行活动，同时致信伦敦、纽约、旧金山、新加坡、马来亚等地的金融资本家，呼吁他们给中国以财政支持。

12月25日，已在国外漂泊了16年的孙中山终于回到祖国。

12月29日，各省代表会议在南京召开，宣告独立的17省代表共45人出席。在17张有效票中，孙中山以16票的绝对多数，当选为中国第一任临时大总统。

一个在海外漂泊了16年的人，怎么能被选为临时大总统？为什么人们愿意将流血牺牲换来的政权交到他的手里？美国的史扶邻教授对此曾有过精辟的分析：

> 说到底，孙中山对于革命的主要贡献在于他的革命乐观主义。甚至在类如黄兴、胡汉民和汪精卫这样坚定刚强的人有时也难免为革命的机运而悲观沮丧的时候，孙中山却继续拼命地干下去，用许诺资金来提高战士们的信心和勇气，用胜利指日可期的谈话和答应投资机会来激发海外华侨。……如果说，孙中山无限的革命乐观主义未能使他的追随者们对1911—1912年决定性的战斗作好思想准备，那么，无论如何，这种乐观主义给了他们最后推翻清王朝的迭次武装起义以活力。在辛亥革命爆发之时，他被公认为是“无庸置疑的主要的发动者”。[6]

孙中山当选为临时大总统的消息传到上海时，中国同盟会本部正在召开欢迎孙中山大会。听到这一振奋人心的消息，与会党员全体起立欢呼“中华共和国万岁！”祝贺孙中山当选为临时大总统。在热烈的欢呼声和掌声中，孙中山起立挥手，并向大家点头致谢。

12月30日，上海各报竞相刊载孙中山当选临时大总统的消息。各省和海外许多地方祝贺孙中山当选临时大总统的电文纷至沓来。

1912年1月1日上午，孙中山身穿黄褐色呢质军服，头戴嵌有红边的军帽，偕胡汉民、庄思缄及随同人员数十人，从上海乘沪宁铁路专用花车起行，前往南京就任中华民国临时大总统。上海军政要人及各界人士赴车站欢送者达数千人。11时，当专车徐徐开出上海北站的时候，“共和万岁”的欢呼声响彻云霄。

载送孙中山的专车沿途经苏州、无锡、常州、镇江等地，都受到群众的夹道欢送。

在南京城内，到处张灯结彩，人们填街塞巷，欢声如潮。

1月1日下午5时，火车抵达南京下关车站。各国驻南京领事均集于车站，与迎接人员共同欢迎孙中山。当孙中山走下火车时，军乐队奏起军乐，长江上的军舰鸣21响礼炮，向孙中山致敬。

当晚10时，临时大总统就职典礼在原江苏省咨议局举行。

大家拥了孙中山来到大堂。此时，新军第九镇的士兵，从大门起左右站立，五色国族迎风飘拂。司仪员徐绍桢唱：“鸣礼炮！”21响礼炮轰放完毕后，就职典礼开始。

在庄严肃穆的气氛中，孙中山向全国人民宣誓：

> 倾覆满洲专制政府，巩固中华民国，图谋民生幸福，此国民之公意，文实遵之，以忠于国，为众服务。至专制政府既倒，国内无变乱，民国卓立于世界，为列邦公认，斯时文当解临时大总统之职。
>
> 谨以此誓于国民。
>
> 中华民国元年元旦

孙中山宣誓完毕，由景耀月致颂词，胡汉民代总统致答词，再由孙中山亲读就职宣言。随后，袁希洛向总统授印。

然后发布了《临时大总统宣言书》、《告全国同胞书》和《通告海陆军将士文》。

《临时大总统宣言书》宣告中华民国成立，提出中华民国临时政府的任务是：“尽扫专制之流毒，确定共和，以达革命宗旨，完国民之志愿。”规定内政方针是：“民族之统一”、“领土之统一”、“军政之统一”、“内治之统一”、“财政之统一”；对外方针是：“满清时代辱国之举措，及排外之心理，务一洗而去之。持平和主义，与我友邦益增睦谊，将使中国见重于国际社会，且将使世界渐趋于大同。”[7]

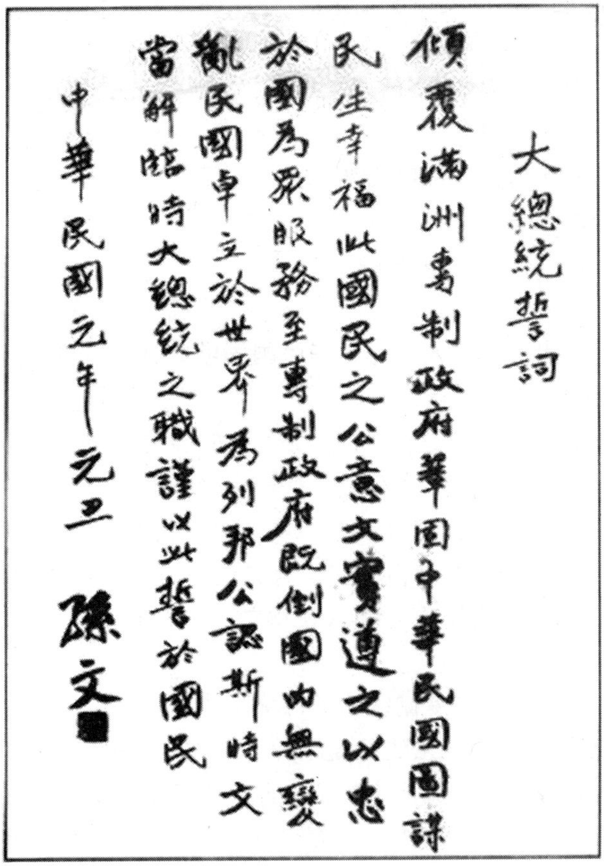
大總統誓詞

傾覆滿洲專制政府鞏固中華民國圖謀民生幸福此國民之公意文實遵之以忠於國為眾服務至專制政府既倒國內無變亂民國卓立於世界為列邦公認斯時文當解臨時大總統之職謹以此誓於國民

中華民國元年元旦

孫文

孙中山手书的临时大总统誓词

仪式完毕后，孙中山设夜宴招待各省代表及来宾。

宴毕已 11 时，各代表辞归，孙中山亲送出至大堂。各代表请孙中山留步，他说：“民国人民是国家的主人，总统是人民的公仆，各位是主人的代表，礼当送至阶下。”[8]

1 月 2 日，孙中山通电各省都督：废除阴历，改用阳历，以临时大总统就职的 1 月 1 日，作为中华民国元年元旦。

1 月 3 日，中华民国临时政府在南京宣告成立。

南京临时政府由黄兴任陆军总长兼参谋总长，各部次长和总统府秘书长均为同盟会会员担任。临时政府的实权掌握在以孙中山、黄兴为首的革命党人手中。

2 月 12 日，清朝最后一位皇帝溥仪被迫下了退位诏书，宣布退位。这意味着统治中国达 268 年的清王朝终于被推翻，同时也意味着自秦始皇以

来绵延2133年的君主制度终于结束。

> 亚东开化中华早，
> 揖美追欧旧邦新造。
> 飘扬五色国旗，民国荣光，
> 锦绣山河普照吾同胞。
> 鼓舞文明世界，和平永保。

这是一个叫沈恩孚的人写的中华民国国歌歌词，它在一定程度上表达了中国人民当时的喜悦心情。

辛亥革命是中国近代史上具有重大意义的历史事件。

辛亥革命是20世纪中国所发生的第一次历史性巨变。它不仅推翻了清王朝的封建统治，而且结束了统治中国几千年的君主专制制度，在中国大地上树起民主共和的旗帜，从而有力地促进了中国人民的思想解放，激励中国人民为争取民族独立和人民解放、实现国家富强而更加勇敢地奋斗。

辛亥革命对中国封建专制统治的巨大冲击，人民对革命的追求绵延不绝，使反动统治秩序再也无法稳定下来。辛亥革命打开了中国进步的闸门，使民主共和思想从此流传广远，从此，中国开始走出家族统治和王朝更替的封建社会形态，在中西文化的碰撞下，加快了社会的政治、经济、文化和人们的思想观念、生活方式、行为准则、价值判断、风俗习惯等诸多方面向现代社会的转变。

从此，任何开历史倒车的人都必然被历史所淘汰，被人民所唾弃。

在孙中山担任临时大总统的短短的90天时间内，他凭着一颗赤子之心，为履行他那“尽扫专制之流毒”的诺言，为建立具有完整意义的民主主义共和国，呕心沥血，身体力行，付出了全部精力和智慧。

“革命之事，破坏难，建设亦难。”孙中山上任伊始，就对自己的责任有充分的认识。牵挂着人民的疾苦，着眼于祖国的振兴，孙中山以只争朝夕的革命精神，在短短的任期中，主持制定和颁布了30多件有利于民生和确立民主政治的法律和政令。在这些法律和政令中，一以贯之的是三民主义纲领。

除旧布新，是共和国建设的一项重要工作。中国人民长期遭受封建专制苛政的压迫和愚弄，社会上存在着各种愚昧落后的陋俗恶习。为了改变中国人民的精神面貌，孙中山以革命党人的革命精神，承担起了扫荡专制积垢和愚昧陋习的任务。在他的领导下，临时政府下令禁止种植和吸食鸦片，禁止赌博、缠足，一律剪去象征归顺清王朝的辫发。

在封建专制时代，人民的权利根本得不到保障。临时政府下令各官厅焚毁刑具，废除刑讯体罚；取消清朝法律中对于所谓“贱民”的一些特别限制，规定他们享有同等的国民权利；严禁贩卖华工，禁止买卖人口，废除奴婢卖身契约和一切主奴名分。与此同时，孙中山还破天荒地提出男女平等，宣布千百年来备受歧视的妇女有参与政治的权利。

孙中山手书：用便民生

孙中山致力于吏治的改革，力争把西方的民主、自由、平等的政治原则运用于新创立的政治生活之中。他颁令宣布共和国官员之间、官民之间一律平等。他规定禁止沿用清王朝官场中“大人”、“老爷”的称呼，要求政府公务人员一律以官职相称，民间交往则称“先生”或“君”。他要求废除体现封建忠孝礼节的跪拜之礼，改行鞠躬礼。为了在新政权中贯彻“任人唯贤”的原则，他督促临时政府有关机构制定和审议文官考试章程，以期通过考试制度“尚公去私”，“任贤选能”。

促进资本主义的顺利发展是资产阶级革命的主要目的。孙中山在归国途中就曾向革命党人提出：“此后社会当以工商实业为竞点，为新中国开一新局面。至于政权，皆以服务视之为要领。”孙中山任临时大总统不久，即下达保护私人财产的命令，承认和保护工商业者的私有财产和经营活动。临时政府的实业部，就是为保护和发展各项实业而设。临时政府先后颁布了有利于工商业发展的商业注册章程、商业银行暂行条例等法规，及时批准各地报请兴办的煤矿、银行、航运、军械制造、缝工、皮工、铁工、鞋工等企业立案经营。临时政府还提倡开展垦殖业，鼓励华侨在国内投资。

教育关系到培养人才的百年大计。临时政府成立之后，积极进行以新的资产阶级教育制度取代旧的封建教育制度的教育改革，颁令废除封建奴化教育，禁止使用清廷学部颁行的各种教科书，废止小学读经和跪拜孔子之礼，禁止讲授《大清会典》、《大清律例》等有碍于国民精神的科目。同时效仿西方近代教育制度，实行学制和课程设置改革，将旧式学堂改为学校，规定各种教科书必须符合共和民国的宗旨；增设自然科学、工商业经营和工艺实用知识方面的课程；小学可以男女同校，鼓励设立女子专门学校和职业培训学校。

在封建专制制度的废墟上确立资产阶级的共和国，并不是一蹴而就的事情。孙中山深深懂得，确立资产阶级共和国的国体和政体，宣告民主共和原则的正义性和合法性，必须有奠定共和国的民主秩序和法律依据。所以临时政府非常重视立法和创制方面的工作，先后公布了许多重要法案，其中最具有国家宪法效力的是《中华民国临时约法》。

《中华民国临时约法》共 7 章 56 条。总纲规定：“中华民国之主权，属于国民全体”；“中华民国以参议院、临时大总统、国务员、法院行使其统治权”。在第二章“人民”中规定：“中华民国人民一律平等，无种族、阶级、宗教之区别；人民享有人身、居住、财产、言论、出版、集会、结社、通信、信仰等自由；享有请愿、诉讼、考试、选举和被选举等权利；

负有纳税、服兵役等义务。”

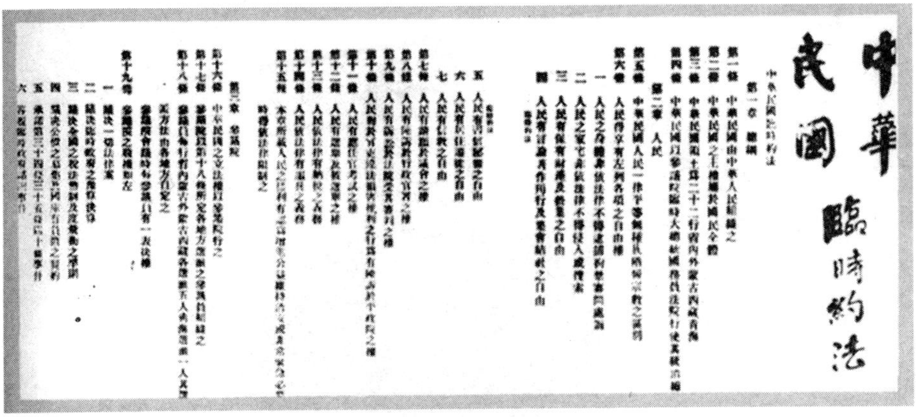
中華民國臨時約法

《中华民国临时约法》

千百年来，中国人民在封建专制制度的统治和压迫下，根本没有任何平等自由可言。资产阶级革命党人以前所未有的民主主义精神，在国家的宪法中第一次明确规定了人民的自由、平等的权利，这是在中国法制史上具有开拓意义的伟大举措。它使中国人民清醒地意识到了自己作为一个真正的人的价值，了解到了作为一个中华民国的公民应享有的权利和应尽的义务。

南京临时政府在其存在的短暂时间内，艰难而热切地开拓着新生共和国的征程。在它颁行的法令章程鼓舞下，久受封建主义束缚的中国人民焕发出青春的活力和蓬勃向上的朝气，民主共和从此深入人心。

孙中山任临时大总统后，仍然保持像过去一样简朴的生活。

临时总统府设在前清的南京总督衙门内。孙中山住在一间不大的房子里，里面有四把椅子，两个茶几，一张书桌，一把沙发和一张床。书桌上除了文具和要处理的公文以外，还摆着一些书籍。墙上挂着中国地图和世界地图。房屋的外面是客厅，兼做饭厅。

孙中山的饮食常常是四菜一汤，吃饭用的碗筷也是普通人常用的那种。有一次，厨师在桌上摆了一套锡制的盛器，孙中山说：“太讲究了，以后不要再拿来。”

孙中山穿衣服也很朴素。他在欧美活动时，习惯了穿西服，做了临时大总统后，他既要穿得不失民族风格，又要线条简捷明快，于是自己就动起了脑筋。他把当时流行的学生服安上翻领，改成四个口袋，穿在身上很是“新潮”。当有人问他这衣服从哪里来的时，他说：“这个样式是我创造的，又大方，又好看，又便宜，以后要提倡穿这种衣服。我们中国人穿长袍马褂已不合时代了，穿西服又穿不起，穿这衣服最好。”这种式样的衣服后来被人们称作“中山服”，一直流行着。

孙中山就任临时大总统后留影

孙中山的日常生活十分有条理，有规律。他起得比一般人早，总是用冷水洗脸。每天早晨把一天内将做的重要事情简单地用笔记下来。除了工作之外，其他时间主要用在看书学习上。他看书的内容非常广泛，常常手不释卷，废寝忘食。在就任临时大总统之后不久，张勋、倪嗣冲的军队便在津浦线一带威胁南京，当时在南京有几十万缺乏训练和粮饷的民军。他一面调兵遣将，一面筹备粮饷，在军政要务千头万绪的时候，还要抽出时间来看书。[9]

中国的老百姓渐渐看出来了：现在中国的“皇帝”可完全不同于以前的“皇帝”。

辛亥革命的胜利、中华民国的建立，以及临时大总统的一系列改革政策，通过不同渠道为列宁所获知。

1912 年 1 月，列宁领导的布尔什维克在布拉格召开会议时，专门通过了关于中国问题的决议。决议指出：

中国人民的革命斗争具有世界意义，因为它将给亚洲带来解放并将破坏欧洲资产阶级的统治，代表会议祝贺中国的革命共和派，表明俄国无产阶级怀着极大的热忱同情注视着中国革命人民获得的成就。[10]

7月11日，比利时工人党机关报《人民报》发表了孙中山《中国革命的社会意义》一文。列宁对这篇文章给予了极大关注。列宁要求这篇文章译成俄文在布尔什维克党机关报《涅瓦明星报》上发表。

7月15日，《涅瓦明星报》在发表孙中山的文章俄译文的同时，发表了列宁对孙中山及其所领导的革命斗争的评论文章《中国的民主主义和民粹主义》。列宁在文中指出，孙中山是资产阶级民主主义者，但与当代美国的资产阶级有根本的不同。列宁还热情洋溢地赞扬了孙中山这位“亚洲的共和国临时大总统”。其中写道：

人们自然可以把亚洲这个野蛮的、死气沉沉的中国的临时大总统与欧美各先进文明国家的总统比较一下。那里的共和国总统都是资产阶级的奴仆、走狗或傀儡，而那里的资产阶级则已经腐朽透顶，从头到脚都沾满了脏污和鲜血——不是皇帝们的鲜血，而是为了进步和文明在罢工中被枪杀的工人的鲜血。那里的总统是资产阶级的代表，那里的资产阶级则早已抛弃了青年时代的一切理想，已经彻头彻尾娼妓化了，已经完全把自己卖给百万富翁、亿万富翁和资产阶级化了的封建主等等了。这里的亚洲的共和国临时大总统是充满着崇高精神和英雄气概的革命民主主义者，这种精神和气概是这样一个阶级所固有的：这个阶级不是在衰弱下去，而是在向上发展；它不惧怕未来，而是相信未来，奋不顾身地为未来而斗争；它憎恨过去，善于抛弃死去了的和窒息一切生命的腐朽的东西，决不是为了维护自己的特权而硬要保存和恢复过去的东西。[11]

不过，列宁也客观地认为，孙中山的民主主义思想只是空想，孙中山的土地纲领，即土地国有化纲领，本身并不意味着消灭资本主义制度，而是相反，它为资本主义发展扫清了道路。列宁并没有过多地批评这一空想，而是充满同情地指出产生这种思想的根源：

如果没有群众的革命情绪的蓬勃高涨，中国民主派不可能推

> 翻中国的旧制度，不可能争得共和制度。……先进的中国人，所有经历过这种高涨的中国人，从欧美吸收了解放思想，但在欧美，摆在日程上的问题已经是摆脱资产阶级而求得解放，即实行社会主义的问题。因此必然产生中国民主派对社会主义的同情，产生他们的主观社会主义。
>
> 列宁认为，目前人们所接触到的孙中山的思想，“是真正伟大的人民的真正伟大的思想；这样的人民不仅会为自己历来的奴隶地位而痛心，不仅会向往自由和平等，而且会同中国历来的压迫者作斗争”。[12]

这一时期，在苏俄的秘密和公开出版的报刊上，也有不少报道和评价孙中山的文章，这些文章既高度评价了孙中山领导的资产阶级革命派的活动，同时也指出了其缺点和不足。

5. 无奈的选择

孙中山是在极其困难的条件下支撑着共和国的大厦。

南京临时政府成立后，外受帝国主义列强和封建势力的逼迫，内受财政短缺的困扰。由于海关税收由外国人把持，各省税收被当地军政府私自截留、拒绝上缴，临时政府陷入财政危机。尽管孙中山想方设法解决财政问题，但政府赖以生存的根本问题始终难以得到妥善解决。财政拮据使临时政府软弱无力，难以对地方政府和军队产生强有力的领导作用。财政问题制约着政府的手脚，从而导致政府官员中出现日益显明的妥协倾向。

还在孙中山归国之前，革命党人与袁世凯妥协的南北议和就已经开始，并承诺一旦袁世凯反正，就推他为大总统。孙中山回国后，力图扭转这种不利于革命的局面，他指出：袁世凯是个巨奸大憝，把建立民国的大任付托给他是靠不住的。我们革命党应该有勇气、有决心率领南方起义将士，继续战斗，趁此全国人心倾向革命的时候，扫除障碍，在新的基础上建立新的国家。

但多数革命党人满足于廉价的胜利，这种情绪也在一定程度上感染了孙中山，他一方面想利用袁世凯尽快结束帝制，结束战争，减少流血，另一方面对袁世凯抱着一些幻想，认为袁世凯也是汉人，应当反对异族统治，支持共和。所以，孙中山致电袁世凯，表示在清帝退位、实现共和的条件下，可以进行谈判并将临时大总统的职位让给袁世凯。

此时的袁世凯可谓春风八面。在宫廷中，袁世凯利用革命势力的日益壮大，胁迫清政府满足他的要求，当上了内阁总理，控制了清廷的军政大权；在战场上，他命令北洋将领冯国璋、段祺瑞向革命党发动猛攻，以武力相威胁；在南北议和的谈判中，他有意撤销唐绍仪的议和代表资格，制造“决裂”姿态，使议和陷入危机。袁世凯利用其特殊地位，周旋于清政府和南方革命政府之间，流露出一代枭雄的权术和用心。

孙中山虽不反对袁世凯继任总统，但在坚持民主共和的原则立场上绝不退让。与此同时，孙中山还决定在南北没有达成协议之前，决不能放弃武力北伐。

1912年1月11日，孙中山宣布亲自担任北伐军总指挥，并制订了兵分六路北进的计划。1月13日，北伐军在津浦线上首战告捷，败清军于宿州等地，接着占领了战略要地徐州。在安徽、河南、湖北等地，北伐军也取得了相当的战绩。

在北伐军的打击下，袁世凯又改换手法，表示赞成共和。此时，革命阵营内部的妥协倾向因着袁世凯的态度转变和共和国财政的困难而再次高涨起来。

汪精卫一方面表示自己清高，不就广东都督职，一方面攻击孙中山有权力思想，而且当面讽刺孙中山说：“你不赞成议和，难道是舍不得总统吗?”

汪精卫还邀约了一些同盟会会员发表宣言，提出所谓“五不”主义，第一条就是“不做官”，借以要挟孙中山：如果孙中山不立即辞职，就是贪权恋官。

一向革命意志比较坚定的黄兴也表示，如果经费无着，议和不成，“自度不能下动员令，惟有切腹以谢天下”。

妥协潮流冲击着孙中山。

当时各方面的舆论几乎没有不赞成议和的，南京政府从中央到地方，从派系到政界，差不多都是“坐南朝北”，认为只有利用袁世凯推翻清政府才于革命有利。临时政府内部的立宪派和一些官僚政客根本无心革命，他们与袁世凯里应外合，大肆宣扬南北议和、南北统一。革命党内的妥协退让的声浪日益高涨，争权夺势的风气愈演愈烈。胡汉民回忆说：“先生始终不愿妥协，而内外负重要责任之同志，则悉倾向和议……余集诸人意见，以陈于先生。先生此时，亦不能不委曲以从众议。”

与此同时，帝国主义国家在外交上不承认新生的共和国，在经济上不

给予任何援助，相反施加种种压力，表示中国如果“内乱”不止，即要派兵干涉，以逼迫孙中山尽快与北方议和。

在内外压力的逼迫下，孙中山一筹莫展，只得作出让步。最终同意南北双方达成协议：孙中山辞去临时大总统职务；袁世凯宣布赞成“共和”并且逼迫清帝退位。

1912 年 2 月 22 日，清朝末代皇帝溥仪宣布退位。第二天，袁世凯表示承认“共和为最良国体，世界之所公认”，并保证“永不使君主政体再行于中国”。

2 月 14 日，孙中山向临时参议院提出辞呈，并推荐袁世凯以代之。

为了防范袁世凯背叛共和国，孙中山在提出辞呈的同时附有 3 个条件：第一，临时政府设立于南京，为各省代表所议定，不能更改；第二，俟参议院举定新总统亲到南京就任之时，大总统及国务各员乃行解职；第三，临时政府约法为参议院所制定，新总统必须遵守颁布之一切法制章程。

2 月 15 日，临时参议院选举袁世凯为中华民国第二任临时大总统。

使孙中山感到万分痛心的是，他所采取的防范袁世凯的措施，根本无法实施。

民国的首都必须设在南京，以牵制袁世凯的野心，这是孙中山力争的。但袁世凯不愿为自己设置任何障碍，所以坚持不去南京就职。为了寻找借口，他密令其嫡系部队在北京制造了 2 月 29 日的“兵变”，向南方革命党人表明北京离不开他。

孙中山察觉到“兵变”的阴谋气息，宣布要出兵北上平乱，但列强纷纷宣布调兵入京，制造紧张气氛。一些革命党人、立宪派和旧官僚也主张袁世凯在北京就职。上海的十多家报纸联名致电孙中山，主张建都北京。孙中山没有料到，他所坚持的主张竟会引来如此多的反对之声，而支持他的人却寥寥无几。

孙中山感到孤立无助，只得再次妥协，同意袁世凯在北京就职，同意将临时政府迁往北京，条件是袁世凯必须举行宣誓就职的仪式，以此作为维护民主共和的最后一道防线。也许有人认为，既然民国大权已经让给了袁世凯，坚持这种形式上的东西又有何用？孙中山却有不同的见解。他在《孙文学说》中对此作了详细的解释：

> 当建元之始，予首为宣誓，而就总统之职，乃令从此凡文武官吏军士人民，当一律宣誓，表示归顺民国，而尽其忠勤；而吾党同志悉以此为不急之务，期期不可，极端反对，予亦莫可如

何，姑作罢论。后袁世凯继予任总统，予于此点特为注重，而同人则多漠视。予以有我之先例在，决不能稍事迁就。而袁氏亦以此为不关紧要之事也，故姑惟予命是听，于是乃有宣誓服膺共和，永绝帝制之表示也。其后，不幸袁氏果有背盟称帝之举，而以有此一宣誓之故，俾吾人有极大理由以讨伐之，而各友邦亦直我而曲彼，于是乃有劝告取消之举。倘当时袁氏无此信誓，则其称帝之日，民党虽有抵抗，而列强视之，必以民党愚而多事；而必无劝告之事，而帝制必不取消，袁氏或不致失败。何也？盖袁氏向为君主之臣仆，而不主张共和者也。而民党昧然让总统于袁，已自甘于牺牲共和矣。既甘放弃于前，而又争之于后，非愚而多事乎？唯有此信誓也，则不然矣，故得列强之主张公道，而维持中国之共和也。则此观之，信誓岂不重哉！

3 月 10 日，袁世凯在北京宣誓就任临时大总统。

袁世凯就任临时大总统后留影

4月1日，孙中山正式辞去临时大总统职务。他在辞职书中表示：“本总统今日解职，并非功成身退，实欲以中华民国国民之地位，与各国民之力量，与四万万人协力造成中华民国之巩固基础，以冀世界之和平。”

4月2日，临时参议院通过决议：中华民国临时政府迁往北京。

至此，南京临时政府夭折，辛亥革命宣告失败！

孙中山是一个真正的资产阶级革命家，他对出任临时大总统时所可能遇到的风险并不回避，毅然到南京就职。但他不能不受到弥漫在革命队伍里的那种并不想彻底革命，主张把总统职位让给袁世凯的妥协思潮的影响。他在就职后即致电袁世凯，表示自己只是“暂时担任”组织临时政府之责，并说：“文虽暂时承乏，而虚位以待之心，终可大白于将来。望早定大计，以慰四万万人之渴望。”这样，一方面孙中山把自己置于“过渡”性人物之地位，一方面又有中外反动势力的逼迫，拱手交权就势所必行。

孙中山后来在1921年8月给苏俄外交人民委员契切林的信中，承认将政权交给袁世凯是自己犯了“一个巨大的政治错误”。他无不沉痛地写道：

> 我的政治事业，在1911年10月开始并迅速普及全国的革命中获得了自己决定性的表现。革命的结果，是推翻了满清并建立了中华民国。我当时被选为总统。在我就职后不久，我便辞职让位于袁世凯，因为我所完全依赖的一些朋友们，在当时比我对中国内部关系有更确切的知识，他们以袁世凯得外国列强信任、能统一全国和确保民国的巩固来说服我。现在我的朋友们都承认，我的辞职是一个巨大的政治错误，它的政治后果正像在俄国如果让高尔察克、尤登尼奇或弗兰格尔跑到莫斯科去代替列宁而就会发生的一样。袁世凯很快就开始了恢复帝制的勾当。[13]

辛亥革命失败了！孙中山失败了！虽然国家的招牌换成了民国，虽然皇帝换成了大总统，中国却依然是在帝国主义列强统治下的半殖民地半封建社会，他所预想的“中华民国将永久存在”，并“为新中国开一新局面”的美好前景没有实现，革命党人所应承担的反帝反封建的任务没有完成。

辛亥革命失败的教训是深刻的。中国国民党第一次全国代表大会曾这样总结说：

> 曾几何时，已为情势所迫，不得已而与反革命的专制阶级谋妥协。此种妥协，实间接与帝国主义相调和，遂为革命第一次失

败之根源。夫当时代表反革命的专制阶级者实为袁世凯，其所挟之势力初非甚强，而革命党人乃不能胜之者，则为当时欲竭力避免国内战争之延长，且尚未能获一有组织、有纪律、能了解本身职任与目的之政党故也。使当时而有此政党，则必能抵制袁世凯之阴谋，以取得胜利，而必不致为其所乘。夫袁世凯者，北洋军阀之首领，时与列强相勾结，一切反革命的专制阶级，如武人、官僚辈，皆依附之以求生存；而革命党人乃以政权让渡于彼，其致失败，又何待言！[14]

辛亥革命的失败唤醒了革命党人，也教育了革命党人。以孙中山为首的先进分子，从失败的阴影中走出，又开始为维护共和而进行新的革命斗争。

辛亥革命的失败预示着中国人民的反帝反封建斗争将要进入一个新的阶段，将会在更高的水平上、更广阔的舞台上继续展开。

注　释

1. 《复翟里斯函》，《孙中山全集》第 1 卷，中华书局 1981 年版，第 47 页。

2. 《孙中山全集》第 6 卷，中华书局 1985 年版，第 229 页。

3. 《孙中山全集》第 1 卷，中华书局 1981 年版，第 19 页。

4. 冯自由：《革命逸史》第 2 集，第 149 页。

5. 《孙中山全集》第 6 卷，中华书局 1985 年版，第 237 页。

6. 史扶邻：《孙中山之谜》，第 469—470 页，转引自［美］韦慕廷：《孙中山——壮志未酬的爱国者》，中山大学出版社 1986 年版，第 19—20 页。

7. 《临时政府公报》第 1 号，南京大总统府印铸局 1912 年编印。

8. 袁希洛：《临时大总统就职典礼见闻》，《中山先生轶事》，中国文史出版社 1986 年版。

9. 参见耿伯钊：《孙中山先生生活片段》，《孙中山生平事业追忆录》，人民出版社 1986 年版，第 217—218 页。

10. 《列宁选集》第 2 卷，人民出版社 1972 年版，第 163—164 页。

11. 《列宁选集》第 2 卷，人民出版社 1972 年版，第 424 页。

12. 《列宁选集》第 2 卷，人民出版社 1972 年版，第 424—429 页。

13. 中共中央党史研究室第一研究部编：《共产国际、联共（布）与中国革命档案资料丛书》第 2 卷，北京图书馆出版社 1997 年版，第 51 页。

14. 荣孟源主编：《中国国民党历次代表大会及中央全会资料》上，光明日报出版社 1984 年版，第 11—12 页。

二 雄风不减

1. 卸任的大总统

孙中山就要告别南京了。这个他曾寄予无限憧憬的地方，如今成了他的伤心地。不过，孙中山并不十分留恋共和国总统的位子，因为有更重要的事情等着他去做。

孙中山是怀着一腔的抱负离开南京的。

1912 年 4 月 1 日，孙中山在南京饯别同盟会会员时，向他们阐述了自己未来的奋斗目标。他说："今日满清退位、中华民国成立，民族、民权两主义俱达到，惟有民生主义尚未着手，今后吾人所当致力的即在此事。"

孙中山将要致力于民生事业，"平均地权"、修筑铁路、筹措资本以发展实业，以实现三民主义的最后一个主义"民生主义"。

4 月 3 日，孙中山以一个普通国民的身份，循着他前来就任临时大总统的路，回到上海。

作为一个执政仅 3 个月就放弃中华民国政府最高职位的人，孙中山的高尚情操比以往任何时候都更令人敬佩。人们没有把他看做一个失败者，而是把他看做一个真正不同凡响的人、一个大公无私的革命者、一个具有坚定信念的爱国者。

确实，孙中山是怀着一腔从事伟大事业的热情离开南京的。

孙中山没有在辛亥革命这块光荣的里程碑前停下前进的脚步。他清醒地认识道："满清的逊位，并非中国的完全得救。在我们的面前，尚有大量工作必须完成，俾使中国能以伟大强国的身份与列国并驾齐驱。"[1]

孙中山一到上海，便在同盟会机关发表演说指出：解职并非是功成身退，清帝退位意味着民族、民权两主义俱已达到，唯有民生主义尚未着手，因此，解职以后，尚有比政治更紧要的事要做，这就是宣传和实现民生主义，要继续为巩固中华民国，图谋民生幸福而奔走呼号，为使中国人民永远过着幸福生活而努力奋斗。[2]

4 月 4 日，孙中山与上海《文汇报》记者谈话时说："政治革命虽告成，犹未能谓余之目的已达也。"4 月 5 日，他对上海《大陆报》记者说："余生平事业，悉在革命，今幸告成。此后中国将采行社会主义，使国民生计优裕。"

孙中山，这个一心牵持着国计民生的革命者，开始以在野身份，从事于发展实业，使祖国臻于富强的工作。

4 月 17 日，孙中山出席了上海中华实业联合会召开的欢迎会，并被推为会长。他在会上阐发了自己对实业与救国的看法。他说，中国乃极贫之国，非振兴实业，不能救贫。因此，兴实业实为救贫之药剂，为当今最要之策。他非常明白地指出：

> 民生主义非以社会主义行之，不能完全。然此义人多未明，以致有从而反对者，谓社会主义系均贫富。……实行民生主义而以社会主义为归宿，俾全国之人民无一贫者，同享安乐之幸福。[3]

为了宣传民生主义，发展实业，他多次从上海出发，奔赴祖国的大江南北，黄河上下，以及珠江口岸。每到一处，他都要进行访问和参观，宣传民生主义和社会革命的主张以及建设国家的设想。

孙中山

在此期间，孙中山为全国的百姓留下了许多有口皆碑的美谈。

安徽省安庆市的老百姓永远也不会忘记孙中山在安庆主持焚烧鸦片的活动。

那是1912年夏天的一个傍晚，安庆南门城外水上警察查获英商太古轮船公司一商轮上有大批违禁的鸦片，立即报告安徽警察厅厅长祁耿寰。祁耿寰即令扣留，并报告省长柏文蔚请求处理意见。

第二天，驻安徽省英国领事即提出严重抗议，限24小时之内将原货如数送还，并向该轮船公司道歉。同时，停泊在江心的英国炮舰也卸去炮衣，将炮口对准南门城楼，进行威胁。

柏文蔚等人正在商议对策时，忽接芜湖来电，得知孙中山先生将由芜湖抵达安庆。柏文蔚马上准备快艇前往中途迎接，并将事情的前后经过向孙中山作了汇报，请示办理意见。

这时，安庆城内已发生极大恐慌，谣传都督已逃，英舰即将开炮。都督府和行政公署的办公人员除少数人外，大都待在家里，迟迟不敢上班，大有岌岌不可终日之势。

中午12时，传来孙中山将亲自主持焚烧鸦片的消息，人们不约而同地从四面八方来到长江边观看。长江两岸，男女老少约万人挨肩叠背，静立江岸，等候孙中山的来临。

午后1时左右，孙中山乘坐的“江宽”号轮船抵达安庆，顿时军乐大作，万众欢呼。

孙中山下船后，站在南门城外刚刚搭好的台子上，发表了慷慨激昂的演说。他历述鸦片战争、五口通商以来，帝国主义者所采取的殖民政策给中国人民带来的灾难，揭露侵略者侵夺中国人民的权益，并贩运毒品，残害同胞70年的累累罪行。

正在这时，长江中的英国炮舰开始升火，群众以为它准备开炮，都想抽身躲避。而孙中山则神色不动，精力愈奋，嗓音愈高，群众莫不为之感动，顿时勇气大增，继续站立着听孙中山演讲。

孙中山演讲完毕，祁耿寰也已指挥军警将查获的鸦片堆积在江岸，并架起了干柴，洒上汽油。孙中山一声令下，顿时火光闪耀，烟雾弥漫。再看英国军舰，此时已调转轮身，向下游而去。

孙中山要登轮而去了，群众依依不舍地挥手告别。

孙中山此次主持焚烧鸦片，使人们回想起了近百年前林则徐焚烧鸦片烟的壮举，便流传下来这样一首诗：

百年相望正遥遥，
一炬重将毒物烧；
夹岸万人齐抚掌，
笑看敌舰已惊逃。[4]

福建师范大学一位叫做钱履周的老教授，生前曾多次对人谈到孙中山先生在福州反对称“万岁”的故事。

那是在1912年4月20日，孙中山从上海乘“联鲸号”军舰抵达福州。当军舰到达码头后，时任福州都督孙道仁急忙上船迎接，请孙中山换坐甲板船到市区南台登岸。

没想到孙中山一脸的不高兴，而且不肯下船。他对孙道仁说：“刚才江面小船上有‘欢迎孙大总统’、‘孙大总统万岁’的纸旗，太不成话。共和国的总统卸任就是平民，怎么还可以称总统？至于‘万岁’，本是封建专制皇帝硬要手下的官民称他的，我们革命的先烈为了反抗‘万岁’，牺牲了多少头颅？流了多少血？我如接受这个称呼，如何对得起这许多先烈呢？如不取消，我不能熟视无睹，我不下船！”

孙道仁一听，急忙叫随行人员立即行动，把小船上的纸旗都改写为“欢迎孙中山先生”。孙中山这才出舱，换乘甲板船进城。[5]

孙中山任大总统期间因怕触怒地主阶级反满派和资产阶级立宪派，闭口不谈民生主义和平均地权，现在他卸任了，可以毫无顾忌地宣传自己的主张了。这对于孙中山来说，无疑是一种精神上的解放！他以充满热情的语言，号召大家精诚团结，万众一心，建设新民国，赶上和超过欧美国家。

孙中山根据他在欧美时的感受，认为振兴中国的主要之途在于发展实业，而建筑铁路则是发展中国财源的第一要策。他说，美国没有铁路时也像中国一样贫困，但向外国借钱，修了20万英里铁路后，成了世界上最富的国家。因此，中国应仿效美国。由于中国的面积是美国的5倍，所以要修100万英里的铁路，才能成为世界最强大的国家。他还信心百倍地断言：此目标可在10年内达到！

孙中山开始专心致志地筹划铁路建设。他以一种刻不容缓的口吻一再向人们表示：“我的志愿是急进地开始我的建设事业，开始建筑我所计划的中国铁路系统。”

从6月下旬起，孙中山与黄兴开始商议中国铁路建设的具体计划。

一位澳大利亚记者向人们讲述了他在孙中山首次披露铁路计划时的感

受。他这样写道：

孙中山带了一幅约6英尺见方的大地图，当他把它摊在地板上时，我看到一个最令人信服的证据：他不仅是个狂人，而且简直是个疯子。他不因地形上的种种阻隔而气馁，只是握着画笔，在地图上尽可能地用铁路线填满各个省区和属地（包括蒙古）。说他疯了，不是因他在地图上画线，因为只要有钱和充裕的时间，他所画的每一条铁路线，哪怕更多，都可建成，而是因为他竟天真地认为，画了这些铁路线，外国资本家就会给他足够的钱，在5至10年内把这些铁路全部建成！

对于孙中山来说，重要的事情首先在于要有一个铁路建设计划。为此，他与黄兴废寝忘食，终于精心绘制出一幅雄伟的中国铁路建设蓝图。这个蓝图现在看来都令人惊叹：

建三条沟通全国的主要铁路干线。南路：起点于南海，由广东而广西、贵州，走云南、四川间，通入西藏，绕至天山之南；中路：起点于扬子江口，由江苏而安徽，而河南，而陕西、甘肃，越新疆而达于伊犁；北路：起点于秦皇岛，绕辽东，折入蒙古，直穿外蒙古，以达于乌梁海。

孙中山认为，这三条铁路线有四大优点：

（一）地理。我国南北干线已有规划，而东西干线尚无规划，如有此三线，全国即可联络为一。

（二）种族。三线皆纬线斜行，包括西北两部五族交通，种族易于同化。

（三）殖民。西北交通可实行东南移民政策，且交通便利，则资本家自然愿意投资，劳动力自然可远出做工，可收无形殖民之效。

（四）海道。三路纬线其起点皆得独立出海口，可补原有铁路多平等线，而无独立出海口之缺，且水陆运输易于联络。

为了能够使自己的规划早日实现，孙中山担任了中华民国铁道协会会长。

这个铁道协会是由南京临时政府交通部批准，由徐应庚等人组织的，其宗旨为指陈铁路利弊，监察铁路行政，力图铁路发达，统一铁路政策。1912年7月17日，经协会办事处投票，选出孙中山为会长、黄兴为副会长。

7月22日，中华民国铁道协会在上海张园召开大会。参加会议的人达

1000 余人，孙中山以会长的身份出席会议并发表演说。他指出："今日之世界，无铁道无以立国，中国地大物博，如满洲、蒙古、西藏、新疆等处皆是殷富之区，徒以无铁道，故全国不能受其利益。"他强调了铁路对国防的重要性，认为帝国主义疯狂掠夺中国路政，争相在中国划分势力范围，就是为了控制中国的经济命脉。因此，"中国能自营铁路，中国可以保存；中国不能自营铁路，中国必致瓜分。"7 月 29 日，在铁道协会会议上，孙中山发表了他的铁路政策，并出示了他精心绘制的铁路地图，详细解说了他的筑路方针及其利弊所在。会议决定出版机关报——《铁道》月刊，孙中山和黄兴当即捐出 2500 元作为办刊经费。刊物在 1919 年 10 月 10 日出版创刊号，孙中山亲笔题写了"铁道"二字。

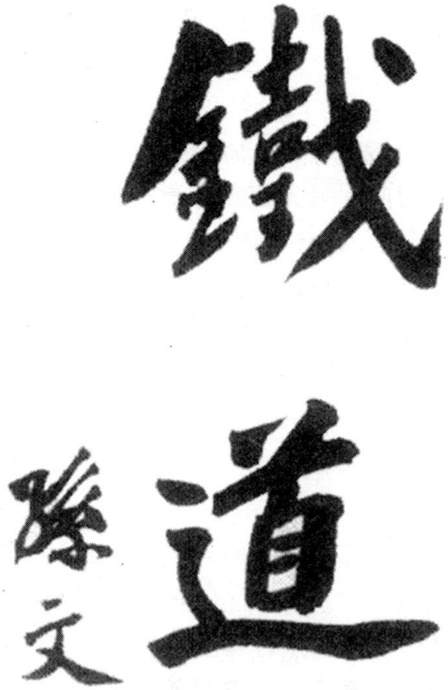

孙中山为《铁道》杂志题字

2. 与袁世凯会晤

1912 年，一心扑在铁路建设上的孙中山，设想去北京一趟，以争取他的铁路计划能得到参议院的赞同和政府的特许。

恰在此时，被宋教仁所提倡的“政党内阁”① 搞得焦头烂额的袁世凯，想借重孙中山、黄兴的威望，巩固自己的统治，便一再邀请孙中山北上，会商国家的内政纲领。8 月，袁世凯派程克、张芳赴沪，敦促孙中山和黄兴迅速北行。

这时，革命党人因袁世凯阴谋杀害张振武、方维，认为袁世凯并非真心共和，力劝孙中山和黄兴不要北上。孙中山便要黄兴暂留，由他先行，并对劝他的人说：“无论如何不失信于袁总统，且他人皆谓袁不可靠，我则以为可靠，必欲一试吾目光。”他还说：“去是我的责任。因张振武的无故被杀，内战可以因此而起。我们必须保持中华民国的统一。倘使我不到北京去，国民都要以为我惧怕袁氏。倘使我去，国民都要想，我是保护他们利益的。”

8 月 18 日，孙中山偕居正、魏宸组等 10 余人自上海启程前往北京。

对于即将与袁世凯的会面，孙中山是有一定心理准备的。

8 月 23 日，孙中山在塘沽接受了记者采访问。他与记者有这样一段对话：

> 记者问：先生在津可稍住否？
>
> 先生曰：然。
>
> 记者问：先生北上之用意。
>
> 先生曰：予此次北来之意，不外调和南北感情，巩固民国基础。至于外交、财政、内政各事，若袁总统有问，余必尽我所知奉告袁总统，以期有所裨补。如袁不问及，余亦不便过问。
>
> 记者问：先生之铁道政策如何？
>
> 先生云：余之来意，尤在振兴实业，但欲振兴实业，必自修铁道入手。余意全国铁道当有全国大计划，但此计划须俟政府之政策决定及得参议院之同意，始能决定。余意如国民全体不尽赞同，得数省同意，亦可就数省开办。
>
> 记者又问：资本金之筹划政策。
>
> 先生云：如国民有力担任，自应由国民兴办；如国民无力担任，只好大借外债兴办。但借债必须有最良之条件，不至如前清

---

① 宋教仁认为，中华民国的成立标志着民主政体已经确立，余下的任务就是通过政党的合法活动，来掌握国家的政治权力。于是，他积极联络政见相近的其他政党，企图通过合法的竞选活动，争取议会多数，重新组织“责任内阁”。

> 时之损失权利。总之，铁道政策为中国近日最要问题，无论政府、议院意见如何，余必尽力提倡此事。[6]

当天下午6时，孙中山一行抵达天津，袁世凯派范源濂、刘揆一为代表到码头迎接。当船抵码头时，岸上人均欢呼“中国第一伟人孙中山万岁!”“中华民国万岁!”等口号。军乐队奏乐，警察也鸣枪致敬，孙中山乃脱帽答谢。

8月24日下午5时35分，孙中山一行到达北京。

袁世凯按国家元首的待遇接待孙中山。有记者描述了当时的盛况：

> 孙逸仙由丰台乘火车来京时，沿途有重兵严密防卫。北京车站月台欢迎孙君者，计达数千人。内有军乐一班及广东会馆与各政党之代表，及袁总统之代表梁士诒、蔡廷康二人，赵秉钧则为招待员。此外，尚有海军总长刘冠雄及梁孟亭，并有其他各大员，又有公使馆外人，及各报馆代表暨平民人等均伫立月台。车抵车站，供张极盛。孙君既下火车，群众均高呼扬帽，以表欢迎之意。军乐齐奏，耳鼓洋洋，旋导孙君乘一极灿烂之马车，金漆朱轮，驾以白马。车内则衬以黄缎，马车乃由一华丽之彩棚驰过，径赴外交部公署。其前导则有马车、汽车络绎于道，外交部署门所扎之彩棚，耀目帘，预有敬礼之卫队站立，署内则集有北京之有名之人物甚多。北京各街道均在兵士左右站立，兵士之后，民人环立如者，一若本日为休息日者。众人之面，各带满意之容。此次欢迎之礼，足与袁世凯至京复位之相颉颃。[7]

袁世凯虽表面上对孙中山极力奉迎，但暗地里却安排人监视孙中山。

冯耿光在《孙中山与袁世凯的第一次会见》一文中，对袁世凯要他监视孙中山以及孙、袁第一次会面的情景，作了十分生动的描述：

> 孙中山到北京的前二天，袁世凯就约我到铁狮子胡同老陆军部去见他。袁说：“孙中山先生要来了，你知道吗？我有意思请你替我招待招待。”我说：“你为什么不请招待处黄大礼官招待？”袁说：“我希望你多留心一下，他见客说什么话，他有些什么举动？”我当时心里想让我做密探，我确实是既做不来，也很不愿

做，就回复他说：“这事恐怕我无以报命，岂不反而于事有误？”他说：“你看着做吧！”听他口气是一定要我做，我也就唯唯诺诺而退。

孙中山在那天一早到达北京，下车后即到迎宾馆，即当时外交部街的老外交部。那时，大礼官黄开文在那里主持接待，……黄说，总统已要到来，就近门口了。孙中山乃由客厅步行出来，站在台阶口准备迎接。这时就听到马队飞驰而过，大门外已经停下一部双马轿车，车旁站好五六个侍卫武官，黄开文开了车门，对袁说：“先生在台阶上面专诚迎接总统了。”袁一向上下车皆需侍从搀扶，这时他摆手示意不要搀扶，自己硬挣着走上台阶，表示步履轻健的样子，走到台阶的最高两级他步趋慢了下来，孙走前二步，前来握手，两人一面说一面到内客厅中间坐下。

……

袁世凯面上显示着很庄敬，身穿军服，佩刀。当时军礼，室内待宾，须脱帽并摘下佩刀。袁或因当天过于兴奋，又相当紧张，致将礼节忘记。他平素有搔头的习惯，常常以手搔鬓，因此有人说他“猢狲象”。落座以后，袁照常搔鬓，因手触帽，忽觉自己未曾脱帽摘刀，于礼颇有未合。这时见他用手解摘佩刀，而佩刀因座位甚低，拄在腰间撑得很紧，一时解摘不下，才慢慢用左手把军帽脱下。袁这动作为时虽然不久，而袁又故作镇静，但他局窘不安的神情，完全表露出来，与孙谈话陷于寒暄支吾。我起初预料“国内双雄初见，必然各抒韬略”，借此相互领略胸襟，不料他们言之无物，尽属酬应之词，于此我亦大失所望。

……

孙中山在京逗留约一星期有余，袁嘱我等陪孙共谒明陵，游居庸关，至张家口。袁每天都召我到府里，问询孙的举止语言，也无非都是关山即景的闲话，因此，我就简要地回对，而他总是问：“他还说些什么话？”我实在听不到什么，因此也就据实回说，看来袁对此很不高兴。[8]

孙中山到京后的第 3 天，袁世凯举行了欢迎宴会。

在宴会上，袁世凯致辞说：“孙君创立民国，功绩赫赫，垂名后世。予不肖承乏其后，窃虑堪其任，今夕相会，益当为民国努力，勿背孙君初

志。”言毕，他热情洋溢地举杯高呼：“孙中山先生万岁！”

孙中山在致答词时说：“文久居海外，于国内情形或有未尽详悉之处，如有所知，自当贡献。惟自军兴以来，各处商务凋敝，民不聊生，金融滞塞，为患甚巨。挽救之术，惟有兴办实业，注意拓殖，然皆恃交通为发达之媒介，故当赶筑全国铁路，尚望大总统力为赞助，早日观成，则我民国前途受惠实多。”[9]

袁世凯表面上对孙中山毕恭毕敬，背后却要起了不可告人的勾当。据袁世凯的亲信张国淦在日记中这样记载：

> 中山到京后第三天，袁世凯在迎宾馆设筵为盛大欢迎，到者四五百人。……入座后说了一些普通客套话，吃过一个汤，第二个菜方送上来，便听到西南角上开始吵嚷，声音嘈杂，说的都是“共和是北洋之功”，随着又骂同盟会，认为是“暴徒乱闹”。随着东南角也开始响应，并说“孙中山一点力量也没有，是大话，是孙大炮”、“大骗子”。这时两排军官都已经站了起来，在吵嚷的同时，还夹杂着指挥刀碰地板、蹬脚和杯碟刀叉的响声，但都站在自己的座位上呼喝乱骂。中山态度还是从容如常，坐在他旁的秘书宋蔼龄等也不理会。仍照旧上菜，只是上的很慢。
>
> 我当时想，袁或段（陆军总长）该说一说，你们不能胡闹，但他们始终没作声。闹了有半小时左右，似乎动作很有步骤，从当时的情形看，显然是预先布置好的。起头的是傅良佐等，想在吵闹时等中山或他的随员起而答辩，便藉机由北洋军人侮弄他一番。但出乎意料的是，中山等始终没加理睬，若无所闻。筵宴终了，孙、袁同到厅旁休息室，厅内便又大乱起来，北洋军人离开座位，肆意乱吵，非常得意，很久才逐渐散去。
>
> 中山来京时，我每天在上下午国务院办公后都到迎宾馆，经过这一场的第二天，我到他那里向他表示：北洋军人都是老粗，程度太不够。但中山先生却仍和往常一样，并对我说，这没什么关系，态度丝毫没变。[10]

孙中山在北京逗留了将近 1 个月，与袁世凯会谈 13 次，内容涉及军事、外交、财政、交通、实业等方面。袁世凯对孙中山的每一项主张，都表示赞同。通过谈话，孙中山显然对袁世凯产生了好感。

据上海《民立报》8月27日报道："孙中山是日到京初见袁世凯，寒暄后纵谈今日时局，互摅诚悃，畅谈数小时之久。中山出语人云：'袁总统可与为善，绝无不忠民国之意。国民对袁总统万不可猜疑心，妄肆攻讦，使彼此诚意不孚，一事不可办，转至激迫袁总统为恶云。'"

9月4日，记者黄远庸采访了孙中山。谈话记录中有一段是这样的：

问：究竟先生对于袁总统之批评何如？

答：他是很有肩膀的，很喜欢办事的，民国现在很难得这么一个人。

问：他的新知识、新思想恐怕不够么？

答：他是很清楚的。像他向来没有到过外国的人，能够这么清楚，总算难得的。

问：他有野心没有？

答：那是没有的。他不承认共和则已，既已承认共和，若是一朝反悔，就将失信于天下，外国人也是不能答应的。除非他的兵不特能够打胜全国，并且能抵抗外国，才能办到。这是怎么能够的事情？况且现在已令不行于地方，他若改变宗旨，于公有什么利益呢？[11]

孙中山对袁世凯怀有好感，还反映在他在北京的一次演讲中，他说："鄙人之意见，现在政治之事，已有袁大总统及一般国务员担任。鄙人从此即不厕身政界，专求在社会上作成一种事业。"

孙中山过于相信袁世凯。他向袁世凯表示，支持袁当10年总统，练精兵百万；而他自己则不再谋大总统候选人，不再厕身政界，10年不干预政治，专求在社会上作成一种事业，建设铁路。

9月6日，孙中山电召黄兴进京，说袁世凯没有什么可怀疑的地方，他和袁世凯在实业计划、国防、外交等方面，所见略同。希望黄兴速速到京，以共商大计。在孙中山的召唤下，黄兴于9月11日来到北京。

袁世凯巴不得孙中山不问政治，安心实业，便任命他为全国铁路督办。稍后，又任命黄兴为川粤汉铁路督办。

9月9日，孙中山正式接受袁世凯的任命，立志要在10年内修筑20万里铁路，使中国全境四通八达，成为全球第一强国。对此，孙中山的解释是："愚见拟于十年建筑二十万里铁路，在旁人乍听之，不免诧异。若以最浅近最简单之法言之，则人人共晓。譬如十人筑路，一年可成一里，

则二十万人一年可筑两万里，二百万人一年可筑二十万里矣。以中国四万万人计之，能当路工者，岂止二百万人乎！……期以十年，则范围更宽，其成功可操左券。”[12]

孙中山是怀着一种满意的心情离开北京的。

回到上海后，孙中山一次演讲中称袁世凯甚有肩膀，其头脑亦甚清楚，见天下事均能明澈，而思想亦很新，又有经验和手腕，是治国理政的人才，他助袁世凯当总统，看来并没有错。

尽管孙中山对袁世凯有着良好的印象，但他的警惕性并没有完全放弃。不久，他在对石家庄商会发表演说时强调：什么是专制国家？什么是共和国家？专制国家好比一个私人铺子，掌柜的是替东家管事的，赔赚是东家的。共和国家好比一个公司，经理是替各股东负责的。中华民国就是像一个公司，全国人民都是股东，人人都是有份的，总统就是我们的经理，不好我们有权撤换。

3. 实业救国之梦

孙中山把主要精力投入到了铁路建设上。

对于一个长期从事革命活动的人来说，要改从专业性很强的铁路建设，并非易事。但孙中山不怕困难，他积极钻研有关铁路建设的工程资料，着手筹建组织机构，规划铁道建设。

1912 年 9 月 6 日至 8 日，孙中山亲赴张家口视察了由詹天佑主持修建的京张铁路。他对由中国工程师设计、由中国人自己筹款修成的这条铁路给予了高度赞扬，为中国人民的独立自主精神而感叹。

此后，孙中山先后到太原、石家庄、山海关、天津、济南、青岛等地，视察了华北的京奉、津浦、胶济、正太铁路和沿途的工厂。

10 月 3 日，孙中山返回上海，即着手筹备中国铁路总公司，聘请王宠惠为顾问，徐谦为秘书，并拟定了《中国铁路总公司条例草案》。

10 月 10 日，孙中山为上海英文《大陆报》撰写了《中国铁路计划与民生主义》一文，阐述了他对中国铁路建设的宏伟设想，并提出筑路办法有三：一是利用外资；二是集中外人之资本，创设铁路公司；三是任外国资本家建筑铁路，但以今后 40 年归还该项路线于中国政府为条件。他认为其中第三条最好，因为中国贫穷，利用外资修筑铁路是最好的办法。

10 月下旬，孙中山又不辞辛劳，到南京、安徽、江西、浙江视察了沪宁、沪杭、南浔等铁路。所到之处，他皆发表演说，宣传修筑铁路的好处，指出只有大修铁路，才能推进实业建设，使我国尽早摆脱贫穷落后的境况。

11 月 14 日，中国铁路总公司在上海正式成立。总公司下设铁路督办办事处，进行统筹安排。

11 月 25 日，在上海各界欢宴会上，孙中山对筹款修铁路问题发表见解说："中国无款办路，必须输进外资。美国铁路布满全国，其期仅十年，经营之始亦大借外款，始能成就。故借债办路问题，无所用其疑畏。"同时，他提出借款要以维护国家主权为前提，并规定了三条原则：不失主权、不用抵押、利息甚轻。[13]

至于具体的筹款方法，孙中山设想为三种：一是与外国订立合同贷款，自行修筑；二是订立招股章程，成立中外合办公司，招股修筑；三是批给外国人修筑，期满或一定期限后，由我方采取有偿或无偿方式赎回，收归国有。

会后，孙中山拟定《中国铁路总公司条例草案》9 条，在 12 月上旬派王正廷、徐谦送北京参议院审议。但交通部以该草案包括广泛，权限过大，对原案大加修改，定为 13 条，以提交国务院、参议院审议通过。孙中山对此大为不满。

1913 年 1 月 12 日，孙中山致电北京政府，建议修一条贯通蒙藏的铁路，并说"现已以个人名义向某国公司商借巨款，俟借妥后，即赶速兴办"。但北京政府未予批准。

7 月 12 日，孙中山在上海发动二次革命兴兵讨袁。袁世凯遂下令撤销孙中山全国铁路督办职务，中国铁路总公司事权暂交交通部执行；并下令驻美公使登报声明，凡孙中山所订合同一概无效。

至此，孙中山创办的中国铁路总公司还未来得及修筑一寸铁路，便被扼杀。孙中山自卸任临时大总统职务后一直魂牵梦绕的铁路建设，就这样成为他终生难以实现的憾事。

在孙中山的主观愿望上，他渴望祖国独立富强，能与世界各国平等相处，但他把这一希望完全寄托在依靠列强的外援上；他追求中国政治安定，却把政权交到根本不可靠的袁世凯手上，设想以自己的隐退来换取共和民国的巩固。这些善良的愿望终究也只是能愿望而已。

在铁的事实面前，孙中山终于又拿起了与封建势力拼搏的武器。

孙中山与欢迎代表在张家口车站合影

注　释

1. 《孙中山全集》第2卷，中华书局1982年版，第230—231页。

2. 参见《孙中山全集》第2卷，中华书局1982年版，第319页。

3. 参见《孙中山全集》第2卷，中华书局1982年版，第339—341页。

4. 参见刘天囚：《中山先生在安庆烧鸦片烟的故事》，《孙中山生平事业追忆录》，人民出版社1986年版，第231—232页。

5. 参见周秉恒：《孙中山反对称"万岁"》，《团结报》1984年1月14日。

6. 上海《太平洋报》1912年8月28日。

7. 《路透社电讯》1912年8月25日。

8. 《上海文史资料》第15辑。

9. 上海《申报》1912年8月29日，《欢迎孙中山抵京再记》。

10. 《近代史资料》1955年第4期。

11. 黄远庸：《远生遗著》第2卷，上海商务印书馆1927年版。

12. 梁上栋：《总理民元视察太原追忆》，《国父九十诞辰论文集》，台北1955年版。

13. 《民国政府成立后借款筑路之利益》，《国父全书》，台北1963年版，第494页。

三　风雨如晦

1. 改组同盟会

辛亥革命之后，同盟会这个曾经的革命组织，便由于敌人的分化、拉拢以及内部的争权夺利、勾心斗角而逐渐涣散、分裂，主要领导人各自为政。

处于涣散状态的同盟会，只是在孙中山回国前，在上海发表了一篇宣言，一方面表示同盟会革命不是为了做官当权，一方面表示要继续革命，建立民国。对武昌起义后的形势和同盟会将起什么作用，没有作出任何具体的设想。

1912 年孙中山辞去大总统后，就不再过问同盟会的事务。同盟会中的军事领袖黄兴因为军饷缺乏，于 6 月 14 日自动撤销自己担任的南京留守的职务，强行遣散了南京临时政府的军队。

作为同盟会实际负责人之一的宋教仁，所抱的政治主张是摆脱同盟会，另组新党，成立政党内阁。他以为只要通过政党的“合法”活动，在国会里面争取多数，就可以掌握到实际权力，就能实现资产阶级共和国的方案。

为了实现自己的政治抱负，宋教仁开始积极活动。他以同盟会为基础，将官僚政客组成的统一共和党、国民公党、国民共进会、共和实进会四个小政党合并，改组而为“国民党”。

1912 年 8 月 25 日，即孙中山到北京会见袁世凯的第二天，国民党成立大会在北京虎坊桥湖广会馆召开。孙中山出席了大会，并被推行为理事长，黄兴、宋教仁、王宠惠等为理事，胡汉民等 29 人为参议，还有名誉参事 7 人和各部干事 300 余人。许多国会会员，内阁成员，各省代表和长官，均被列名为党员或干事。国民党实际上成为一个各色人等的大杂烩。

国民党党纲是：一、保持政治统一；二、发展地方自治；三、厉行种族同化；四、采用民生政策；五、维持国际和平。这个纲领虽然在一定程度上仍保持了同盟会纲领的革命性，但把具有战斗精神的民族主义改为种族同化，把同盟会时期的力谋国际平等改为维持国际和平，取消了男女平权的主张。与同盟会相比，国民党的革命性已大大减弱。

孙中山对将同盟会改组为国民党并不满意，在 9 月 4 日的国民党理事会上表示：“余决意从事实业，脱离政界之关系，且行止无定，实不能当，理事长请诸君另举他人。”[1] 不久，他委托宋教仁为代理理事长，自己则专

心致力于铁路建设事业了。

宋教仁一向对西方资产阶级的议会政治和政党内阁比较倾慕，他认为以秘密革命政党领导武装斗争的时期已经结束，将同盟会改为公开的政党，扩大组织，形成议会中的第一大党，从事国会竞选和争取组阁的活动，以削减总统权限，这样就可以建设改良的政治。追随他的人不在少数，他们认为“政党内阁是只铁笼，可以关住袁世凯这只猛兽”。

宋教仁

为了实现“政党政治”，宋教仁开始积极活动。他向人们宣传自己的政见时说：“以前，是旧的破坏时期；现在，是新的建设时期。以前，对于敌人，是拿出铁血的精神，同他们奋斗；现在，对于敌党，是拿出政治的见解，同他们奋斗。”

袁世凯任临时大总统后，一方面继续清政府的对外妥协政策，一方面加强他的独裁统治。这样，主张政党政治，坚持以竞选得胜来组阁，对总统权力加以限制的宋教仁，就成了袁世凯嫉恨的主要对象。

宋教仁认为袁世凯是一个“狡诈绝伦的奸雄”，要控制这样一个人，只能靠一个强有力的内阁。他说：“民主国家的主权在国民，国民的代表是国会。国家的政务，完全由内阁处理；而内阁的产生不经国会通过是不行的。总统只是虚君而已，任他如何狡猾，也是作恶不起的。我们党只要好好地控制国会，便能驾驭袁世凯了。”

当宋教仁被孙中山委任为代理国民党理事长后，他便大刀阔斧，雷厉风行地行动起来：在北京设立国民党本部，在各省和海外各埠设立支部，在国内各交通口岸设立交通部。这样，国民党组织很快遍布全国大多数地区和海外一些地区，党员人数也由于迅猛扩展而成为在临时参议院内占有三分之二议席的第一大党。

宋教仁过于相信西方的政党政治能在中国古老而封建的土壤里生根结果。他对党员说：在国会里头，占得大多数议席的党，才是有政治权威的党，所以我们此时要致力于选举运动。他对通过竞选恢复革命党人失去的政权充满信心，说：国民党虽然不曾掌握军权和政权，但只要按照孙中山指示的主义和方向进行，一定能够取得人民的依赖。民众依赖我们，政治的胜利一定属于我们。

当时，孙中山去职下野，致力于铁路建设，黄兴被解除兵权，章太炎转攻革命，一大批昔日的革命党人处于消极彷徨的状态之中。唯有宋教仁仍然以一个民主斗士的姿态，朝气蓬勃地活跃在政治舞台上。

宋教仁的不懈努力并未付之东流。1912 年年底到 1913 年年初，参众两院议员的初选揭晓。在选出的 500 名议员中，隶属于国民党的议员人数高达 338 人。

1913 年 2 月，第一届国会在北京召开。在复选议员时，尽管袁世凯利用金钱和权势，竭力扶持由他所操纵的共和党和民主党，并对国民党议员进行分化瓦解，但国民党仍以压倒多数获胜。在参众两院的 870 个议席中，国民党共得 392 席，占全部议席的 45% 。

袁世凯遭到沉重打击。半年前，他用了很大气力才把内阁控制在自己手里，如今国民党人不仅想把它夺回去，而且还要把它变成束缚自己的工具。展望前景，袁世凯不寒而栗。他对人说：“我现在不怕国民党以暴力夺取政权，就怕他们以合法手段取得政权，把我摆在无权无勇的位子上。”

在国民党人中，袁世凯对于潜心实业的孙中山并不十分在意，而对于在政坛上锋芒毕露的宋教仁却有几分畏惧。他认为宋教仁是国民党的灵魂，是他推行专制的最大障碍。为了拉拢宋教仁，袁世凯放出风去，说准备让宋教仁出任内阁总理。

宋教仁却不理会袁世凯的这一套把戏，对袁世凯的拉拢不屑一顾。他

说："组织内阁必与各国务员负连带责任，若仅更换总理，不能与各国务员一致进行，必不能成一强固之政府，且与国民党政党内阁之党议大相刺谬。"

2. 幡然觉醒

残酷的事实最能教育人。

当孙中山准备超然于政治之外，而专心致志于实业救国之时，由袁世凯策划的一起政治谋杀案使他幡然觉醒，重新又投入如火如荼的斗争之中。

这就是谋杀宋教仁案。

宋教仁决心在中国开一政党政治的新风。他以不懈的奋斗精神，先后到长沙、武汉、九江、上海、杭州、南京等地，沿途发表竞选演说，慷慨陈词，评论时政，宣扬资产阶级政党内阁制，畅谈自己的进步理想和打算。他在国民党湖北省支部欢迎会上发表演说时指出："民国虽然成立，而阻碍我们进步的恶势力还是整个存在。我们要建设新国家，就非继续奋斗不可。"

当宋教仁自己憧憬的美好前景而积极活动时，袁世凯也采取了断然措施。他将对国民党不满的共和党、统一党和民主党合组为一个进步党，以与国民党对抗；又以金钱收买国民党中意志不坚定的党员，以加强自己的力量。最为恶毒的是，袁世凯决定派人刺杀宋教仁。

1913 年 3 月 20 日，宋教仁接袁世凯急电，要他离沪晋京，共商国是。是日晚 10 时 40 分，当他辞别黄兴、陈其美等，步入站台准备搭乘沪宁客车赴京之际，被袁世凯派出的刺客刺杀。3 月 22 日晨，宋教仁不治身亡，时年 31 岁。

宋案发生后，举国哗然，群情激愤，一致要求缉拿和惩治凶手。袁世凯也故作姿态地表示"大为惊诧"，当即致电慰问："岂意众目昭彰之地，竟有凶人敢行暗杀，人心险恶，法纪何在?!"他指令江苏都督程德全和民政长应德闳迅缉凶犯。

经过一个多月的侦查，分别捕获了主谋应桂馨、凶手武士英。从查获的证据中，发现了袁世凯政府总理赵秉钧指使应桂馨暗杀宋教仁的密函。其中内务部机要秘书洪述祖致应桂馨的一份密电中写道：当应桂馨向袁世凯报告赵秉钧密议谋杀宋教仁的"冬电"方案后，袁世凯"阅后颇色喜”，要应桂馨立即按原计划行事。在洪述祖给应桂馨的另一封信中，告诉他正在从向五国银行的借款中支取一笔钱，来酬谢应桂馨杀宋教仁的功劳。

遇刺后的宋教仁

确凿的证据显示出：事件的主犯不是别人，正是袁世凯自己；要犯也正是袁世凯的忠实爪牙、打进国民党和担任内阁总理的赵秉钧。

4月25日，程德全在国人的压力下，被迫将有关材料公之于世。真相终于大白于天下。

宋教仁的死，揭开了袁世凯那层假共和的面纱，显露出其封建暴君的狰狞面目。

宋教仁的死，说明在中国这样一个缺乏民主传统和民主保障的国家中，革命党人放弃武装斗争，以和平手段取得政权的理想是根本不可能实现的。

宋教仁的死，以血淋淋的事实，唤醒了沉溺在政党内阁和实业建设中的资产阶级革命党人，促使他们从对袁世凯的妥协中清醒过来，重新走上

武装革命的道路。

宋教仁的死，使孙中山幡然醒悟。他后来在给友人的信中，曾这样表述自己的思想转变过程：

> 第一次革命，解职推袁，以免流血之祸；张、方[2]之难，身自入都而为之解，宣言十年不预政治，俾国人专心信托之，即东游一月，不啻为袁氏游说也。迨宋案发生，弟始翻然悟彼奸人非恒情所测，且必有破坏共和之心，而后动于恶，故一念主张讨贼，以爱国之故，不能复爱和平也。[3]

宋教仁被刺时，孙中山正在日本考察。当他收到宋教仁遇刺身亡的电报后，如五雷轰顶，顿时被悲痛和愤怒所控制。他立即推掉手头的一切工作，急速赶回上海。

3 月 26 日，孙中山回到上海。当晚，他即在黄兴寓所召开紧急会议，商议对策。

会上，孙中山力主讨袁。他说："宋案的发生，是袁世凯阴谋消灭国民党革命势力，以便帝制自为，全党同志为此极为悲愤，必须乘机立即调集各省兵力，一致声罪致讨。袁世凯就任正式总统不久，对于各方面的阴谋，布置还未妥帖，推翻较易，切不可延误时机。"

黄兴则认为，袁世凯称帝的逆迹尚未昭著，南方革命军又刚刚裁减，必须加以整备才能作战，仓促发难，必至失败。而且，民国已经成立，法律并非没有效力。对于宋案，宜持冷静态度，以待正当的法律解决。

孙中山不同意黄兴的意见，他向与会者反复陈说："事情已经到了这个地步，只有起兵才行。因为袁世凯是总统，总统指使暗杀，则断非法律所能解决。所能解决的，只有武力。"

由于孙中山和黄兴各持己见，与会者也莫衷一是。在这种情况下，国民党遂一面等待法律解决，一面准备实力。

这时，国民党苏沪各县代表会议正在上海召开。孙中山出席了这次会议，并发表了演说。据当时参加大会的嘉定国民党支部代表潘仰尧回忆：

> 孙中山在演说中说：我们无数先烈，抛头颅，洒热血，用革命手段推翻了封建专制王朝，建立了民主共和国。但是曾几何时，这个民主共和国的根未固，已有摇摇欲坠之势，从四面八方来的狂风骇浪，要想摧残它，回到封建专制王朝的老路。有人日

日夜夜，千思百想，要使这个出生一二岁的婴儿夭折。我们如果不好好警惕，同心协力地保护这个初生的婴儿，就会给一班辅帝保皇分了以死灰复燃的机会，助长那些野心家背叛革命，这是万分危险的。一支筷子很容易折断，一把筷子就很难折断。所以我们大家要在革命的旗帜下，同心同德来反对背叛革命、抱政治野心的分子，并利用机会想复辟封建专制的无耻分子，给他们以无情的打击。

那天孙先生演说，慷慨激昂，声音洪亮，态度严肃，感动人心，台下暴风雨般的掌声，久久不绝。接着党内许多人相继演说，一致表示各地党人要紧密团结，提高警惕，竭尽全力，保护新生的民主共和国。可惜当时党内许多人觉悟不高，不能消除私利，跟着中山先生进行顽强的战斗，有的安于中流，动摇妥协，有的热衷名利，忘却革命目的，甚至互相猜忌，形同水为，使革命遭受挫折。[4]

孙中山虽极力主张讨袁，但各地掌握军权的同志多同意黄兴稍缓用兵的意见。孙中山格于众议，只好从缓发动。

4 月 13 日，国民党上海交通部为宋教仁举行追悼会。孙中山怀着沉痛的心情写了挽词和挽联。

挽词是：

作民权保障，谁非后死者；
为宪法流血，公真第一人。

挽联是：

三尺剑，万言书，美雨欧风志不磨。天地有正气，豪杰自牢笼。数十年季子舌锋，效庄生索笔。

五丈原，一抔土，卧龙跃马今何在？冠盖满京华，斯人独憔悴。洒几点苌弘血泪，向屈子招魂！

宋教仁死了，国民党人要求追究主谋的呼声激动着孙中山和黄兴。4 月26 日，他们两人联名向全国发出通电，提出“严究主名，同伸公愤”。

这封电报，是孙中山、黄兴准备发动二次革命的先声。

3. 二次革命

所谓“二次革命”，是指继辛亥革命推翻清朝专制政府之后，孙中山再次发动的反对袁世凯的武装斗争。

在追究宋案主谋的呼声下，为了混淆视听，袁世凯指使其党羽放出谣言，称宋案纯系国民党“内讧”，控告黄兴为刺宋主犯，以此贼喊捉贼的手法，来阻挠和破坏对宋案的司法审判。

与此同时，为了准备发动内战，镇压革命势力，袁世凯不经国会讨论，于1913年4月27日与英、法、德、日、俄5国银行团签订了一项总额达2500万英镑的“善后大借款”。借款合同规定年息五厘，47年还清，以中国全部盐税收入为担保。据此，列强继控制中国海关之后，又完全控制了中国的盐政。袁世凯则利用借款，订购军械，增加军队，收买南方海陆军。

袁世凯制造的宋案和“善后大借款”，遭到了社会舆论的广泛谴责。天津、上海、广州相继成立中华民国省议会联合会、全国公民会、拒债救亡会等团体，全国其他地区也召开了规模巨大的公民大会，强烈反对北京政府违法借款，表示暂不承认。

新闻界也纷纷发表评论，抨击北京政府是“专制政府”、“强盗政府”，袁世凯是“全国人民之公敌，手不操戈之大盗”，指出“强盗政府一日不仆倒，则共和即将断送”，呼吁国民党诛奸讨逆，发动“二次革命”，以“作国民之砥柱，挽共和于既倒”。

国民党的国会议员和国民党的各省都督，包括广东都督胡汉民、江西都督李烈钧、安徽都督柏文蔚、湖南都督谭延闿等严正指出，未经国会同意的借款不合法。黄兴更是一针见血地说，袁世凯此次举借外债，只是为了反对国民党。黄兴等人终于认识到袁世凯的“豺狼本性，终不可移”，转而支持孙中山武力倒袁的革命主张。

袁世凯也开始不失时机地准备向革命党人发起进攻。

4月30日，袁世凯召开第一次秘密军事会议，决定购置军火，增加兵员。5月3日，袁世凯发布“除暴安良”令，开始调兵遣将，积极准备战争。他还颠倒黑白，反诬黄兴、李烈钧、胡汉民等“始以宋案牵诬政府，继以借款冀逞阴谋。欲借此混惑视听，演出亡国恶剧”[5]。

5月6日，他召开第二次秘密会议，制定湘、赣、皖、苏4省军事部署。5 月中旬，北洋军大举南下，完成了“监制南军”的军事部署。5 月 15 日，袁世凯下令解除黄兴陆军上将职。

进入 6 月后，袁世凯又先后罢免了李烈钧江西都督职、胡汉民广东都督职、柏文蔚安徽都督职。

袁世凯此时也彻底撕下了对孙中山虚于逢迎的假面具，说孙中山是捣乱分子，宣称：“现在看透孙、黄，除捣乱外无本领，左又是捣乱，右又是捣乱。我受四万万人民付托之重，不能以四万万人之财产生命，听人捣乱！……彼等若敢另行组织政府，我即敢举兵征伐之。”[6]

6 月底，黎元洪在湖北大肆捕捉革命党人，被杀者 300 余人，被捕者更多，受株连者不计其数。

之后，袁世凯更是大动干戈。7 月 3 日，袁世凯以江西湖口“匪党谋乱”为借口，命令第六师火速向九江推进。7 日，袁世凯下令通缉革命党人夏述堂、季雨霖、詹大悲等。

在袁世凯的步步紧逼之下，孙中山认定“人心激荡，民气愤然，正可及时利用”，于是准备毅然举起“二次革命”大旗，发动武力讨袁。孙中山决心立即发动“二次革命”。

这时，被袁世凯免职的李烈钧秘密来到上海，与孙中山共商起兵讨袁大计。孙中山极力鼓励他在江西首义。李烈钧便返回江西策划。

7 月 12 日，李烈钧在江西湖口成立讨袁军总司令部，并发表《讨袁檄文》，历数袁世凯“乘时窃柄，帝制自为，暗杀元勋，弁髦约法，擅借巨款”，“以兵威劫天下”的罪行。[7]同日，李烈钧率讨袁军向进抵沙河的北洋军李纯所部第六师发动进攻。

“二次革命”的战幕正式拉开。

李烈钧在江西起事后，孙中山立即命令南京、上海等地急起响应。

7 月 15 日，黄兴在军队的支持下，逼江苏都督程德全宣布江苏独立，并以程德全的名义委任他为江苏讨袁军总司令，指挥南京的战争。黄兴发表了《讨袁通电》，谴责袁世凯“绝灭人道，破坏共和”，“法律解决，既经无效，仍不得不诉于武力，作最后之解决”。[8]

随后，上海、安徽、广东、福建、湖南、四川等地也相继宣布独立倒袁。

7 月 22 日，孙中山致电袁世凯，促其立即辞职，以谢国人。电文说：

> 若公必欲残民以逞，善言不入，文不忍东南人民久困兵革，必以前此反对君主专制之决心，反对公之一人，义无反顾。[9]

李烈钧

同一天，孙中山向全国发表宣言，谴责袁世凯的倒行逆施：“为公仆者，不以国利民福为怀，反欲牺牲国家与人民，攘争一己之位置，中华民国岂容开此先例。故全体国民一致主张，令袁氏辞职，以息战祸，庶可以挽国危，而慰民望，无任翘企之至。”

也是在同一天，袁世凯发出两项命令：一是命令整顿纪纲；二是命令通缉黄兴、陈其美、柏文蔚。

7 月 23 日，袁世凯又下令撤销孙中山全国铁路全权督办职务。

“二次革命”的战场以江西、江苏为重心。

在江西战场，7 月 12 日凌晨，两军在赛湖、马回岭一线短兵相接。讨袁军怀着革命激情，奋勇杀敌，打得李纯部难以招架。李纯只得不断电呈北京袁世凯和武昌黎元洪等乞援。袁世凯急令段芝贵为江西宣抚使兼第一军军长，督率军队援助李部。同时，汤芗铭亦率海军前来助战。讨袁军寡不敌众，三面受敌。7 月 25 日，江西讨袁军败退于湖，8 月 13 日，南昌沦陷。李烈钧、林虎等退往湖南。

在江苏战场，讨袁军自 7 月 16 日至 22 日同北洋军在徐州以北发生激战，因南京部分军队被袁世凯收买叛变，讨袁军遂放弃徐州、蚌埠，退往南京。袁世凯又派冯国璋为第二军军长，率部沿津浦线南下，进攻浦口、安庆。另派张勋为江北镇守使，率所部辫子军沿运河南下，攻占清江、扬州后，配合冯国璋部合攻南京。7 月 28 日，黄兴鉴于粮尽弹绝，声援无望，势孤力单，悲愤欲绝，于次日只身潜离南京。何海鸣继任讨袁军总司令，率领官兵与张勋部在紫金山、天堡城一带展开争夺战，予敌以重大杀伤。后因敌人大军压境，孤立无援，南京于 9 月 1 日失陷。

仓促起事的讨袁军，由于缺乏战略计划，缺乏坚强的领导，缺乏统一指挥，缺乏战略协同，以致造成孤军奋战的态势，无法抵挡优势的北洋军队。在江西、江苏讨袁失败前后，安徽讨袁军由于内部纷争而自形瓦解，柏文蔚出逃。上海、湖南、广东、云南、福建、四川也因讨袁不利而相继宣布取消独立。

袁世凯并不善罢甘休。他派蔡廷干秘密运动外交团，不准革命党领袖人物在各地租界居留，并且许诺将以“特别利益”相报答。

随即，上海工部局宣布取消孙中山、黄兴、陈其美、沈缦云等 8 人租界居留权。

8 月 2 日，孙中山被迫离开上海，准备去广东直接领导讨袁战争。

袁世凯得知孙中山南行赴粤后，立即电告香港情报人员，许诺“奖洋十万元”以暗杀孙中山。

孙中山在船行至福州时，得悉广东局势逆转，军阀龙济光与驻粤将领合谋依附了袁世凯，去广东已不可能，遂转赴日本。袁世凯暗杀孙中山的计划也随之落空。

二次革命不到两个月即告失败，革命党人在辛亥革命中培植的力量几乎丧失殆尽。有的因亡命他乡，生活困难，逐渐心灰意冷，甚至为谋生而变志他图；有的经不起袁世凯及其爪牙的威吓利诱，卖身变节，成了可耻的叛徒；有的看到袁世凯气焰嚣张，革命党人已成赤手空拳，转而研究学问，以待时机；有的因孙中山与黄兴意见不合，感到领袖不能长靠，唯有自己结合团体，于是自行活动。国民党已经四分五裂。

孙中山等人虽一意讨袁，但由于国民党本身就是一个鱼龙混杂、涣散无力的组织，已经失去号召力，不可能广泛地发动群众，没有深厚的群众基础，其失败是必然的。孙中山在总结辛亥革命失败的原因时曾这样说：“癸丑之役，文主之最力，所以失败者，非袁氏兵力之强，实同党人心之涣。”

孙中山虽如此说，但敌人的力量强大也不能不说是二次革命失败的原因之一。袁世凯的军队在数量上首先超过了讨袁军，而且得到帝国主义的支持。德国不仅派了军官，还出动了军舰，帮助袁军作战。在敌强我弱的情况下，讨袁军又缺乏正确的战略战术，讨袁战争只能以失败而告终。

二次革命失败后，1913 年 8 月孙中山在从上海经台湾赴日本途中

二次革命的失败在国民党人心中造成了极大的创伤，从此许多人对革命前途表示深深的忧虑。

据吴玉章回忆，他有一个朋友叫任鸿年，因看见袁世凯祸国殃民，与清朝政府无异，觉得过去的革命落了空，因而愤不欲生，遂在杭州烟霞洞投井自杀。吴玉章双目失明的二哥正处贫病交加的境地，听到袁世凯下令通缉吴玉章，觉得国家和家庭的前途都无希望了，竟悬梁自缢！所以吴玉章感慨地说：

> 辛亥革命给长期黑暗无际的中国带来了一线光明，当时人们是多么的欢欣鼓舞呵！但是，转瞬之间，袁世凯窃去国柄，把中国重新投入黑暗的深渊，人们的痛苦和失望，真是达于极点，因此有的便走上了自杀的道路。[10]

一位流亡日本的革命者回忆当时的情景时这样说："我们一行人出发东渡了。当轮船缓缓地开出吴淞口外，我回首遥望苦难深重的祖国，依然是风雨如晦。多少年梦寐系之的一次革命，就这样失败了。……我也深感前途渺茫，一时找不到一条救中国的道路。这种苦闷，正是一个资产阶级民主革命者在半殖民地半封建的旧中国所无法逃避的悲哀!”

因二次革命失败而亡命日本的革命党人，一蹶不振。每每相见，或缄口不谈革命，或期革命以 10 年之后，种种灰心，互相诟谇。一个有着 20 年革命精神的团体，现在一蹶不振。

革命事业需要中流砥柱，革命党人需要坚强的领袖。

对于孙中山来说，二次革命的失败给他心灵造成的创伤也是难以平复的。以研究孙中山著称的美国学者韦慕廷，曾分析过此时孙中山的精神状况，他认为，这次失败对孙中山的性格产生了影响，使孙中山变成了一个“非常严厉苛刻的人”。他还分析了这一转变的原因：

> 第一次在中国争取民主的斗争，就被浇头泼上了一瓢冰凉的水，他对袁世凯当然充满仇恨。他多次耽于反责革命同志，断言这些同志反对了他的主张，不按他的主张办事。从情理上看来，他对这些事件所产生的反应，是完全可以理解的。一个四十七岁的爱国者，目睹自己为建立中华民国积十九年之久的奋斗努力，毁于北方一个强横霸道的独裁者的手中！甚至为祖国的现代化和社会改革而从事建设性的工作的前景，也横遭反对。抱着习惯了的、一往无前的意志，为了拯救祖国，他开始了新的探索，采取他所能找到的任何手段。[11]

孙中山再一次站了出来！他从失败和悲伤中挺起了胸膛，他双手高擎着火把，希望重新点燃革命的烈火！

孙中山多次劝告因失败而灰心丧气的革命党人振作起来，恢复同盟会时期百折不挠、屡仆屡起的战斗精神，为推翻袁世凯的统治，保卫民主共和而继续奋斗。他说：

> 从前吾党当推翻满清时，何尝有力量？大家皆是赤手空拳。当武昌革命发动时，亦未有何种方法。不过大家皆明白满清一定要推翻，人人皆有此种信仰，人人皆明白此道理，但尚未有种事实可以证明。今日吾等虽失败而亡命，然吾等信用益大，经验益富，而且有事实可以证明。故今此失败，比之三年前，较有信用，有经验，有证据。何以在三年前遇有失败，无不继续奋斗；在三年后，便尔灰心，不肯继续奋斗呢？

他还函告革命党人：

> 惟我辈既以担当中国改革发展为己任，虽石烂海枯，而此身尚存，此心不死。既不可以失败而灰心，亦不能以困难而缩步。精神贯注，猛力向前，应乎世界进步之潮流，合乎善恶消长之天理，则终有最后成功之一日。即使及身而不能成，四亿万苍生当亦有闻风而兴起者。毋怯也！[12]

4. 不灭的精神

二次革命的迅速失败，以及革命失败后大批国民党员落荒、消极乃至叛变，使孙中山开始反思，国民党这个组织究竟还有没有战斗力？

通过反思，孙中山认为，自国民党改组以来，“徒以主义号召向导，但求主义之相同，不计品流之纯粿。故当时党员虽众，声势虽大，而内部分子意见分歧步骤凌乱，既无团结自治之精神，复无奉命承都之美德，致党魁则等于傀儡，党员则有类散沙”。[13]

为了正本清源，孙中山决定召集在东京的部分革命党人，建立一个能贯彻主义、纪律严格、有战斗力的革命党，以便集结革命力量，再举反袁大旗。

经过半年的筹划，创建新党的条件已经成熟。

1914 年 6 月 22 日，孙中山创建的新党——中华革命党，在日本东京召开第一次大会。到会者有 8 个省的国民党人，孙中山被选为总理。

7 月 8 日，中华革命党举行成立大会，有 300 余人与会。孙中山在会上带头当众宣誓加盟，正式就任总理职务。大会通过了《中华革命党总章》。

随后，孙中山发表了《中华革命党宣言》及《誓约》等文件，并任命了各部领导：本部正、副部长陈其美、谢持；党务部正、副部长居正、田桐；财政部正、副部长张人杰、廖仲恺；政治部正、副部长胡汉民、庶堪；军事部正、副部长许崇智、邓铿。

《中华革命党总章》规定，党的纲领是：“以实行民权、民生两主义为宗旨”，“以扫除专制政治，建设完全民国为目的”。这表明中华革命党继承了同盟会时期的民权、民生主义的全部内容，把推翻袁世凯的封建专制统治、恢复民主共和制度、重新缔造民主主义共和国作为中心任务和奋斗目标。

中华革命党成立时合影

鉴于辛亥革命后革命党丧失政权的深刻教训，《中华革命党总章》将同盟会时期的“军法”、“约法”、“宪法”的程序，发展为“军政”、“训政”、“宪政”三大时期。军政时期是“以积极武力，扫除一切障碍，而奠定民国基础”；训政时期是“以文明治理，督率国民，建设地方自治”；宪政时期是“俟地方自治完备之后，乃由国民选举代表，组织宪法委员会，创制宪法；宪法颁布之日，即为革命成功之时”。以上三时期统称为“革命时期”。在革命时期内，一切军国庶政，悉归本党党员完全责任，而不允许官僚政客插手。[14]

为了加强党的组织纪律性，孙中山把党员按入党时间先后分为首义、协助、普通 3 种，各有不同的政治权利：首义党员有参政执政的优先权利；协助党员有选举权和被选举权；普通党员只有选举权。

把党员分成三六九等，本身就已失去革命政党的本来意义，而孙中山还主张入党者都要按指印、立誓约，绝对服从总理。对此，孙中山解释说：“屡次失败，都是因为没有统一所致。这次要一切都听从我的主张。过去我每次都发表自己的意见，但最后都撤回了。因此，本来应该成功的，但结果都失败了。这回第三次革命，我负完全责任，你们大家听我的

命令好了。”

孙中山的主观愿望是为了加强党的战斗力，但他这种做法伤害了许多同志，以至引来了不可挽回的恶果。据当时的革命党人冯劭先回忆：

> 入党的人要立誓，誓约中有“附从孙先生”、“服从命令”和“如有二心，甘受极刑”的几句话。誓约要自己亲笔照抄一份，在立誓人的名下，用右手中指打一墨印。然后站立在主盟人中山先生面前，宣读誓约，读毕将誓约交给主盟人，握手至退。有些人主张删去“附从孙先生”、“服从命令”两句，认为这会损害个人的自由。不少的人反对打手模，认为有辱人格，并且说：“革命这么多年，出生入死，到今天还相信不过吗?”因而不肯入盟。[15]

甚至长期同孙中山携手合作的黄兴，也因不赞成孙中山的规定没有加入中华革命党。黄兴认为，当时亡命日本的国民党党员，都是参加讨袁且被通缉的，不应该在这时对他们严加整肃，而应该就原有基础发展讨袁的其他革命分子，以便团结更多的力量共同奋斗。他表示决不参加中华革命党。黄兴在未能说服孙中山的情况下，以自己身染胃病多年为由，一方面向孙中山表明对革命事业始终不渝的态度，一方面又离开孙中山赴美游历。

孙中山对黄兴的离去很痛心。他在黄兴即将离去前赠言：“安危他日终须仗，甘苦来时要共尝。”孙中山还电告美洲支部同导曹亚伯等安排好黄兴生活。

关于孙中山与黄兴之间的分歧，孙中山的日本友人宫崎寅藏曾有这样的评价：

> 孙、黄两先生的意见、感情不融洽，是一大憾事。孙先生采激进说，黄先生采隐忍说。而且在感情上，似有不容易和洽的冲突。孙先生的态度有这种味道：“其他的中国人都不行，只有我一个人行，我是中国的救星，服从我者请来。”连对于始终奋斗到底、最后亡命的李烈钧，他也是如此，所以引起李的反感，尔后经人力劝，才由神降为人，但仍时有“脱轨”现象。黄兴批评他说：“孙先生是疯子。”我说他已由神界降到人界。黄兴便高兴地说：“那太好了。”当然孙、黄之间，并没有敌意。但由上海新

来的急进家降到人界之后，时或又想登至九天之上，其心情之高洁，抱负之远大，殊直感佩，但却离世态、人情过远，而令人怀疑是否能实现。张继说："孙先生的人格、理想我很敬佩，但我想不能实行。老实说，我没有盲从他的勇气。"他又说："黄先生重实践，说干就干。不过我不知道是不是想干。"孙先生一见人，便以火一样的热情来宣传革命；黄先生默默不多言。他俩的交情，至今未能复旧，实在太可惜。[16]

除黄兴外，其他一些追随孙中山多年的革命党人，也拒绝参加中华革命党。李书诚、黄郛、钮永建等相继赴美，李烈钧、陈炯明等远走南洋，李根源、熊克武、章士钊等约百人则在东京另组"欧事研究会"，朱执信等激进的革命者也自行筹划讨袁……当年曾与孙中山并肩战斗的人，现在多半离他而去。

黄兴

孙中山在主观上希望通过组建新党来恢复同盟会的革命精神，再举革命。但他所规定的一套入党手续，影响了吸收更多的人参加中华革命党，使这个党始终只能是一个人数寥寥的且具有秘密会党性质的小团体，最多时也只有党员七八百人，其中比较多的是留日学生，其次是各省议员和

中、上级军官。他们多比较年轻，虽然有些干劲，但组织观念和纪律观念很薄弱。孙中山本来想以更严格的纪律来约束党员，现在也只能望人兴叹了！

就是中华革命党本部的一般人，对于党的中心工作也不是很明确，当然也不会很投入地去做。据当时的党员冯劭先回忆：

> 中华革命党本部总务部长陈其美着重拉拢土匪流氓，好搞破坏暗杀，在上海组织了一个帮会式的“十三兄弟”，记得有蒋介石、杨虎、韩恢（江北匪首）等，主持其事。因此对这路的“英雄好汉”，总是有求必应，要钱有钱，要名义给名义，不问真假。江西人刘平，在上海穷得没办法，写信给东京本部，说他在江西可以召集几千人起义，就骗到了一个司令官衔和一笔款子。而上海交通站做党务工作的同志，却拿不到一文钱，连吃饭都成问题。大家推我去东京见中山先生，大胆陈述意见。中山先生回答说：“要知道，空喊革命有什么用？一百人中有九十九个骗我，只要一个人不骗我，就可以把革命空气激动起来。”不错，暗杀上海镇守使郑汝成，运动肇和兵舰起义，的确轰动了一时；但有不少同志总觉得，专靠这样的做法是难以成大事的，而老老实实做党务工作的党人倒无事可做，未免失却组织的意义。[17]

孙中山从二次革命的失败中，进一步认识到军队的重要性。为了组织武力对付袁世凯，孙中山与廖仲恺、胡汉民、居正等人花了 70 多天时间，讨论组织革命军队的问题。

这本来是一个良好的开端，然而，孙中山等人空有组织革命军的雄心壮志，却未在具体行动上迈出半步。他们所醉心的，仍然是依靠联络各地旧军队，运用金钱收买退伍军人和土匪，组织毫无成功可能的局部暴动或暗杀活动，走的仍然是一条毫无群众基础的单纯的军事冒险老路。

中华革命党成立后，先后在江苏南通、奉天本溪、浙江杭州和广东的惠州、增城、博罗、广州等地组织过一些小规模的反袁起义和暴动，并于1915 年决定组织中华革命军，先后派出了各省区的军事负责人，令陈其美、居正、胡汉民、于右任分别组成中华革命军东南军（上海）、东北军（青岛）、西南军（广州）、西北军（陕西三原）4 个总司令部，分任各总司令部的总司令。

此后，中华革命党策动的武装起义在贵州、河南、浙江、广东、陕西、四川、山东、湖北、东北等地此起彼伏，但终未产生孙中山预期的效果。黄兴对此做法的评价是：利用少数人之激烈心理，逞一时之愤，或一部之力的小暴动，终归无效，徒自减杀革命势力。

实事求是地讲，自从二次革命失败后，孙中山的革命生涯也更加曲折和艰难，他的心理负担之沉重是可想而知的。与其他革命志士一样，他也在探索着进一步革命的道路，而由于阶级的局限和革命经历所限，他不可能一下子找到一条正确的途径。在艰苦的探索之中，不可避免会出现一些失误和挫折。但他与一般人不同之点是：决不因失败和挫折而气馁，善于从重重困难中看到光明的前景，而这一切，都出自于对祖国的热爱和救民于水火的热望。

这一时期，使孙中山能够从感情上得到慰藉的，是他得到了一个志同道合的伴侣，这就是宋庆龄。

1914 年 5 月，孙中山的秘书宋蔼龄准备与孔祥熙结婚，她的妹妹宋庆龄就接任了秘书工作。共同的信仰和共同的目标，使宋庆龄与孙中山之间产生了感情。

1915 年 10 月 25 日，孙中山与宋庆龄在东京结婚后留影

1915 年 10 月，宋庆龄不顾亲朋好友的反对，与孙中山在日本著名律师、证婚人和田瑞家里办理结婚手续，双方交换了结婚誓约书。11 月 5 日，他们举行了结婚仪式。

从此，在孙中山的革命道路上，有了一个矢志不移的同志和战友。

注　释

1. 上海《申报》1912 年 9 月 12 日。
2. 张振武、方维都是被袁世凯杀害的。
3. 《为中日交涉复北京学生书》，《总理全书，函札》上册，第 408 页。
4. 潘仰尧：《张园演说》，《中山先生轶事》，中国文史出版社 1986 年版，第37 页。
5. 《大风日报》1913 年 5 月 27 日。
6. 《时报》1913 年 5 月 14 日。
7. 《江西讨袁率总司令李烈钧檄文》，《革命文献》第 6 辑，第 41 页。
8. 《民立报》1913 年 7 月 22 日。
9. 《民立报》1913 年 7 月 23 日。
10. 《吴玉章回忆录》，中国青年出版社 1978 年版，第 101 页。
11. ［美］韦慕廷：《孙中山——壮志未酬的爱国者》，中山大学出版社 1986 年版，第 28 页。
12. 邓泽如编：《孙中山先生二十年来手札》第 2 卷，广州述志公司 1927 年影印版。
13. 《孙中山全集》第 3 卷，中华书局 1984 年版，第 92 页。
14. 《孙中山全集》第 3 卷，中华书局 1984 年版，第 97—98 页。
15. 冯劭先：《辛亥革命后孙中山在广东的几起几落》，《回忆与怀念》，华夏出版社 1986 年版，第 46 页。
16. 陈鹏仁译：《宫崎滔天书信与年谱》，第 39 页。转引自王俯民：《孙中山详传》，第 789 页。
17. 冯劭先：《辛亥革命后孙中山在广东的几起几落》，《回忆与怀念》，华夏出版社 1986 年版，第 47—48 页。

四　在荆棘中前进

1. “民国与叛逆不能两存”

袁世凯在镇压二次革命之后，势力得到进一步加强，其政治野心也随之膨胀。

此时，“临时大总统”这个称呼已经不能满足袁世凯膨胀的政治欲望。为了当上正式大总统，他利用收买笼络国会议员，拉拢进步党、任命进步党党魁之一的熊希龄组织内阁等手段，初步控制了国会，为其谋取正式大总统打开了方便之门。

1913 年 9 月，袁世凯指使亲信梁士诒用金钱收买了一部分国会议员，出面组织了“公民党”，充作威逼国会选举总统的工具。

10 月 6 日，在袁世凯的压力下，国会未来得及制定宪法就进行总统选举。袁世凯知道国会中有一部分议员不满他的专制，所以事先就在会场外布置了数千名军警，并让人放出风去，说不选出中意的大总统，休想出院，致使议员们一个个如临大敌。选举从早上开始，直到晚上，连续进行了三次投票，袁世凯才最终以三分之二的多数当选为正式大总统。

当上正式大总统后，袁世凯还觉得不过瘾，又想当皇帝。

1914 年 1 月，袁世凯正式下令解散国会；2 月，他又下令解散各省议会，另组由他指派的所谓“政治会议”作为御用工具。接着，袁世凯又组织所谓约法会议，对《临时约法》进行修改。

5 月 1 日，袁世凯公布了《中华民国约法》，宣布取消《临时约法》。《中华民国约法》改责任内阁制为总统制，废国务院，设政事堂，规定总统为国家元首，从而扩大了总统权限。

同年 12 月，袁世凯又公布约法会议通过的《修正大总统选举法》。其中规定：总统任期为 10 年，并可以连任；继任人由现任总统推荐三人，将其姓名亲书于嘉禾金简，密藏石室，届时交付选举。

至此，辛亥革命后所建立起来的资产阶级民主制度被袁世凯破坏殆尽，只留下一块“中华民国”的空招牌了。

在此期间，为了达到当皇帝的目的，袁世凯祭起了孔子这面大旗。1913 年年初，下达《整饬伦常令》，鼓吹“中华立国，以孝悌忠信礼义廉耻为人之大经”。6 月和 9 月，又先后颁布《尊崇孔圣文》和《祭孔令》，恢复学校祀孔。1914 年 1 月，指使政治会议通过祭天、祀孔的旧制，并于 9 月 28 日和 12 月 23 日亲自在北京孔庙与天坛主持祀孔、祭天的大典。

1915 年 8 月，袁世凯授意杨度、孙毓筠、严复、刘师培等人组织“筹安会”，以便研究君主立宪和民主国体哪个更适合于中国。这些人研究的结果：是废民主而立君主。接着，筹安会通电各省军政长官及袁氏御用商会、教育会及各种尊孔团体，要求赴京商量改变国体问题。

8 月 28 日，各省的所谓代表经过投票表决，一致赞同“君主立宪”。然后，各省分别组成“公民请愿团”，向参政院递交由筹安会统一起草的请愿书。参政院装模作样地召集“国民会议”，举行“国体投票”，然后以“国民代表大会总代表”名义上书袁世凯，“恭戴今大总统为中华帝国皇帝”。

1915 年 12 月 11 日，参政院代行立法院自称“国民代表大会”总代表，向袁世凯上总推戴书，要求恢复帝制。次日，袁世凯发表接受帝位申令，表示“国民责备愈严，期望愈切，竟使予无以自解并无可诿避”，做出一副“被迫”当皇帝的姿态。[1]

12 月 13 日，袁世凯在居仁堂接受百官朝贺，大封群臣，把北洋将领都封以公、侯、伯、子、男等爵位。

接着，袁世凯把总统府改称“新华宫”，规定 1916 年为“洪宪元年”，还动用国库 80 万元做了两件龙袍，60 万元刻了 5 颗金印，12 万元做了一个新朝玉玺。

当 1916 年来临时，袁世凯的复辟闹剧已经表演到了最疯狂的程度。1 月 1 日，袁世凯在北京黄袍加身，举行登基大典。

袁世凯登基大典

袁世凯不仅把自己讲的“拥护共和，反对君主专制”的诺言完全背弃，而且连“中华民国”这块空招牌也一脚踢开，将他统治的国家改称“中华帝国”。

对于袁世凯复辟帝制的活动，孙中山极为痛恨。1915 年年底，孙中山相继发表《讨袁檄文》、《讨袁宣言》，历数“奸雄窃国”的种种罪恶，表示革命党人为粉碎袁氏帝制阴谋，“虽肝胆涂疆场，膏血润原野而不辞也”。[2]

多行不义必自毙。

1916 年 6 月 6 日，在全国一片反对声中，在众叛亲离的窘境之下，只做了 83 天皇帝的袁世凯，与他那昙花一现的“洪宪帝国”一起，进入了历史的垃圾堆。

袁世凯死后第 3 天，孙中山发表宣言指出：

> 其为国为公，则天下从之；其为己为私，则天下弃之。[3]

一公一私，一生一死，中华民国的两任总统竟是以如此鲜明的对照向后人敲响警钟！

袁世凯死后，由于帝国主义之间的矛盾和争夺中国的需要，它们各自扶植一部分军阀作为自己的代理人，使中国政治出现了极端混乱的局面。北洋军阀分裂成了许多派系，互相勾心斗角；西南地区一些参加护国战争的将领蜕化为新军阀；各省也涌现出大大小小的地方军阀。这些军阀们利用中国分散的农业经济，各霸一方，在不同的帝国主义国家支持下，互相争夺，彼此厮杀，搞得国无宁日，民不聊生。使此后 20 多年的时间内，中央政府形同虚设，难以号令全国，“中华民国”独具虚名。

中国仍在半殖民地半封建的道路上跋涉。

对于孙中山来说，战斗正未有穷期。

然而，此时孙中山又重犯了辛亥革命时的错误。

袁世凯死后，北洋军阀分裂为以段祺瑞为首的皖系和以冯国璋为首的直系。在段祺瑞的支持下，黎元洪继任大总统，冯国璋任副总统，以段祺瑞为内阁总理。黎元洪任大总统后，宣布恢复《临时约法》，召开国会。

孙中山认为，革命党反袁的目的就是保住共和与《临时约法》，现在黎大总统宣布恢复《临时约法》，这意味着革命的目的已经达到，革命党的使命也就结束了。

在孙中山授意下，中华革命党本部向党内发出如下通告：

> 奉总理孙先生谕：本党成立，实继癸丑革命而起，其重要目的在推翻专制，重造民国。迨袁贼自毙，黎大总统依法就职，因令各省党军停止进行。今约法规复，国会定期召集。破坏既终，建设方始，革命名义，已不复存，即一切党务亦应停止。将来如何改组，有何办法，应征求海内外各支、分部之意见。[4]

列宁曾这样说过：“如果没有政权，无论什么法律，无论什么选出的机关都等于零。”但是，孙中山此时还不明白这一点。他解散了中华革命军，交出了枪支，还宣告“要留在政府之外，静观各项事务的处理和解决，并将继续置身幕后，除非有重大理由需我复出”。

然而，事态的发展完全出乎孙中山的预料。

靠美国支持的大总统黎元洪与靠日本支持的国务总理段祺瑞，一开始就处于极不合作状态。段祺瑞仗着日本主子这个靠山，把持中央大权，排斥异己，扩张势力，蔑视黎元洪的存在，完全以“袁世凯的继承人”自居。而黎元洪则不甘心居于傀儡总统的位置。于是，双方明争暗斗，尔虞我诈，互不相让。

1917 年年初，受美、日操纵的北京政府，在是否参加第一次世界大战问题上使“府院之争”达到白热化程度。段祺瑞在日本的积极怂恿下主张参战，而以美国为靠山的黎元洪，则遵照美国的意见，反对中国参战。

段祺瑞为了要挟黎元洪，当 5 月间国会讨论参战案时，命陆军部人员指挥所谓“公民请愿团”、“五族请愿团”包围国会，殴打议员。目的未能达到时，又指使督军团联名呈请总统解散国会。

段祺瑞的所作所为引起国会内外的反段情绪，议员们决定停议对德宣战案，非段派的内阁成员也纷纷辞职以示抗议。黎元洪认为人心可用，乃于 5 月 22 日下令免去段祺瑞的国务总理职务。

段祺瑞当然不甘心失败。他窜到天津，唆使皖系、奉系 8 省督军宣告“独立”，并在天津设立“独立各省总参谋处”，积极进行倒黎活动。

在段祺瑞的军事压力下，黎元洪一筹莫展。只得于 6 月初召张勋进京“调和”。这个张勋，是一个宁死也不肯剪去发辫的封建专制制度的卫道士，曾在 1913 年、1916 年两次阴谋拥戴溥仪复辟，还参与镇压“二次革命”，而且与日本也有勾结。

6 月，张勋率“辫子军”3000 人由徐州北上。路经天津时，张勋会晤了段祺瑞。段祺瑞向张勋表示：只要逐走黎元洪，解散国会，他不反对张勋复辟帝制。

段祺瑞

在段祺瑞怂恿下，张勋进北京后，逼迫黎元洪下令解散国会，接着又逼黎元洪下台。6 月 12 日，黎元洪下令解散国会后，自己逃进了日本使馆。

于是，在已经成为历史遗迹的故宫里，上演了一出复辟的闹剧。

7 月 1 日，张勋穿着清代的朝服，头戴红顶花翎，率领复辟群丑 300 多人进入清宫，跪请 12 岁的溥仪重登皇位。溥仪按照事前安排，宣布改民国六年七月一日为宣统九年五月十三日，恢复清末旧制。

随后，复辟有功的张勋被授予议政大臣、直隶总督兼北洋大臣，独揽大权，康有为被授予弼德院副院长兼太傅，其他清朝的遗老遗少分别被任为阁丞、尚书、侍郎、都御史等官职。

孙中山在张勋入京前，就已洞悉张勋将解散国会、推翻约法的阴谋，于是在上海奔走呼号，宣告："民国与叛逆不能两存"；"今日法律已失制裁之力，非以武力声罪致讨，歼灭群逆，不足以清乱源，定大局。"他吁请西南各省督军"主持大义，克日誓师，救此危局，作民保障"[5]。

这时，狡猾的段祺瑞见利用张勋已达到驱黎之目的，便在日本人支持下组成"讨逆军"，于 7 月 3 日在天津马厂誓师，宣布讨伐张勋。7 月 12 日，"讨逆军"攻进北京，"辫子军"立即投降，张勋在德国人保护下逃进荷兰使馆。溥仪再次宣布退位。

这场复辟丑剧仅演了 12 天即草草收场。

讨伐有功的段祺瑞重又担任了国务总理，而与他有隙的黎元洪则通电去职，由冯国璋继任大总统。

段祺瑞终于称心如意了。他一上台，就公开宣称“一不要约法，二不要国会，三不要旧总统”，实行“武力统一”政策。为了达到“武力统一”的目的，段祺瑞不惜出卖国家主权，向日本大举借款，以购买军火，扩充自己的实力。

2. 护法之艰难

“世之所谓英雄者，不以挫抑而灰心，不以失败而退怯。”[6] 历史巨人孙中山，践踏着蒺藜向着自己心中的目标迈进！

自宣告中华民国成立以来，无论发生什么变化，《临时约法》和国会一直是孙中山心目中最珍贵的政治圣品。他认为，只要这两个东西存在，中华民国就存在。无论什么人，只要亵渎或抛弃这两个东西，就是中华民族的敌人，就要与之进行坚决斗争。

段祺瑞提出废除约法和国会后，孙中山指出：约法和国会，是共和国之命脉，如果听任约法废弃，国会解散，则数十载革命的成绩，全被推翻，而将来国家根本之宪法，亦无从制定，这是万万不能容忍的。

于是，孙中山又挺身而出，高举起“护法”大旗，并得到海军的积极响应。前北京政府海军总长程璧光和孙中山是“布衣之交”，又是同乡，他和弟弟程奎光都曾支持过孙中山的反清斗争，参加过兴中会。1895 年第一次广州起义失败，程奎光被捕就义，程璧光逃到海外，后经李鸿章担保，供职于海军衙门。此时，程璧光对北京政府的倒行逆施很是不满，于是积极赞助孙中山的护法斗争。

1917 年 6 月 23 日晚，孙中山在哈同花园与程璧光共商大计，要求程璧光率舰南下广州护法。程璧光表示坚决支持孙中山护法，只是缺乏经费。

适时段祺瑞宣布对德绝交，德国大使辛慈等在回国前，密令驻上海德国领事联络孙中山共同倒段。孙中山即派人与德国领事密商，要求德方予以 200 万元的支援。德使当即答允。孙中山乃以这笔钱作为海军南下护法的经费。

7 月 1 日，张勋在北京拥戴溥仪复辟，消息传出，孙中山立即召集会议，商谈兴师北伐。

7月3日上午，孙中山与唐绍仪、章太炎、程璧光、陈友仁及海陆军官等举行会议。孙中山在会上严正指出："此不但共和制与帝制之争，实为全体国民反抗武人专制之争。"

此时，西南军阀为维护自己的地盘，表示欢迎孙中山南下。

7月6日，孙中山与章太炎、廖仲恺、朱执信、陈炯明等乘"海琛号"军舰离开上海南下广州，决心依靠西南地方实力派"根除元凶，恢复约法"。

7月17日，孙中山一行到达广州。当晚，孙中山在欢迎会上慷慨陈词：

> 中国共和垂六年，国民未有享过共和幸福，非共和之罪也；执共和国政之人以假共和之面孔，行真专制之手段也。故今日变乱，非帝政与民政之争，非新旧潮流之争，非南北意见之争，实真共和与假共和之争。能争回真共和以求福利者，在二大伟力。其一是陆军，其二是海军。鄙人密察大势，非得强大之海陆军，为国民争回真共和，无以贯彻其救国救民之宗旨。[7]

8月25日，孙中山在广州召集国会非常会议[8]。

9月1日，国会非常会议选举孙中山为大元帅，唐继尧、陆荣廷为元帅，负责行使护法军政府职权。

9月10日，孙中山宣誓就大元帅职，表示"任职以后，惟当竭股肱之力，除奸凶，恢复约法，以竟元年未竟之业，雪数岁无功之耻"。[9]

护法军政府的成立，表明中国从此有了南北两个政权。

护法军政府成立后，两广、云贵连成一片，成为护法运动的中心。各省护法势力纷起响应，在短短的三四个月中，护法烽火遍及全国十几个省区。

为了取得护法战争的胜利，孙中山在军事上作了详尽计划和部署：由唐继尧和陆荣廷统一滇、黔、桂、川4省兵力，取四川后顺江东下；湖南程潜、刘建藩与湖北黎天才部攻占湘鄂，挥师北指；陈炯明、李烈钧等率粤军袭闽夺赣，西上武汉；四川黄复生、熊克武等部北出祁山，东进荆襄。然后各路大军会师武汉，再举北伐，直捣京城。

这无疑是一个宏大的战略部署，如能照此执行，则孙中山护法的目的或可达到。然而，护法军虽然在湖南、四川、湖北、陕西等几个战场上取得了一些胜利，但最终未能达到目的，因为孙中山所依靠的西南军阀并不都是真心护法。

1917年9月10日，孙中山就任大元帅职

孙中山南下护法，虽有海军方面的支持，但他本身并无基本的革命武装力量。广东部队中只有魏帮平、李福林、黄明堂等部对孙中山尚能拥护；滇军李烈钧所部两师中，只有张开儒师比较服从孙中山的指挥。而真正拥有实力的桂系军阀陆荣廷和滇系军阀唐继尧，却并不拥戴孙中山。

孙中山为了护法，对于陆荣廷和唐继尧多方让步，而他们一方面看到孙中山的护法旗帜大得人心，想拉大旗作虎皮，以保存和扩充自己的地盘；一方面又慑于段祺瑞的武力威胁，对孙中山的护法存有异心。所以，当非常国会给他们送去“元帅”证书时，他们二人均拒绝就职，不肯完全与孙中山合作。

在他们的影响下，军政府任命的6个部长及参谋总长中，除陆军总长张开儒外，都不肯就职。这样一来，军政府的最高领导机关实际上成为一个空架子，基本上靠孙中山独立支撑。

孙中山不以个人的荣辱为进退，为护法斗争能继续下去，减少阻力，不得不对他们一再退让，委曲求全。他特派军政府秘书长章太炎为专使，前往云南敦劝唐继尧来广州就职。章太炎领命后，特意制作两面特大的红旗，挑选了两个年轻力壮的小伙子扛着，作为先导，以示隆重之意。尽管如此，仍未能打动唐继尧的心。

为了争取陆荣廷，孙中山费了不少心力。据当时任军政府参议的潘乃德在《非常国会漫忆》一文中回忆：

> 孙中山先生组织军政府时任我为军政府参议，交给我的任务是专做联络陆荣廷的工作，并一再叮嘱我：国会的事情不多，不必常住广州，要我常住广西。但我还是经常来往广州、南宁之间。先是孙中山先生派胡汉民来联络陆荣廷，因胡的哥哥胡清瑞在南宁当海关监督，和陆荣廷有些关系，但胡汉民来南宁住了许久不得要领而回广州。孙中山先生继派古应芬上南宁，也得不到要领，才派到我上广西。我每次借口领薪水去广州，孙中山先生见到我就问：“你为什么又来广州？广西情况怎样？陆荣廷的态度怎样？”我说：“陆荣廷已经给一班翰林、进士、举人包围了。曾彦和郭椿森虽是国民党员，但却站在陆荣廷那边。所以我没有办法。”孙说：“就是没有办法你也要常住在南宁不要下来。”孙并要我设法使陆荣廷帮助军械，使他能够北伐。可是我对陆荣廷提到这问题，陆就说：“孙中山坐镇广州好了，若说北伐，广西已有军队去了，不必另外组织了。”其实陆荣廷并不热心护法，他和北洋军阀的直系早有勾结了。[10]

1917年10月6日，由粤、桂、湘3省组成的联军与北洋军在湖南衡山、宝庆一带鏖战，护法战争从此拉开序幕。至11月，护法军占领长沙。

四川、湖北、陕西、河南等省的护法势力也纷纷起事响应。

前线战事紧张展开，急需军费补充，但陆荣廷却以手中的武力，控制着两广地盘，对军政府实行经济封锁。他手下的将领莫荣新扬言："孙某的政府，空头政府而已。他无兵无饷，我们对他只要采取不理的态度，等到他不能支持的时候，自然会解散而去。"

对于当时军政府经济上的窘境，随孙中山南下护法的罗翼群曾有如下回忆：

> 帅府成立后，经费方面异常拮据，由于粤省财政全为桂系把持，无从挹注，只能靠借债及华侨方面捐款接济度日。廖仲恺当时以财政部次长署理部长，虽鞠躬尽瘁，多方张罗，然国会经费及海军军费，仍不能依时如数发给。帅府所属职员，当时亦无薪可发，各人不分职级，每人每月只能领到广东毫洋二十元，仅足供个人食用，生活十分艰苦。但在中山先生革命精神的感召下，大家都能刻苦工作，未见动摇。[11]

1917 年冬，皖、直两系军阀矛盾加剧，进兵湖南的直系军队不愿替段祺瑞卖力，主张南北停战议和。陆荣廷、唐继尧根本不同孙中山商量，就自作主张，在湖南、四川前线宣布停战。这理所当然遭到孙中山的反对。陆荣廷遂把孙中山看成南北议和的障碍，一意要把孙中山挤走。

为了挤走孙中山，陆荣廷千方百计减弱孙中山的势力。

1918 年 1 月 2 日，陆荣廷指使代理广东督军的莫荣新以惩治"土匪"的名义，拘捕了大元帅府卫队的 10 名新兵，枪毙连、排长及卫兵多人。这是刺向孙中山的第一把利刃。

孙中山得知此事后悲愤地流着眼泪说："莫贼杀我同志多了，为大局计，我饮泪哑忍已久，今屠及良民，是莫自弃于国，如不惩戒，其祸无穷。"于是，他决定炮击粤督军署，驱逐莫荣新。

为了与军政府相对抗，陆荣廷、唐继尧联手成立了一个"护法联合会"，推岑春煊为议和总代表，形成了和军政府对峙的组织。

2 月，陆荣廷指使亲信暗杀了军政府海军总长程璧光，此举使孙中山失去了一个重要的支持者。

孙中山这时已处于十分难堪的境地。军政府只是个空架子，既无军，又无地盘，活动范围非常有限，孙中山的政治、军事、经济主张都无法贯彻实行。他希望西南军阀能够团结在自己周围，一起为护法而斗争。他对海军中的滇军官佐说:“凡天下事必须同德同心,不问其结果,一致进行,不屈不挠,方可成功。”[12]

陆荣廷

但此时孙中山已经完全失去了掌控局面的能力。西南军阀一方面公开与北京政府实行妥协,一方面加紧策划推翻孙中山的活动。

4 月 10 日,在桂系和政学系政客的收买和操纵下,国会非常会议第 17 次会议通过了改组军政府的《中华民国军政府组织大纲修正案》,决定改组军政府,取消大元帅制,改为七总裁合议制。唐继尧随即发出通电,拥戴黎元洪、冯国璋为广州临时政府的正、副总统,公然出卖了护法运动。

第二天,孙中山约见全体国会议员到军政府谈话,表示坚决反对改元首制为多头制,因为这是同军政府承认的约法相矛盾的,他本人决不就任改组后的总裁。

孙中山此时已是孤掌难鸣了。

5 月 4 日,国会非常会议选举唐继尧、唐绍仪、孙中山、伍廷芳、林葆泽、陆荣廷、岑春煊 7 人为总裁,并以政学系头子岑春煊为主席总裁,

这实际上彻底剥夺了孙中山的权力。

孙中山愤恨军阀的跋扈，却又无力反击，只得向国会非常会议提出辞去大元帅职务的呈文。在当天发出的辞职通电中，孙中山表示了自己的愤怒。他写道：

> 顾吾国之大患，莫大于武人之争雄，南与北如一丘之貉。虽号称护法之省，亦莫肯俯首于法律及民意之下。知我者谓我心忧，不知我者谓我何求，斯之谓矣。……兹仍愿以匹夫有责之身，立于个人地位，以尽其扶助民国之天职。[13]

在给友人的信中，孙中山痛心地谈到他在广东任大元帅时的情形："艰难支撑一年之久，孑然无助，徒为亲厚所痛，分雠所快，终至解职而去。"

5 月 21 日，孙中山怀着绝望的心情，黯然离开广州。

孙中山透过痛苦的教训既认识了北方军阀，又认识了南方军阀，终于发出了"南与北如一丘之貉"的感叹！这一认识可谓深刻矣！

3. "不胜痛心疾首"

再次回到上海的孙中山，心情是十分痛苦的。

多年来，孙中山艰难地开拓着革命道路，一直在为理想中的资产阶级共和国而奋斗。然而，尽管他与革命党人呕心沥血，前仆后继，但共和国最终只是一个空招牌而已。即便是个空招牌，也时时受到来自封建势力的强大袭击，随时都可能被人摘掉。中国的封建势力真是根深蒂固、反动顽固到了极点。而他奋斗多年的结果，手中仍无一兵一卒，周围亦无革命组织，几乎成了孤家寡人。

孙中山处在矛盾和困惑之中。

孙中山具有百折不挠的革命精神，但却找不到解救民众于水火的正确道路。他目睹国家情况一天比一天变坏，南北军阀混战不已，人民苦难重重，痛苦不堪。孙中山每每想到这些，便沉痛至极，遂陷于深深自责之中。他悲愤地说：

> 夫去一满洲之专制，转生出无数强盗之专制，其为毒之烈，

较前尤甚。于是而愈民不聊生矣！溯夫吾党革命之初心，本以救国救种为志，欲出斯民于水火之中，而登之衽席之上也。今乃反令之陷水益深，蹈火益热，与革命初衷大相违背……午夜思维，不胜痛心疾首！[14]

在上海，孙中山看到黄浦江上横行无阻的是帝国主义的军舰和轮船，马路上耀武扬威的是帝国主义的军队和警察，中国在受到封建军阀统治的同时，又遭到帝国主义的蹂躏，人民在痛苦中呻吟，在磨难中挣扎。

此情此景，孙中山忧心如焚：自己曾经为之奋斗的美好的共和国生活在哪里？孙中山深深叹息：自己为革命奋斗了几十年，但至今“革命主义未行，革命目的未达，仅有民国之名，而无民国之实”。

怎样实现救国救民的抱负？革命的出路在哪里？孙中山感到孑然无助，一筹莫展，便转而期望以著书立说来启发国民。他说：“据年来经验，知实现理想中之政治，断非其时，故拟取消极态度，将来从著述方面，启发国民。”

这是一个伟大灵魂的无奈选择。

上海莫利爱路29号（今香山路7号），在这座由加拿大华侨赠与的房子里，为革命事业奔波了几十年的孙中山，虽说是要著书立说，但无时不在挂牵着革命事业。

孙中山到上海不久，发生了这样一件催人泪下的事情。

吴玉章当时是四川省参加南方军政府的代表。军政府内的许多人认为，他和孙中山一同革命多年，便推举他到上海劝孙中山去广东就总裁职。吴玉章回忆他与孙中山会面的情景时说：

中山先生忧伤后生病睡在床上。我就坐在他的床边同他谈话，我说明了来意，又简单地谈到了国会非常会议选举七总裁的经过，最后请他就职，以反对北洋军阀政府。中山先生当时气愤得很，坚决不干。他说那些人还革命?!他们根本不革命！他们想拿军政府同北方议和以保个人权位，我决不与他们同流合污！我就劝他，我说时局这样混乱，南方各省当局虽然还不很好，但他们还打着护法的旗帜反对北洋军阀，这点是好的。现在南方、北方都很混乱，南方各省有势力的当局虽然同床异梦，各有野心，但他们还想利用革命招牌以壮声势。我们必须保持一些革命势力以图发展，革命道路是曲折的，我们不能脱离革命战线。南

方的势力派虽然排斥先生，但又不敢完全丢掉先生，他们还想利用先生的威望，所以还给先生安一个位置。先生如果不同他们合作，而离开了他们想自己搞革命，这是不容易的。因为这会受到两面夹攻，一方面是南方军政府打击先生，另一方面北方军阀更要打击先生。南方各派所以还要给先生一个总裁是怕舆论攻击。先生不去，他们就有话可说了。拥护先生的革命力量还是有的，如广东有陈炯明的队伍，陕西有于右任的队伍，湖南有程潜的队伍，湖北还有一些革命力量，尤其是老同盟会员熊克武已经统一了四川，有很大的力量。这些力量都希望先生来维系他们，团结他们。南方势力派想出卖军政府与北方议和，如果先生在其中团结真正的革命力量，也能制止他们的出卖，以保存革命势力。先生不要看岑春煊现在煊赫一时，如果他不好自为之，将来他的失败比先生更凄凉得多，希望先生委曲求全保持革命的联合战线，先生如果不愿亲自前去，派一个代表去也可以。我说这番话后，他不胜感慨地流下了眼泪，随着说：我听你的话决定派汪精卫去。[15]

孙中山何尝不愿去广州再创一番革命事业？但是他明白，当自己一无军队二无金钱的时候，所有的努力基本上都归于徒劳！

4. 著书立说

1918 年至 1919 年，孙中山在他的住所深居简出，发愤著书。

这一时期，孙中山对革命屡次失败的原因进行了深刻思考，并从理论上作了总结，著成《孙文学说》和《实业计划》。孙中山将这两本书连同他在 1917 年写成的《民权初步》，合编成《建国方略》出版，全书共 20 余万字。

在《建国方略》的“自序”中，孙中山以极其简明的语言，辩证地表达了人要实现自己的理想必须矢志不移的道理。他写道：

吾心信其可行，则移山填海之难，终有成功之日；吾心信其不可行，则反掌折枝之易，亦无收效之期也。[16]

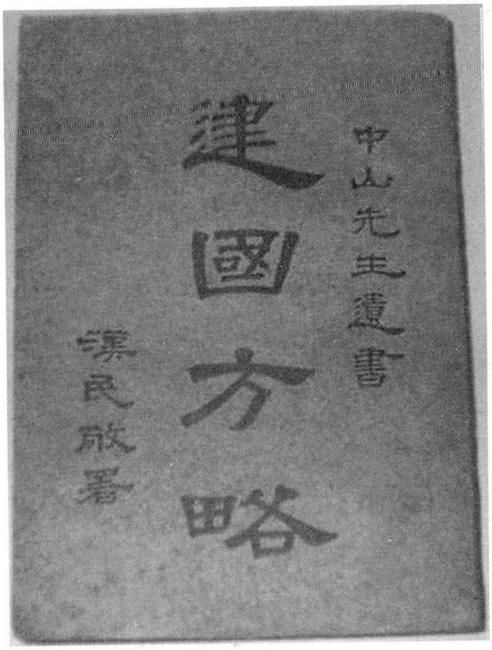

《建国方略》

《孙文学说》是一部哲学著作。它力图从理论上探讨以往革命失败的原因。孙中山认为，自己之所以屡屡失败，根本在于思想错误，即受“知之非艰，行之惟艰”之说的传统观念的影响。

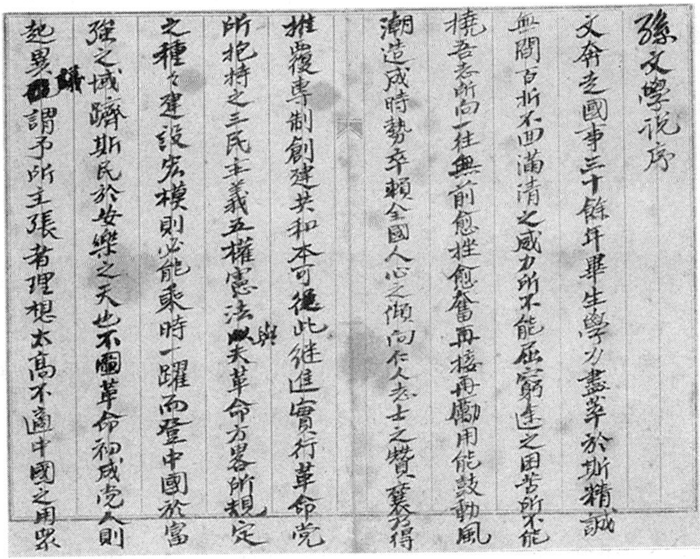

孫文學說序

文奔走國事三十餘年畢生學力盡萃於斯精誠無間百折不回滿清之威力所不能屈窮途之困苦所不能撓吾志所向一往無前愈挫愈奮再接再勵用能鼓動風潮造成時勢卒賴全國人心之傾向仁人志士之贊襄乃得推覆專制創建共和本可從此繼進實行革命黨所抱持之三民主義五權憲法與夫革命方略所規定之種種建設宏模則必能乘時一躍而登中國於富強之域躋斯民於安樂之天也不圖革命初成黨人即起異議謂予所主張者理想太高不適中國之用衆

《孙文学说》序

孙中山在书中列举大量事例，说明传统的“知易行难”的说法是错误的，是实现革命理想的心理之大敌，是涣散民心、瓦解斗志的最大祸根。他提出，近代中国之所以积弱不振、奄奄待毙，国家建设之所以一筹莫展、一败涂地，都是由于国民受了“知易行难”说的毒害所致。而他自己致力革命“三十年来精诚无间之心必为之冰消瓦解，百折不回之志几为之槁木死灰者”，也是由于受“知易行难”的影响。

孙中山批判了“知易行难”的观念之后，提出了自己的知行学说，即“知难行易”、“行先知后”。书中第一章至第四章，举饮食、用钱、作文、建屋、造船、筑城、开河、电学、化学及进化十事为例，证明人们的实践具有广泛的可能性，“行难”是错误的。第五章至第七章，进一步论述知与行的关系，提出了“能知必能行”，“不知亦能行”的观点，反对因循苟且，在实践中不敢有所为的倾向。第八章“有志竟成”中，对过去的革命经验教训——尤其是辛亥革命失败的教训作了比较系统的总结。

《实业计划》是孙中山的经济学著作。它以国家工业化为中心，提出了中国国民经济全面现代化的大规模建设规划。通过这部著作，孙中山向中外人士展示了一幅未来新中国的宏伟蓝图。它包含孙中山关于经济建设的一系列理论观点、方针政策和方法步骤，是多年来孙中山的强国之梦的具体描绘。

《民权初步》是一部关于民主政治的专著。孙中山认为，中国“国体初建，民权未张”，“四万万之众等于一盘散沙”，以致“人心涣散，民力不凝结”，所以写此书以“教吾国人行民权第一步之方法”。他指出，中国人民一盘散沙的状态，并非天生如此，而是由于专制制度的长期统治所致。在封建专制统治下，“集会有禁，文字成狱，偶语弃世”，毫无民权可言。他强调：民权为人类进化之极则，民国之安危，取决于民权发达的程度。集会是民权发达的第一步，倘此第一步能行，行之能稳，则逐步前进，民权之发达，必有登峰造极之一日。

孙中山在《实业计划》中提出了振兴实业的计划，内容十分丰富。如开发交通：修铁路 10 万英里、公路 100 万英里；治理河道；新开运河；使电报、电话及无线电遍布于全国。开辟港口：在北部、中部和南部分别修建 3 个规模如纽约港那样吞吐能力的港口；在铁路枢纽和商港地带建立新兴市区，加强公用设施建设；发展工业，汽车制造业能生产足够的便宜汽车，“使欲用者皆可得之”；发展农业和林业，等等。

孙中山先生的设想，在当时可以说是天方夜谭，然而在 21 世纪的今天，正在一件件变为现实！

从这一点来说，孙中山应该是一个英明的预言家。

伟大的思想，可以跨越时代。

孙中山在上海著书立说，并非消极的隐退，而是积极的思考。由思考而形成的理论观点，既是对他几十年革命经验教训的总结概括，又为他以后更好地领导革命奠定了思想理论基础。正如孙中山在《建国方略·孙文学说·自序》中所说：

> 吾志所向，一往无前，愈挫愈奋，再接再厉，用能鼓动风潮，造成时势。[17]

经过山重水复的孙中山，又要扬鞭催马，跃上新的征程了！

注 释

1. 《政府公报·命令》1915 年 12 月 13 日。
2. 《孙中山选集》上册，人民出版社 1956 年版，第 98—99 页。
3. 《规复约法宣言》，《孙中山全集》第 3 卷，中华书局 1984 年版，第 305 页。
4. 《中华革命党本部通告》，《民国日报》1916 年 7 月 28 日。
5. 《孙中山全集》第 4 卷，中华书局 1985 年版，第 102 页。
6. 《致黄兴函》，《孙中山全集》第 3 卷，中华书局 1984 年版，第 166 页。
7. 《真共和与假共和之争》，《总理全集》第 2 集，第 174 页。
8. 当时聚集在广州的各派议员有 150 多人，但因不足法定人数，乃召集“国会非常会议”。
9. 邹鲁：《中国国民党史稿》第 3 篇，台北商务印书馆 1965 年版，第 1076 页。
10. 《孙中山三次在广东建立政权》，中国文史出版社 1986 年版，第 86—87 页。
11. 罗翼群：《记孙中山南下广东建立政权》，《孙中山三次在广东在建立政权》，中国文史出版社 1986 年版，第 4—5 页。
12. 《在宴请海军滇军官佐会上的讲话》，《孙中山全集》第 4 卷，中华书局 1985 年版，第 304 页。
13. 《孙中山 1918 年 5 月 4 日向非常国会辞大元帅电》，《中国国民党史稿》第 1085 页。
14. 《建国方略》，《孙中山选集》上册，人民出版社 1956 年版，第 104 页。
15. 吴玉章：《对孙中山先生的一段回忆》，尚明轩等编：《孙中山生平事业追忆录》，人民出版社 1986 年版，第 266—267 页。
16. 《孙中山全集》第 6 卷，中华书局 1985 年版，第 158—159 页。
17. 《孙中山全集》第 6 卷，中华书局 1985 年版，第 157 页。

五　柳暗花明

1. 来自苏俄的声音

就在孙中山在广州领导护法的斗争遭遇挫折之际，在中国的邻国俄罗斯，却正在酝酿着一场惊天动地的大事变。

1917年3月（俄历2月），俄国的工人和士兵发动武装起义，推翻了统治俄国达300年之久的罗曼诺夫王朝。由于起义之前计划不周，国家政权最终落入由地主和资产阶级的代表人物组成的临时政府手中。

同年11月7日（俄历10月25日），在列宁领导下，彼得堡的工人群众发动武装起义，推翻了二月革命后组成的临时政府。第二天，全俄工农兵苏维埃第二次代表大会通过列宁起草的《和平法令》和《土地法令》，以及其他一系列维护工农利益的决议案。随后，由劳动人民当家作主的政权——苏维埃政权，在俄国各地相继建立。俄国十月社会主义革命取得伟大胜利。

俄国十月革命的成功，在资本主义的链条上打开了一个缺口，从此改变了世界历史前进的方向。

十月革命爆发后的第三天，孙中山领导的中华革命党机关报《民国日报》，即以《突如其来之俄国大改变》为题，报道了俄国发生革命的消息。孙中山当时虽然并没有真正明白十月革命胜利的伟大历史意义，但当他得知这个消息后，仍然为之兴奋和鼓舞。

1918年夏，孙中山以"中国南方议会"的名义，给列宁和苏俄政府写了一封贺信，热烈祝贺俄国革命成功，并表达了中国人民对苏俄人民的友好情谊和希望与俄国革命党交往的愿望。他在信中说：

> 中国革命党对贵国革命党所进行的艰苦斗争，表示十分钦佩，并愿中俄两党团结共同斗争。一个社会主义共和国在俄国存在八个月之久，这个事实给了东方人民以希望，一个类似的新的制度一定会在东方建立起来。[1]

这是笔者目前发现的孙中山最早表达对俄国革命向往的信件。这也可能就是他后来确定"以俄为师"的最初动因吧。

如果考虑到当时的通信条件，孙中山这封贺信能到达苏俄领导人手中肯定带有很大的偶然性。据说，该贺信是经过很曲折的过程最终才托美洲

的华侨以电报形式发到俄国的。[2]

很难想象苏俄领导人收到孙中山的信后是什么反应，不过，从苏俄外交人民委员格奥尔基·契切林在当年8月1日给孙中山的复函中，可以判断他们的反应还是比较积极的。

契切林的信是这样写的：

亲爱的孙中山博士：

人民委员会交给我一项光荣任务，向您，尊敬的导师表示感谢，感谢您几个月前曾以中国南方议会的名义给工农政府寄来贺信，并向您，中国革命的领袖，从1911年起在特别困难的条件下继续带领中国劳动群众反对奴役者——中国北方的和外国的资产阶级以及帝国主义政府——的伟人表示敬意。

您，尊敬的导师，前些时候在致工农政府的贺信中曾指出，俄国革命和中国革命抱有同样的目的，即解放工人并在承认俄中两国伟大的无产阶级利益的基础上建立永久和平。

按照我们的理解，这个伟大的任务就是两国劳动阶级团结起来，建立普遍和平，它是人民从资产阶级手中取得政权以来，工农政府全部活动的依据。和平法令已表达了我们这一纲领。尊敬的导师，和平法令谅您业已知悉。全俄苏维埃第五次代表大会发表的对东方各民族的宣言重申了这个纲领。

我们和您一样，在前进中遇到了空前未有的困难，帝国主义政府的军队、资产阶级的雇佣兵捷克斯洛伐克兵团和俄国资产阶级，贸易像铁桶一样包围着我们，他们企图在俄国恢复君主政体，我们同我们的朋友——中国南方无产阶级的联系被切断了。两个月来，同您的联系也中断了，我们共同的敌人通过独家和资本家所收买的报刊，正在散布着各种谣言，其目的是不让中国人民了解真相：工农政府生机勃勃，正进行着强有力的、坚持不懈的斗争，它一如既往，高举无产阶级战胜世界资产阶级和欧洲强盗及掠夺者的旗帜。

我们的处境困苦，面临着力量悬殊的斗争。在这个经受考验的时刻，当帝国主义政府从东西南北伸出贪婪的魔爪要破坏俄国革命和剥夺俄国工农通过这场世界上空前未有的革命而获得的成果的时候，当外国银行家所扶植的北京政府企图与这些掠夺者勾结起来的时候，——就是在这个时刻，俄国劳动阶级吁请中国兄弟共同斗争。

因为我们的成功，就是你们的成功，我们的灭亡也就是你们的灭亡。

让我们在争取全世界无产阶级共同利益的伟大斗争中更加紧密地团结起来。中国劳动农民万岁。中国工人万岁。俄中无产阶级联合万岁。

向中国劳动阶级及其尊敬的导师孙中山博士致以最诚挚的祝愿，祝愿幸福、昌盛。

俄罗斯苏维埃联邦社会主义共和国外交人民委员

格奥尔基·契切林[3]

这肯定是一封对孙中山可能产生巨大鼓舞的信件。然而遗憾的是，由于当时通信条件所限，这封信最终未能到达孙中山之手。此信在几十年后才被俄方公布出来。[4]

孙中山可能也没指望自己的第一封信就能够被对方收到，更没指望苏俄领导人能给自己回函。但是，他仍然保持着与苏俄方面进行联系的积极性。

2. 五四运动的启示

谁也没有料到，当历史进入1919年的时候，一场在帝国主义国家之间的分赃会议，竟然会在沉闷的中国引发出震魂慑魄的惊雷。

历时4年的第一次世界大战，终于在1918年11月11日宣告结束。1919年1月18日，讨论战后问题的巴黎和会在凡尔赛宫正式开幕。这实际上是一次由当时世界五强，即英、美、法、意、日五国操纵的重新瓜分世界的会议。中国作为战胜国之一，也派代表参加了此次会议。

得知巴黎和会召开的消息后，孙中山便用各种名义派郭泰祺、陈友仁、徐谦、伍朝枢、汪精卫等去巴黎活动，交给他们的使命是：宜提出取消中国与列强所订之不平等条约，收回被侵掠之各地，承认高丽之独立，庶符民族自决之强。

巴黎和会召开前，美国总统威尔逊在国会演说时提出巴黎和会的主旨14条，其中有：对于一切殖民地的处置，应顾全各殖民地居民的利益；大小国家都要互相保证政治自由和领土完整。

威尔逊的演说内容传到中国后，激起知识界对这次和会的幻想，大家以为这次和会可以还中国在世界上一个平等独立的地位。一时间，“公理战胜强权”的呼声在知识分子中竞相流传。北京大学还为此举行了规模盛大的演说和集会，蔡元培、李大钊、陈独秀等都出席集会并发表演说。

“公理”果真战胜“强权”了吗？

“否！”巴黎和会给了中国人民一个冷冰冰的回答。

在巴黎和会上，中国代表提出废除外国在中国的势力范围、撤退外国在中国的军队和巡警、撤销领事裁判权、归还租界、取消中日“二十一条”及换文等要求，但都遭到拒绝。在讨论德属殖民地问题时，中国代表又提出，战前德国在山东攫取的各项特殊权益应直接归还中国。但日本代表却无理地提出，日本在大战期间强占的德国在胶州湾的租借地、胶济铁路以及德国在山东的其他特殊权益，应该无条件让与日本。

4 月 29 日至 30 日，英、法、美三国在议定巴黎和约中关于山东问题的条款时，完全接受日本的提议。这样，日本夺取战前德国在中国山东的特殊权益的“既成事态”，便被明文确定下来。

中国代表对和会的这种做法提出抗议。但是，北京政府屈服于帝国主义列强的压力，竟准备在这个丧权辱国的和约上签字。

中国人受到了空前的欺骗和侮辱！

“公理战胜强权”的神话，像一个被阳光照耀而发出五颜六色光泽的肥皂泡，只是漂亮了一个短暂的时刻便在人们眼前破灭得无影无踪。

中国人被激怒了！

对巴黎和会幻想的破灭，使中国人民长期压抑的对帝国主义的仇恨迸发了出来，形成了一股强大的洪流。

1919 年 5 月 4 日，北京大学等 13 所大中专学校的学生 3000 余人，不顾北京政府教育部代表及警察的阻拦，到天安门前集会，提出“外争主权、内除国贼”、“废除二十一条”和“还我青岛”等口号，强烈要求拒在和约上签字，并惩办北京政府的三个亲日派官僚曹汝霖、章宗祥、陆宗舆。

由此引发了中国现代史上第一次彻底的反帝反封建运动——五四运动。经过新文化运动启发和陶冶的中国青年学生，在这一运动中起到了先锋作用。

五四运动爆发后，由孙中山领导的上海《民国日报》对学生运动极为关注，用绝大部分版面报道了运动情况，热情支持学生爱国斗争。五四运动爆发的第二天，《民国日报》即发表《呜呼山东问题》的评论，指出："山东问题，我国存亡问题，断送山东，即断送国民。是可忍，孰不可忍。"此后，该报不断发表赞扬学生运动的文章。

从6月11日起，《民国日报》又创办了《救国余闻》副刊，后改为《觉悟》。《民国日报》对全国爱国运动，尤其是上海反帝运动的兴起和发展，起了很大的推动作用。

当时在上海的孙中山，对迅猛发展的形势甚为关注。

5月4日，北京31名学生和1名市民被捕的消息传出后，孙中山立即发电报给控制北京政府的段祺瑞，要他从速释放被捕之人。他还通电广东政府立即释放被捕的工界、学界代表。

5月8日，孙中山收到陈汉明来信说："南京华侨学生代表大会决议电请各方争回青岛，维持国权，请予赞助。"他便当即批示："此间有一分之力当尽一分之力也。"

6月3日，北京学生进行的大规模街头演说遭到北京政府的镇压，近千名学生被捕。这一消息激起了全国人民更大的愤慨。6月4日，上海工人阶级与学生、商人发动了震撼全国的"三罢"斗争。6月5日，上海60多万工人参加了历史上空前的政治大罢工，其他地区的工人也先后举行罢工和示威游行。

五四运动标志着中国工人阶级从此独立地登上了政治舞台。中国资产阶级民主革命从此掀开了新的一页。由资产阶级领导的旧民主主义革命开始向由无产阶级领导的新民主主义革命迈进。

在全国人民的压力之下，北京政府于6月6日释放了全部被捕学生；6月10日，宣布批准曹汝霖、章宗祥、陆宗舆3人"辞职"。

6月28日，中国代表团拒绝在对德和约上签字。

五四运动取得了胜利！

对于学生的爱国行动，孙中山由衷地感到高兴。他从学生身上看到了蕴藏在中国人民心中的革命激情，指示上海《民国日报》总编辑邵力子，要大力宣传报道学生的反帝爱国运动。

当孙中山听到北大一位学生在群众集会上说："孙中山先生革命，算不上革命。他的革命仅仅把'大清门'的牌匾换作'新华门'，这样的革命不彻底，我们这次要作彻底的革命。"他便诚恳地对这个学生说："我所领导的革命，倘早有你们这样的同志参加，定能得到成功。"

在《致海外国民党同志函》中，孙中山热情赞扬了新文化运动对五四运动的推动作用，以及学生的先锋作用。函曰：

陕西省省主席邵力子

> 自北京大学学生发生五四运动以来，一般爱国青年，无不以革新思想，为将来革新事业之预备，于是蓬蓬勃勃，抒发言论。国内各界舆论，一致同倡。各种新出版物，为热心青年所举办者，纷纷应时而出。扬葩吐艳，各极其致，社会遂蒙绝大之影响。虽以顽劣之伪政府，犹且不敢撄其锋。此种新文化运动，在我国今日，诚思想界空前之大变动。推其原始，不过由于出版界之一二觉悟者从事提倡，遂至舆论放大异彩，学潮弥漫全国，人皆激发天良，誓死为爱国之运动。倘能继长增高，其将收效之伟大且久远者，可无疑也。吾党欲收革命之成功，必有赖于思想之变化，兵法“攻心”，语曰“革心”，皆此之故。故此种新文化运动，实为最有价值之事。[5]

此时，孙中山积极同学生接触，利用学生集会发表演说，号召青年积极上进，参加他的争取恢复国会的斗争。他还在自己的寓所接见了全国学联代表。

许德珩当时是全国学联的负责人之一。他在许多年后还记着孙中山接见他们时的情景：

1919年8月的一天，通过廖仲恺先生事先联系，我和男女同学多人，以全国学联代表的名义去见中山先生。不想途中一阵暴雨，及至到了中山先生官邸时，我们的衣服已被淋得尽透。我们向看门人说明来意，看门人说："今天总统不会客。"我说："我们要见的是孙中山先生，不是什么总统，而且是事先约好的，为什么不见？"廖仲恺先生听到了我们的声音，急忙走了出来对看门人说："他们几位是事先约好的，这是我的疏忽，没有通知你。"随后他就把我们让到客厅里坐下，并去通知中山先生。

中山先生来见面，互相问候之后，我首先说："我们要见的是革命的孙中山先生，不是什么总统，现在总统有的是，他们做尽坏事，是民众反动的对象。"廖仲恺连忙说："你们几位不是有问题要谈吗？我们现在就转入正题来谈吧！"中山先生这才接着说："我愿意听听你们的意见。"于是我们分别讲了个人的见解。有的陈述学生运动和一般民众运动的情况，有的指出南北政局都是一团糟，问中山先生有何方针和计划，等等。

中山先生的回答是：你们学生反抗北京政府的行动是很好的，你们的革命精神也是可佩服的。但是你们无非是写文章，开大会，游行请愿，最大的成绩也不过是集合几万人示威游行、罢课、罢工、罢市几天而已。北京政府只要几挺机关枪就可以把示威的学生解决掉。现在，我想给你们五百支枪，去打北京的那些败类，如何？

我听了中山先生的一席话，马上接着说，孙先生也领导过军队，又何止五百支枪，何以革命还是失败了呢？这枪看是掌握在谁的手里，若掌握在人民的手里，就起好的作用；若掌握在军阀手里，就要扼杀民众。武器固然重要，而关键还在于唤起民众，团结民众。此次学生界赤手空拳游行示威，迫使北京政府不得不将曹（汝霖）、章（宗祥）、陆（宗舆）罢免，足见民众团结起来威力之强大。

谈了三个多小时之后，我们当中有人说："现在时间不早了，我们应该告辞了吧！"一直坐在旁边的廖仲恺先生接上去说："多坐一会，正谈到紧要的关头！"于是中山先生从容而缓慢地回答了我们提出的问题。

中山先生谈话的大意是：一、他要学生们托起枪来，不过是

希望学生们的革命精神再提高一步。他并不是轻视学生开会、示威等等，动员民众起来反抗北京政府的行动，并且相信那些行动都有重要的作用。二、他个人很注意宣传，素来主张宣传与军事并重，不过事实上宣传的工作做得不够，所以不能使一般青年和民众了解他的意见和主张。

当我们告辞时，中山先生高兴地说："我很喜欢这次痛快的谈话。"在归途中，大家边走边谈，觉得这位具有倔强性格的革命家颇能倾听我们的意见。同时也感到，经过护法运动的失败，中山先生已经意识到革命武装的重要，所以他提出要给我们五百支枪，是绝非偶然的。[6]

五四运动在孙中山的思想上引起了很大的震动。他曾这样评价说：这次学生运动，在很短时间内取得了这样巨大的成绩。可以看得出，团结就是力量。

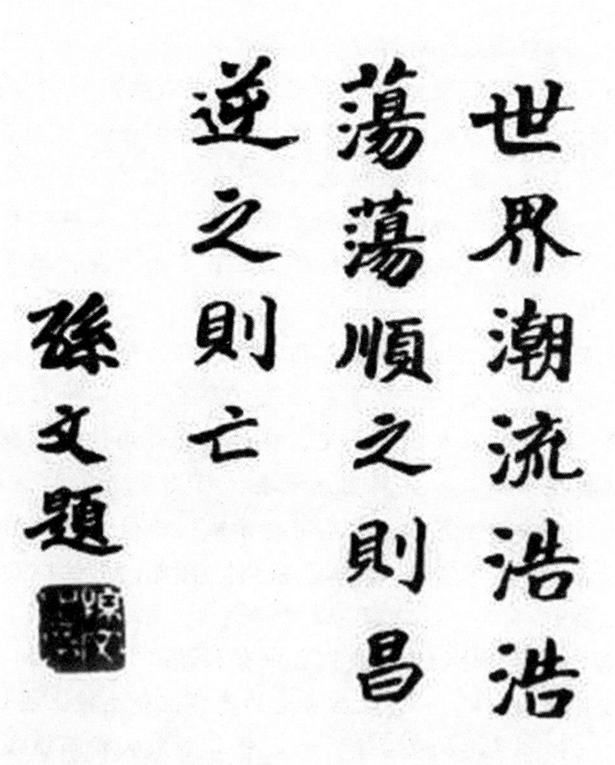

孙中山手书：世界潮流浩浩荡荡，顺之则昌，逆之则亡

1919 年 10 月 18 日，孙中山在上海寰球中国学生会上演说时，高兴地说："试观今次学生运动，不过因被激而兴，而于此甚短之期间收绝伦之巨果，可知结合者即强也。"[7]

基于这样的思想认识，孙中山看到了自己以前仅仅依靠军阀的错误，相信大多数人起来革少数人的命的世界潮流已不可抑遏，将来"必至政权归于平民而后已"。他认为，要拯救中国，就要重新开始革命事业，以求根本改革。所谓"根本改革"，就是南北新旧国会一概不要，同时把那些腐败官僚、跋扈武人、作恶政客完完全全扫干净，以便重新创造一个国民所有的新国家。

孙中山还抛弃了自己以前孜孜以求的"实业救国"、"教育救国"的想法，认为今后改造中国的第一步只有"革命"，用革命来建造一个比现在的共和国还好得多的共和国。

对于以新思想教育国民来收事半功倍之效，孙中山更是充满期待。他在复四川蔡冰若函中表示：

> 此数月来全国学生之奋起，何莫非新思想鼓荡陶熔之功？故文以为灌溉学识，表示吾党根本之主张于全国，使国民有普遍之觉悟，异日时机既熟，一致奋起，除旧布新，此即吾党主义之大成功也。[8]

经过五四运动，孙中山的视野一下开阔了起来。

孙中山，中国革命伟大的先行者，他已透过黑暗，看到了中国光明的未来！

3. 中国国民党

十月革命的胜利，五四运动的爆发，使孙中山大为振奋。青年学生用实际行动反对帝国主义侵略的爱国热情，深深地鼓舞着孙中山。他又以满腔热情投入新的战斗了！

要继续革命，必须要有一个坚强的革命党。这是孙中山从屡屡失败中得出的沉痛教训。

实际上，早在 1918 年 8 月，孙中山就有重新整理党务的打算。当时，他发表了《通告海外革命党人》，在总结历史经验的基础上指出，要救亡

图存，首先必须扩张党的势力，因此应重订党章，以促党务之发达。

经过五四运动，孙中山改组中华革命党的心情更加迫切。

孙中山领导的中华革命党，其直接的目标是反袁护国，因而护国战争结束后，它在组织上已基本停止了活动，到护法运动时已彻底分化瓦解，影响也大大削弱。

在这种情况下，孙中山不得不放弃重建中华革命党以恢复革命精神的主张，转而谋求以“国民党”名义招人入党。

1919 年 10 月 10 日，在纪念武昌首义八周年之际，孙中山发出通告，将中华革命党正式改名为中国国民党，规定：“从前所有中华革命党总章及各支部通则，一律废止；所有印章图记，一律照本规约所定，改用中国国民党名义，以昭统一。”[9]

在“国民党”前冠以“中国”二字，是为了区别于民国初年五党合并而成的“国民党”，同时表明中国国民党直接由中华革命党而来。新党章第四条规定：“凡中华革命党党员，皆得为本党党员，以中华革命党证书，领取本党证书。”这就在组织上把中国国民党与中华革命党衔接了起来。

中国国民党本部设在上海，下设总支部、支部、分部于国内及海外华侨所在地。孙中山任中国国民党总理。

新组成的中国国民党，以巩固共和、实行三民主义为宗旨，从而改变了中华革命党时期只实行民权、民生二主义的政纲，重新恢复了三民主义。

这是孙中山思想认识的一大进步。

孙中山从中华革命党组织上的弊端吸取教训，这次改组为中国国民党时，他决定放弃中华革命党的秘密组织形式，放弃党员入党时需加盖指印和宣誓服从总理的规定。

中国国民党的创建，是孙中山几十年革命奋斗历程中一个重要的功绩。由于摈弃了中华革命党的秘密组织形式，从而吸引了众多的成员。到 1923 年国共合作开始酝酿时，中国国民党已号称有 30 万党员。即便这个数字有人为的夸张，但无论如何，中国国民党确实是当时中国最大的政党。

孙中山的革命生涯是与革命政党的不断改组相伴随的。“兴中会”——“中国同盟会”——“国民党”——“中华革命党”——“中国国民党”，在孙中山不断追求自己理想的过程中，他所领导的政党也在追求着自己最为理想的状态。

无论孙中山对中国国民党的状态是否满意，这个陪伴孙中山先生走完生命最后一程的政党，在他逝世之后，就再也没有改变过自己的名称。

说来也巧，就是在孙中山将中华革命党改组中国国民党的1919年，在孙中山先生所领导的革命队伍中，有一批人开始从思想上逐渐背离他所坚持的资产阶级革命理想，由信仰资产阶级民主主义转而信仰马克思主义和社会主义。

正是这批人，很快成为中国共产主义运动的开拓者和中国共产党的创建者。

这一年，登载宣传马克思主义和社会主义文章，似乎成为报刊的一种时尚。李大钊在《新青年》发表《我的马克思主义观》；李达在上海《民国日报》副刊《觉悟》发表《什么叫社会主义》、《社会主义的目的》；陈独秀在《晨报》发表《告北京劳动界》；杨匏安在《广东中华新报》发表《马克思主义》、《社会主义》……

有人这样描述当时的情形：

> 一年以来，社会主义底思潮在中国可以算得风起云涌了。报章杂志底上面，东也是研究马克思主义，西也是讨论鲍尔希维(即布尔什维主义——引者注)；这里是阐明社会主义底理论，那里是叙述劳动运动底历史，蓬蓬勃勃，一唱百和，社会主义在今日的中国，仿佛有“雄鸡一唱天下晓”的情景。[10]

很显然，“中国国民党”这个名称在中国历史上出现的同时，马克思主义的信仰者也在中国赫然而起。

一个新的而且注定要影响中国国民党前途和命运的政党，正在孕育之中……

注　释

1. 信的全文尚未找到。上述内容参见《孙中山全集》第4卷，中华书局1985年版，第500页；韦慕廷：《孙中山——壮志未酬的爱国者》，中山大学出版社1986年版，第121—122页。

2. 参见汪精卫：《中国国民党第二次代表大会政治报告》，罗家伦主编：《革命文献》第20辑，台北1955年版，总第3851页。

3.《契切林致孙中山的信》，《共产国际、联共（布）与中国革命档案资料丛书》第2卷，北京图书馆出版社1997年版，第48—49页。

4. 1957年，苏联的《国际生活》第11期以《与孙中山交换的外交信件》为题，刊载此信；1958年，中国的《史学译丛》第3期发表了由孙剑晨翻译的同题中译文。

但笔者不能肯定这就是最早公开此信的时间。

5. 《致海外国民党同志函》，《孙中山全集》第 5 卷，中华书局 1985 年版，第 209—210 页。

6. 许德珩：《难忘的会见》，《团结报》1980 年 11 月 7 日。

7. 《救国之急务》，《孙中山选集》，人民出版社 1981 年版，第 479 页。

8. 《中央党务月刊》第 12 期。

9. 高越天：《中华民国大事纪要》（初稿），1919 年 7 月 12 日，第 215 页。

10. 《近代社会主义及其批评》，《东方杂志》第 18 卷第 4 号，1921 年 2 月 25 日。

六　初交苏俄密使

六　初交苏俄密使

1. 苏俄的友好表示

当孙中山准备投入新的战斗的时候，中国政治生活正在发生着一个新的变化。

十月革命成功后，面对国际帝国主义的敌视态度，为了保卫新生政权，苏俄采取了两项措施：一是成立远东共和国，作为同日本缓和关系的中间地带[1]；二是在邻近的中国寻找同情者和可以合作的伙伴，争取中国政府的承认，使中俄关系正常化。

1919 年 7 月 25 日，苏俄政府外交委员加拉罕签署发表《对中国国民和中国南北政府的宣言》（即苏俄第一次对华宣言），宣布废除沙俄时代缔结的一切不平等条约和在中国攫取的一切特权，将沙俄掠夺中国的领土和资源地（包括中东路）全部无偿地归还中国。并表示希望与中国政府建交。

现在看来，这个宣言不过是引导中国人同情俄国并支持中俄建交的一个幌子，实际上苏俄领导人当时并没有废除不平等条约的真实举动。然而，这个宣言当时在中国引起的反响却非同一般。

一向遭受外国列强侵略的中国，破天荒地得到了社会主义苏俄的同情，这不能不让人们为之感动，于是，敏感的中国知识界开始大加赞扬苏俄的友好举措。

孙中山和国民党人透过苏俄政府的宣言，也看到了社会主义国家进步和友善的一面。《民国日报》发表评论，将不平等条约和苏俄对华宣言作了比对后指出："俄国此次的举动，是世界有史以来为全人类图幸福的空前创举"，国民党"主张对于俄国人民及俄国所表示的正义，表示美满的谢意。……与俄国国民提携，致力于废除国际的压迫，及国家的、种族的、阶级的差别。"[2]

而苏俄在中国寻找同情者和合作者的时候，也很自然把孙中山作为考虑的对象。

1920 年 6 月，苏俄外交人民委员契切林在旅俄华工第三次代表大会给孙中山发的电文上，亲笔加上了这样的字样："代表大会议决邀请您前来俄国，使您有机会直接了解俄国革命的伟大思想。"[3]

10 月，当苏俄领导人获悉中国人民支持政府在山东问题上对日本采取强硬立场后，非常兴奋。10 月 31 日，契切林给孙中山写了这样一封信：

亲爱的孙中山：

苏俄满怀喜悦的心情得悉，中国粉碎了联合日本帝国主义的极端反动的势力，中国人民在国内外都朝着自决和自治方面迈进了一大步。您得知我国在击败弗兰格尔以及我国几乎在同所有邻邦的和平谈判中所取得的成功，当然也同样会感到高兴的。……每一天都给全世界的工人带来了新生力量，而帝国主义制度则正在土崩瓦解，内部危机已提上各国日程。广大劳动群众只有靠自己，靠自己的双手才能打败现有的无数敌人。贵国正坚定不移地前进，贵国人民自觉地走上同帝国主义对世界的沉重压迫进行斗争的道路。谨祝你们取得伟大的成功。中国兄弟们，行动起来吧！压迫你们的势力在一天天衰落下去。请再稍等一等，你们胜利在望。但是也不要浪费时间。应当立即恢复我们两国的贸易关系。不应放过任何一个机会。愿中国坚定地走上与我国友好合作的道路。

谨向您个人以及反帝斗争的战士——中国人民致以最良好的祝愿。

完全忠诚于您的　　格·契切林[4]

遗憾的是，这封信直到次年6月孙中山才收到。

2. “中国著名社会主义者孙逸仙”

除了在遥远的莫斯科向孙中山表示友好外，从1919年开始，旅居上海的俄国人根据苏俄领导人的指示，开始同孙中山进行直接交往。

据说，从1919年年底到1920年年初，俄国劳动社负责人马特耶夫·鲍德雷曾先后两次拜访过孙中山。但遗憾的是，目前还没有发现关于他拜访孙中山的较为具体的记载。

在笔者目前能够看到的档案资料中，最早由苏俄驻华代表撰写的关于孙中山的一份报告，是在1920年10月5日，报告人是旅俄华人刘江（俄文名费奥德罗夫）。

刘江在给俄共（布）阿穆尔州委的报告中，叙述了他于1920年年初在上海与孙中山会谈的情况。报告说：

到上海后，我首先拜会了中国著名社会主义者孙逸仙。现在他是南方革命运动的首领。我同他进行了会谈，会谈的实际内容和我同他达成的协议如下：(1) 立即把华南、俄国中部和远东地区的中国革命力量联合起来，以便能够密切配合为反对北方现时的反动政府准备条件；(2) 为此必须在远东地区设立一个领导中心，拟把布拉戈维申斯克作为这个中心，将从这里向南方和在苏俄的组织下达指示；(3) 拟把新疆省作为驻扎苏俄军队和华南军队的集中地点，把军队集结在谢米巴拉金斯克州和谢米列钦斯克州的边界线上，在中国土耳其斯坦附近，那里现在正在部分地区征召志愿者。从战略上考虑，这是可以自由地向北方调遣军队的一个最好的地方。驻扎在俄罗斯中部的中国军队已同南方首领孙逸仙举行了军队合并的谈判，前者表示完全同意同南方配合行动。为了同孙逸仙保持密切联系，孙将向莫斯科派驻两名代表，他们不久就到这里来。他们打算在布拉戈维申斯克呆一些时候，对这里的劳工群众和中国军队开展宣传工作；(4) 广泛开展出版事业，为此必须在上海办好印刷厂。

在当时中国舆论界大谈社会主义的情况下，刘江在报告把孙中山称为“中国著名社会主义者”，是不足为奇的。不过，他与孙中山达成的上述那个在当时的条件来说是近乎疯狂的、不切实际的、根本无法实现的军事合作协议，倒真是让人惊奇！

不知道刘江与孙中山会谈前，他是否得到授权可同与孙中山达成某些协议，但显然他是被孙中山说服了，所以才作出这样一个过于大胆的举动。

然而，在孙中山本人来说，提出这个计划肯定是认真的。实际上，他希望与俄方进行军事合作，并不是一闪而过的念头。从后来情况的发展来看，这个与刘江达成的军事合作协议，才仅仅是开了个头（在后来与苏俄代表的接触中，孙中山不厌其烦地多次提出过类似的军事合作计划，尽管它们最终也没能实现）。

在刘江的报告中，除了这一点让人惊奇外，还有一点也值得引起注意，这就是报告认为，在中国的南方有进行俄国式革命的基础。报告说：

目前在中国南方省份的运动，可称之为社会主义运动，因此可以有把握地说，在南方，共产主义不受追究，而相反受到鼓励，甚至也不受当局反击。例如，革命军参谋长陈炯明是著名活动家之一，他在军队中正在开展强有力的宣传鼓动工作，在他的参谋部里设有专门的报道部，出版带有社会主义倾向的报纸和书籍。[5]

孙中山

刘江的这个报告，最终由阿穆尔州委转到了俄共（布）中央。可以想象，报告中关于孙中山和中国社会主义运动的评价，对于正在寻求中国同盟者的苏俄领导人中，必然留下较为深刻的印象。

3. 联系密切的波达波夫

在1920年年初的这段时间，还有两名苏俄军官与孙中山有过接触，他们是波达波夫[6]将军和波波夫上校。

据美国记者索科尔斯基在当时给美国驻华总领事坎宁安的报告，波达波夫将军装扮成一名布尔什维克，可又没有证件能够证明他的身份；波波夫是陆军上校，由苏俄远东地区阿穆尔州红军部队的指挥官派遣而来，随身携有证件。孙中山分别与他们进行了会面，讨论了关于国民党和布尔什维克之间的军事合作计划。[7]

没有证件能够证明其身份的波达波夫，原为沙皇军队的将军，十月革命后转向苏维埃政权。正是此人，在1920年10月回到莫斯科后，向苏俄外交人民委员契切林书面报告了他在中国与孙中山的交往和对孙中山的评价。

这份由波达波夫写于1920年12月12日的报告，题目为《关于中华民国原第一任总统孙逸仙博士》。这是目前能够看到的苏俄方面关于孙中山的第一份较为详细的报告。相关内容是：

> 我在上海时同孙逸仙博士联系密切，他是一位狂热的反英者，与北京政府和（目前垮台的）广州政府势不两立。
>
> 在中国各地他都有追随者，在革命人士中他有一些忠实的朋友。
>
> 在人民运动的现时领导人当中，他同陈炯明（福建省督军、反北京政府的粤军总司令）、唐绍仪（原第一共和国总理，现为和谈代表团团长[8]）、唐继尧（云南省督军，现南方政府已由广州迁到云南）、李烈钧（南方政府总参谋长）、伍廷芳（南方政府外交部长）、陈独秀（有声望的作家和教授，新大学创始者）、孙洪伊（原第一革命政府内政部长，是在穷苦人当中享有很高声望的活动家）、章炳麟（杰出的现代作家）、林长民（北京政府司法部长）、梁启超（原出席巴黎和会代表团代表），以及他的一些私人朋友保持着联系。他本人在中国人民中享有很高声望，在报刊上常常被称为国民党首领，但这个党至今未成立[9]。
>
> 孙逸仙身边的一些人同各个党派和团体（包括大同党）保持着联系。他的秘书和司库都是大同党党员。
>
> 孙逸仙博士有资金，许多资本家常常向他提供物质上的支持。孙逸仙在海南、四川、福建等省有很大影响，在他的影响下，在这些省份和在中国其他地区，他可以发动起义并能够得到督军朋友们的支持，督军们兵合一处，为他提供一支颇为可观的武装力量。他把广州作为第一个行动目标，也就是要占领华南，他建议通过组织这次行动与北方（即北京政府）相抗衡。
>
> 中国恢复统一后，孙逸仙博士打算通过普选组织议会。
>
> 他告诉我，5月底他收到了您的信，鉴于我即将返俄，他请求我转达他对列宁的问候。协约国代表对我的搜查，使他有些担心，所以他未发表对苏维埃政府的书面呼吁书。因为他同莫斯科

的交往一旦暴露，就会给他在外国租界的逗留和在中国进行的工作造成麻烦。我们同他约定使用我的中英文密码进行联系。除了他的照片，我没有他的任何文件。在各种交谈中，他不止一次地表露出，他不相信我们能成功地在俄国实现共产主义。他以中国人民的经验作为自己的论据。不过我得以说服孙逸仙向我们这里派驻两名代理人。他选择了廖仲恺（广州政府财政部长）和在华南享有声望的朱执信将军。这两个人同我进行了长谈，应在8月取道欧洲前往。

孙逸仙是得到译载我国宪法、土地法令、俄法条约等文件的英文小册子的第一人。[10]

这个报告透露出一些值得注意的信息。首先，孙中山在中国人民中享有很高声望，并和中国的一些政治派别、督军、资本家有比较密切的联系，他的目的在统一中国。其次，孙中山不愿公开他同苏俄进行联系的事实，因为这样会给他在外国租界的逗留和在中国开展工作造成麻烦。再次，孙中山不相信苏俄能成功地实现共产主义。

从其他相关材料可以验证，这个报告的内容还是比较客观的。

4. 与维经斯基的会面

1920年3月，俄共（布）中央正式批准建立俄共（布）远东局，负责领导远东地区各国革命者的工作。

俄共（布）远东局一成立，其海参崴分局外国处即决定，派维经斯基及其助手季托夫、谢列布里亚科夫，还有维经斯基的夫人库兹涅佐娃和翻译杨明斋[11]到中国，主要任务是：深入了解中国国内情况；与中国革命者建立直接的联系，组建革命组织，开展共产主义宣传工作；受共产国际委托，在上海建立共产国际东亚书记处，以指导中国、朝鲜、日本的革命工作。

4月，维经斯基一行到达北京。在俄籍教授鲍立维的引介下，维经斯基同北京大学的李大钊等人取得了联系。通过座谈会和个别谈话等形式，维经斯基向北京的先进知识分子介绍了俄国十月革命的情况，宣传了马克思列宁主义。

经过与李大钊多次恳谈，维经斯基认为，中国已具备建立共产党的条件，表示要帮助中国的先进分子建立起中国共产党。李大钊遂向维经斯基建议，到上海后同陈独秀进行联系。

维经斯基

维经斯基到上海之时，正是陈独秀开展建党活动之际。他一面筹建共产国际东亚书记处，一面帮助陈独秀建立共产党组织。这年 5 月，东亚书记处即建立起来并开展工作。到了 8 月，上海共产党组织正式成立。

这期间，孙中山正在上海指挥一场重新夺取广东的斗争。

广东军政府排挤了孙中山之后，七总裁中的唐绍仪等因不满军政府与北京政府妥协而相继离去。同时，滇、桂军阀之间的矛盾也开始加剧，滇系军阀唐继尧转而支持孙中山，桂系军阀陆荣廷一时成了孤家寡人。

1920 年 6 月，孙中山决定摧毁桂系军阀在广东的统治。他联合唐绍仪、伍廷芳、唐继尧发表通电，强烈谴责桂系军阀“假护法之名，行害民之实”，向全国表示讨伐桂系军阀的决心。

7 月，直皖战争爆发。孙中山趁北洋军阀混战之机，派人向粤军首领陈炯明传达命令，令其统率生力军回广东驱逐桂系军阀陆荣廷。

陈炯明受命后，即率所部向广东发起进攻。经过两个多月的战斗，于10月29日攻克广州，驱逐了岑春煊、陆荣廷等桂系军阀势力。

孙中山在广东重建政权的道路已经铺平。

这年11月，就在孙中山即将动身回广州建立革命政府之前，维经斯基根据陈独秀的建议，专门去拜访了尚在上海的孙中山。

在此之前，维经斯基听说了关于孙中山的追随者——陈炯明的种种离奇的传闻，其中他最感兴趣的，是说陈炯明组织了许多非军事化的社会主义学校，并邀请革命的学生到他的军队里进行教育工作，还有人说他打算在中国的南方建立一系列“公社”。

维经斯基认为，结识了孙中山，就有可能认识陈炯明，并了解陈炯明那些神奇的空想和计划。据维经斯基后来说，这就是他希望拜访孙中山最初的动机。

拜会孙中山的经过，给维经斯基留下了非常深刻的印象。他后来回忆这次经历时写道：

> 孙中山在自己的书房里接见了我们。房子很大，立有许多装满书的柜子。他看上去很像45岁到47岁（实际上他已经54岁了）。他身材挺秀，举止谦和，手势果断。我的注意力不知不觉已被他俭朴而整洁的衣着所吸引，他身穿草绿色制服，裤腿没有装在靴筒里。上衣扣得紧紧的，矮矮的衣领，中国大学生和中国青年学生一般都穿这种上衣。
>
> 孙中山一反通常的中国客套，马上让我们坐在桌旁，就开始询问我国的革命情况。不一会，我们的话题转到了中国的辛亥革命。孙中山异常兴奋起来，在后来的谈话中，即在两个小时的时间里，孙中山对我讲述了军阀袁世凯如何背叛革命，如何企图借助日本帝国主义来复辟帝制，而孙中山本人又怎样在东京经过朋友们的斡旋对当时任外相的加藤施加影响。以使日本帝国主义政府与袁世凯断绝联系。有趣的是，孙中山几乎很有把握地说，日本政府和袁世凯之间那个有名的条约即二十一条，并不是由于日本方面的压力才签订的。孙中山认为，这简直就是袁世凯本人向日本驻华公使提出，或向其暗示的，即只要日本方面协助复辟帝制，他就签约，后来果然签约了。
>
> 我们临走前，谈话快结束时，孙中山又回到苏维埃俄国的话题上来。显然，他对这样一个问题深感兴趣：怎样才能把刚刚从

广州反革命桂系军阀手中解放出来的中国南方的斗争与远方俄国的斗争结合起来。孙中山抱怨说，“广州的地理位置使我们没有可能与俄国建立联系”。他详细地询问是否有可能在海参崴或满洲里建立大功率的无线电台，从那里我们就能够和广州取得联系。[12]

看来，此时孙中山关心的，还是与苏俄建立联系的问题。

这次会面后不久，11 月 25 日，孙中山即率唐绍仪、伍廷芳等离开上海，回广州重组政府。

孙中山手书：人类进化，世界大同

此时，孙中山已初步认识到，只以“护法”相号召，并不能从根本上解决中国的问题，不能实现真正的民主共和国。因此，他决心建立正式政

府，以武力打倒军阀，统一全国。

1921 年 4 月，国会非常会议在广州召开。4 月 7 日，参众两院联合会议通过《中华民国政府组织大纲》，选举孙中山为非常大总统，并授予北伐全权。

5 月 5 日，孙中山宣誓就任广州护法军政府非常大总统职。在位于德宣路的总统府门前，孙中山接受了来自广州各界的庆贺仪式。他的侍卫马湘回忆：

> 这一天，全市商店、工厂、居民都悬旗结彩，热烈庆祝，农工商学各界团体都到总统府庆贺，旗帜如林，锣鼓喧天，十分热闹，各工会、会馆和武术馆也纷纷表演舞狮艺术。各武馆更有单人、双人对拆等国技表演，中山先生看得高兴，叫我和黄惠龙也上台耍耍拳棒给大家看，我们都换上精武体育会习武服装，登上演武台，黄惠龙手握竹节钢鞭，向观众拱手行礼，一连表演了百多点鞭法。接着我也耍了一套八卦剑，各武馆拳师和观众纷纷鼓掌助庆。我们穿回军服站到原来的岗位后，中山先生说："你二人的国技都练得不错，革命军人应该学习这些技术。"[13]

孙中山就职后，宣布对内主张维护民主政治，发展实业，保护平民，破除障碍，促成统一，巩固共和基础；对外主张维护国际平等地位，保障远东和平，要求各国承认广东政府为中华民国唯一之政府，使中华民国在国际上占有其应有之地位。

广州政府成立后，颁布推行了一系列改革吏治和保障人民权利的法令和措施。鉴于广东财力状况，宣布裁员减政，号召大家"少做官，多做事"，并制定了文武官员任职宣誓条例，要求官员正直供职，不得受贿；宣布废止袁世凯时期遗留的镇压人民的刑法及《治安警察条例》；颁布了工会法，承认劳动者有集会结社权、同盟罢工权、团体的契约缔结权等。

这是一个完全不同于北方政府，以改良、建设和主张民主权利为宗旨的资产阶级政府，它以崭新的面貌给中国的社会政治注入了一种从未有过的新鲜气息。

注 释

1. 1921 年 1 月，远东共和国正式成立，所辖地区包括阿穆尔省、滨海省、外贝加尔省、库页岛省、堪密加省和划归中东铁路的地带。表面上，远东共和国是一个非苏维埃形式的独立民主的国家，实际上仍然是在苏俄政府领导之下。

2. 《民国日报》1920 年 4 月 14 日。

3. 齐赫文斯基：《孙中山》，莫斯科 1964 年俄文版，第 253 页。

4. 《齐契林致孙中山的信》，《党史研究资料》1986 年第 8 期，第 2 页。

5. 中央党史研究室第一研究部编：《共产国际、联共（布）与中国革命档案资料丛书》第 2 卷，北京图书馆出版社 1997 年版，第 44—45 页。

6. 又译为波塔波夫。

7. 参见［美］韦慕廷著，杨慎之译：《孙中山——壮志未酬的爱国者》，中山大学出版社 1986 年版，第 123—124 页。

8. 1912 年 3 月至 6 月，唐绍仪任中华民国总理。1919 年率广州政府代表团出席北京和平谈判。

9. 此处有误。1919 年 10 月孙中山将中华革命党改组为中国国民党。

10. 《波达波夫给契切林的报告》（1920 年 12 月 12 日于莫斯科），中央党史研究室第一研究部译：《共产国际、联共（布）与中国革命档案资料丛书》第 2 卷，北京图书馆出版社 1997 年版，第 47—48 页。

11. 山东人。早年赴俄做工，十月革命后加入俄共。

12. 维经斯基：《我与孙中山的两次会见》，《维经斯基在中国的有关资料》，中国社会科学出版社 1982 年版。

13. 马湘：《跟随孙中山先生的回忆》，《孙中山三次在广东建立政权》，中国文史出版社 1986 年版，第 104 页。

七　再交苏俄密使

1. 斯特拉霍夫的密报

索科洛夫·斯特拉霍夫，是1919年至1921年在中国从事地下工作的俄共（布）党员之一。他最早与国民党人士接触，是在1920年11月。其时，斯特拉霍夫在海参崴结识了国民党人李章达。

李章达是孙中山的追随者之一。他早年就加入同盟会，参加过辛亥革命、二次革命。1919年到上海，协助孙中山、廖仲恺、朱执信创办《建设》杂志，并负责发行工作。1920年春，孙中山决定派李章达陪同朱执信前往苏俄考察，后因时局变化，朱执信又被孙中山调到广东参与讨伐桂系军阀的工作。9月，朱执信在虎门调解驻军与东莞民军冲突时，不幸中流弹牺牲。李章达陪朱执信赴苏俄的计划流产。1920年11月，在廖仲恺的支持下，李章达承担起单独赴俄的任务。

在海参崴，李章达碰到了斯特拉霍夫。他告诉斯特拉霍夫，自己是受孙中山委派，希望到莫斯科去，与苏俄领导进行接触，并向苏俄政府提出建议，双方签订在华联合行动的协议。当得知斯特拉霍夫在中国工作后，李章达便热情地为他写了引见孙中山、李烈钧等人的信。[1]

斯特拉霍夫到上海后，根据戴季陶的建议，于1921年1月12日会见了李烈钧。会谈中，斯特拉霍夫得知，国民党和广州政府将首要任务定为推翻北洋军阀政府。为了实现这个目标，广州政府正在寻求日本和美国的支持，同时也希望与苏俄建立亲密关系。

通过与国民党人的接触，斯特拉霍夫比较充分地了解到国民党和广州政府的情况。同时，他又从到过广州的维经斯基那里得到一些材料。[2] 在此基础上，他于4月21日给苏俄领导人写了一份《关于广州政府的报告》。

这是迄今为止在俄罗斯解密的档案中发现的专门针对孙中山广州政府的第一份专题报告。报告的内容很丰富，分为“参与组织广州政府的力量”、“广州政府的诞生及其采取的措施”、“我同广州政府成员的会见”、“广州的政治、军事形势”四部分。

这也是除国民党本身保存的历史资料之外，第一份关于广州政府的详细资料。报告本身的价值不可低估，不过也有谬误之处。

报告在谈到国民党时，这样写道：

国民党，大约成立于15年前，有纲领，与我们的社会革命党

有些相似。该党的策略经常改变，受政局左右。它有时革命情绪高涨，有时黯然失色，成为缺乏信心的知识分子党。1911 年，国民党担起了革命运动的领导权，推翻了满清王朝。随即同袁世凯、段祺瑞之类的封建军阀建立了反常的联盟，结果被军阀赶下政治舞台，不光彩地转入地下，偶尔在工作中还采取了恐怖主义。

在这十年间，国民党曾再次试图在南方登上政治舞台，但因重与反动派联合，又不光彩地为自己准备了绝路，而反动派利用国民党作幌子来实现自己的阴谋，再次取得了胜利。

1915 年，国民党又转入地下，做工农群众的组织工作，这时无疑已开始向左转。

孙逸仙博士是该党首领，1919 年的一期《密勒氏评论报》上写道：他的党的基本目标是进行社会主义革命，正如所有革命的马克思主义者所理解的那种社会主义革命，但是作者附带说明：中国情况特殊，中国需要摆脱封建制度，需要完成工业资本主义革命，然后才开始进行社会革命。然而这些革命相近似，犹如一个链条上的环节，作者并未提供如何分清它们的方法。这就是中国社会党——国民党的策略原则的主要模糊不清和相互矛盾之处。[3]

尽管如此，斯特拉霍夫对孙中山个人在中国的政治影响还是充分肯定的。他在谈到孙中山在工人中的影响时说：

为了评估工人对国民党的态度，我去过上海矮小泥泞的贫民窟，那里居住着工人和手工业者，在那里常常见到孙逸仙的画像。工人们非常热爱和信任孙逸仙，这是因为近年来国民党几乎是唯一一个在小商人、小手工业者和工人中间开展工作的充满活力的党，也是因为在中国没有另一个更革命的更具有鲜明阶级性和组织性的力量，自然国民党在劳动群众中和在小资产阶级中比任何其他党都赢得了更大的同情。[4]

报告还介绍了广州政府诞生的经过及其采取的措施，其中提到：“新政府首先采取的措施是，查封所有赌窝，颁布义务教育法令，最后还出现了中国共产党人制定的适用于苏维埃情况的法令。”

报告特别提到孙中山对张作霖和北京政府的态度，以及在这个问题孙中山与陈炯明的分歧：

> 孙逸仙博士在一次会议上说，他认为中国人民的主要敌人，是聚集在张作霖将军周围的那些军阀，需要从政治上把这些人消灭，因此同他们只有一句话——战争。所以他建议，作为现时政治形势的公式就是准备同北京作战。在这个问题上，一段时间在政府内部意见不一。陈炯明认为，现时任务不是同北京作战，而是在广州巩固政权的内部。[5]

报告认为，除了政府内部意见不一致外，广州政府还存在着诸多不利因素。广州的军队只有6万人，而且“太涣散，纪律性差，不是一支像样的军事力量”。广州还缺乏经费，而且群众革命战斗精神不高。因此，广州不可能很快发动对北京的作战行动。

报告提到，孙中山希望与苏俄政府签订一个在中国进行军事行动的协议。报告说：

> 孙逸仙博士想签订的军事协议，是旨在使红军从俄国的土耳其斯坦方面向新疆发动春季攻势，直逼中国西南的四川省首府(成都)。据李章达说，四川省约有4万名国民党员，已做好策应这次行动的准备并会兴高采烈地迎接红军。[6]

报告的内容再次证明，寻求苏俄在军事上的支持是孙中山联俄的主要动机。

斯特拉霍夫经过对国民党孙中山的介绍和分析，提出了自己的大胆设想：“广州政府可能被我们用作进行东方民族革命的工具，这场革命最终会把中国抛向协约国敌人的阵营。”也就是说，广州政府可能会同苏俄站在一条战线上。

基于这样的考虑，斯特拉霍夫得出这样的建议：

> 1. 同广州政府尽快建立联系，这是我们远东政策中的最迫切任务。
>
> 2. 建立这种联系的目的是在居民中和在广州政府中物色一些能够在中国发动全民起义来反对日美资本对整个远东的奴役的

人物。[7]

用斯特拉霍夫自己的话来说，所谓特色“能够在中国发动全民起义来反对日美资本对整个远东的奴役的人物”，就是为苏俄物色在东方进行民族革命的“工具”。

孙中山会成为这样的工具吗？

2. 向列宁致敬

孙中山就任非常大总统后一个多月，1921 年 6 月 14 日，他突然收到一封意想不到的来信，这就是契切林于 1920 年 10 月 31 日写给他的信。[8]

可以想象，孙中山收到这封信是多么地高兴。这不仅是因为信的具体内容，而是因为信的象征意义。

莫斯科红场

8 月 28 日，孙中山给契切林写了回信。信的开头写道：

我收到了您 1920 年 10 月 31 日从莫斯科寄来的信。这封信是 1921 年 6 月 14 日到达的。我之所以迟迟未作复，是因为想见见为您送信的使者，他本来应当是将信从哈尔滨寄给我的。因为他至今还未能来广州看我，我就决定先回答您兄弟般的敬礼和关于恢复中俄商业关系的建议。

首先，我应当告诉您，这是我从您或苏俄某一位那里所收到的第一封信而且是唯一的一封信。最近两年来，在资本主义的报纸上曾经有几次报道，断言好像莫斯科向我作过一些正式的建议。其实任何这样的建议都没有用信件或其他方式通知过我。万一从您的同僚中有谁已往曾寄信给我或现在正寄信给我，那末让我告诉您，我还没有收到过一封信。[9]

接着，孙中山向契切林说，他将中华民国大总统的职位让位于袁世凯是一个巨大的政治错误。袁世凯死后，列强仍在政治和财政上支持中国的一些军阀。他着重介绍了张作霖、北京政府、日本三者之间的关系：

他（指张作霖。——作者）名义上是满洲军队的统帅和督军，但实际上是北京“政府”所听命的主子。而他本人却又在一切重大的、与日本有关的事情上听命于东京。因此，可以正确地断言：在与日本切身利益有关的一切重大政策问题上，北京实际上是东京的工具。莫斯科在自己与北京的一切正式关系上应当好好地估计到这个情况。只有在首都实行彻底清洗之后，——当我到那里时，这种清洗将会发生——苏俄才可以期望与中国恢复友好的关系。

在信中，孙中山告诉契切林，他现已当选为广州国民政府的总统，这个政府是中华民国的“合法政府”，应该成为苏俄政府恢复同中国友好关系的首选对象：

在你给我写信以后，我当选为广州国民政府的总统。这个政府是合法的政府，因为，一、它本身的权限是根据1912年在南京召开的第一次立宪会议所通过的临时约法和一部唯一的中华民国组织法；二、它的成立是为了执行在法定的中国国会中按照约法所赋予全权的政权机关的决议，现在国会会议正在广州举行。我的政府也是实际的政府，它的权限已经为中国西南诸省及其权力所及的其他各省所承认。

对于契切林在信中提到的希望建立中俄贸易关系的问题，孙中山作出

了回应，并表示了与苏俄领导人建立长期联系的迫切愿望。信中说：

现在，因为地理条件，我还不可能和你们发生有效的商业关系，只要看一看中国地图，您就可以看出：我的政府管辖下的领土是在扬子江以南，而在这片领土与满洲和蒙古的“门户”之间——只有经过这些“门户”才可能建立商业关系——有张作霖及其同盟者横梗着。只要还未建筑起包括在我所计划的中国铁道系统内的大铁道干线，那就没有而且也不能有任何通过新疆的“门户”。

当我还没有肃清那些在首创的革命后第二天便在全国各地出现的反动分子和反革命分子时，莫斯科就应当等待一下。您最近三四年来的亲身经验，会使您能够了解我所面临的是何等艰难的事业。我最近九、十年以来都在从事于这一艰难的事业。如果不发生某种形式下的积极的外国干涉，我希望能在短期内完成这一事业。外国干涉是很少可能的，因为这涉及西方列强。它们大概已被北京喂饱了。

在这期间，我希望与您及莫斯科的其他友人获得私人的接触。我非常注意你们的事业，特别是你们苏维埃的组织、你们军队和教育的组织。我希望知道您和其他友人在这些事情方面，特别是在教育方面所能告诉我们的一切。像莫斯科一样，我希望在青年一代——明天的劳动者们的头脑中深深地打下中华民国的基础。

向您和我的朋友列宁以及所有为了人类自由事业而有许多成就的友人们致敬。[10]

孙中山给契切林的这封信是经过驻伦敦的苏俄商务代表团转寄的。他在信中对契切林说：“如果它能安全无阻地到达您手中，就请通知我，以便我今后能经过同一个中间人与您联系。如果从莫斯科来的信将由你们在伦敦的使节转寄的话，我就这样地建立联系来接收它们。”

正像苏俄政府急于在中国寻求同盟者一样，孙中山在广州建立政府后，也需要通过国际承认和支持来站稳脚跟并扩大自己的影响，以便成就他统一中国的梦想。而契切林的来信，则使他进一步看到了同苏俄进行合作的可能性。

从孙中山信中可以看出，他对苏俄正在进行的与北京政府的谈判是持反对态度的。他明确告诉契切林，北京政府不过是日本的走狗，而他的广州政府才是中国合法的政府。他愿意与苏俄进行合作，但不是现在，而是在他统一中国之后。

自得知苏俄十月革命成功的消息后，孙中山就十分关注有关这方面的消息。他非常想知道苏俄革命成功的原因，对于苏维埃的组织、苏俄红军和教育的组织等，他也产生了极大的兴趣。所有这些，都是促使他愿意同苏俄进行合作的重要因素。

契切林的来信释放出的友好信息，激发了孙中山联俄的愿望。而这个愿望结合着统一中国的理想，催促着孙中山的联俄思想日渐强烈。

3. “亲爱的朋友孙中山”

孙中山在广州建立护法军政府后，为了巩固政权，于 1921 年 6 月 27 日命令粤、赣、滇、黔各军出兵讨伐陆荣廷等，并任命陈炯明为“援桂”总司令，兵分 3 路袭击桂军。经过短短 3 个多月的战斗，广州政府的部队就占领了南宁和桂军的最后据点龙州，平定了广西，统一了两广。

根据来自各方面的消息，苏俄领导人开始注意到，在制定对华政策时，孙中山领导的广州政府已成为不得不考虑的一个重要因素。

此时，苏俄领导人想脚踩两只船：一方面同北京政府继续保持关系，争取得到北京政府的承认，建立外交关系；一方面同广州政府建立联系，以此作为向北京政府讨价还价的砝码，并进而在中国的南方培植亲苏势力。但是，同广州政府发生联系会不会妨碍与北京政府的建交谈判？这是苏俄领导人必须考量的一个策略问题。

1921 年 10 月 31 日，苏俄外交人民委员契切林亲自给远东共和国外交部长扬松发去电报，就有关情况进行咨询。电报说：

> 为解决向广州派遣代表团的问题，我们决定向您作一次咨询。广州政府单独同许多政府有交往，我们可否同它来往，这会不会造成无法同北京建立联系？北京是民族统一的象征，首先我们应同北京来往。如果我们打算同时与广州来往，同北京的联系会不会中断？[11]

恰在此时，契切林收到了孙中山 8 月 28 日的信。11 月 6 日，契切林

就此事给列宁写信说：

尊敬的弗拉基米尔·伊里奇：

送上孙逸仙的信[12]，其中有对您的问候。他称您是他的朋友，您本人同他认识吗？您从扬松的密电中可以看出，我们在北京设立代表机构后就可以同广州政府进行往来。

在此以前，我们认为不便给孙逸仙写信。去年我们给他写信时[13]情况不同，因为当时同北京的谈判尚未开始。[14]

第二天，列宁即给契切林回了便函。内容是：

契切林同志：

我不认识他，我们互相也从未通过信。

我认为，应尽量热情些，要常写信并尽量秘密进行，要派我们的人去广州。[15]

显然，在对待孙中山的态度上，列宁与契切林是不一致的。契切林囿于正在进行的中苏建交谈判，因为有求于北京政府，认为不便再同孙中山有信件往来，而列宁则提出应常写信以加强同孙中山的联系，并且要派人去广州。

就在苏俄领导人就是否保持并发展同孙中山的联系意见不一时，孙中山方面继续向俄方表示出积极接触的态度。

1921 年秋，由美国传出这样一个消息，列强将于本年 11 月在美国的华盛顿召开太平洋会议（又称华盛顿会议），以讨论由美、日控制远东，特别是霸占中国的问题，并就海上霸权作进一步沟通。莫斯科方面得知此消息后，决定召开远东各国共产党和民族革命团体第一次代表大会，以对抗华盛顿会议。

在中国及日本组织参加远东大会代表团的任务就落在当时在中国的共产国际代表马林身上。马林承担此任务后，便积极同国民党在上海的代表张继进行联系，并经孙中山同意，最终敲定由张秋白代表国民党出席远东大会。

在张秋白赴苏俄之前，孙中山要他利用参加远东大会的机会，适时向苏俄领导人转达广州政府希望与苏俄建立合作关系的愿望。

张秋白到伊尔库茨克后，向共产国际驻远东全权代表舒米亚茨基转达

张秋白

了孙中山的嘱托。

这个举动是通过解密档案中的一份电话记录透露出来的。

1921 年 12 月 2 日，在莫斯科的杜霍夫斯基与在伊尔库茨克的舒米亚茨基直接通了电话。以下是电话记录的部分内容：

> 杜：我是杜霍夫斯基，请舒米亚茨基接电话。
>
> 舒：我就是。
>
> 杜：请问，您收到我询问远东各民族代表大会情况的电报没有？请回答。
>
> 舒：你没有收到我的通知，并得出大会已经开幕的看法，使我感到很吃惊。同外交人民委员部已商定，大会将在 1 月 15 日以后召开。
>
> 南方的全权代表在这里（指张秋白。——引者），他希望恢复关系，即使不能恢复官方关系，那就恢复半官方合法关系。我还没有答复他。请告契切林就此问题的指示。南方代表是议员。
>
> 杜：给南方代表的答复，我们发密电转告。……[16]

孙中山同苏俄进行合作的积极态度，倒使契切林陷于两难境地。尽管孙中山说广州政府是合法的政府，但在契切林看来，代表中国的仍然是北京政府。从对华外交战略考虑，契切林当然最重视与北京政府建立正常外交关系。但契切林又不想放弃孙中山，一方面这是列宁的意图，另一方面他也考虑到，一旦同北京的谈判破裂，苏俄还可以在中国的南方另寻出路。

契切林决定对中国南北政府双管齐下。对北京政府，继续进行建交谈判；对南方政府，则秘密保持沟通联系。

尽管如此，契切林的顾虑还是相当大的。关于这一点，契切林给派克斯的一封电报得到验证。

1921 年 12 月 7 日，契切林给俄罗斯联邦驻华全权代表、使团长派克斯发电说：

> 同广州政府的接触，应基于对中国民主民族解放运动的同情，要谨慎从事，以不致影响我们对北京的政策。您能否不让北京知道将我的信转给孙逸仙？他本人会不会发表这封信？同他秘密进行书信往来会是很有好处的，但一旦为人所知，我担心会不会妨碍我们在北京的工作。[17]

1922 年 1 月 21 日至 2 月 2 日，远东各国共产党及民族革命团体第一次代表大会在莫斯科召开。[18]会议期间，契切林会见了国民党代表张秋白，从而更直接地了解到孙中山、国民党和广州政府的有关情况。

在反复权衡了利弊得失之后，2 月 7 日，契切林给孙中山写了复信，以作为对孙中山 1921 年 8 月 28 日信的回应。

在信中，契切林告诉孙中山，他在远东代表大会上与张秋白有过直接接触，并进行了长时间的会谈，两人讨论了与未来有关的一切问题，且意见完全一致。

对于孙中山反对苏俄同北京政府谈判一事，契切林作了解释，表示无论何时都将以中国人民的利益为重。信中写道：

> 我们政府和人民是中国人民最真挚的朋友，并热切希望中国成为一个由人民政府领导的、彻底摆脱外来政府或经济压迫的统一、进步的国家；我还要强调指出，我们政府不会干涉中国的内

政，也不想侵犯中国人民最充分、最完全的自主权，中国人民应当自己决定自己的命运。当然，我们对中国人民进步的解放力量是完全同情的。不过，不管北京政府是一个什么样的政府，它终归是中国的正式政府，所以，我们仍力图同它建立正常关系。在我们同国民党代表未来的会谈过程中，同将拜访您的我们那位朋友的谈话中，以及同你们的领导人的谈话中，我们将更加明确地规定联系的范围。这些来往定将把我们同你们，同你们的朋友们联合起来。不管我国在欧洲和欧洲以外的政治立场今后如何发展，我国政府绝不会放弃同中国人民的最忠实、最热忱、最诚挚的友谊与合作。中国人民获得幸福与自由发展，也是我们最真诚的愿望。列宁同志也极感兴趣地读了您的信。他满腔热情地注视着您的活动。

亲爱的朋友孙中山，请接受我真诚、亲切的祝福。[19]

这就是契切林的高明之处！他以极其委婉且明确的语言，向孙中山表白了苏俄必须脚踩两只船的理由。

契切林告诉孙中山，尽管孙中山自认为广州政府是“合法的政府”，但国际上普遍认同北京政府才是中国“正式政府”。作为一个国对国的正式外交，苏俄政府只能同北京政府打交道，不管其是否帝国主义的走狗。

但是，契切林又紧拉了孙中山一把。他表示苏俄不会干涉中国内政，并热情地希望进一步同孙中山和广州政府联系，而且还将“更明确地规定联系的范围”。

对于孙中山来说，此时也面临着两难选择：一方面，他坚决反对苏俄政府以任何形式同北京政府进行交往，特别是在他即将兴师北伐并统一中国之时；另一方面，他又不能不同苏俄进行积极联系，因为他的北伐需要来自苏俄的帮助，特别是在帝国主义列强都对他虚与委蛇的情况下。

于是，孙中山还是作出了同苏俄继续保持秘密接触的选择。从后来事情发展的结果看，这一选择无疑是正确的。

4. 对马林的吸引力

孙中山当时的主要目标，就是进行北伐，即用武力打倒军阀，推翻北洋政府的统治，统一中国，最终建立真正的民主共和国。

两广统一后，1921 年 10 月 8 日，孙中山提请非常国会通过了北伐案。10 月 15 日，他乘军舰出巡广西，准备北伐，并组织大本营随行。北伐军 3 万人也于是日开拔。

12 月 4 日，孙中山抵达桂林后，立即成立北伐大本营，指派廖仲恺负责筹划财政，邓铿负责组织警卫部队，计划取道湖南，大举北伐。

就在他紧锣密鼓地布置北伐之际，两个不速之客远道而来。

12 月下旬的一天黄昏，孙中山得知有从上海来的客人，便立即安排会见。来到他面前的，是两位面带疲惫的人，其中一位还是个外国人。经介绍，孙中山得知，这位外国人叫马林，另一位是他的翻译，叫张太雷。

共产国际代表马林

马林，真名叫斯内夫利特，是一位具有丰富革命斗争经验的共产主义者。他于 1883 年出生于荷兰的鹿特丹，1902 年参加荷兰社会民主党，1913 年前往荷兰的殖民地爪哇，在那里创建了革命组织——社会民主联盟。1918 年，他的身份暴露后，被爪哇当局驱逐出境。1920 年，他前往苏俄，参加共产国际第二次代表大会，并作为爪哇的代表被选为共产国际执行委员会委员。鉴于马林在殖民地工作的丰富经验，共产国际决定派他到中国工作。

1921年6月初，马林来到上海，开始指导筹备中国共产党第一次代表大会的工作。7月23日，中国共产党第一次全国代表大会在位于上海法租界望志路106号（今兴业路76号）召开。在马林和另一位共产国际代表尼柯尔斯基的指导下，来自上海、北京、济南、武汉、长沙、广州以及旅日的7个共产党地方组织的13位代表汇报了各自的工作，讨论了党的章程和纲领，最终于8月初在浙江嘉兴南湖的游船上选举产生了中国共产党的中央领导机构。[20]

中共一大结束后不久，马林又接到了莫斯科的新精神。

原来，1921年6月至7月间，张太雷代表中国共产党出席了共产国际第三次代表大会。他回国时，给马林带来了共产国际三大的文件和共产国际远东书记处的指示。共产国际三大文件的主要精神是，在落后的国家，共产党应联合资产阶级民主派，并广泛争取群众；远东书记处的指示是，尽可能快地召开远东各国共产党和民族革命团体代表大会，以促进远东各国劳动群众和革命团体加强反帝斗争。为此，要求马林负责联系中国、日本组织代表团参加远东代表大会。

为了组织中国代表团，马林同国民党在上海的代表张继进行了会谈。张继不仅同意派张秋白代表国民党出席远东代表大会，而且热情地邀请马林前往桂林，以会晤正在那里准备北伐的国民党领袖孙中山。

对于马林来说，这个邀请正是他求之不得的。因为在马林的印象中，孙中山是中国传奇式的人物，能够近距离接触孙中山，也正好满足了马林的好奇心。

12月10日，马林化名为“西蒙博士”，在张太雷陪同下，乘坐怡和公司的轮船离开上海，开始了华南之行。经过13天的奔波，在12月23日的黄昏时分，他们终于抵达孙中山设在桂林的北伐大本营。

马林后来在荷兰的《阶级斗争》杂志上发表了一篇回忆孙中山的文章，并配了一张孙中山的照片。在这篇文章中，他满怀深情地回忆了他这次与孙中山会面的情形：

> 会见的时刻终于到来了，持续的时间很长，但又很短。站在我们对面的，就是那位多年来作为中国革命运动化身的男子汉。我们马上就当前的问题——正在召开的华盛顿会议、俄国革命、苏俄共和国的发展和新经济政策的重要性——进行了长时间的谈话。他就是本文照片上的那位男子汉：衣着朴素、心地善良，但具有不屈不挠的毅力。这后一种性格不仅使他在严重失望、朋友

> 的无耻背叛和严重失败中毫不动摇地坚信他们肩负的伟大使命，而且使他能够把许多年青的有志之士团结在身边，团结在他的事业的周围。[21]

孙中山对这位风尘仆仆的外国来访者，也有着非常良好的印象，他渴望与之交流，渴望了解苏俄，了解自己感兴趣的一切。

为了便于交谈，孙中山让马林住在大本营里。接下来的 9 天，孙中山几乎天天和马林会面，他们的话题非常广泛。马林回忆说：

> 我与孙讨论了群众运动和在工人阶级中进行宣传的必要性等等。我告诉他爪哇民族主义性质群众组织——伊斯兰教联盟的发展；孙则向我讲述了国民党的策略、它的历史、袁世凯时期在国外的非法活动、与太平洋各国华侨的联系和他们对国民党的帮助。

谈话中，孙中山还向马林讲述了自己是怎样发展一个有希望的青年军官加入国民党的。他说："一连八天，每天八小时，我向他解释我是从孔子到现在的中国伟大的改革家的直接继承者，如果在我生前不发生重大的变革，中国的进一步发展将推迟六百年。"

马林由衷地感到，孙中山比印度的甘地更有战斗性，但遗憾的是，孙中山是单纯地沿着搞军事阴谋的路线想点子，而且孙中山还宣称马克思主义里面没有什么东西，中国的经典学说早在两千年前就都已经说过了。

谈话涉及同苏俄结盟问题时，孙中山表示，他虽然对列宁很钦佩，对苏维埃俄国也很关心，但是与俄国结盟后，南方政府可能会招致帝国主义的干涉，影响到统一中国的北伐大业。所以，必须在北伐成功之后才能与俄国公开结盟。但他愿意派一个最好的同志到苏俄去进行联系。[22]

同孙中山的交谈使马林深受鼓舞，他认为，虽然孙中山的原则是依据传统的中国哲学，但是以他为首的中国国民党有明显的社会主义倾向。在反对世界帝国主义的斗争中，苏俄应当把孙中山国民党看成一个盟友，而国民党也应当加强与苏俄的联系。

马林在备忘录中这样写道：

> 在中国，一个革命的政府应当清楚地了解苏联，以加强自己的地位。如果与苏联订立条约，就会使中国人民看到南方运动的领袖与其他战场军事领袖的眼光不同。如果做不到这一点，就应

当派一个代表团去莫斯科建立秘密关系。[23]

孙中山和马林的这次会面，除了进行语言上的沟通和交流外，还有没有留下双方认可的文字资料？

在美国国务院档案中，保存着一份机密文件，是美国驻香港的总领事盖尔提交的。文件标明“1922 年 1 月 3 日海军和陆军联合报告”。从内容看，似乎是孙中山与苏俄之间的秘密协定。内容是：

> 俄国苏维埃政府宣布，他们愿意帮助中华民国为她的领土完整而战，不容许第三国将其武装力量扩张到中国内地。苏维埃政府将以各种有用的装备帮助中华民国南方政府。这样，她就有可能向企图阻滞她的进步或侵犯她的领土的任何国家宣战。中华民国南方政府的发展已经受到日本人的严重阻扼。考虑及此，俄国苏维埃政府将与中华民国南方政府并肩战斗，以排除对于中华民国南方政府的、一切可能的、日本人的染指。苏维埃政府还希望出现一个统一完整的中华民国，因此必须帮助中华民国南方政府取得内战的胜利，以便中国能够获得统一。当中国得到统一的时候，苏维埃军队将从中国领土上撤退，并开放西伯利亚地区的贸易活动。在上述一切运动完满实现之后，在太平洋沿岸的远东地区，联合所有弱小国家的一个巨大的民主共和运动就会付诸行动。为此目的进行工作的苏维埃当局，正在努力团结一切弱小国家，特别是中国，去战胜强大的君权主义运动。[24]

报告在上述内容的下面，还有这样一个说明：“以上是苏维埃俄国和孙中山之间的协定的大纲要旨，由后者的代表于 1921 年 2 月 26 日送出。”

2 月 26 日，正是马林到桂林后的第 4 天。如果上述协议是真实的，它可能就是孙中山和马林经过会谈形成的。但是，在我国目前能够看到的有关孙中山和马林的资料中，还没有发现有关这个秘密协定的任何记载。

这个文件是不是真的？如果是真的，它是不是孙中山和马林商谈的结果？马林有没有被苏俄领导人授予同孙中山签述协议的权力？还有，是什么人在这么快的时间里就将协定的内容送到了美国人手里？所有这些疑问，都还需要找到新的证据。

马林离开桂林后，来到广州，此行给了他进一步接触国民党上层人士的机会。

据马林后来说，他在广州与国民党的一些官员进行了交谈，了解到国民党的领袖多数都倾向于社会主义。更使马林感到惊异的是，这些国民党官员对俄国革命都持赞同态度，对苏维埃俄国和红军组织也表示出了极大的兴趣。

马林利用在广州的机会，广泛了解国民党的有关情况。据他自己认为，他对国民党的纲领有了大概的了解，该党信奉的是反对外来统治，主张民主，让国民的人格受到尊重、过上幸福生活为内容的三民主义。他还听说，广东省政府办起了一所为国民党培训宣传人员的学校，其目的就在于广泛宣传三民主义。

马林在广州逗留期间，正遇到香港海员为争取提高工资而举行反对外国资本家的大罢工。[25]他高兴地看到，国民党人与罢工工人建立了密切联系，国民党人指导着罢工的全过程，罢工工人参加了国民党组织的反帝游行。他了解到，在罢工前后，广州、香港、汕头的海员中约有12000人加入了国民党，有5000名工人在黄花岗七十二烈士墓前举行了抗议集会，工人们情绪激昂地倾听国民党领袖反对外国列强、争取中国独立的演讲。这一切使马林相信：通过此次大罢工，国民党与工人运动建立了牢固的联系，使年轻的工人运动成为反对世界帝国主义斗争中的一个重要因素。[26]

香港海员大罢工（1922年1月12日至3月8日）

南方之行令马林大为兴奋。他认为，这是他在中国期间最重要的一次旅行。这次旅行使他坚信，在中国的南方能够为反帝的民族革命进行卓有成效的工作。

此次旅行之后，马林开始酝酿一个大胆的设想——在中国实行“斯内夫利特战略”，即把两个代表不同阶级利益的政党——国民党和共产党——为了一个共同的反帝反封建目标而联合起来。

这可是一个改变中国政治格局的重大举措！

马林的设想能实现吗？

注 释

1. 当时苏俄正在进行国内战争，李章达到达苏俄的伯兰俄维辛时，因客观条件限制无法继续北上，只好返回广州。

2. 报告中有这样的记述：“1921 年 1 月 12 日，格里高里 · 扎尔欣同志（即维经斯基。——引者）从广州回来（他是奉优林之命同柏烈伟一起去那里的）告诉我说，政府中的意见分歧依然存在，在广州可以感觉到对未来缺乏信心。”参见中共中央党史研究室第一研究部译：《共产国际、联共（布）与中国革命档案资料丛书》第 1 卷，北京图书馆出版社 1997 年版，第 60 页。

3. 中共中央党史研究室第一研究部译：《共产国际、联共（布）与中国革命档案资料丛书》第 1 卷，北京图书馆出版社 1997 年版，第 58—59 页。

4. 中共中央党史研究室第一研究部译：《共产国际、联共（布）与中国革命档案资料丛书》第 1 卷，北京图书馆出版社 1997 年版，第 63 页。

5. 中共中央党史研究室第一研究部译：《共产国际、联共（布）与中国革命档案资料丛书》第 1 卷，北京图书馆出版社 1997 年版，第 60 页。

6. 中共中央党史研究室第一研究部译：《共产国际、联共（布）与中国革命档案资料丛书》第 1 卷，北京图书馆出版社 1997 年版，第 62 页。

7. 中共中央党史研究室第一研究部译：《共产国际、联共（布）与中国革命档案资料丛书》第 1 卷，北京图书馆出版社 1997 年版，第 63—64 页。

8. 契切林信的内容参见本书第六章《初交苏俄密使》中的第一节《苏俄的友好表示》。

9. 孙中山在这里一再强调这是迄今为止收到的第一封来自苏俄的信。但据 1920 年 12 月 12 日波达波夫给契切林的信，孙中山曾告诉他，在当年 5 月收到了契切林的一封信（可能是 1918 年 8 月 1 日契切林给孙中山的信）。

10. 中共中央党史研究室第一研究部编：《共产国际、联共（布）与中国革命档案资料丛书》第 2 卷，北京图书馆出版社 1997 年版，第 51—53 页。

11. 中共中央党史研究室第一研究部译：《共产国际、联共（布）与中国革命档案资料丛书》第 1 卷，北京图书馆出版社 1997 年版，第 65 页。

12. 指孙中山 1921 年 8 月 28 日写给契切林的信。

13. 指契切林1920年10月31日写给孙中山的信。

14. 中共中央党史研究室第一研究部译：《共产国际、联共（布）与中国革命档案资料丛书》第1卷，北京图书馆出版社1997年版，第66页。

15. 中共中央党史研究室第一研究部译：《共产国际、联共（布）与中国革命档案资料丛书》第1卷，北京图书馆出版社1997年版，第67页。据索科尔斯基回忆，1920年7月前后，列宁经由伦敦给孙中山发了一个法文电报，邀请他到俄国去研究一下双方下一步的计划。很显然，孙中山不会接受这个邀请。是他翻译了列宁的电报，并帮助孙中山准备了给列宁的回电。参见索科尔斯基：《回忆》第一部分，第23页。转引自韦慕廷：《孙中山——壮志未酬的爱国者》，中山大学出版社1986年版，第351页注释9。笔者认为，这个说法尚缺乏其他证据。

16. 中共中央党史研究室第一研究部译：《共产国际、联共（布）与中国革命档案资料丛书》第1卷，北京图书馆出版社1997年版，第68页。

17. 中共中央党史研究室第一研究部译：《共产国际、联共（布）与中国革命档案资料丛书》第1卷，北京图书馆出版社1997年版，第69页。

18. 出席这次大会的中国代表团由44人组成，其中有共产党员14人，还有社会主义青年团的代表，国民党的代表，以及工人、农民、学生、妇女等革命团体的代表。

19. 中共中央党史研究室第一研究部编：《共产国际、联共（布）与中国革命档案资料丛书》第2卷，北京图书馆出版社1997年版，第53—54页。

20. 时称“中央局”，以陈独秀为书记，张国焘负责组织工作，李达负责宣传工作。

21. 《马林与第一次国共合作》，光明日报出版社1989年版，第372页。

22. 《马林在中国的有关资料》，人民出版社1980年版，第24—25页。

23. 参见杨云若：《共产国际和第一次国共合作的形成》，《党史通讯》1987年第2期，第6页。

24. 这份机密文件被美国学者韦慕廷所发现，登载在他的著作《孙中山——壮志未酬的爱国者》中（中山大学出版社1986年版，第354页）。笔者在引用时，对个别地方进行了处理。

25. 在香港，中国海员和白人海员做同样的工作，工资待遇却不及白人海员的五分之一，还要受资本家及包工头的剥削，并随时受到无故开除的威胁。1921年3月6日，海员中的先进分子苏兆征、林伟民等人在香港正式成立中华海员工业联合总会。经过一系列准备工作后，中华海员工业联合总会于1921年9月正式向资本家提出增加工资、工会有权介绍职业等要求，但遭到拒绝。同年11月，海员工会第二次向资方提出上述要求。这时，各轮船上的外籍海员增加15%的工资，而海员工会提出的要求又被拒绝。中国海员对此感到极大愤慨。1922年1月12日上午，海员工会第三次提出增加工资的要求，并限令24小时内给予圆满答复，否则就举行罢工。资本家对海员工会的最后通牒仍置若罔闻，中国海员随即举行罢工。港英当局及资本家对香港海员罢工采取高压、恐吓、欺骗、调停、利诱、分裂等手段进行破坏。3月4日，港英当局派出大批武装军警，在离香港6公里的沙田地区向返回广州的罢工工人扫射，当场打死4人，打伤几百人，后因伤势过重又死去 2 人，造成震惊中外的“沙田惨案”。英帝国主义的暴行，激起广大工人和各阶层群众的强烈义愤，在国共两党支持下，总同盟罢工继续扩大。港英当局在走投无路的情况下，不得不于 3 月 8 日接受罢工海员提出的恢复海员工会原状、增加工资、抚恤死难工人家属等要求。香港海员大罢工斗争坚持 56 天，终于取得胜利。

26. 马林：《向共产国际执委会的报告》，《马林与第一次国共合作》，光明日报出版社 1989 年版。

八　祸患生于肘腋

1. 陈炯明的盛誉

孙中山的北伐能否成功，有一个人起着关键作用，这个人就是陈炯明。

其实，从1919年开始，当孙中山的政治生涯仍处于起伏不定的状态时，陈炯明的政治声望就在与日俱增，甚至在一定程度上超过了孙中山，这在当时孙中山的追随者中还是绝无仅有的。

1909年，陈炯明加入同盟会，从此成为孙中山领导的革命队伍中的一员。在追随孙中山期间，他虽然有过彷徨，甚至与孙中山发生过矛盾，但总的来说还不失为一个资产阶级民主主义者。1917年孙中山发起护法运动时，是陈炯明建议他以广东为护法根据地，从而使孙中山在广东建立了第一个革命政权——中华民国军政府。而孙中山则将当时国民党仅有的一支军队“援闽粤军”交给陈炯明指挥，任命他为“援闽粤军”总司令，蒋介石那时是他的上校参谋。

1918年5月，孙中山被迫辞去军政府大元帅一职，再回上海。后来，在孙中山催促下，陈炯明率军进攻闽南，建立了以漳州为中心的“闽南护法区”。也就是在这里，陈炯明开始实践他的改革计划——“漳州新政”。

1919年五四运动爆发后，陈炯明在漳州积极响应，他不但公开发电，谴责巴黎和会，而且支持市民和学生运动。在这种政治氛围中，陈炯明开始在漳州推动他的新政。整顿市政，发展经济。

首先，发展教育，提倡新学。陈炯明认为，“国家根本在夫国民，国民良否观乎教育。”[1] 他制定了详细的地方教育发展纲要，从广州聘请了文化名人梁冰弦到漳州担任教育局长，还提出“一乡一校”的口号。他宣布禁止私塾，在新学校实行学生自治，缩短教学时间，废除修身、读经等学科，增加社会主义及外语等科目，推行工读制度，鼓励留学等。

其次，推广新文化，革除旧风俗。陈炯明在漳州开办了“新闽学书局”，专门采买国内关于新文化运动的出版物，如《新青年》、《新潮》、《建设》、《星期评论》等。1919年年底，陈炯明从广州聘请陈秋霖到漳州创办了《闽星》半周刊。该刊用大量篇幅介绍马克思列宁主义以及苏俄十月革命的胜利，宣传列宁领导的布尔什维克和相关的社会主义原理，称赞“红革命是世界改造，所以那灼灼的红光，照耀着全个地球，汨汨的红潮，分奔向五洲各处”[2]。除此之外，《闽星》还宣传当时被认为是“社会主义”的各种政治思潮，如无政府主义、互助论、新村运动、泛劳动主义等。

陈炯明

陈炯明还在漳州设立“美育俱乐部”，促进当地文艺活动的开展；主办演讲会，促进学术交流。在传播新风气的同时，陈炯明又大力革除陈规陋习，拆除城隍庙，捣毁玄妙观偶像，禁止迷信鬼神，提倡男人短衣短发，禁止长衫、蓄辫，提倡女人放大足、禁止缠小足等等。

再次，整顿市政，发展经济。原来漳州街道狭窄，桥梁残断，交通十分不便。陈炯明特设立了工务局，委派周醒南为局长，从事市政建设，修桥拓路，整治街道。陈炯明还从发展交通运输入手，采取一系列措施发展闽南经济。他制订了一个修筑公路计划，以漳州为中心，修建了四通八达的公路干线，又开展汽车运输业务，并接通厦门的海上航线，从而构成了一个初具规模的水陆交通运输网络。

他还制订开辟荒田的计划，抽调后方驻军中“惯于耕植者”，到漳州支援垦殖。他设立了博通公司、文明雅集、迎宾大旅馆，活跃了城乡物资的交流，促进了闽南商业经济的发展。[3]

陈炯明的漳州新政取得巨大成功，一时间偏居广东一隅的漳州远近闻名。当时的知名人士如林森、胡汉民、汪精卫、居正、吴稚晖、李石曾、邹鲁、陈嘉庚等，都访问过漳州。北京大学学生在考察“漳州新政”后，称“漳州是闽南的俄罗斯”，“共产时代当不过如此”。[4]

陈炯明的漳州新政在国际上也引起较大反响。

美国驻华公使在提交给政府的报告中指出：“漳州到处可见建设的显象，……美国侨国对陈之施政也均引以为荣”。[5] 英国驻香港陆军参谋高罗氏在参观漳州后，称赞陈炯明“真不愧为中国革新人物”。[6]

漳州政绩还引起了苏俄领导人的注意。

1920 年 4 月，波达波夫将军在上海会晤孙中山之后，便来到漳州。当时任陈炯明司令部参谋的陈其尤负责接待波达波夫。据陈其尤回忆：波达波夫带来了列宁的亲笔信，信中对陈炯明表示敬佩，并鼓励他发动群众，开展农民运动，甚至还主动提出：如果需要的话，拟将储存在海参崴的军械提供给粤军使用。

陈炯明一面要波达波夫转达对列宁的感谢，一面则说明，现时革命势力还没有占领一个出海口，待占领广州后，再行商议俄方援助之事。陈炯明还让波达波夫带信给列宁。他在信中写道：

> 列宁吾师！我感到特别高兴和幸福的是在远方听到你们国家的革命取得了成功。……现在，俄国人民及其领袖，为了全人类的解放，用坚强的决心和顽强的毅力来消灭人类发展道路上的一切障碍。建立起布尔什维主义基础上的新的俄国开创了世界历史上的新的时代。劳农政府对中国人民的宣言已经到达中国，所有的中国人民都充满了极大的谢意。近几天，波达波夫将军已到达这里同我会见。他了解了我们的情况，并给我讲述了关于新的俄国的情况和扩大自主原则的方法。这使我感到非常高兴。……我深深相信新的俄国对中国即将到来的各种形式的革命运动给予的帮助和支持。

陈炯明在信中还满腔热情地表示，希望“新中国和新的俄国将以兄弟般的友谊携手共进”，相信“布尔什维主义将会给人类带来幸福”，他自己也要“尽一切力量在世界上推行这一制度”，以此来改造中国，“而且要改造整个亚洲”。[7]

1921年的苏俄《外交人民委员会公报》在刊载陈炯明这封信时，专门加了编者按，评价陈炯明“坚信共产主义，不仅是一个革命的将军，而且是一个杰出的组织者，并得到群众的拥护。”[8]

2. “广东省是中国革命运动的摇篮”

1920年8月，根据孙中山的命令，陈炯明率领驻闽粤军在漳州举行回粤誓师。粤军兵分三路，向广东方面挺进。经达3个月浴血奋战，粤军以2.5万人，战胜了号称10万之众的桂军，取得回粤驱桂的胜利。

粤军回师胜利，离不开孙中山精心策划和有力支持。孙中山不仅输送干部、筹募款项，而且直接派周之贞等在粤起义，组织民军扰乱桂系的后方，还联络云南的唐继尧、湖南的赵恒惕夹击桂系，从而保证了驱桂之役的最后胜利。孙中山对陈炯明爱护、对粤军扶持，目的是想培养一支国民党自己的武装力量。

当得知粤军取得回师广东的胜利后，在上海的孙中山非常欣喜。10月20日，孙中山在给蒋介石的信中说：

> 竞存此番回粤，实举全身气力，以为党为国。吾人亦不惜全力以为竞兄之助，同德同心，岂复寻常可拟？我望竞存为民国元年前之克强[9]，为民国二年后之英士[10]。我即以当时信托克强、英士者信托之。我所求者，惟期主义政策，与我一致。[11]

孙中山在广州建立中华民国政府后，任命陈炯明为陆军部长、内务部总长、广东省长兼粤军总司令。陈炯明在二次革命失败后拒绝加入中华革命党，所以他并不是国民党员。这时，在孙中山的说服下，他又加入了国民党，并任国民党广东支部长。

就任广东省长后，陈炯明在地方民政和建设上，实施了一些改革；对当时正在兴起的工人运动，也采取了宽容和扶持的态度。这些政绩被当时在广州旅行的黄炎培发现并赞赏。

黄炎培回到上海后，曾在演讲中这样说：“陈省长很能迎受新潮流，提倡新文化，所以广州域内各种工会极多，已立案的有93处。据工业总会调查不止此数，约有130余处，都注重教育演讲二事，替工人谋幸福。”[12]

粤军夺回广州后，11月25日，孙中山从上海返回广州，着手重建政府的工作。

在重建政府的问题上，陈炯明持有不同意见。1921 年 3 月 29 日，陈炯明在与人谈话时说："我不忍见孙先生失败，故不赞成速选总统。因现下时机未熟，如广东选出总统，北方必要藉口来打，是真自树目标，使人攻击。"[13]

孙中山当选为大总统后，陈炯明不得不承认事实，旋于 4 月 11 日给孙中山发贺电，称"国会非常会议，以投票最多数选出我公为中华民国大总统，闻讯之下，欢欣莫名。我公手建民国，肇造共和，全国人民夙深景仰。今复当选，快惬人心，谨为我国前途贺"。[14]

但是，出于对北方可能发动进攻的担心等原因，陈炯明在暗地里又鼓动人来反对孙中山就大总统职。

孙中山因为依赖陈炯明手中的军队，所以很在意陈炯明的态度。他虽一心想就任大总统职，以便早日北伐，但陈炯明不答应，他也只好隐忍。后来，他不得不主动让人催逼陈炯明。据当时任粤军总司令部及省长公署参议的罗翼群回忆：

> 一日，中山先生召余询问究竟，余答陈炯明仍无决心，似有畏怯患失之意，中山先生乃曰：我由国会选出为大总统已逾半月，决不能不就职，形同儿戏！尔告竞存（炯明号），我必须于本月内就职。余谨述以转告陈炯明，陈炯明戚然曰：我已商之各将领，皆谓中山先生必欲就大总统，亦不过是一时的广东总统而已，万一北京政府及邻省借词出师声讨，彼等实难负战守之责云云，言下似有恐吓之意。余当时闻此，窘极，只得回复中山先生略谓：竞存意仍请稍缓，俾其饬所部于粤桂边境布防就绪，再行奉陈等语（其实当时部署进攻广西桂系已将就绪，不日下令总攻）。盖余实欲以此婉转之词，稍迁延时日，留磋商余地耳。中山先生乃曰：我被选为大总统，举国皆知，只要我一出师，长江及华北军民甚多欢迎归附者，北洋军阀决无力来犯粤省。桂军残部惩于侵粤之败，那还敢再向粤谋，请竞存放心。我必须于本月内就职并速行北伐，成功自不用说，万一事败，则我出走，粤省任由竞存去和人家妥协，我可不管，这样好吧！余复以此中山先生切直的话原原本本转告炯明，至此，炯明亦再无词可推。翌日，炯明乃语余曰：中山先生必要做广东总统，请其于五月五日就职何如？盖距国会选出之期亦尚未一个月，中华民国国庆为

“双十”，今孙总统就职为“双五”，亦是恰好之纪念日也。余遂以走报中山先生。中山先生微笑，徐曰：好！我是广东总统，竞存是广东皇帝，皇帝开了金口（广东谚语），我遵命就是！遂定于“五五”就职。[15]

广州政府的正式成立，为孙中山兴师北上，消灭军阀，统一中国创造了条件。但为了巩固广东革命根据地，消除北伐的后顾之忧，就需要先消灭桂系军阀，实现两广统一。

陈炯明一开始对进军广西并不积极，他只希望与桂系军阀“各守边防，毋相侵犯”。直到桂系军阀得到北洋军阀的饷械支持，陆荣廷正式下令攻粤后，陈炯明才放弃幻想，于1921年6月20日进抵肇庆，督师讨桂。

6月26日，粤军攻陷梧州。孙中山得到捷报后，特发电报予以勉励，并任命陈炯明为援桂总司令。

粤军的驱桂之役，不仅得到赣、滇、黔各军的支持，还得到广东各阶层人民的大力支持。广州妇女组成“出征军人慰劳会”，到前线慰劳士兵；工人组成“工界筹饷团”，以自己劳动所得资助粤军；商人则捐助用品、药物、食物等。在各方大力支持下，经过三个月的战斗，到9月26日，即取得驱桂战争的胜利。

陈炯明为广东革命根据地的创建和巩固所作的贡献，使他的政治威望一路飙升，甚至在一定程度上超过了孙中山。

不久，陈炯明的大名再次出现在列宁的面前。

1922年3月15日，苏俄驻中国外交使团成员维连斯基·西比里亚克夫在北京给列宁写了一封长信。在信的后面，还附了一个材料，名为“督军”，其中用了相当的篇幅谈到陈炯明，以及陈炯明与孙中山的关系。他在信中写道：

广东省是中国革命运动的摇篮，是目前设在广州的南方政府的管辖地。省长是陈炯明将军，他是一名革命者，有20多年党龄的国民党党员。陈炯明将军是解放了的年轻的中国的最著名活动家之一。按从政年限、对革命思想的忠诚和组织才干，陈炯明与孙逸仙博士可以相提并论。孙逸仙的私敌反对他的“独裁”倾向，认为陈炯明的治国谋略比孙略胜一筹。陈将军不是职业军阀……他从青年时代起就献身于社会工作，一开始他是自由派文化传播者……曾试图以和平手段清除君主专制的满清王朝在300

年统治间所建立起来的“肮脏马厩”。华南资产阶级怕得要命，其自由派人士提出了组建社团的方案，旨在扫除文盲，发展工业，改善中国生存的经济条件，开办图书馆和实现一系列其他文教目标。陈炯明参加了这些团体，越来越热衷于政治斗争，同时不断扩大这种斗争的基础。在他的这个发展阶段，他在南方编辑出版一种激进的报纸，很受欢迎，拥有读者4000名，发行量在当时肯定是很大的。

陈炯明在广州一家法律学校充实自己的学识，准备从事重大政治工作，这项工作的内容应该是反对满族人的专制独裁，反对整个君主制度。陈同其他革命者小组一起，为同中国专制制度作斗争进行了紧张的工作。从1908年起，他直接参加了人民起义，即有名的1910年“改组军叛乱”[16]和1911年在广州进攻都督府的行动[17]。这次行动使许多中国杰出革命者献出了生命。就是在1911年这一年，当各省起义浪潮汇合成了强大的革命洪流时，陈炯明组建了志愿游击队，同皇家军队作战。1911年的斗争最终取得了胜利，革命（者）选择江苏南京作为自己的首都，陈当选广东副督都。那是青年人的革命狂热时期，陈满怀革命者激情献身于革命建设。

翌年，即1912年，中国反革命势力得到世界帝国主义的支持，日趋猖狂，其顶峰是1915年袁世凯发动的君主政变。当时陈炯明是广东都督，他会同中国西南六省都督，宣布袁世凯非法，并同革命军一起北上讨袁……这是同六省的第一次联合，想必也是在承认广州政治优势情况下华南的首次联合尝试。陈炯明及其一伙在军事上遭到失败，而由吴佩孚统帅的袁世凯军队，在中国西南的云南省受到打击。陈被迫侨居香港，而后去日本，又由日本前往法国和英国。

1917年，“国民党”首领孙逸仙博士在广州组建南方政府，向北方军阀宣战。这时陈炯明又积极投身政治工作。

1917—1922年间，在中国的现实生活中，重大军事事件迭起，政治斗争激烈，内战加剧，华南的反革命基地被消灭，在拥有一亿人口的地区确立了中国意义上的革命影响。这个时期的重大意义在于作出了把“南方”影响扩大到长江流域的尝试。

这期间，从广西人手中夺回了广州，而广西人得到北方的支持，特别是直隶派的支持。在这场斗争中，陈炯明将军大显身

> 手，表现突出。我们已经指出，陈完成这项任务得到了邻省（福建）督军李厚基的帮助。李向陈供应了武器装备。陈的胜利就是国民党的胜利，而怀着忐忑不安心情等待时机恢复在北京失去的影响的安福派，也从中受到鼓舞，有了希望。
>
> 陈将军是民族资产阶级中国最“有声望”的人物，他有明确的政治观点和同情心，行动很谨慎。政治阴谋家试图利用他这后一种“特性”制造他与孙逸仙博士的不和。
>
> 陈在指挥军队。北方政客认为，如果把陈同国民党首领分隔开，孙逸仙就将孤立无援，不能给军阀集团造成任何威胁。搞政治阴谋的“爱好者”和“职业者”都作出了离间的尝试。最近几个月，在这方面吴佩孚将军特别卖力气，他派自己的代表游说陈炯明，答应召开国民会议，制订新宪法，召集新的最合法的议会和遣散军队，条件是同时废除北京政府和广州政府。这些企图至今未果。
>
> 尽管条件困难，世界帝国主义对南方政府持明显敌对态度，陈炯明还是在顺利地进行着反对中国反革命势力和反对封建政权残余的斗争。陈作为当选的广东都督，打算实行一些地区性措施，以便把广东省变成“模范省”。
>
> 作为南方政府陆军部长，陈在改编军队，使之做好准备，迎接将来同北方军事集团的战斗。陈炯明将军是国民党的一名积极成员。[18]

在广州，陈炯明的名字几乎成为“革命”和“进步”的象征。不仅国民党人交口称赞，而且在广州的共产党人和苏俄代表也对他刮目相看，认为他是比孙中山更革命的革命者。

关于这一点，当时正在广州的青年共产国际代表达林就深有感触。

据达林回忆，无论是广州当地的共产党人，还是远东共和国通讯社的记者，都对陈炯明有一种好感。他们认为陈炯明是一个进步的、倾向于社会主义的将领。当达林向他们提到联合孙中山的问题时，他们却表示宁愿联合陈炯明。

首先向达林亮出这一观点的，是远东共和国通讯社的记者斯托扬诺维奇。斯托扬诺维奇把孙中山及其政府描绘得一团漆黑，说孙中山的政府不仅实行敌视工人的政策，而且他的老战友们都是美国所看中的军阀。与之相反，陈炯明则是支持工人运动和接近广州共产党组织的进步人士。

俄罗斯解密的档案资料之部分中译本

在与广州地方党、团组织的接触中，达林也不时听到对陈炯明的赞扬声，而一些人对孙中山不感兴趣则是显而易见的。当时在达林的参与下，大家商定“五一节”的游行口号共分三类：一是反对外国帝国主义，支持苏俄；二是反对国内反动派；三是支持孙中山政府。但在“五一节”游行队伍的旗帜上，达林没有看到“支持孙中山政府”的口号。[19]

3. 北伐与自治之争

驱桂之役的胜利，粉碎了北洋军阀和桂系军阀妄图颠覆广东革命政府的阴谋，为孙中山进行北伐，统一中国，创造了条件。

然而，对于孙中山的北伐主张，陈炯明是反对的。

陈炯明反对北伐有种种理由，但思想根源则在于他所信奉的“联省自治”主张。

20 世纪 20 年代初，联省自治的主张在我国风靡一时，进而发展成有一定规模的政治运动。这一运动自湖南而始，四川、云南、广西、福建、浙江、江西、奉天等省起而响应。

联省自治的主要内容是：（一）由各省自定省宪，依照省宪成立省政府，统治本省；（二）由各省选派代表，组织联省会议，制定联省宪法，建立联邦制国家。

联省自治运动适合了陈炯明的政治诉求，也符合广东人民要求自治的愿望，于是，在“粤人治粤”的口号声中，广东的联省自治运动也随之而起。

从1921年4月陈炯明颁布《广东暂行县自治条例》、《广东暂行县长选举条例》，到12月19日省议会通过《广东省宪法草案》，陈炯明的自治运动搞得有声有色。他还推动“西南会议”的召开，为西南联省自治打基础。

1922年年初，共产国际代表马林从桂林拜会孙中山后，来到广州。在这里，马林与陈炯明有过数次接触。当时陈炯明的政治倾向给马林留下了非常深刻的印象。

马林后来在向共产国际执委会的报告中这样谈到陈炯明：

> 在广州，我跟南方政府的一些人员谈过话，他们对俄国革命都持赞同态度。……只有陈炯明对党的专政不感兴趣，我曾经跟他长谈三次。他也自称社会主义者；作为驻扎在福建省一支革命军队的将领，他完全站在俄国革命一边。俄国的发展又使他向右转。他以为，在拥有3000万居民的广东省，有可能在经济上实行国家资本主义，遏制私人资本主义，政治上实行一种地方拥有最大自主权的民主的政府形式。他认为，整个中国统一是不可能的，国民党的纲领是很不够的。他认为，必须建立一个新的社会主义政党。例如，他就资助一家由共产主义者任主笔的日报，在罢工中他也总是帮助工人。他想派一个代表到俄国去，并表示不反对共产国际在广州建立办事处，还希望跟俄国军事顾问一起改组军队。[20]

1922年5月，陈炯明在褚辅成、汪精卫的协助下，写成《联省自治运动》一文。该文遂成为陈炯明的联省自治政治纲领，其核心是主张地方分权；其基本主张是：军事、外交等事务属于联省政府，除此之外的所有权力属于地方政府。

由于醉心于联省自治，陈炯明对孙中山的“北伐”和“统一中国”的政治目的，一点也不感兴趣。

1922年2月，孙中山在桂林北伐大本营下令北伐。之前，孙中山为了争取陈炯明参加北伐，曾任命他为北伐军左翼总司令。但陈炯明表示广州为革命政府的重要核心地区，他不能离开，从而拒绝了这一任命。如此一来，在孙中山调集的北伐军3万人中，除大本营警卫团外，没有陈炯明的一兵一卒。

陈炯明对于北伐的态度，密切关注中国南方事态的美国驻华武官菲兰少校看得一清二楚。他在向美国国务院的报告中说：

> 事实证明，陈炯明不仅不赞成北伐，而且也没有给予孙有效的支持。陈部全在广东和广西的西江流域，陈的军队，无一随孙而去，且也无意要他们参加北伐。[21]

对于孙中山与陈独秀之间的矛盾，共产国际代表马林了解得更为具体和详细。他在向共产国际执委会报告时，曾非常确切地谈到孙陈之间的分歧：

> 自从孙中山组织北伐以来，党的状况就变得不正常了。不举行代表大会。孙中山个人专权，正如在南方政府里一样；他是南方政府的总统。在广州召开的中华民国前议会赋予孙中山独裁的权力。他自己发动了这次北伐，党的书记[22]陈炯明将军从一开始就表示反对北伐，他认为，国民党暂时必须先治理广东省。他反对选孙中山为南方政府的总统，因为他主张地方分权，而不愿意中国实行中央集权。既然他主张的是联省自治，所以吴佩孚的政策很合他的胃口。广东省几乎要支付北伐的全部费用。陈炯明不愿意承担这次征讨的责任。虽然三次受到就任北伐最高指挥的邀请，他依然滞留广州，拒绝参加北伐。南方军队的精锐部分，即陈炯明的军队，在广州按兵不动。[23]

陈炯明不仅不派兵参加北伐，对于北伐所需饷械也不予供给。更有甚者，他还和湖南督军赵恒惕结成同盟，阻止北伐军假道湖南北进。

这期间，孙中山在梧州数次电召陈炯明面商北伐问题。陈炯明不仅拒绝前往，而且提出辞去本兼各职。

在前进受阻、后援无力的情况下，孙中山被迫于4月8日决定回师广州，准备改道出师江西。

此时，陈炯明的骄狂令孙中山不得不采取强硬措施。

为了给陈炯明以警告，孙中山于4月21日发布命令：（一）准予陈炯明辞去内政部长职务，但仍任陆军部长；（二）接受陈炯明不担任广东省长和粤军总司令的辞呈，同意免去其多余的和兼任的职务；（三）从此取消粤军总司令职衔，此后全部陆、海军改由元帅直接指挥；（四）任命外交总长兼财政部长伍廷芳为代理广东省长。

陈炯明得知孙中山的命令后，本想调集兵力阻止北伐军回师，但由于所辖三个师的师长态度不明，只好于是日深夜退走惠州。

不过，孙中山仍对陈炯明抱有一线希望。4月23日，孙中山委任陈炯明为北伐第一军总司令，并表示，只要陈炯明对于北伐大计不生异议，必当倚任如前。

随后，孙中山又派伍朝枢、古应芬、居正、廖仲恺、马君武、汪精卫、程潜等到惠州，敦促陈炯明回省城。但是，陈炯明一意孤行，不肯就北伐军第一军总司令职，还致电孙中山表示，从今以后“息影田庐，躬耕养母”。

孙中山得知陈炯明的态度后，仍以极其诚挚的语言给陈炯明发了一封电报，其中说，“革命既无半途而废之理，十年患难道义之交，一旦相弃，从弟不求谅于人，兄则何忍为之。望兄速取消退隐之志，投袂而兴，终始国事”。[24]

4. 与达林的交往

就在孙中山因陈炯明对北伐的抵触而陷于困境之际，一个俄国人的来访改变了他原本苦闷的心情。

这是一位看上去不过20岁左右的年轻人，名叫谢尔盖·达林，正式身份是共产国际远东书记处成员、青年共产国际代表。他之来广州，是受青年共产国际委派，出席即将在这里举行的中国社会主义青年团第一次代表大会。

达林是1922年2月到达上海的。他在上海与陈独秀等中共中央领导人接触后，本打算于4月初到广州筹备青年团代表大会，不料忽然接到苏俄外交使团团长裴克斯从北京发来的通知，要他速到北京接受指示。

达林星夜赶到北京后，他得到了这样的指示：同孙中山建立直接联系，弄清孙中山的国内外政策、对苏俄的态度以及国民党在广州政府政策中的作用。

为了使达林能够顺利地完成上述任务，苏俄外交使团授予他“苏俄正式全权代表”身份，要他前往广州与孙中山直接接触。

达林再次回到上海，向陈独秀讲述了自己领受的任务，希望陈独秀指派两名共产党员参加他与孙中山的会谈，并建议，为了避免孙中山的怀疑，陪同去广州的共产党员可以“翻译”的身份出现。陈独秀经过与中央局成员协商，决定派张太雷和瞿秋白陪同达林前往广州参加会谈。

4 月 27 日，达林一行到达广州后，即与总统府联系，希望尽快拜会孙中山。

4 月 29 日，孙中山即接见了达林以及张太雷、瞿秋白。

达林后来在他的《中国回忆录》一书中，对初次拜访孙中山的经过作了非常生动的描述。

当他们被领进大院时，首先映入眼帘的是一堆堆篝火，上面正煮着饭食，旁边围着一群群士兵。在离篝火稍远一点的地方，架着许多支来复枪。这场面根本不像是在总统府的大院，倒像是在刚占领的地方露营。院子里有人在忙乱和奔跑。军官们忙着发布命令，更换岗哨。有一些士兵们席地而卧，睡在阴凉的地上。整个场面令新来乍到的达林等人感到紧张和不安。

通行证终于办好了，一个军官前来引路。不知穿过了多少道内门和僻静的庭院，他们才在一个台阶旁停了下来，然后开始沿着台阶向一座高冈爬去。原来，总统府就位于这座高冈上。

天气很热，一行人不久即大汗淋漓。终于，他们来到一个栽满树木的小平场。又过了最后一道门岗，他们才进入总统府内。

他们三人被带进一个房间，里面有一张小桌和四把椅子，石头地上铺了一张再普通不过的苇席。房屋的墙上挂着几幅照片，在一个墙角外立着一个花几，上面摆着银制的小花瓶。

几分钟后，孙中山走了进来，会见就这样开始了。达林在他的回忆录中这样记述了第一次见到孙中山的情景：

> 他（孙中山）中等身材，穿着竖领带领钩的灰色弗列奇式上衣，中国式的漆皮鞋。当时他五十五岁。他的表情和姿势表现出典雅、沉静，缓慢的动作给人以某种恬静的感觉。有了初进总统府门口时的印象之后，这种沉静、安详更显得突出。门口那里的人们在奔走、忙碌，而这里却是沉着、缓慢、从容不迫。

孙中山冷静的外表与传说并不一致。据传在战时，孙中山曾亲自开炮射击敌人。

孙中山的眼睛是深棕色的，富于热情，目光炯炯，很像列宁。我对这两双眼睛的相似感到惊讶。孙中山目光的敏捷与外表的平静也是相矛盾的。

我们坐下来，马上就送上茶来。

我向孙中山递交了说明我的全权代表身份的信件，并转达了苏俄的工人、农民的敬意和对他在工作和斗争中取得成就的良好祝愿。我同他谈话时，强调了“总统”一词，以示与所有外国帝国主义报纸相反。外国报纸不承认他的总统职位，只简单地称其为“孙博士”。

他在回答我的祝贺时，畅叙了他对苏俄的友好感情，表示很乐于向我介绍华南的情况和了解苏俄共和国的形势。[25]

谈话很快转到广州政府面临的最紧迫的问题，这就是孙中山与陈炯明的冲突。

达林问孙中山，与陈炯明还有没有和解的可能？

孙中山怒气冲冲地回答：“我是总统，部长们应当服从我。他反对我，反对共和国总统，反对人民的意志。如果他一定不服从我，那么他将被消灭。我和他没有任何和解可谈。”

达林见孙中山如此激动，便转换话题，与孙中山谈起正在进行的征讨吴佩孚的战争。孙中山告诉达林，已经调补充部队到北线，现在形势十分有利，相信北伐很快就能成功。

谈话中，孙中山表示，他对苏俄现在的形势很感兴趣，还想知道苏俄红军的人数、组织、政治教育等。达林就自己所知，对孙中山的问题一一作了回答。孙中山一边听，一边不住地点头。

时间在不知不觉中很快就过去了，谈话双方都有一种意犹未尽的感觉。在达林告辞时，孙中山向达林询问了列宁的健康情况，并表示希望达林在广州期间能够多来总统府会面。

这一邀请也正是达林求之不得的。

在此后的一个多月里，达林每周至少拜会孙中山两次，两个人就各自关心的问题广泛交换了意见。

有一次，达林在听孙中山讲述他的三民主义时问道：“孙博士既然有这么好的纲领，那么在早已属于您权力控制范围内的地区，为什么不实行

您的土地纲领呢？”

孙中山回答：“我的主要任务在于军事方面。我必须先从军阀手中解放全中国，只有办到了这一点，实现土地纲领才有可能。”

说到这里，孙中山以询问的目光看着达林，说：“我有一个宏伟的铁路建设计划。苏维埃俄国是否有可能帮助我实现这个计划，特别是帮助我建设一条经过中亚细亚连接莫斯科与广州的线路。”

孙中山还对达林谈到他的许多计划，但这些计划有一个共同点：都需要俄国的帮助来实现。

谈话一般总是在愉快的气氛中进行，但也有不和谐的时候。

一次，他们谈到了无产阶级专政这个问题。达林回忆说：

孙中山反复询问我这个问题。我们谈到了苏维埃、红军和自由对于人民大众的意义等问题。孙中山听得很仔细，然后他向我提出了一个建议：“我给你一个山区，一个最荒凉的没有被现代文明所教化的县。那儿住着苗族人，他们比我们城里人更能接受共产主义。因为在城里，现代文明已经使城里人成了共产主义的反对者。你们就在这个县组织苏维埃政权吧，如果你们的经验是成功的，那么我一定在全国实行这个制度。”

这样的问题我只好一笑对之。我说，对全世界范围的共产主义来说，一个县的战场太小了。但我明白孙中山建议的含义，孙中山知道，我是一个共产主义者；他知道，广州的共产党人反对他，而我和这些人经常会面；他知道，广州工会已经脱离了他。很自然，孙中山一开始对我曾有某些怀疑，但是我的话与广州共产党人的所作所为并不一致。

在一个县里“组织”苏维埃政权的出人意料的建议，是孙中山在试探我的意图。所以，我只开了句玩笑作为回答。然后我向孙中山阐明了我们关于现阶段的中国革命、建立民族革命统一战线的必要性及其可行的纲领等问题的观点。这些问题成为我们会谈的主要内容。

孙中山活跃起来，他的紧张神情消失了，眼睛里放出热情的光芒。他开始向我介绍他亲自写的党纲。他的“三民主义”和“五权宪法”两篇学说分别阐述了这个纲领。[26]

在与达林的会谈中，孙中山除了讲述他的三民主义外，还非常关心苏

俄对广州政府的态度问题。他一方面希望苏俄援助广州政府，一方面又对与苏俄建立正式关系有所顾虑。这种顾虑是在他与达林的一次谈话中透露出来的。达林回忆道：

> 孙中山为前线战事兴高采烈，并且满怀信心地对我说，再过两周，至多一个月，他一定会占领汉口。
>
> “那时我将正式承认苏俄。”——孙中山兴奋地对我说。
>
> 我们已经谈过这个题目。孙中山对苏俄很友好。这一次我们谈的是宣布国民党对苏俄态度的文件问题。孙中山轻声回答我说：
>
> “你以为国民党所有党员都赞同苏俄？没有的事，甚至在我的政府里都有苏俄的敌人。”他于是马上暗示，原中国驻美大使伍廷芳博士就属于这一派，他现在是孙中山政府的外交部长兼广东省省长。
>
> “况且，”孙中山继续说，“请你不要忘记了，香港就在旁边，如果我现在承认苏俄，英国人将采取行动反对我。”[27]

对于孙中山来说，与达林交谈还是非常受益的。

达林告诉他，目前他所依靠的军队是雇佣军，这些人与国民革命的思想格格不入，这些军队是靠不住的，只有建立自己的军队，才能取得国民革命的胜利。孙中山对此话深以为然。他后来排除一切困难建立黄埔军校，正是受了包括达林在内的莫斯科驻华代表的启发。

5. 祸患生于肘腋

1922年5月6日，孙中山离开广州，亲赴韶关督师北伐。

6月13日，北伐军攻占了江西南部的重镇赣州，接着又进至吉安，威胁江西省会南昌，整个江西指日可平。

而此时，陈炯明却在紧锣密鼓地策划破坏北伐的阴谋。

他一面下令禁止惠州的谷米出境，一面密令叶举在广州接收兵工厂，索饷筹款，并严禁驻韶关各军擅自回省。

同时，陈炯明还与吴佩孚达成秘密协定：以吴佩孚在北方驱逐徐世昌，陈炯明在南方推翻孙中山。然后以吴佩孚为总统、陈炯明为副总统，共同主政中国。

鉴于广州的严重局面，孙中山接受廖仲恺的建议，于6月12日从韶关前线回到广州。

陈炯明得知孙中山回到省城，担心整个阴谋破产，便决心先发制人。6月13日，陈炯明密示所部于16日凌晨向总统府发起总攻。6月14日，陈炯明致电廖仲恺到惠州领款及协商要事，将其骗到惠州加以拘捕。

孙中山等在永丰舰上

6月16日凌晨2时许，陈炯明部发动武装叛乱，围攻总统府，并炮轰孙中山在观音山住所粤秀楼。

孙中山在警卫的掩护下，化装成医生才得以脱险，登上停靠在白鹅潭的楚豫舰。据孙中山当时的卫士队长马湘回忆，事情的经过是这样的：

> 14日那天，从早到夜，都有人接二连三地来报告陈炯明谋反的消息，中山先生向黄惠龙和我说：“今夜有什么举动，要立即报告。”不久，广州卫戍司令魏邦平来报告，陈炯明的确要叛乱了，请好好准备对付。第二天早晨，陈策又向中山先生报告陈炯

明谋反的事情，谈了一小时余才退出。到了下午，陈少白来见，中山先生说："刚才得陈竞存（陈炯明）电报，要我交出一个人，任由他把这人杀掉，无论什么事情都可以解决，但他并没有指出这人是谁，我也想不出来，不知道竞存为什么要杀这个人？"说完便把陈炯明的来电给陈少白看。陈少白接了想了一想，便说："我闻得陈炯明部下说：'一定要杀胡汉民，杀了胡汉民就一切事情都可以服从。'陈炯明提出要杀的人，大概是指胡汉民吧。"中山先生说："展堂是一个好人，决不能使他受屈，请你把我的意见转达竞存部下，叫他们不要妄动。"陈少白退出之后，接着海军陆战队司令孙祥夫、总统府秘书谢持先后到来报告陈炯明准备叛变的事情。下午六时许陈策用电话向中山先生报告。中山先生把电话筒放下后，命副官陈煊于明日早晨往宝璧舰把存在该舰的面额二角的钞标数十万元提回总统府，准备运往韶关大本营作北伐军军费。至深夜十一时，陈策、魏邦平连续以电话报告陈炯明谋反消息，说情况已十分危急。中山先生说："无论如何，我决不离开，我只知为国家为民族，从来不为个人谋利禄，是人所共知的，陈炯明何致要谋反。"这时又有各方面的电话来，都是报告陈炯明已布置队伍，快要开始向总统府攻击的消息。这些电话都是由我接听，听了之后转报中山先生，他每次听了我的转报后，都没有什么表示。不久，又有某处来电话，中山先生接听之后，对我说："马湘，你率领卫士小心守卫粤秀楼。"说完之后，态度和平常一般的坐下。我找到卫士大队长姚观顺把中山先生的命令转告他，并和他商议守卫计划，随即下令各班长率领卫兵，严密戒备。至12时，林直勉、林树巍和陆志云十分匆忙地来向中山先生报告，说："陆志云有个同乡在熊略部下当连长，把陈军在今晚深夜一时开始攻击，口号是'食饱饭，杀民贼'的消息告知陆志云。这个消息很险恶而且十分确实，因此请大总统速往别处，暂时避开。"中山先生说："竞存纵然恶劣，料不至如此。即使竞存有不轨之谋，但他的部下有不少是明理正直的人，他们很多和我久经患难，岂有尽听竞存之命？请各位毋须过虑。"林树巍说："粤军素来野蛮，不能不防备。"中山先生说："我已将警卫军调往韶关，即表明对他信任，他对我虽有不利之阴谋，亦何须用兵？如果竞存胆敢称兵作乱，甘为叛徒，则人人都可以杀他。我身为大总统，负全国国民之托，有平乱责任，如果力量不足，被叛逆所害，正是我为国牺牲的机会，岂能临难苟免，贻笑中外，污辱国家?”林树巍苦劝了多次，中山先生总是不从，只得退去。

十五日晚深夜一时，粤秀楼已听到远处有集合号音，不久，就连队部的嘈杂声都听到了。中山先生从卧室出来，命卫士准备防范，林树巍、林直勉和陆志云又急跑来力劝中山先生离开粤秀楼。中山先生说：“竞存若胆敢作乱，我便要负平乱之责，如办不足，惟有一死，以谢我四万万同胞。”林直勉等见事情危急，又知中山先生决不逃避，遂不暇等候中山先生的命令，由几个人用力挽着中山先生跑出粤秀楼。我和黄惠龙请求跟随保卫。中山先生说：“你们不必跟随，什么危险我都不怕。你们要坚守粤楼。明天我若不回来，马湘带夫人到家中暂避。”说毕，林树巍、林直勉、陆志云就护着中山先生离开了粤秀楼。后来我护卫夫人到黄埔，才知道这夜中山先生脱险的经过是这样的：中山先生由越秀山小路到达德宣路，即见有许多陈炯明的部队向总统府进发，当走到惠爱路时，正欲横过马路入桂香街，却被陈军的哨兵拦阻不准通过。林直勉对他们说：“我母亲患了重病，请这位医生到家里诊治。”但他们仍不许通过。林直勉又说：“我们住在高第街，你们如不信，就请一齐和我们到家里看看。”哨兵望望中山先生穿了一身夏布衣衫，戴墨晶眼镜，十足像一个医生，就让我们通过。及到清海路，又遇到陈炯明叛军，中山先生态度从容镇定，叛军没有怀疑，便又通过了。遂一直沿长堤至海珠海军司令部，再乘小电船登上军舰。[28]

当天下午4时，为掩护孙中山而留守在总统府的宋庆龄，也脱离险境。

这一天，在广州还有几个人也经历着非同寻常的感受，这就是来自莫斯科的几位代表，其中就有达林。

在隆隆的炮火声中，这几位心怀忐忑的俄国人不约而同地聚到一起，一面为孙中山的命运担忧，一面议论着孙中山。达林回忆当时的情景说：

我们谈论着孙中山。他犯了许多错误，造成了他的失败。我经常与他争论关于中国革命的道路问题，但这是与一个在斗争中屡遭失败而从不气馁的革命者的争论，是与一个目睹祖国遭到本国军阀和外国帝国主义者的抢劫而痛感忧忿的人在争论。

> 他也犯一些错误，这些错误是在当时中国的经济和社会关系下产生的。但是，不仅在其活动的性质方面，而且在其全部思想和个人品格方面，孙中山始终是一个革命者。[29]

陈炯明叛变后，先是悬重赏20万元捉拿孙中山，随后又多次密谋杀害孙中山。这些阴谋失败后，他在帝国主义和直系军阀的指使下，一面发出通电要孙中山下野，一面用鱼雷大炮向孙中山的座舰猛烈攻击。

这时，英美国家也改变了对孙中山的态度，开始支持陈炯明的反叛行动。英国不仅对陈炯明以财力支持，而且对孙中山施压，要他离开广州；美国政府则采取两面态度，口头答应援助孙中山，实际上却支持陈炯明。

孙中山决心同叛军战斗到底！

6月16日，孙中山召开军事会议，决定以舰队发炮攻击叛军，以示正义，然后进驻黄埔，等待北伐军回师来援，从而水陆并进，歼灭叛军。

6月17日，孙中山转登永丰舰，亲率永丰、永翔、楚豫、豫章、同安、广玉、宝璧七舰，驶入白鹅潭，沿途向叛军据点发炮轰击。由于魏邦平的陆上部队未能主动出击配合平叛，孙中山只好再度率舰退回黄埔。

战斗在永丰舰上的孙中山，正经历着生平最为危急的一段时光。他想让正在广州的达林知道自己的情况，便派陈友仁与达林取得联系。

从达林的记述中，我们可以看到以下细节：

> 陈（友仁）现在隐藏在东山，每天夜里潜到军舰上去找孙中山。他向我讲了吴佩孚和香港的英国人所支持的政变详情。陈友仁很注意我对政变的态度。这没有什么可说的，在这个问题上我们的观点是完全一致的。我请他转告孙中山，我祝愿他斗争成功。
>
> 孙中山通过陈友仁转告我，有关我们谈话的全部文件，他随身带到了军舰上。孙中山的冷静使我感到惊讶，在出其不意的政变时刻，当稍有延误他就可能付出生命代价的时候，他没有惊慌失措，而随身带走了敌人不应看到的那些文件。[30]

此后，陈友仁不时与达林接触，转达孙中山的意向。

一次，陈友仁来找达林，向他转告了孙中山这样的话：

> 在这些日子里，我对中国革命的命运想了很多，我对从前所

信仰的一切几乎都失望了。而现在我深信，中国革命的唯一实际的真诚的朋友是苏俄。[31]

陈友仁还告诉达林，孙中山说，军舰上的煤就要用完了，而且无任何援助可待，他准备放弃平叛，然后去苏俄。

孙中山是否真的去苏俄，达林当然要打个问号。他不知道该如何回应这个问题，只是要陈友仁转告孙中山，他将离开广州返回苏俄，尽管发生了令人惋惜的事件，但他对中国革命事业的胜利深信不疑。

达林在动身前夕，又会见了陈友仁。陈友仁转达孙中山的话说：孙中山相信，苏俄是他唯一的朋友。他决定赴上海继续斗争。倘若失败，则去苏俄。

陈友仁和宋庆龄

说到这里，陈友仁递给达林一封孙中山写给契切林的信。字写得很潦

草，用的是一张从学生练习本上撕下的纸。内容是：

> 敬爱的契切林：
>
> 达林业将尊函转交与文，今写几句作答。
>
> 文经历着陈炯明——一个多亏有文方有其一切之人，造成之严峻危机。文在一定场合意欲何为，将由达林转告。
>
> 谨向您和列宁致敬。
>
> 1922 年 6 月 23 日于黄埔永丰舰[32]

达林走后不几天，孙中山的处境便急转直下。

孙中山在广州所依靠的力量只有海军，而海军司令温树德因为接受了陈炯明的 26 万元的贿赂，便于 7 月 8 日晚率海圻、海深、肇和三只大型军舰悄悄离开黄埔。这样，孙中山的座舰就完全暴露在敌人的火力监视之下。

孙中山所指望的北伐军，在回师途中与叛军激战于韶关和源一带，因粮弹缺乏，又处在陈炯明和直系军阀的前后夹攻之下，损失惨重，遂于 7 月 29 日分途向江西、湖南边境退却。

8 月 9 日，孙中山闻知北伐军回师失利后，认为继续留在海上业已于事无补，遂乘英舰“摩轩号”离开广州，经香港再到上海。

当时正在莫斯科的马林，得知孙陈分裂的消息后，于 9 月 7 日在《真理报》上发表文章，回顾了他所了解的情况：

> 当时，孙中山和广东省长（指陈炯明。——作者）之间还没有发展到公开决裂的地步。他们在经济问题上观点一致，主要在政治问题上有分歧。孙中山首先是着眼全国的民族主义者，而陈炯明在他的军队据有广东以后，则只关心本省的发展。他主张推行广泛的联省自治和全面的地方分权，因而，他接近于其他督军的观点。正是这样的统治方法才会使他们有更大的可能维持其独裁统治。[33]

马林认为，陈炯明从一开始就反对北伐，而孙中山却对如何处置陈炯明犹豫未决。结果陈炯明公开叛乱，孙中山虽坚决反击已难挽危局。

在另一个场合，马林还有如下说法：1922 年年初他在广州见到陈炯明时，陈炯明对孙中山虽然采取激烈的否定态度，但当时还谈不上会发生公开决裂。及至陈炯明的副官遭暗杀，他本人被免去省长职务以后，决裂方始发生。[34]

孙中山心灰意冷地来到上海。

陈炯明的叛变行为，深深地伤害了孙中山。在上海，孙中山表面上仍如以往一样迎来送往、谈笑风生，但每每想起陈炯明叛变一事，他的内心总是感到阵阵刺痛。

9 月 18 日，孙中山发表了《致海外同志书》，详细叙述了陈炯明叛变的始末，道出了自己难以压抑的悲愤：

> 文率同志为民国而奋斗，垂三十年，中间出生入死，失败之数为可偻指，顾失败之惨酷，未有甚于此役者。盖历次失败虽原因不一，而其究竟则为失败于敌人。此役则敌人已为我屈，所代敌人而兴者，用为十余年卵翼之陈炯明，且其阴毒凶狠，凡敌人所不忍为者，皆为之而无恤，此不但国之不幸，抑人心世道之忧也。[35]

孙中山哪里知道，就是这次来到上海，他的政治命运正应了陆游《游山西村》一诗中的话："山重水复疑无路，柳暗花明又一村。"

注　释

1. 上海《民国日报》1920 年 1 月 5 日。

2. 两极：《红潮滚过大西洋去了》，《闽星》第 2 卷第 8 号。

3. 关于陈炯明的"漳州新政"，参见段云章、陈敏、倪俊明：《陈炯明的一生》，河南人民出版社 1989 年版，第 144—148 页。

4. 《北京大学学生周刊》第 14 号，1920 年 5 月 1 日。

5. 段云章、陈敏、倪俊明：《陈炯明的一生》，河南人民出版社 1989 年版，第 153 页。

6. 上海《民国日报》1920 年 2 月 7 日。

7. 《苏中关系文件集》，莫斯科 1959 年版，第 50—51 页。

8. 艾登・惠廷：《苏俄对华政策，1917—1924》，斯坦福大学 1968 年版，第 305 页。

9. 即黄兴，克强是黄兴的字，1916 年 10 月 31 日因病逝于上海。

10. 即陈英士。同盟会员，孙中山的追随者之一，被袁世凯杀害。

11. 《孙中山全集》第 5 卷，中华书局 1985 年版，第 579 页。

12. 《黄炎培演讲广州市政》，1922 年上海《民国日报》六周年纪念增刊《新建设的中国》，第 24 页。

13. 段云章、陈敏、倪俊明：《陈炯明的一生》，河南人民出版社 1989 年版，第 179 页。

14. 上海《民国日报》1921 年 4 月 15 日。

15. 罗翼群：《孙中山就非常大总统纪略》，《孙中山在广东三次建立政权》，中国文史出版社 1986 年版，第 101 页。

16. 可能是指由同盟会在 1910 年 1 月 12 日发动的广州新军起义。当时，倪映典等率新军千余人在广州起义。在与清军作战中，起义军伤亡惨重，倪映典又因误中敌人诡计而遭到杀害。起义军在失去指挥的情况下，坚持战斗到深夜，因弹尽援绝，无力继续作战而失败。

17. 这是同盟会发动的一次武装起义。1911 年 4 月 27 日，黄兴率领“选锋队”120 余人猛攻广州的总督署，两广总督张鸣岐闻讯逃往水师提督衙门。起义军在放火焚烧总督署衙门后，与清军卫队发生了激烈的战斗，不少革命志士牺牲或被捕后从容就义。黄兴、朱执信等负伤后退回香港。起义失败后，广州革命志士潘达微多方设法，收殓牺牲的烈士遗骸 72 具合葬于广州黄花岗。因此，这次起义又称“黄花岗起义”。

18. 中共中央党史研究室第一研究部译：《共产国际、联共（布）与中国革命档案资料丛书》第 1 卷，北京图书馆出版社 1997 年版，第 77—79 页。

19. 达林：《中国回忆录：1921—1927》，中国社会科学出版社 1981 年版，第 83—85 页。

20. 中共中央党史研究室第一研究部编：《共产国际、联共（布）与中国革命档案资料丛书》第 1 卷，北京图书馆出版社 1997 年版，第 237 页。

21. 转引自段云章、陈敏、倪俊明：《陈炯明的一生》，河南人民出版社 1989 年版，第 215 页。

22. 此处有误，陈炯明当时是内务部长。

23. 中共中央党史研究室第一研究部编：《共产国际、联共（布）与中国革命档案资料丛书》第 2 卷，北京图书馆出版社 1997 年版，第 236 页。

24. 上海《民国日报》1922 年 5 月 8 日。

25. 达林：《中国回忆录：1921—1927》，中国社会科学出版社 1981 年版，第 102 页。

26. 达林：《中国回忆录：1921—1927》，中国社会科学出版社 1981 年版，第 103—104 页。

27. 达林：《中国回忆录：1921—1927》，中国社会科学出版社 1981 年版，第 122—123 页。

28. 马湘：《跟随孙中山先生的回忆》，《孙中山三次在广东建立政权》，中国文史出版社 1986 年版，第 108—110 页。

29. 达林：《中国回忆录：1921—1927》，中国社会科学出版社 1981 年版，第 122—123 页。

30. 达林：《中国回忆录：1921—1927》，中国社会科学出版社 1981 年版，第 124—125 页。

31. 达林：《中国回忆录：1921—1927》，中国社会科学出版社 1981 年版，第126 页。

32. 中共中央党史研究室第一研究部编：《共产国际、联共（布）与中国革命档案资料丛书》第 2 卷，北京图书馆出版社 1997 年版，第 54—55 页。

33. 马林《访问中国南方的革命家——个人印象点滴》，《真理报》1922 年 9 月 7 日。

34. 中共中央党史研究室第一研究部编：《共产国际、联共（布）与中国革命档案资料丛书》第 2 卷，北京图书馆出版社 1997 年版，第 237 页。

35. 《孙中山全集》第 6 卷，中华书局 1985 年版，第 555 页。

九　联俄的抉择

1. 回答越飞“最微妙”问题

数年来，孙中山对于苏俄方面希望公开建立友好关系的要求，总是以恐怕引起美英等帝国主义国家的干涉为由，予以拒绝。

1922 年 8 月，孙中山在放弃与陈炯明叛军继续对战后，离开广州前往上海。途中，孙中山回想起这几年同苏俄的交往，特别是同达林的数次谈话，回想起美英在陈炯明叛变后对他虚与委蛇的态度，遂产生了同苏俄结盟的想法。他对随行的人员说：“今日中国之外资，以国土邻接、关系密切言之，则莫如苏维埃俄罗斯。”

针对国民党内外对苏俄的片面议论，他批评说：

> 以为俄国布尔什维克为可怖，而不一究其事实。……俄国列宁政府，组织完备，固为其堂堂正正之政府，焉得指其为无政府耶？……至于今日俄国之新经济政策，早已变更其共产主义，而采用国家资本主义。……而国人不察，至今尚指其为共产主义，为过激派。[1]

似乎命运的巧安排！就在孙中山来到上海的当月，苏俄政府派出的驻华全权大使抵达北京，此人名叫越飞。就是在越飞的积极推动下，孙中山最终作出了联俄的抉择。

要说明越飞与孙中山建立联系的动因，还必须从苏俄的对华外交需要谈起。

1917 年十月革命胜利后，苏俄立即遭到国内外反动势力的联合进攻。为保卫新生的苏维埃联邦社会主义共和国（简称“苏俄”），列宁领导下的布尔什维克率领人民与敌人进行了殊死的斗争，粉碎了帝国主义国家联合绞杀苏维埃共和国的企图。

为了巩固和发展新生的政权，确保苏俄远东的安全，避免同日本直接作战，苏俄政府决定在远东地区成立一个“缓冲国”——远东共和国。

远东共和国是在列宁亲自指导下，由原苏俄远东人民委员会主席克拉斯诺晓科夫具体负责创建的。1920 年 1 月 18 日，克拉斯诺晓科夫在一次会议上提出在远东建立缓冲国的主张，得到列宁的同意。3 月 7 日，他带领 6 名孟什维克和社会革命党人到达色楞格河畔的上乌丁斯克（今乌兰乌

德），着手组建贝加尔湖沿岸临时地方自治政府。3 月 28 日，贝加尔湖沿岸居民制宪会议开幕。4 月 6 日，“独立民主”的“远东共和国”宣告成立。

远东共和国是苏俄在无力同日本作战的情况下决定成立的一个临时性的缓冲国，尽管远东共和国声明它是一个非苏维埃形式的“独立民主”的国家，但它实际上接受苏俄政府的领导，它的一切原则性外交措施和声明均须经俄共（布）中央或外交人民委员会核准。

远东共和国成立后，利用游击队和新组建的人民革命军不断对日本占领军发动武装进攻，并通过政府之间的谈判，迫使日军完全撤出外贝加尔湖地区。

远东共和国秉承苏俄政府的旨意，利用其非苏维埃形式，开始了与中国的建交谈判，以便为尽快解决中苏之间的悬案并建立正式外交关系创造条件。

1920 年 6 月，远东共和国派出以优林为首的使团来华，任务是建立远东共和国同中国的政治、经济友好关系。它的权限很广，不仅能就经济及外交关系等问题同中国政府进行谈判，而且有权签订条约，并被苏俄政府授予解决中东铁路等问题的权力。此时北京政府内部是亲日的皖系军阀当权。北京政府担心先于帝国主义列强与远东共和国正式接触，引起列强的误会，因此只同意与优林使团举行非正式会谈，在边境商谈商务事宜。所以优林使团只得滞留在恰克图。7 月，美、英支持直系的曹锟、吴佩孚发动直皖战争，皖系大败，直系军阀入主北京政府。由于美国此时已对远东共和国表示同情，所以北京政府同意优林以商务委员名义来京。

8 月 26 日，优林以“远东共和国商务总代表”名义经库伦抵达北京，开始了同北京政府的谈判，谈判的重点是商约草案和中东路问题。

当时控制北京政权的吴佩孚与英、美走得比较近，所以他与苏俄的接触还是有限度的，更由于优林使团在谈判中坚持苏俄在中东路的权益[2]，而且苏俄红军未经北京政府同意就以“消灭白匪”的名义开进外蒙，驻兵库伦，从而使双方关系开始恶化。优林使团在中国待了 1 年多之后，1921 年 10 月返回远东共和国。

当然，优林使团并非无功而返。优林使团在华期间，通过谈判基本上打通了中俄的边境往来，为中俄恢复外交关系及解决中东路和外蒙古问题打下了一定基础。但是，优林使团并未能解决远东共和国同中国建立外交关系的问题，也没有从根本上解决中东路和外蒙古问题。这些问题都留给了后来的苏俄派克斯使团。

中东铁路理事事务所旧址

1921 年 12 月底，苏俄政府再次派出以派克斯为首的使团来华，与北京政府继续进行谈判。但由于双方在中东路问题和苏俄红军驻军外蒙问题上难以达成一致，谈判很快再次陷入僵局。

在谈判一再陷入僵局的情况下，苏俄政府起用了从 1917 年起便从事外交工作的实力派外交家越飞，作为苏俄全权代表赴华谈判。

1922 年 8 月 12 日，越飞抵达北京。这个外交家确实出手不凡。他在华的四个月时间内，一方面同北京政府进行着毫无希望的建交谈判，一方面又在当时中国最具影响力的军阀吴佩孚和最具影响力的政治家孙中山之间纵横捭阖，表演着令人炫目的“三重外交”交响曲。

越飞同北京政府的谈判，本来是他的交响曲主旋律，但由于双方在中东路问题和苏俄红军从外蒙古撤军问题[3]上分歧太大，所以无论他怎样卖力地演奏，都难以发出悦耳的声音，最终亦如优林、派克斯一样，在中国政府毫不退让的“铁壁”前黯然失声。

而与吴佩孚、孙中山的联系，却尽显了越飞的外交才能，并使他最终以华丽而优美的旋律谢幕。

一开始，越飞与吴佩孚、孙中山的联系，只是为了借助他们的声望向中国政府施加压力，同时试探他们可否成为苏俄合作的对象。

越飞刚抵达北京，就派他的军事顾问、俄罗斯参谋部学院院长格克尔带着他的亲笔信去见吴佩孚。信中用十分热情的语言赞扬了吴佩孚，他写道：

> 俄国人民一直密切注视着中国人民为从政治上和组织上摆脱帝国主义的压迫而进行的民族斗争。我们都怀着特别关注和同情

> 的心情注视着您，您善于把哲学家的深思熟虑和老练果敢的政治家以及天才的军事战略家的智慧集于一身。
>
> 目前的工农俄国正在同世界帝国主义的联合力量进行英勇斗争，它感觉到同中国的完全一致并准备全力帮助中国的斗争。
>
> 如果能同您本人见面，一是更直接地了解中国最著名政治和军事活动家，二是同您讨论两国和两国人民共同感兴趣的问题，那我将感到不胜荣幸。
>
> 但遗憾的是，目前也许私下见面是不可能的，所以我派一个十分可靠的人，即我的军事顾问格克尔先生去拜访您，格克尔在俄国最近一次战争中曾任军事指挥官，后任俄国总参谋部学院院长。请您完全相信他。[4]

在这一大篇开场白之后，越飞才谈到实质性问题。他告诉吴佩孚，他这次到中国来不仅负有与中国政府谈判的使命，而且负有与日本谈判的任务，如果中国政府不尽快与他开始有关建交的卓有成效的谈判，他将先同日本进行接触，而这样一来，完全有可能损害到中国利益。所以，如果中国政府明智的话，应该走在日本之前同苏俄建交。

再就是关于外蒙古问题。由于苏俄红军为了消灭白匪进入外蒙古之后，一直没有再撤出的行动，因此，中国政府提出先撤军再建交。越飞想通过吴佩孚说服北京政府，不要把苏俄红军从外蒙古撤军问题作为中俄建交的障碍。他要吴佩孚相信，苏俄在外蒙古和中国的其他地方都“不追求任何帝国主义的目的”，而苏俄现时不能从外蒙古撤军，是有原因的。他在信中说：

> 出于战略上的考虑，俄国不得不向那里派驻军队，并在那里保持部分军队至今，一是因为只要中国还容许白卫匪帮及其首领在其领土上逗留，我们的军队从蒙古一撤出，他们就会很容易进驻那里，向远东共和国后方发动新的攻势，若是中国在条约中承担义务，不允许任何敌视俄国和远东共和国的部队在其领土上逗留，并和我们作出相应的保证，那时我们才会感到在这方面是可以放心的。二是因为我们的军队现在从蒙古撤出，就意味着张作霖立即去占领蒙古，这既不符合我们的利益也不符合中国的利益。至少我听说，您以您所特有的洞察力坚持同样的观点。另一方面，我认为您立即将您的军队调入蒙古也是不恰当的，因为如

上所述，蒙古问题只能通过签订条约的途径来解决。[5]

越飞不愧是一位著名的外交家，他对吴佩孚的褒扬使人感到既不肉麻又很到位；他既使用了显而易见的外交辞令，而对原则问题的阐述又让人觉得入情入理。

作为“三重外交”的一部分，8 月 22 日，越飞又给孙中山写了一封信。

如同给吴佩孚的信一样，在信的开头，越飞也是对孙中山一通赞扬：

亲爱的博士：

我曾幻想，我个人能有机会结识您，从而见到正在为自己民族的解放而斗争的当代中国最伟大的国务活动家。

根据您给契切林同志的信，我知道，您以您所固有的明晰而清醒的思维出色地理解了我们总的对外政策的基本原则，特别是远东政策的基本原则。

因此我不想说服您使您相信，我来这里的唯一目的是修复同中国人民的真正睦邻友好关系，因为我们的同情完全是在中国人民中一些有觉悟的分子为自己的政治和经济上的解放而进行的英勇斗争一边。[6]

接下来，越飞说，他给孙中山写信，是要请教一些“最微妙”的问题。他向孙中山表示，自己以前一直在西方工作，所以在远东政策上是新手。他假装恳切[7] 地说：“我希望您帮助我解决这些问题，请不要不给我出主意，您的主意对我来说是特别宝贵的和十分需要的。……劳驾您为我解释一下我不明白的问题，因为没有人像您这样了解中国和它的内部发展条件了。”

越飞向孙中山请教了这样几个“最微妙”的问题：

1. 我不清楚，张作霖及其一派是否也是民族解放派，但比其他派更反动一些，或只不过是日本帝国主义的代理人。我还不清楚，从社会阶级角度说，张作霖依靠谁，在北京有哪些人支持他。

2. 我不清楚，为什么您不久前同张作霖达成反对吴佩孚的协议？这仅仅是想支持一个更强大的敌人来消灭另一个敌人，使您只剩下一个敌人，便于以后消灭它，还是您真的认为张作霖的政

越飞

策对中国有好处？与此相联系，我想知道您建议我对张作霖采取什么样的行为方针？

3. 我不清楚您同陈炯明的意见分歧。要知道，仅仅不同意应由北京还是由广州来实现全国统一这一点，还不足以导致流血战争。

4. 我不清楚，如果说在目前的中国议会中国民党和整个南方在起很大的作用，那么为什么您不承认这个议会？

5. 我不清楚，如果说您现在同吴佩孚达成协议，而您和国民党的影响因此而会更大，那么为什么中国政府特别是外交部在奉行一种既丝毫不符合国民党的纲领，也丝毫不符合中国人民的实际利益的政策呢？

如此提出疑问之后，越飞还没有忘记谈到外蒙古问题。他对孙中山说：

世界帝国主义特别想把中国的唯一一块由于我们的干预而至

今尚未处于它的影响之下的领土即蒙古置于它的影响之下，所以在蒙古问题上它败坏我们的声誉，指责我们是“帝国主义”。

中国政府不知为什么上了这个圈套，所有谈判都从我们何时从蒙古撤军这个问题谈起，同时它本身还组织宣传运动要求我们离开蒙古。其实，每个了解国际局势的人都清楚，我们无论从政治上还是从经济上都不打算向蒙古渗透。但是我们若在目前的混乱时刻撤出军队，日本帝国主义就会乘虚而入。所以我们现在离开蒙古对中国不利，您同意我的看法吗？[8]

越飞的信很快就到了孙中山手里。

对于已准备同苏俄建立更为密切联系的孙中山来说，越飞的信无疑是继达林之后，苏俄方面释放出的又一个更为积极也是更为权威的信号。

8 月 27 日，孙中山给越飞写了回信。

在信中，孙中山首先委婉地对苏俄政府寻求与北京政府建交的努力提出了批评，并表明苏俄应该进行交往的是由他本人所掌控北京政权，而这一天将为之不远。孙中山写道：

我必须告诉您，北京政府没有任何基础，它软弱无力，因此说现政府是某些列强的代理人也不过分。从它同苏维埃俄国的关系和交往来看，这种说法也是很对的。令人气愤的是，某些列强不希望在它们能够迫使莫斯科接受经济投降条件之前让中国同俄国达成协议，同时，它们也不欢迎我们之间出现任何达成协议的前景，因为这种协议可能会使中国摆脱它们的政治经济控制。

只有把中国的切身利益置于各列强利益之上的中国政府，才能够使这两个国家（指中国和苏俄。——引者）取得正确的相互谅解。在这种情况下，我要劝您在我未改组北京政府之前等一等。鉴于形势可能出现某种变化，这种情况在不远的将来就可能发生。[9]

对于越飞的五个“不清楚”的“最微妙”问题，孙中山在信中一一给予了回答：

1. 张作霖是中国人，很难设想，他竟会希望见到外国列强来奴役他的国家，或者为此而进行活动。我不认为他是日本的代理

人。至于社会阶级，看来，张作霖不依靠任何阶级，而是完全依靠自己的战士。据我所知，在北京还没有可以说是支持他的人。但是，正如我已经指出的，现在北京完全可以不予考虑。

2. 我在去年冬天同张作霖达成协议，主要是因为他派遣他的代表来广州见我，或者更确切地说是来桂林，我当时正在那里集结我的军队准备北伐。他的代表建议进行合作，贯彻执行我重新统一国家的政策，并作出明确的许诺，必要时，他将站出来反对日本。……除接受同张作霖合作外，另一种选择就是既同他作战又与吴佩孚作战。张在建议同我合作时可能有诚意，也可能没有诚意，但我作为一个讲求实际的人，无权怀疑他没有诚意。……

3. 关于这个问题，我附上我签发的一份关于广州局势的声明，这份声明是我在上周向列强发出的。陈炯明是个坏人。一个政治追随者，因为在一个基本政策问题上出现意见分歧，而与其政治领袖分道扬镳，这可以理解。但是，当这种分裂采取谋杀领袖的形式时，整个政治生命就彻底葬送了。

4. 我已劝告国民党的所有国会议员去北京，这个事实就答复了这个问题。我曾指出，国会本来有权召开会议，但由于遭到北洋军阀的反对至今无法在北京举行。现在这种阻力已被清除，因此，国会会议在北京的重新召开不是对黎元洪政府合法性的承认，而仅仅是为国会会议赋予清除阻力的特权。

5. 如果您以为我现在同中国外交部保持着某种接触，那您就错了。[10]

孙中山对越飞的如实相告，使越飞喜出望外。

在接到孙中山的信后，越飞立即给加拉罕发去电报。在电报中，他满心欢喜地告诉加拉罕：

“孙上了圈套，回答了所有棘手问题。”[11]

2. 吴佩孚？孙中山？

孙中山是个屡挫屡奋的革命者，他不会因为一时的挫折放弃自己的追求。

孙中山到上海后，很快便开展了积极的活动。据当时上海公共租界工部局警备处情报人员提供的情报，有相当多的北方领袖到上海拜见孙中山。情报人员认为，这是一个令人发生兴趣的异常事，即孙中山的支持者是一大群北方著名的军事政治官员。情报人员据此推测：孙中山虽然在南方失败了，但比较他希望做南方政府的领袖，更显出从未曾有过的掌握全国政权的可能性。

美国记者对于孙中山在上海的活跃程度也甚为吃惊，报道说：孙中山已成为上海召开的一系列小团体会议的中心和拱心石，他的寓所也已成为各种不同政见的领袖人物朝拜的圣地和举行以政治为主的无数次午宴的场所。孙中山显然成为重组中国政府的一位中枢人物。

很显然，在孙中山给越飞的信中，曾提到他将改组北京政府一事，这绝不是放空炮。

然而，越飞作为授命于同北京政府谈判的代表，他无权当然也不会因为孙中山的要求即断绝同北京政府的谈判，此外，他对孙中山能否掌握北京政权也存有疑虑。

9 月 15 日，越飞给孙中山写了复信，并派出他的助手格克尔亲自面交孙中山。

在信的一开始，越飞就针对孙中山不希望他同北京政府谈判一事，坦率地说：

> 很抱歉，我作为我国人民和政府的正式代表，不能不同中国官方政府打交道。
>
> 尽管我一直在注意您的劝告，不与现政府打交道并且等待您建立自己的政府，但是当顾维钧部长开始与我讨论关于即将举行的俄中谈判问题时，我是不能拒绝的。此外，我过去和现在都一直认为，鉴于中国广大人民群众现在的这种情绪——坚决要求自己的政府开始同俄国进行谈判并与之建立正常的外交关系，如果我拒绝就此问题举行谈判，那么，群众就会不理解，并且会造成很坏的印象。[12]

在信中，越飞承认中国现政府受到列强的操纵，因此与现政府的谈判不会取得令人满意的结果。有鉴于此，他向孙中山提出这样一个建议：

> 根据我对中国形势所作的分析，我还觉得，您同吴佩孚联合并一起建立中国中央政府，对中国来说，这是最好的联合。我觉

得，为了确保张作霖承认和支持这个政府，应该恢复他的一切称号、官职和官衔。我还觉得，张作霖会同意这样的条件，这样一来，这个政府实际上就统一了全中国。我毫不怀疑，俄国愿意全力促进中国的民族统一和摆脱世界帝国主义的羁绊，它一定会给予这样的政府以力所能及的支持和援助。[13]

越飞在这里提出了一个由孙中山和吴佩孚合作共组中国政府的建议。

越飞为自己能够想到这样一个组合感到格外兴奋，他认为这一设想如能实现，阻碍俄中建交以及中国面临的政治问题都可以迎刃而解。

越飞决心以自己的力量推动孙吴走向合作。

这年9月，越飞又给吴佩孚写了一封长信，并托格克尔当面转交。越飞在信中热切地表示：

只有您与孙逸仙先生一起建立的政府，才是唯一能够使中国摆脱严峻局面和建立统一而独立的中国的政府。这个政府完全可以指望得到俄国的全面支持，在对待中国的问题上，俄国竭力促进它的民族统一和使它摆脱帝国主义的桎梏。同时我还深信，最近俄国实际上又占据了它在大国当中应占据的位置，在它的强有力支持下，这样的政府能够实现上述任务。

同时我并不抱有这样的希望：中国现政府在受外国人左右的情况下能够将同俄国的谈判进行到底并取得理想的结果。[14]

为了促使在中国建立一个孙逸仙—吴佩孚政府，越飞开始向马林寻求支持。

在给马林的信中，越飞说："对我来说现在最重要的是让孙和吴一起组建政府并与张作霖和解，至少要让张作霖承认和支持孙逸仙—吴佩孚政府。请您支持我的这一政策并向孙作出解释：这样的政府不仅可以指望得到俄国的支持，而且还可以指望得到整个共产国际的支持。我认为，成立这样的政府是当今中国政治的最重要方面。"[15]

此后，越飞多次派出他的助手格克尔与吴佩孚和孙中山进行联系。

根据解密档案记载，1922年9月26日，孙中山在他的寓所会见了越飞的代表格克尔，在场的还有马林和翻译古尔曼。会见的经过是这样的：

格克尔开门见山地问孙中山想讨论哪些问题。孙中山提出两点：第一，关于俄国准备支持他实现中国统一的原则性问题；第二，关于俄国可

以用什么方式来援助他的问题。

接下来的谈话非常有意思。

谈话双方都试图围绕自己最关心的问题展开。格克尔最关心的是第一个问题，而孙中山则更关心第二个问题。

关于第一个问题，格克尔认为，孙中山应该与吴佩孚联手，而不去同张作霖做交易。因为吴佩孚是为中国的统一和独立而奋斗的民族主义者，而张作霖现在同苏维埃俄国的敌人——日本人正打得火热。

孙中山则认为，张作霖是个可以进行加工的“原料”，他虽然没有文化，但是个聪明人，不能认为他就是日本人的工具；而吴佩孚则是个已经定型的人，要他对新思想感兴趣是不容易的。吴佩孚依附于英美，而且不止一次地欺骗过中国人。他还提醒格克尔，不能太过认真地对待吴佩孚现在表现出来的对俄友好态度。

档案记载，孙中山这时迫不及待地将谈话转到第二个问题上：

> 中国终究能统一，孙博士确信这一点。但是，只靠自己的力量，他就不得不为此进行长期的斗争。外国列强在阻挠统一。我们需要一个支持统一的朋友。这个朋友只能是俄国。他想在西北边境地带或土耳其斯坦（指新疆。——引者）组建自己的军事力量，并可以从俄国得到武器弹药。那里粮食是有的，只是交通非常不便。无论如何应该组建这支独立的力量。吴佩孚和张作霖之间的战争结束之后，就可以做这方面的工作。即使不发生这样的战争，也必须建立这样的组织。在南方的广东、江西、广西、贵州、云南和四川等省，孙逸仙还是有军事组织的，但是他们装备很差。[16]

孙中山问格克尔：“俄国是否能帮助我在西北部组建这样的武装力量?”

格克尔没有直接回答孙中山的问题，而是举了土耳其的例子。他告诉孙中山，在土耳其，由于不同信仰的民族主义者联合起来共同反对外国侵略者，所以俄国给予了援助，土耳其最终取得民族战争的胜利。土耳其的例子说明，只有首先实现民族主义力量的联合，才能在俄国帮助下取得对列强的有效反抗。

孙中山明白格克尔的意图，仍是在说服他与吴佩孚合作。他回应说，即便现在各种力量能够达成妥协，也不敢肯定将来领导人之间的关系不发

生变化，重要的是必须组建一支独立而可靠的武装力量。

孙中山向格克尔讲述了他的武装力量在南方的分布情况。说到这里，孙中山指着地图，一面向格克尔指点着俄国提供援助可以利用哪些路线，一面询问俄国能否援助飞机、汽车、机枪、火炮等等。他还提出，他可以派一名军事专家和格克尔一起去长春找越飞，共同制订一个援助计划。[17]

孙中山联俄的最初动机在这次谈话中已经表露得非常清楚了，这就是得到俄国的武力支持，以达成他统一中国的梦想。

对于这一点，越飞通过与孙中山的书信往来和格克尔的报告，也已经心知肚明。在一封给契切林的绝密电报中，越飞报告了有关孙中山的情况：

> 孙逸仙与吴佩孚的斗争，以及他为了加强自身力量同张作霖的调情使局势变得复杂了……孙逸仙的基本立场是：只能用军事力量来完成中国革命，因此他——孙逸仙需要强大的军队，失去广州后，他必须建立新的基地，从那里出发他就能够夺回广州，继续发展。……由于这个原因，孙会继续提出计划，让我们帮助他在东土耳其斯坦或蒙古的某个地方组建一支精良的革命军队。他已向我提出了这个要求……我试图使他相信，他的政策是有缺点的。第一，在当前的局势下，他削弱吴佩孚，就是削弱正在进行民族斗争的中国，所以最终也就是削弱他自己。第二，支持张（作霖），实际上就是支持我们的敌人，给俄中友谊增加困难。第三，总是处于准备革命的状态，实际上就是把自己孤立起来，脱离了正在发展的革命形势。我讲的这些理由看来正在起作用。孙逸仙承诺，如果张不与自卫分子决裂，他就与张决裂，并准备与吴佩孚妥协，眼下只是没有对我的下述建议作出特别的反应：停止对北京政府的实际抵制并积极参与解决议会和内阁的危机，以期建立一个更亲近孙逸仙的北京政府。[18]

越飞明白，援助孙中山建立一支军队，显然不是一件轻而易举的事，他没有权力对孙中山作出任何承诺，所以他在电报中请求契切林对此事表态。

再说吴佩孚。

1922年10月12日，格克尔带着越飞给吴佩孚的信到达洛阳。吴佩孚看完信后，只是应付性地回了一封很短的信。对于越飞信中提到的孙吴联合组建政府一事，吴佩孚未表示任何态度，只是在信的最后运用了外交辞令，表示："我相信，只要双方努力履行各自的义务，就能实现他们所追求的目标。"[19]

吴佩孚不太热情的回信并没有使越飞泄气。越飞知道，只有争取到吴佩孚的同情，与中国政府的建交谈判才会有所进展。

11 月 18 日，越飞派出格克尔、苏联驻华使馆海军武官贝利以及著名的中国通和汉语专家伊万诺夫三人再去洛阳拜会吴佩孚。为争取吴佩孚的支持，越飞写了一封长信让他们带去。

吴佩孚

在信中，越飞再次向吴佩孚谈到俄国在外蒙古问题和中东路问题上的立场，希望吴佩孚能够对中俄谈判作出积极的影响。他还表示，希望吴佩孚与孙中山和解，共同组建政府，并且满腔热情地写道："我准备竭尽全力促成此事。"

吴佩孚热情接待了格克尔一行，并同他们就中国的内政外交问题进行了广泛交谈。

格克尔等人回到北京后，交给越飞一封吴佩孚的回信。越飞不看则已，一看大为失望。他开始清楚地意识道：几个月来自己对吴佩孚所抱的希望全部破灭了！

吴佩孚在信中写道：

关于从蒙古撤军问题，上一次格克尔顾问到洛阳来时已经达成协议，即一旦中国能够接收蒙古，俄国军队就立即撤走。

……

蒙古属于中国，中国中央政府本身会尊重蒙古人民的意愿，没有必要节外生枝。中国中央政府不承认所谓的蒙古政府，因此中国政府难以承认蒙古政府与俄国政府所缔结的条约是有效的。

因此，外交总长顾维钧与我不能不反对这样的建议。

关于中东路问题，上一次格克尔顾问来洛阳时也就其主要实质提出了这个问题。

您在给外交部的备忘录中所阐述的意见，看来，与我的意见并没有什么特别的不同。

问题在于，当中国有能力接收中东铁路的时候，俄国真诚地希望把它无条件地归还给中国，而中国方面也应该保障俄国的有关利益，以表达自己对俄国的友谊，这就是双方都承认的原则。[20]

越飞这才看清，尽管几个月来他为争取吴佩孚作了种种努力，但在外蒙古问题和中东路问题上，甚至在建立孙吴联合政府的问题上，吴佩孚根本没有作出任何实质性的让步。

越飞终于明白：不能再向吴佩孚暗送秋波了。

相对于吴佩孚来说，孙中山的表现也使越飞有所失望。越飞一开始积极联络孙中山的目的，如同对吴佩孚的期望一样，是想通过孙中山来影响中国政府在中东路问题和外蒙古问题上的立场，至少可以通过孙中山向中国政府施压。

但是，孙中山始终认为，越飞不应该现在就同北京政府谈判，而应该等他本人掌握北京政权后，双方再进行中俄建交谈判。基于这样的立场，孙中山不可能向越飞所期望的那样对北京政府施压。[21]至于外蒙古问题，他的回答是：苏军可以不从外蒙古撤出，但他坚决反对外蒙古独立。

孙中山对苏俄政府始终不放弃与北京政府建交这一点很是不满，他曾告诉越飞：

如果贵国政府的政策是把北京的官府作为中国形式上的管理机构而长久加以保留的话，那么您想同北京政府举行谈判，那当

> 然是正确的。这样一来，您就可以同资本主义列强一起，通过国际上承认等步骤，为它树立威信。但是我必须指出，您同北京举行谈判，实际上是默认资本家的论点，即解决中国问题必须采取人们称之为进化的缓慢渐进变革方法，而不是可以称之为革命的苏联方法或急剧变革方法。

他十分明确地向越飞建议："我作为我的受压迫同胞的代表，同贵国政府实行合作。"

孙中山最希望的，就是首先取得苏俄军事上的援助。他向越飞说："我现在可以调大约一万人从四川经过甘肃到内蒙古去，并且最后控制位于北京西北的历史上的进攻路线。但是，我们希望得到武器、弹药、技术、专家等方面的援助。贵国政府能否通过库伦支援我？如果能，能支援到什么程度？在哪些方面？"

孙中山称，他的这个计划是一个"大胆而新鲜"的计划，也是一个"革命"的计划。他希望越飞能派一个权威人士到上海与他会谈，争取这个计划在明年实行。[22]

苏俄会对孙中山提供援助吗？

3. 挽救国民党

孙中山在上海的这一段时间里，曾对自己的出路作出两种设计。消灭陈炯明，重回广州这是一种选择；但孙中山更倾向进入北京，掌握中国政府的大权，这对于他来说，不能说是"野心"（因为他也曾经是中华民国临时大总统），只能说是"雄心"，是经过艰难曲折之后的重新选择。

但是，怎样才能达到这个目的？习惯于联甲制乙手段的孙中山，面对北方吴佩孚和南方陈炯明的攻势，选择了与张作霖、段祺瑞结成"三角联盟"，以达到肢解直系军阀并打败吴佩孚的目的。于是，在同越飞的书信来往中，他坚决不同意苏俄将张作霖当作日本的工具或走狗，更反对苏俄对张作霖进行武力威胁。

一次，孙中山从越飞的来信中得知，苏联红军为了消灭在中国的白匪据点，准备进军中国东北。他怀疑苏军此举是为了帮助吴佩孚进攻张作霖。在给越飞的信中，孙中山毫无掩饰地表达了自己的想法，并且语气强硬地说：

我应该指出，为了消灭张作霖，苏联向吴佩孚提供这种帮助，必然含有利用这种援助来反对我的可能性。我难以想象，贵国政府希望或有意把我看作是敌人，或者帮助任何一个能把我看作是敌人的人。……我丝毫不怀疑，贵国政府如果与我一起行动并通过我采用外交方式，而不是与吴佩孚一起行动并通过吴佩孚使用军事援助和武装力量手段，是能够从张作霖那里取得在理智的范围内为保证苏维埃俄国的安全所需要的一切的。

孙中山不希望苏俄干预中国的军事力量，更不希望苏俄支持吴佩孚反对张作霖，因为他相信，在中国北方，张作霖才是他的盟友，而吴佩孚不可能同他进行有益的合作。

张作霖

在给越飞的信中，孙中山希望越飞将他的信转给“我们莫斯科的朋友们，特别是列宁、托洛茨基和契切林”。他还提出，如果现在莫斯科正在讨论向北满派兵问题，就请越飞将这封信的主要内容发电报给莫斯科。[23]

由于担心越飞是否会按照他的意思办，孙中山便在 1922 年 12 月 6 日专门给列宁写了一封言辞恳切的信。信的内容是这样的：

亲爱的列宁：

我借此机会就一个重要问题给您写这封短信。我得知，苏联的武装力量正在满洲边界集结准备占领北满。

我担心，这种占领将对今后的俄中关系造成严重后果。对中国人民来说过去俄国占领北满，是沙皇制度一个明显的证明和证据。如果您占领这个地区，那么我相信，我国人民就会把这个步骤说成是旧俄帝国主义政策的继续。

我个人并不相信，莫斯科的这种举动是出于帝国主义的动机。

实际上，我确信，您要占领北满是出于对张作霖的不信任。

但是请允许我再一次强调指出，通过我并同我一起行动，您就能迫使张作霖在理智的范围内做到为保证苏维埃俄国的安全所需要的一切。

遵循这种政策，您不仅可以避免危险的反动派在中国对您的攻击，而且还可以帮助我创造一种便于加速俄中共同工作的局面。

您以前对中国所作的声明（指 1920 年 9 月 27 日《俄罗斯联邦人民委员会告中华民国政府书》。——引者）曾激起我国人民极大的希望并促使他们把俄国看作是能保证中国摆脱帝国主义列强的奴役而获得民族解放的朋友。

我请您不要采取任何不明智的行动，诸如占领北满。我打算在不久的将来派一名全权代表去莫斯科，与您和其他同志一起协商为俄中合法利益而共同采取行动的事宜。

同时我还要再重复一句，与中国现政府的谈判不仅是浪费时间，而且看来也是危险的，北京（政府）现在是帝国主义列强的仆从和工具，所以，和北京打交道，实际上也就是和列强打交道。这是危险的，因为始终有可能，北京和这些列强耍手腕使我们在中国人民面前处于不利的地位。

再次向您致以崇高的敬意。

顺致兄弟般的敬礼！

孙逸仙[24]

从这一点看，孙中山与张作霖的关系确实非同一般。

当“三角联盟”的计划受阻后，孙中山又提出与直、奉、皖及西南诸省军阀进行和平谈判，以缓和军阀之间的矛盾，实现和平休战。他强调，“和平之要，首在裁兵”，“兵不裁则无和平，无和平则难统一”。[25]

孙中山联合一部分军阀去反对另一部分军阀，利用裁兵办法来缓和军阀之间的矛盾，以达到和平统一的目的，以及幻想得到帝国主义的支援，以解决当时中国政局等主张，受到了共产党人毫不留情的批评。陈独秀告诫孙中山：

> 直系军阀之拥兵乱政，固应为全国所不容，然而昏庸奸猾的黎元洪，罪恶昭著的段系奉系军人与安福、政学等国蠹以及无耻的国会议员，他们虽然也反对直系，却不是国民党应该利用的武器。国民党真的武器，只有国民——商会、工会、学生会、农民等人民团体——的力量，只有用国民的力量来做国民革命运动以靖困难。[26]

对于共产党人的批评，孙中山未必全面接受，但总结屡屡失败的教训，他也认识到，国民党长期以来组织松弛，对党员没有任何训练，而参加国民党的人，政治倾向过于复杂，良莠不齐。这样的党如果不进行改造，在出了一个陈炯明之后，还有可能再出第二个陈炯明。国民党将在堕落中死亡，只有挽救了国民党，才能挽救自己的革命事业。

1922 年 9 月 4 日，孙中山在上海召开研究改组国民党计划的首次会议，与会者有张继、王法勤、丁惟汾等国民党员 50 多人，共产党员陈独秀、张太雷等应邀参加了会议，马林也出席会议并讲了话。孙中山即席解释了联俄联共政策。会议一致赞同孙中山改组国民党，并初步决定了改组工作的领导机构。

9 月 6 日，孙中山指定丁惟汾、茅祖权、覃振、张秋白、吕志伊、田桐、陈独秀、管鹏、陈树人为国民党改进案起草委员会委员。后因丁惟汾、田桐、吕志伊、覃振四人赴北京参加国会，另增补叶楚伧、刘芷芬、孙科、彭素民为起草委员。

第二天，起草委员会开始工作。历时一个半月，拟就《中国国民党党纲》、《中国国民党总章》，呈报孙中山审核。

11 月 15 日，孙中山再次召集有国民党各省代表和共产党员共同参加的会议，对改进案起草委员会起草的两个文件进行复核。经过修改，最后确定了两个文件的内容。会上，胡汉民、汪精卫被推举起草《中国国民党宣言》。

12月16日，孙中山在上海召集第三次会议，审查中国国民党宣言、党纲和党章。

当1923年到来的时候，孙中山的政治命运开始出现良好的转机。

1月1日，孙中山在上海发表《中国国民党宣言》，着重提出了三民主义的现行计划和政策。《宣言》重申：民族主义，应力图取消不平等条约；民权主义，应实行普选制度，确保人民自由权；民生主义，应由国家经营铁路、矿山等大型企业，并应平均地权，改革货币，保障妇女权利。

孙中山手书：奋斗

《宣言》表达了依靠人民的思想，指出："前代革命虽起于民众，及其成功，则取独夫而代之，不复与民众为伍。今日革命则立于民众地位而为之向导，所关切者民众之利害，所抒发者民众之情感。……故革命事业，由民众发之，亦由民众成之。"

1月2日，孙中山在上海召集中国国民党改进大会，公布《中国国民党党纲》和《中国国民党总章》，并发表了《党的进行当以宣传为重》的

演说。

1月4日，孙中山发出讨伐陈炯明电，号召讨伐陈炯明的各路部队“为国家除叛逆，为广东去凶残”。

在孙中山的号令下，1月16日，由滇、桂、粤三省军队组成的东、西两路讨贼军进入广州，打败了盘踞广州的陈炯明叛军。陈炯明率部逃往惠州。

与此同时，改组国民党的工作也在顺利进行。

孙中山已信心百倍地准备迅速返回广州，并且必须是在一种胜利的气氛之中凯旋。

4. 孙文越飞宣言

孙中山积极推进国民党改组的举动以及讨伐陈炯明军队在广东的胜利，令越飞甚为欣喜。由于同北京政府的谈判毫无成效，越飞决定以去中国南方养病为由，离京赴沪，亲自与孙中山进行会谈。

正当越飞即将离开北京之时，他收到俄共（布）中央政治局的指示，指示说：

> 采纳外交人民委员部关于赞同越飞同志的政策的建议，该政策旨在全力支持国民党，并建议外交人民委员部和我们共产国际的代表加强这方面的工作。
>
> ……
>
> 资助国民党的费用从共产国际的后备基金中支付，因为工作是共产国际的渠道进行的，并建议外交人民委员部同越飞同志协调后向政治局提出追加拨给必要经费的建议。[27]

对于越飞来说，这个指示来得太及时了！

在启程赴上海之前，1月13日，越飞郑重地给俄共（布）、苏联政府和共产国际领导人写了一封信，信中谈到中国总的政治形势、吴佩孚和孙中山的情况；谈到了孙中山国民党的变化。他说：

> 孙逸仙的党，即国民党以及孙逸仙本人，在我们的思想影响下，近几个月来在很大程度上改变了自己的本质：国民党确实正

在成为中国群众性的政党；这个党自成立以来第一次公布了自己的纲领，此纲领也随信附上。孙逸仙本人明白了，显然也承认了我曾多次劝说他的东西，即必须采取更积极的泛中国的政策，光靠军事手段不可能实现中国的变革，即实现中国的民族解放和民族统一。

越飞在信中对孙中山和他领导的国民党倍加赞誉，认为孙中山很快就会成为中国的真正统治者。他希望在中国革命发展的关键时刻，苏俄能够向孙中山提供财政援助。[28]

1月17日，越飞携带妻儿，同秘书列芬、舒瓦司伦一起抵达上海。孙中山派出越飞在北京时就有过接触的张继到车站迎接。

对于越飞来说，此次南方之行的意义是重大的，他不仅要对孙中山本人施加影响，而且准备对整个国民革命运动施加影响。他还希望在上海能够广泛地协调苏俄同中国社会各界的互相关系。

1月18日，越飞亲往莫利哀路29号访晤孙中山。孙中山设午宴招待了越飞。此后，两人在孙中山的公馆进行了数次会谈。

关于孙越会谈的内容，长期以来无论是国民党还是苏俄，都是秘而不宣的。只有当时英国在上海的两个“很称职”的情报人员，了解到一些蛛丝马迹，所以这些会谈令西方列强猜测不已。

现在，从新解密的档案中，我们完全可以了解到谈判的内幕了。

在会谈中，越飞回答了孙中山提出的关于苏俄的内外政策问题，双方讨论了中国的局势。他们还讨论了中苏关系的现状、外蒙古问题和中东铁路问题。

值得注意的是，孙中山在会谈中声明：由于中国缺乏相应条件，共产主义制度，甚至苏维埃制度，都不能引用于中国。越飞对此没有提出异议，并且强调说：中国最迫切的最重要的任务是取得国家的统一和民族完全的独立，而不是实行共产制度。

会谈是愉快和谐的，双方就相互关心的问题进行了友好的商讨，在许多重要问题上取得了共识。

1月23日，越飞在东方大旅馆设午宴招待孙中山和一大批国民党上层人士。

1月26日，在数次会谈的基础上，孙中山和越飞用英文发表了会谈纪要，这就是历史上著名的《孙文越飞联合宣言》。

《宣言》的主要内容如下：

孙逸仙博士与苏俄[29]派至中国特命全权大使越飞授权发表下记宣言。在越飞君留上海时，与孙逸仙博士为数度之谈话，关于中俄间关系，披沥其许多意见，对以下各点，尤为注重。

一、孙逸仙博士以为共产组织，甚至苏维埃制度，事实均不能引用于中国。因中国并无使此项共产制度或苏维埃制度可以成功之情况也。此项见解，越飞君完全同感。且以为中国最要最急之问题，乃在民国的统一之成功，与完全国家的独立之获得。关于此项大事业，越飞君并确告孙博士，中国当得俄国国民最挚热之同情，且可以俄国援助为依赖也。

二、为明了此等地位起见，孙逸仙博士要求越飞君再度切实声明1920年9月27日俄国对中国通牒列举之原则[30]。越飞君此向孙博士重行宣言，即俄国政府准备且愿意根据俄国抛弃帝政时代中俄条约（连同中东铁路等合同在内）之基础，另行开始中俄交涉。

三、因承认全部中东铁路问题，只能于适当之中俄会议解决，故孙逸仙博士以为现在中东铁路之管理，事实上现在只能维持现况；且与越飞同意，现行铁路管理法，只能由中俄两政府不加成见，以双方实际之利益与权利权时改组。同时孙逸仙博士以为此点应与张作霖将军商洽。

四、越飞君正式向孙博士宣称（此点孙自以为满意）：俄国现政府决无亦从无意思与目的，在外蒙古实施帝国主义之政策，或使其与中国分立。孙博士因此以为俄国军队不必立时由外蒙古撤退。缘为中国实际利益与必要计，中国北京政府无力防止因俄兵撤退后白俄反对赤俄阴谋与敌抗行为之发生，以及酿成较现在尤为严重之局面。[31]

至此，孙中山终于不再顾忌帝国主义列强的态度，公开了他与苏联的关系。

《孙文越飞联合宣言》的发表，标志着孙中山联俄政策的确定。这对于正待挽救的中国国民党来说，无疑是一个转变命运的契机。

对于自己联俄的选择，孙中山曾有过一段精辟的比喻，他说：

中华民国就像我的孩子，他现在有淹死的危险。我要设法使他不沉下去，而我们在河中被急流冲走。我向英国和美国求救，他们站在岸上嘲笑我。这时候漂来苏俄这根稻草。因为要淹死了，我只好抓住它。英国和美国在岸上向我大喊，千万不要抓那根稻草，但是他们不帮助我。他们自己只顾着嘲笑，却又叫我不要抓苏俄这根稻草。我知道那是一根稻草，但是总比什么都没有好。[32]

如果我们把《宣言》所示的内容理解为孙中山与越飞之间达成的所有共识，那未免过于幼稚。事实上，孙中山当时所极力争取的，还是苏联对他的军事援助。

据越飞给莫斯科领导人的信中透露，在会谈中，孙中山曾向越飞详细地谈到了关于军事行动的“两套计划”：一个是立即行动的计划，一个是在第一套计划失败后采取的计划。

孙中山的第一套计划是：彻底消灭陈炯明。

孙中山估计在他的军队向陈炯明发起进攻后，陈炯明必然会以各种方式寻找吴佩孚的援助。这样，他与吴佩孚发生冲突就是完全不可避免的。他可以派自己的军队从湖南和四川向吴佩孚所占领的洛阳和汉口进攻。与此同时，他的盟友张作霖必然会进攻北京，然后把北京的政权交给他。在打垮了吴佩孚之后，孙中山就可以作为统一中国的代表进驻北京。

孙中山告诉越飞，要实施这一计划，所缺乏的主要是资金，他需要大约 200 万金卢布的资助。同时，如果到时张作霖不愿把北京交给孙中山，还需要请苏联派兵佯攻满洲，以便把张作霖的力量从北京引开。

孙中山的第二套计划是：建立西北根据地，在苏联的援助下统一中国。

孙中山说，现在东土耳其斯坦（新疆）及其毗邻的省份都在他的强大影响之下，他可以在不触及吴佩孚势力范围的情况下，通过四川、广西、山西等省，将自己现有的 10 万军队转移到蒙古边境地区，在苏联的帮助下进行训练。经过一两年时间后，这支军队就可进入充分的战斗状态。到这种情况下，他可以一举完成统一中国的大业。

越飞十分清楚，孙中山的这两套计划向苏联提出了三个严重问题：

第一，是否准备立即向孙中山提供 200 万金卢布？

第二，是否在必要时向张作霖发动进攻，把他从北京吸引过去？

第三，是否准备在一两年内给孙中山的 10 万军队供应武器和一定数量的教官？

越飞本人对这三个问题的回答是肯定的。

越飞认为，中国正处在历史上最具有决定性意义的时期，中国的国家统一和民族解放运动从来没有这样强烈，也从来没有这样临近胜利。如果中国的国民革命由于苏联的帮助而取得胜利，那就将意味着，是苏联把世界帝国主义摔倒，并使其双肩着地的，苏联将成为全世界民族解放斗争和民族殖民地革命的卫士。相反，如果中国的国民革命只是因为苏联拒绝帮助而不能取得胜利，那就将意味着，帝国主义要比苏联强大得多，是帝国主义战胜了苏联，全世界的民族解放和殖民地革命将不能指望任何人。这样，苏联的世界威望会降低。

基于这样的认识，越飞在给予孙中山发表联合宣言的当天，给俄共(布)、苏联政府和共产国际的领导人写了一封长信，信中介绍了中国的军事政治情况，介绍了他对孙中山和吴佩孚的看法。

越飞

越飞在信中重点谈了孙中山的两套计划，以及他自己对此计划的态度。在信的末尾，越飞强烈呼吁，应该支持孙中山和他的事业。他这样写道：

不管我们的红军多么出色和强大，不管它是我们多么坚强的支柱，我们的主要力量毕竟在于，我们是世界革命的先锋队，如果没有革命或者离开革命，我们就会像没有头发的软弱婴儿一样，失去自己的全部力量。

过去有个时候，我们不那么节俭从事，因而更具有远大目光，我们能理解这一点，我们曾实实在在地帮助过凯末尔（土耳其民族革命领袖），而那时完全不清楚，凯末尔运动的结果会如何，也不知道在最重要的时刻他是否会背叛我们。我们帮助他只是因为凯末尔运动是民族运动，也就是说是反帝的运动。当时我们不那么节俭从事，这给我们现在带来什么好处呢？

但是，孙逸仙不是凯末尔，他在更大程度上是我们的人，是革命家。如果我们现在同他一起携手并进，他决不会背叛我们。而中国在世界上的分量无论如何不亚于土耳其。

难道所有这一切不值得我们花那200万卢布吗？[33]

无疑，越飞这封极富说服力和煽动力的信，在莫斯科造成了一种十分浓厚的政治空气，苏联领导人开始把与孙中山的联合和对孙中山的援助真正提到了重要的议事日程。甚至曾经写信批评越飞乱许愿的托洛茨基，也写信给苏联红军总司令加米涅夫及谢尔盖耶维奇，指示他们："最好在地图上标出正在争斗的中国将军们的位置和实力，并考虑一下我们能向孙逸仙提供什么样的帮助。"

越飞在中国工作期间，由开始在北京政府、吴佩孚、孙中山之间进行三重外交，到最终选择了孙中山，并且是那样全力以赴地说服苏联领导人支持孙中山的事业，这一方面是由于越飞被中国人民要求民族独立和国家统一的强烈情绪所感染，另一方面也是由于对孙中山的好感。

在与孙中山几天的会谈中，越飞深深地被孙中山吸引。他告诉苏联领导人：

当我在这里（即上海。——引者）认识了孙逸仙，亲眼目睹了他所领导的运动的规模和意义时，我更加深信不能这样做（即支持吴佩孚反对孙中山。——引者）。因此，我完全不想掩饰我同孙逸仙的联系和我对他的亲近，相反，我竭力去达成如纲领性文件中所表述的那种协议（指《孙文越飞联合宣言》。——引

> 者)，这个协议被大家理解为俄国和孙逸仙之间的协议。我不想浪费时间来评述孙逸仙；只想说一点，他无疑是一位真正的革命家和诚挚的热心者。[34]

上海会谈使孙、越二人都有相见恨晚之感。此时孙中山正准备前往广州重建政府，他本拟邀越飞一起到广州继续会谈，但由于当时日本政府惧怕苏联与孙中山签订不利于日本的协定，所以它一反过去对苏联的敌视态度，热情邀请越飞尽快访问日本。

这样，孙中山和越飞只好在遗憾中告别。

临别时，孙中山交给越飞一封他写给苏联领导人的信，信中提出："为了改造国民党，建立革命军队和为了进行统一中国的北伐战争，希望得到声援、支持和帮助，并希望对拟议中的各项事业给予财政援助。"

1 月 27 日，即《孙文越飞联合宣言》发表的第二天，参加孙越会谈的陈友仁根据孙中山的旨意，在上海报纸上发表了一篇社论。他写道："对于俄国的由来已久的敌意，以及某些强国对于孙中山所表现出来的某种类似的敌意，迫使苏联和中国之间建立联盟。……很明显，会谈必然改变孙中山在国际上的声望和地位，使他作为一种世界力量而出现。"

与帝国主义列强对《孙文越飞联合宣言》表现出来的惊愕、好奇和忧虑等强烈情感相比，苏联官方对《宣言》的反应却比较冷淡，这给人一个明显的印象，即苏联领导人对其中的某些条款并不是太满意。但是，既然《宣言》引起了强烈反响，莫斯科又不能缄口不语。

于是，在《宣言》发表后的第六天，苏联《真理报》和《消息报》才以转载"罗斯塔社"电讯的形式，提及《宣言》的内容，并有意将第一项中最重要的字句，即"共产组织，甚至苏维埃制度，事实均不能引用于中国。因中国并无使此项共产制度或苏维埃制度可以成功之情况也"完全删去。

再说越飞，不管莫斯科对《宣言》持何种态度，他认为只要同孙中山建立了盟友关系，就不虚此行。

1 月 27 日，越飞心满意足地乘"亚洲皇后号"轮船离开上海，启程前往日本。孙中山的密友廖仲恺也携带女儿，以到日本治病为名，与越飞一道乘船奔赴日本。

2 月 10 日，廖仲恺与越飞从东京一道前往热海，在那里进行了为期一个多月的秘密会谈。

这一个多月的时间，两人究竟谈了些什么？至今人们仍一无所知。只是从旁人的回忆中，可略看出一二。当时在日本的陈公博曾有如下回忆：

> 那时廖仲恺先生自上海来日，住在中国的公使馆他的兄弟廖凤书先生那里，不知道他怎样知道我在横滨，他派了一个中国的海员到横滨华侨学校找我，要我到东京和他见面。……见了廖先生以后，我遂回横滨。一夜天气很冷，忽然接到廖先生一封信，说希望我到热海一行。……这时我才知道苏联驻华代表越飞也来了热海。晚上三个人见了面，越飞告诉我苏联命令中国共产党加入国民党，实为完成中国的国民革命；而且越飞更郑重地说：中国只有实行孙先生的三民主义，绝不能行共产主义。我问越飞：苏俄希望共产主义何时在俄实行？越飞只是摇头不答。我问越飞：六十年共产主义在俄会实现吗？越飞倒很老实说，还是一个疑问。廖先生很滑稽地笑着说："公博，你还有什么话说？我们要做革命党也要做现在的革命党，不要做一百年以后的革命党，我们实行三民主义，不必再讨论了！"[35]

毫无疑问，国共合作肯定是越飞和廖仲恺讨论的一个问题。当然，最重要的问题，也是孙中山最感兴趣的问题，还是苏联能否援助国民党。关于这个问题，双方肯定花费了相当长的时间进行磋商。

当事情发展到这个地步时，莫斯科已不得不正式考虑对孙中山提供援助的问题了。

3月8日，俄共（布）中央政治局会议讨论了越飞的建议，作出如下决定：

> （1）否决计划中一切可能引起日本干涉危险的部分。
>
> （2）认为最好在中国西部以完整的军事建立的形式建立革命军队的基础。
>
> （3）认为可以给孙逸仙约200万墨西哥元的资助。
>
> （4）认为必须经孙逸仙同意后向孙逸仙派去政治和军事顾问小组。
>
> （5）认为最好让越飞同志来莫斯科商谈，并跟越飞同志商定来莫时间。
>
> （6）向越飞同志指出，政治局非常担心孙逸仙过于注重纯军事行动会损害组织准备工作。[36]

孙中山自从与越飞达成协议后，就迫切希望莫斯科尽快对广州实行援助。这年4月30日，他向马林询问，莫斯科究竟对他的计划采取什么行动。因为他迫切需要苏联援助武器，并希望苏联帮助他装备10万士兵。

孙中山一面向莫斯科要求援助，一面也利用自己与张作霖的关系，积极疏通张作霖与苏联的关系。他派出张继、汪精卫等到奉天劝说张作霖，希望能够接受苏联关于中东铁路的建议。对于孙中山所扮演的这一角色，苏联方面还是比较满意的。

5月1日，越飞自热海致电孙中山，告诉他苏联政府已经决定对中国南方的革命势力给予支持。电报说：

> 今收到我国政府对我们两人当初就您的长远计划（而非应急计划）面议的一些具体问题的答复。
>
> 第一，我们认为广泛的思想政治准备工作是不可以须臾离开的，您的革命军事行动和在您领导下的尽可能集中的机构的建立都应以此为基础。
>
> 第二，我们准备向您的组织提供达200万金卢布的款额作为筹备统一中国和争取民族独立的工作之用。这笔款应使用一年，分几次付，每次只付5万金卢布。
>
> 第三，我们还准备协助您利用中国北方的或中国西部的省份组建一个大的作战单位。但遗憾的是我们的物质援助数额很小，最多只能有8000支日本步枪，15挺机枪，4门奥里萨卡炮和两辆装甲车。如您同意，则可利用我国援助的军事物资和教练员建立一个包括各兵种的内部军校（而非野战部队）。这就可以为在北部和西部的革命军队准备好举办政治和军事训练班的条件。
>
> 第四，恳请将我国的援助严守秘密，因为遇公开场合和官方场合，即令在今后，对国民党谋求民族解放的意向，我们也只能表示积极同情而已。
>
> 充分相信您终将成功。愿您尽快摆脱暂时的困难，并祈能在广州同您面谈上述建议的细节。如果您愿尽快进行这样的谈判，那么可通过马林同志同我的代理人进行。[37]

孙中山接到越飞的电报，自然是喜出望外。5月15日，他复电越飞说：

“你们5月1日的电报给我们很大希望。一、我们感谢你们慷慨的许诺；二、我们接受你们的全部建议；三、我们将竭尽全力实现这些建议。我们将派代表前往莫斯科，以便讨论细节。”[38]

至此，苏联与孙中山都达到了自己的目的。

苏联在中国南方取得了孙中山国民党的合作，作为对北京政府消极态度的“回报”。

孙中山即将从苏联那里得到他孜孜以求的军事援助和经济援助。

当然这只是从眼前的利益来看。从长远来看，孙中山与苏联结盟对中国乃至世界所产生的影响，则是难以估量的。

注　释

1.《孙中山全集》第6卷，中华书局1985年版，第517页。

2. 中东铁路西起满洲里，东到绥芬河，自哈尔滨又有一条支线南达大连和旅顺。这条铁路是根据1896年6月沙俄政府逼迫中国政府所签订的不平等条约——《中俄密约》而修建的。十月革命之后，苏俄不想放弃在中东路权益，遂提出由中俄合办的无理要求。

3. 为了消灭反对苏维埃政权的温琴男爵的白卫军，1921年5月，苏俄红军和远东共和国人民革命军进入外蒙古。同年6月15日，苏俄外交人民委员契切林向中华民国外交部发出照会：俄罗斯联邦在承认中国对外蒙古权利的基础上，同温琴白匪作斗争，一旦任务完成，红军就撤出外蒙古。但是，苏俄在红军进入外蒙古后，便开始培植外蒙古的革命势力。在苏俄扶持下，1921年7月10日，外蒙古宣告独立。11月5日，苏俄与外蒙古建立外交关系。这实际上承认外蒙古是一个独立国家。依照双方协定，苏俄红军在外蒙古的驻留时间无限期延长。

4.《越飞给吴佩孚将军的信》（1922年8月19日），中共中央党史研究室第一研究部译：《共产国际、联共（布）与中国革命档案资料丛书》第1卷，北京图书馆出版社1997年版，第99页。

5.《越飞给吴佩孚将军的信》（1922年8月19日），中共中央党史研究室第一研究部译：《共产国际、联共（布）与中国革命档案资料丛书》第1卷，北京图书馆出版社1997年版，第101—102页。

6.《越飞给孙逸仙的信》（1922年8月22日），中共中央党史研究室第一研究部译：《共产国际、联共（布）与中国革命档案资料丛书》第1卷，北京图书馆出版社1997年版，第103页。

7. 在这封信的副本上，越飞写下了这样的注释：“故意显得很幼稚，为的是得到他对最微妙的问题的答复。”故这里使用“假装”二字，说明越飞这样说只是为了使孙中山相信他真的对这些问题一无所知。

8.《越飞给孙逸仙的信》（1922年8月27日），中共中央党史研究室第一研究部译：《共产国际、联共（布）与中国革命档案资料丛书》第1卷，北京图书馆出版社1997年版，第104—106页。

9.《孙逸仙给越飞的信》（1922 年 8 月 27 日），中共中央党史研究室第一研究部译：《共产国际、联共（布）与中国革命档案资料丛书》第 1 卷，北京图书馆出版社 1997 年版，第 109—110 页。

10.《孙逸仙给越飞的信》（1922 年 8 月 27 日），中共中央党史研究室第一研究部译：《共产国际、联共（布）与中国革命档案资料丛书》第 1 卷，北京图书馆出版社 1997 年版，第 111 页。

11.《越飞给加拉罕的电报》（1922 年 8 月 30 日），中共中央党史研究室第一研究部译：《共产国际、联共（布）与中国革命档案资料丛书》第 1 卷，北京图书馆出版社 1997 年版，第 113 页。

12.《越飞给孙逸仙的信》（1922 年 9 月 15 日），中共中央党史研究室第一研究部译：《共产国际、联共（布）与中国革命档案资料丛书》第 1 卷，北京图书馆出版社 1997 年版，第 126 页。

13. 参见《越飞给孙逸仙的信》（1922 年 9 月 15 日），中共中央党史研究室第一研究部译：《共产国际、联共（布）与中国革命档案资料丛书》第 1 卷，北京图书馆出版社 1997 年版，第 126—129 页。

14.《越飞给吴佩孚将军的信》（不晚于 1922 年 9 月 18 日），中共中央党史研究室第一研究部译：《共产国际、联共（布）与中国革命档案资料丛书》第 1 卷，北京图书馆出版社 1997 年版，第 132—133 页。

15.《越飞给马林的信》（1922 年 9 月 18 日），中共中央党史研究室第一研究部译：《共产国际、联共（布）与中国革命档案资料丛书》第 1 卷，北京图书馆出版社 1997 年版，第 130 页。

16.《马林为格克尔同孙逸仙的谈话所作的记录》（1922 年 9 月 28 日），中共中央党史研究室第一研究部译：《共产国际、联共（布）与中国革命档案资料丛书》第 1 卷，北京图书馆出版社 1997 年版，第 136—137 页。

17.《马林为格克尔同孙逸仙的谈话所作的记录》（1922 年 9 月 28 日），中共中央党史研究室第一研究部译：《共产国际、联共（布）与中国革命档案资料丛书》第 1 卷，北京图书馆出版社 1997 年版，第 135—137 页。

18.《越飞给契切林的电报》（1922 年 10 月 17 日），中共中央党史研究室第一研究部译：《共产国际、联共（布）与中国革命档案资料丛书》第 1 卷，北京图书馆出版社 1997 年版，第 140—141 页。

19.《吴佩孚给越飞的信》（1922 年 10 月 12 日），中共中央党史研究室第一研究部译：《共产国际、联共（布）与中国革命档案资料丛书》第 1 卷，北京图书馆出版社 1997 年版，第 139 页。

20.《吴佩孚给越飞的信》（1922 年 11 月 20 日），中共中央党史研究室第一研究部译：《共产国际、联共（布）与中国革命档案资料丛书》第 1 卷，北京图书馆出版社 1997 年版，第 159—160 页。

21. 这是孙中山一贯的立场。1923 年 8 月，加拉罕作为苏联全权代表继续与中国政府进行建交谈判。为了取得孙中山的支持并通过孙中山向中国政府施压，他专门给孙中山写了信。但孙中山的回复是：北京政府已经不能代表中国的民意，“如果您认为在既不妨碍中国人民的主权，又使新俄处于外国列强同等国际地位的条件下进行谈判是没有指望的话，那么，您也许会认为，来广州同现已组成的我的新政府进行谈判，比一无所获的回莫斯科要妥当。资本主义国家企图通过北京或利用北京使苏俄在外交方面遭到新的失败。但请您时刻记住，我愿意，现在也有可能粉碎损害您和贵国政府……尊严的任何企图。”

22. 《孙逸仙给越飞的信》（1922 年 12 月 20 日），中共中央党史研究室第一研究部译：《共产国际、联共（布）与中国革命档案资料丛书》第 1 卷，北京图书馆出版社 1997 年版，第 165—166 页。

23. 《孙逸仙给越飞的信》（1922 年 11 月 2 日），中共中央党史研究室第一研究部译：《共产国际、联共（布）与中国革命档案资料丛书》第 1 卷，北京图书馆出版社 1997 年版，第 145—146 页。

24. 《孙逸仙给列宁的信》（1922 年 12 月 6 日），中共中央党史研究室第一研究部译：《共产国际、联共（布）与中国革命档案资料丛书》第 1 卷，北京图书馆出版社 1997 年版，第 163—164 页。

25. 上海《民国日报》1923 年 1 月 26 日。

26. 陈独秀：《北京政变与国民党》，《向导》第 31、32 期合刊。

27. 《俄共（布）中央政治局会议第 42 号记录》（1923 年 1 月 4 日），中共中央党史研究室第一研究部译：《共产国际、联共（布）与中国革命档案资料丛书》第 1 卷，北京图书馆出版社 1997 年版，第 187 页。

28. 《越飞给俄共（布）、苏联政府和共产国际领导人的信》（1923 年 1 月 13 日），中共中央党史研究室第一研究部译：《共产国际、联共（布）与中国革命档案资料丛书》第 1 卷，北京图书馆出版社 1997 年版，第 193—199 页。

29. 此处应称“苏联”。俄国十月革命胜利后，建立了世界上第一个社会主义国家：俄罗斯苏维埃联邦社会主义共和国，简称“苏俄”。1922 年 12 月 30 日，15 个平等权利的苏维埃社会主义共和国（苏联加盟共和国）按照自愿原则组成“苏维埃社会主义共和国联盟”，简称“苏联”。

30. 1920 年 9 月 27 日，苏俄政府发表《俄罗斯苏维埃联邦社会主义共和国政府对中国政府的宣言》（即第二次对华宣言），要点如下：1. 声明原有各种条约概为无效，俄国在中国之租借地概行退还，帝俄政府及俄国资产阶级党在中国所侵夺窃取之权利一并永远无偿退还中国。2. 两国立即设法建设有秩序之贸易及经济关系，然后订立专约，双方遵守最惠国待遇之条款。3. 所有俄国反革命党之各机关、各团体、各个人，中国政府应不予以援助，并不准重新在中国领土内有所活动；在中国领土内所有反对苏俄政府之军队，中国应迅速解除其武装，并引渡于苏俄政府。4. 旅华俄侨应遵守中华民国一切法令，不能享有治外法权。5. 凡在中国自称俄国外交代表或领事未有劳农政府之委任状者，中国政府应即断绝关系，并驱逐出华境。6. 两国互派外交代表及领事。7. 关于中东铁路，苏俄对该铁路之需用，另订专约。当订此约时，除中俄外，远东共和国也得加入。

31. 中共中央党史研究室第一研究部编：《共产国际、联共（布）与中国革命档案资料丛书》第2卷，北京图书馆出版社1997年版，第409—410页。

32. 郝盛潮主编：《孙中山集外集》，上海人民出版社1990年版，第299页。

33. 中共中央党史研究室第一研究部译：《共产国际、联共（布）与中国革命档案资料丛书》第1卷，北京图书馆出版社1997年版，第216—217页。

34. 《越飞给俄共（布）、苏联政府和共产国际领导人的信》（1923年1月26日），《联共（布）、共产国际与中国国民革命运动》（1920—1925），第210页。

35. 陈公博：《我与共产党》，载《古今》半月刊，第35期。

36. 《联共（布）中央政治局会议第53号记录》（1923年3月8日于莫斯科），《丛书》1，第226页。

37. 中共中央党史研究室第一研究部编：《共产国际、联共（布）与中国革命档案资料丛书》第2卷，北京图书馆出版社1997年版，第414—415页。

38. 中共中央党史研究室第一研究部编：《共产国际、联共（布）与中国革命档案资料丛书》第2卷，北京图书馆出版社1997年版，第415页。

十　联共的曲折

1. 中共探索“合作”之路

在孙中山和苏联越来越接近的情况下，中国共产党也和孙中山国民党越来越接近。

中国共产党刚成立时，是不准备与国内其他政党发生关系的。中共一大通过的决议中，“对现有政党的态度”一项是这样表述的：

> 对现有其他政党，应采取独立的攻击的政策。在政治斗争中，在反对军阀主义和官僚制度的斗争中，在争取言论、出版、集会自由的斗争中，我们应始终站在完全独立的立场上，只维护无产阶级的利益，不同其他党派建立任何关系。[1]

中共一大后，指导中共一大的共产国际代表马林到桂林见到孙中山，又到广州与国民党要人进行接触后，回到上海即向陈独秀提出中共与国民党合作的建议，结果被陈独秀一口回绝。陈独秀为此还写信给维经斯基，提出不能同国民党合作的六点理由，希望在共产国际讨论该问题时，维经斯基能够转达中共中央的意见。这六点理由是：

> （一）共产党与国民党革命之宗旨及所据之基础不同。
>
> （二）国民党联美国、联张作霖段祺瑞等政策和共产主义太不相容。
>
> （三）国民党未曾发表党纲，在广东以外之各省人民视之，仍是一争权夺利之政党，共产党倘加入该党，则在社会上信仰全失（尤其是青年社会），永无发展之机会。
>
> （四）广东实力派陈炯明，名为国民党，实则反对孙逸仙甚烈，我们倘加入国民党，即受陈派之敌视，即在广东亦不能活动。
>
> （五）国民党孙逸仙派向来对于新加入分子，绝对不能容纳其意见及假以权柄。
>
> （六）广东北京上海长沙武昌各区同志对于加入国民党一事，均已开会议决绝对不赞成。在事实上亦已无加入之可能。
>
> 第三国际倘议及此事，请先生代陈上列六条意见为荷。[2]

不过，自从1922年1月中共派人参加在莫斯科召开的远东各国共产党和民族革命团体代表大会以后，列宁关于国共合作的要求以及远东大会关于殖民地半殖民地的无产阶级政党，要同国内的其他革命党建立联合战线，以反对共同的敌人的决议，都促使党内在同国民党联合的问题上开始有所松动。

1922年6月，中共中央发表《对于时局的主张》。《主张》根据远东大会的精神，提出中国现存的政党，只有国民党比较是革命的民主派，比较是真的民主派，所以，中共准备邀请国民党及其他革命团体举行联席会议，以共同建立一个民主主义的联合战线。[3]

7月16日至23日，中国共产党第二次全国代表大会在上海召开。中共二大在正确认识到中国革命的目前任务是“反帝反封建”之后，制定了党的最高纲领和最低纲领。

最高纲领延续了中共一大的提法，宣布中国共产党的目的是组织无产阶级，用阶级斗争的手段，建立劳农专政的政治，铲除私有财产制度，渐次达到一个共产主义的社会。

最低纲领确定党在民主革命阶段的任务是：“消除内乱，打倒军阀，建设国内和平”；“推翻国际帝国主义的压迫，达到中华民族的完全独立”。最低纲领体现了中国共产党人将马克思列宁主义与中国革命具体实际相结合的初步成果。

根据最低纲领的要求，中共二大通过了《关于“民主的联合战线”的议决案》，系统地展示了中国共产党对中国社会状况的认识，鲜明地规定了中国共产党与其他党派建立民主联合战线的原则和实施计划：

（一）在中国目前反帝反封建的民主革命情况下，共产党应该联合全国革新党派，组织民主的联合战线，以扫清封建军阀、推翻帝国主义的压迫，建设真正民主政治的独立国家。无产阶级在民主革命中应该联合民主派，援助民主派。然而只能是联合与援助，决不是投降附属与合并，无产阶级应该在自己政党的旗帜之下，独立做自己阶级的运动。

（二）实现民主联合战线的具体计划是：（1）先行邀请国民党及社会主义青年团在适宜地点开一代表会议，互商如何加邀其他各革新团体，及如何进行。（2）运动倾向共产主义的议员在国会联络真正民主派的议员结合成民主主义左派联盟。（3）在全国各城市集合工会、农民团体、商人团体、职教员联合会、学生会、妇女参政同盟团体、律师公会、新闻记者团体等组织民主主义大同盟。[4]

这个决议案是根据列宁的民族殖民地战略作出的，但绝不是一般意义上的照抄照搬，而是中国共产党为了实现党的最低纲领，结合中国当时的社会经济和政治状况，创造性地提出了在中国实现民族民主统一战线的策略思想，即：建立与国民党等进步政党、团体以及倾向于进步的国会议员之间的上层统一战线，同时建立与工农商学妇以及其他小资产阶级之间的下层统一战线。

这一策略思想既体现了列宁和共产国际的指导精神，又不违背中国的实际需要，从而迈出了党在探讨中国革命统一战线策略方针问题上的第一步。

很明显，中共二大设想的与国民党的合作方式，只是一种松散的联盟方式，即“党外合作”，这是中国共产党人自己选择的合作方式。

从中共一大拒绝与其他党派合作，到中共二大决定建立民主的联合战线，这是中国共产党人在对中国革命认识上的一个重大飞跃。

中共二大刚刚结束，马林即从莫斯科回到上海。他认为中共二大提出的与国民党建立联合战线的设想，是“不切实际的幻想”和“‘左’倾幼稚的表现”，他要求中共中央另行开会讨论同国民党的关系问题。

在马林的建议下，1922 年 8 月 28 日至 30 日[5]，中共中央领导人陈独秀、李大钊、张国焘、瞿秋白、高君宇以及马林和翻译张太雷在杭州西湖召开会议，专门讨论与国民党合作的问题。

杭州会议虽然没有留下记录，也没有形成任何成文的决议，但当事人的回忆都谈到，会议上有争论，特别是张国焘与马林发生了激烈争论。但“国际代表提出中国党是否服从国际决议为言，于是中共中央为尊重国际纪律遂不得不接受国际提议，承认加入国民党”。[6]

就这样，国共合作以共产党员以个人名义加入国民党的方式确定下来。

恰在此时，广州发生了陈炯明炮轰总统府事件。为了表示与孙中山国民党合作的诚意，陈独秀在得知陈炯明公开叛乱的消息后，亲自与在上海的国民党要人张继进行会谈，明确表示：曾与中国共产党有过合作关系的陈炯明已背叛革命，中共立即与其断绝关系并公开对其进行声讨。

陈独秀还将刚刊印成册的《中国共产党对于时局的主张》送给张继，表示希望以两党为骨干组成国民革命联合战线。与此同时，中共中央还致函中共广东区委负责人谭平山、陈公博、谭植棠，要求他们立即脱离与陈炯明的一切关系，支持孙中山。

孙中山平叛失败来到上海后，李大钊、陈独秀与他进行了长谈。很快，他们就由张继监誓，率先以个人身份加入了国民党。

中共领导人陈独秀

1923年1月，也就是孙中山与越飞发表联合宣言的当月，共产国际执委会作出《关于中国共产党与国民党关系问题的决议》。《决议》提出，“中国唯一重大的民族革命集团是国民党”，“因此，在目前条件下，中国共产党党员留在国民党内是适宜的”。但是，这种合作“不能以取消中国共产党独特的政治面貌为代价。党必须保持自己原有的组织和严格集中的领导机构。中国共产党重要而特殊的任务，应当是组织和教育工人群众，建立工会，以便为强大的群众性的共产党准备基础。在这一工作中，中国共产党应当在自己原有的旗帜下行动，不依赖于其他任何政治集团，但同时要避免同民族革命运动发生冲突。”《决议》的第七条这样写道：

只要国民党在客观上实行正确的政策，中国共产党就应当在民族革命战线的一切运动中支持它。但是，中国共产党绝对不能与它合并，也绝对不能在这些运动中卷起自己原来的旗帜。[7]

可以看出，《决议》既说明了同国民党进行合作的必要性，又强调了共产党的独立性。

为了表示同国民党合作的诚意，中共中央根据共产国际的指示，将机关从上海迁到广州。

1923 年 6 月 12 日至 20 日，中共三大在广州召开。会上，在是否同国民党实行党内合作、从事工人运动的党员是否加入国民党等问题上，发生了激烈争论。

在陈独秀和马林的共同努力下，会议最终通过《关于国民运动及国民党问题的决议案》，决定：采取党内合作形式同国民党建立联合战线，共产党员都应加入国民党，努力扩大国民党的组织于全中国，使全中国革命分子集中于国民党。

至此，中共方面完成了与国民党合作的决策过程。

2. 联共的底线

孙中山早在 1921 年年底会见马林时，就曾对信仰马克思主义的共产党人流露出不以为然的态度，认为这些青年人只对社会主义感兴趣，而对于中国的政治生活却毫无用处。他曾问马林的翻译张太雷："为什么青年要从马克思那里寻求灵丹妙药，从中国的古典著作中不是也能找到马克思主义的基本思想吗？"[8]

抛开孙中山对信仰问题的不同见解不谈，即使从国民党的历史而言，要他决定同共产党合作也是不易的。

在国共合作之前，两党的实际情况还是相当悬殊的。从建党的历史来看，国民党经历了兴中会（1894 年）——同盟会（1905 年）——国民党（1912 年）——中华革命党（1914 年）——中国国民党（1919 年）这样一个嬗变过程。至 1924 年 1 月国共正式合作时，国民党已经是一个有着近 20 年奋斗历史的政党，而共产党成立还不到 4 年。从党员人数来看，国民党是一个号称拥有 30 万党员的大党，虽然这个数字还有待考证，共产党则只有 500 名左右的党员[9]。

再从两党在全国的影响来看。国民党历经武昌起义、辛亥革命、讨袁的二次革命、护法运动等，是一个在人民群众中有重大影响的革命政党。

共产党却只能从事秘密活动，活动范围主要局限在北京、上海、广州、汉口、长沙、郑州、济南等地，工作主要是宣传马克思主义和从事工人运动。与国民党相比，处于秘密状态的共产党在群众中的影响非常有限。

正是因为两党的状况非常悬殊，当国共合作提上议事日程后，孙中山始终坚持这样一种合作方式：共产党员以个人身份加入国民党。在他兴师北伐的时候是如此，在他遭到陈炯明背叛而失意的时候也是如此，在他得到苏联人力财力和武器支持的时候仍是如此。

国共两党，以我为大；两党合作，以国容共。这是孙中山坚持不变的立场。

孙中山是被现实推动着一步步认识到联共必要性的。他最终决定采取这一策略，是在1922年9月。这时，他接纳了李大钊、陈独秀等为国民党党员，并指定陈独秀作为国民党改进案起草委员会委员。

不可否认，孙中山主张联共，是因为他看到了国民党的衰败，迫切希望吸收新生力量，包括容纳共产党人，以便增强国民党的战斗力。不过，这些并非孙中山联共动因的全部，甚至可以说不是主要的动因。

孙中山联共的主要动因是联俄。俄国十月革命的成功使孙中山看到了中国革命胜利的希望，他对俄国革命取得的成功十分钦佩和敬慕，所以他积极与列宁、契切林等进行联络，这是他政治上的需要。此外，孙中山当时所处的环境十分不利，他迫切希望通过得到外援来摆脱困境。在寻求英、美、德、日等帝国主义国家的支持无望后，他便将希望寄托在苏俄的援助上，这是他经济上的需要。

正如廖仲恺所指出的：“世界各国和中国都不能联络，我们在国际上正缺少朋友，现在俄国既诚心和我们联络，我们便不应该拒绝它的党徒。”[10]

陈炯明炮轰总统府，孙中山败走上海之后，他对获取苏俄支援的要求更加迫切。在这种情况下，处理与苏俄和共产国际有着密切联系的中国共产党的关系，就成了必须面对的问题。于是，在不放弃国民党的“正统”的前提下，联共就成为孙中山唯一的选择。这样一方面可以得到苏联的支持，另一方面又可以借助共产党的力量以壮大国民党的势力，同时又不会失去国民党的主导地位。

但是，孙中山的联共是有底线的。这就是，共产党既然加入国民党，就应该服从国民党的纪律和要求。什么时候共产党的言行超出了国民党所允许的范围，他就可以将共产党赶出国民党。

孙中山的这一态度，具体指导国共合作的共产国际代表马林很早就意识到了。

马林曾设想，中共在与国民党合作之后，一方面要帮助国民党发展革命势力，一方面也要批评孙中山国民党只注重武力不注重民众的错误倾向，以便使国民党成为能够凝聚革命力量的坚强的政党。

根据马林的意见，中共在西湖会议确定同国民党合作之后，就动员了一些政论水平比较高的人，利用《向导》周报等刊物，连篇累牍地发表文章，针对孙中山国民党的错误缺点发表议论，给予指正，提出改正的路径，力图推动孙中山国民党不断进步。

但是，共产党人写的批评文章，语言温和的较少，多是语言犀利、用词尖刻、一针见血、入木三分。

1923 年 5 月 2 日，蔡和森在《向导》第 23 期撰文，专门批评了孙中山对帝国主义的依赖。他指出：

> 中国革命的领袖人物，常有许多谬误观念：第一，他们认不清中国的革命运动是殖民地的革命运动，所以，他们把中国的革命专门做成为一种解决“内政”的运动，他们以为对于外国帝国主义无须倡言反抗，只要内政肃清，强邻自然改颜相向。第二，他们误认为革命为纯粹的中国事业，与国际没甚关系，他们以为只须用一种政策阻止外国的干涉，中国革命便可成功，只须声明“承认（或不侵犯）一切条约”，外国妨害革命的举动即可免避。第三，他们常常梦想所谓“友邦”的帮助，换过说即一派外国帝国主义者的帮助，虽然事实上常常证明这种梦想得不到什么益处，但是他们心中总还保留这种想头。

1923 年 6 月 13 日，张太雷发表《羞见国民的中国国民党》一文，专门批评国民党不联系群众的错误。他写道：

> 中国国民党辛亥革命以来十二年的奋斗一无所成，因为他完全和国民断绝关系，而只知道和军人政客交际。无怪乎国民不愿认国民党为他们的党，实际上国民党没有做他对于国民应做的事情，没有和国民接近，没有尽一点鼓起国民精神的责任。

陈独秀针对孙中山一方面主张“国民运动”，一方面又同军阀、列强相联系的做法，在《前锋》杂志发表议论说：

我们为什么要做国民运动，不用说，第一是因为受不了外国帝国主义者的压迫，第二是因为受不了国内军阀的压迫，二重压迫逼得我们不得不做国民运动以自救。由此看来，既然是国民运动，就应该依赖中国国民自己的势力，断然不能依赖外国势力，因为国民运动第一目的正是要排除外国势力；既然是国民运动，就应该依赖国民自己的势力，断然不能依赖军阀势力，因为国民运动第二目的正是要推翻军阀势力。若妄想假借友邦势力或利用一部分军阀势力来做国民运动，这种四不像的国民运动，其结果必然是“王婆照应武大郎”。[11]

陈独秀还同李大钊等人联名写信给孙中山，指出国民党要成为中国新的势力，既不同沿用军阀的方式，也不能寻求列强的支持。信中写道：

我们不能沿袭封建军阀用武力夺取政权攻占地盘的同样的方针。这会给人们造成我们与军阀是一脉相承的印象。用旧方法旧军队去建立新中国不仅不合逻辑，而且在实践中也绝对行不通。旧军队有10倍于我们的兵力。我们只能用新手段，采取新方针，建立新的力量。对于国民，我们应联合商民、学生、农民、工人并引导他们到党的旗帜下。从人民中建立的新军队将用新的方法和新的友好精神捍卫民国。起初，我们的力量不会强大，但我们会发展成一支劲旅。列强每天都在处心积虑剥削我们并寻找一个强有力的人作他们的代理者。用空话央求他们的承认来壮大我们自己，不仅会伤害我们的运动，而且会丧失革命气节。[12]

陈独秀等人以为既然国共已经合作，既然国民党想成为执政党，那么只有披肝沥胆地对孙中山进言，才能使国民党改正自己的缺点，加快前进的步伐，然而他们没有想到，这些大胆尖锐的批评，不仅没有起到预期的效果，反而引起孙中山的反感。

一次，孙中山为共产党人在报刊上批评国民党一事大发脾气。他当着马林的面说：

像陈独秀那样在他的周报上批评国民党的事再也不许发生。如果他的批评里有支持一个比国民党更好的第三个党的语气，我一定开除他。如果我能自由地把共产党人开除出国民党，我就可以不接受财政援助。[13]

孙中山的这种态度令马林大失所望。

在给越飞等人的信中，马林不得不承认，孙中山并“不乐意同我们接近，现在，我对他毫无办法”。他警告越飞：“不能为了孙氏王朝控制广东再把200万元塞进南方将领们的腰包”[14]；“以前拿钱对待国民党是不负责任的，那些钱都白白扔掉了。事实是，只要孙仍然坚持他的一个政党的观点，只要他不请共产党人去工作，就根本不可能指望国民党会现代化，不可能指望他们进行反帝宣传”[15]。

本来，马林和中共中央是计划在广州安营扎寨，同国民党一道工作的。鉴于孙中山对共产党人的态度，特别是孙中山仍醉心于军事行动而对改组国民党毫无兴趣，马林和陈独秀都认为，继续待在广州已经毫无意义。

1923年7月，中共三大结束后不久，中共中央机关再次迁回上海。马林也怀着极度的失望离开了广州。

在离开广州之前，马林给廖仲恺写了一封长信。

在信中，马林回顾了初次接触国民党人时产生的良好印象，并承认这是促使他建议中国共产党人加入国民党的原因之一，不过现在他看清了：虽然国民党的三民主义是革命的，然而在实际行动上却日益封建主义化了；虽然国民党党纲规定党应采取新的斗争形式，动员资产阶级、知识分子、农民和工人参加国民运动，然而实际上国民党只依靠那些和他们在华北的敌人毫无区别的军阀。

马林告诫廖仲恺，不能一味地对孙中山采取妥协和服从的态度：

> 真正的革命者决不做违背革命信念的事情，必须清除服从个人和朋友义气的旧观点。友谊决不能建立在服从的基础上，友谊只应是平等相待的。如果明明看到事态正朝错误方向发展并常有违背党义之事发生，却还去盲目追随，则肯定也是错误的。我认为现在是为那些识时务的党员寻找第三种可能性的时候了。这就是拒绝履行那些党义的义务，担负起改组党的任务，进入政治宣传的领域。时机已经成熟，长期等待决非上策。

在信的结尾，马林断言：

> 关于党的策略，只要领导人相信单纯依靠军事行动和军队将

> 领（采取与他们在北方的武人相同的封建方式），就可能建立一个新中国，那么，党的前途就肯定是暗淡的。新中国，一个真正独立的共和国的诞生，只能依靠一个强大的、具有坚定革命信念和远见卓识的党员组成的现代化政党的不懈的革命斗争。[16]

对于孙中山采取联共策略的目的，台湾学者崔书琴曾作过如下解释：

> 在容共以前，中国共产党已经成立，并且已经和共产国际发生了密切的关系。由于共产党徒的巧妙宣传，一般富有好奇心的青年和知识分子很多受了诱惑而参加了社会主义青年团与中国共产党。这批人所走的显然是一条邪道。如果不加以防范与正当的领导，而听其自然发展，为患国家民族，势将不免。在这种情形之下，中山先生把他们收容到国民党里来，由他领导着与国民党原有的党员共同推进国民革命，未尝不是一个指引他们走向正路的方法。所以中山先生最初容共的动机，是无可置议的。[17]

对于上述这个解释，笔者还是持有不同意见的。笔者认为，孙中山接纳共产党进入国民党，只是他希望完成中国统一大业的一个策略而已。邵力子曾这样说过：

> 孙中山先生知道国民党的人和革命的办法不行，人的脑子太旧，组织涣散，没有力量。1922 年国民党准备改组，决定国共合作，但国民党中一部分顽固的，极力反对，说帝国主义坚决反共，和共产党合作很危险。他们怕赤化。一般国民党员认为共产主义是一种潮流，共产党有一定的力量可利用。[18]

这里的“利用”二字，准确地反映出了孙中山联共的根本目的。

当然，利用共产党的力量来发展国民党，来发展中国革命，实现统一中国的愿望，这并不说明孙中山自私，反而显现出他既有为实现革命理想而奋斗的坚定信念，又有为达到目的而不拘一格的灵活策略。

3. 回答质疑

对于孙中山联共的举动，国民党内一直都有质疑之声。有的担心共产党借国民党的组织发展自己的势力；有的认为共产主义与三民主义相抵触；有的惧怕联共会招致列强的反对，不利于国民党在政治上的发展；有的则干脆说，联俄可以，联共不行。

孙中山对党内的这些说法非常重视。他在1923年1月同越飞发表联合宣言时，在第一条就说明："孙逸仙博士以为共产组织，甚至苏维埃制度，事实均不能引用于中国。因中国并无使此项共产制度或苏维埃制度可以成功之情况也。"

孙越联合宣言发表后，孙中山在上海召集国民党要人开会，征询他们对联俄、联共的意见。当时意见很不一致。

汪精卫认为，让共产党加入国民党会危及国民党的生命。胡汉民提出："凡共产党员以个人名义加入本党的，如果真正信仰本党的主义，共同努力于国民革命的，才可以收容。收容以后，如果随时发现了他们的旁的作用，或有旁的行动，足以危害本党的，我们应该随时加以淘汰。"

胡汉民

孙中山对他们说："假如严密了我们的组织，严明了我们的纪律，倡明了我们的主义，任何分子加进来合作，我们都不怕的。"[19]

就这样，孙中山在国民党人质疑声中，认定联共对于国家、民族和革命有利，他坚定地推动着联合共产党和改组国民党的工作。

当时，孙中山遇到的阻力还是相当大的。

在上海，1923 年 11 月 18 日，上海国民党本部再次开会讨论联共和改组国民党问题。会议由谢持主持。谢持提出"党中不可有党"，带头反对孙中山允许共产党加入国民党的主张。彭素民则认为中共党员加入国民党未必可以完全服从于国民党。张秋白提出共产党员加入国民党，恐于国民党之原有精神大相妨害。吕志伊认为别党加入国民党会使国民党成为"俱乐部"。总之，他们是坚决反对共产党员加入国民党的。

在广州，1923 年 11 月 29 日，国民党广东支部邓泽如等 11 人上书孙中山，对共产党加入国民党提出反对意见。孙中山对上书中的有关内容亲自作了批示。

邓泽如等人提出，国民党的"组织法及党章、党纲等草案，实多出自俄人鲍罗廷之指挥。然此表面文章，尚无大害，惟探闻俄人替我党订定之政纲政策，全为陈独秀之共产党所议定"。

孙中山则批示道：

> 此稿为我请鲍[20]君所起，我加审定，原为英文，廖仲恺译之为汉文。陈独秀并未参与其事，切不可疑神疑鬼。

孙中山在批示中还写道：

> 我国革命向为各国所不乐闻，尝助反对我者以扑灭吾党，故资本国家断无表同情于我党所望表同情，只有俄国及被压迫之国家与被压迫之人民耳。

以上这两段著名的批示，是人所共知的。

不过，上述两段批示并不是孙中山批示的全部内容。

在邓泽如等人的上书中，有这样一段话：

> （一）此回共产党与我党合作之动机。此动机发生于木司寇（原文如此，通译为"莫斯科"。——引者）第三国际大会之后，

其表面宣布者，则谓对于资本主义成熟之国家，则鼓吹阶级斗争，促成社会革命，对于资本主义幼稚之国家，则主张联合工农及中产阶级，以完成民主革命。近东则协助土耳其，远东则协助我国。果然如此，亦未尝非友邦之好意。不虞陈独秀之共产党，则利用此机会，而利用我党矣。陈独秀本为陈逆炯明特别赏识之人。曾自言“宁死不加入国民党”，且尝在学界倡言，谓三民主义、五权宪法，为绝无学理的根据，指斥我党为落伍的政党、总理为过时的人物。今竟率其党徒群然来归，识者早知其别有怀抱。党员等致疑者久矣。今已探得其利用方法。（二）陈独秀的共产党利用我党之阴谋。陈独秀此次之加入吾党乃有系统的有组织的加入。当未加入之先曾在北方某地（似是海参崴）开大会，议决利用我党之方法，其大前提则借国民党之躯壳注入共产党之灵魂，其方略：（甲）则使我党从国际之仇怨。（乙）则使吾党在国内断绝实力派之协助，乃以打倒帝国主义、打倒军阀为标语。夫此二标语实堂堂正正无可非议者，然运用之制为具体的政纲（如政纲草案之一二两条即阴谋所在），宣示世界，则我党永无获得国际上同情之一日，更使我华侨党人在海外无复立足之余地。我党对于军阀之攻击，只限定于曹锟、吴佩孚。今陈独秀派替我党立言，则连及于张作霖、段祺瑞；务使国中实力派因此而与我党决裂。使我党陷于孤立无援之地，此陈独秀共产党对于我党阴谋之纲领也。

针对邓泽如等人的上述言论，孙中山批示道：

此乃中国少年学生自以为是及一时崇拜俄国革命过当之态度，其所以竭力排挤而疵毁吾党者，初欲包揽俄国交际并欲阻止俄国不与吾党往来，听其操纵。独得俄助而自树一帜，与吾党争衡也。乃俄国革命党皆属有党团经验之人，不为此等少年所愚，且窥破彼等伎俩。于是大不以彼为然，故为我纠正之。且要彼等必参加国民党，与我同动作，否则当绝之且又可为我晓谕之，谓之民为救时之良药，并非过去之遗物。故彼等如不觉悟，陈独秀等不服从吾党，我亦必弃之。……此次俄人与我联络，非陈独秀之意也，乃俄国自动也。若我因疑陈独秀而连及俄国，是正中陈独秀之计，而彼亦得志矣。[21]

从孙中山的这段批示可以看出以下几点：首先，他认为共产党人之所以批评国民党，指出国民党的缺点，是为了“包揽俄国交际并欲阻止俄国不与吾党往来，听其操纵。独得俄助而自树一帜，与吾党争衡也”。其次，他认为共产党人之所以加入国民党，是苏俄施压的结果。再次，他认为共产党既加入国民党，就要服从国民党，否则将与之断绝关系。

怎样理解孙中山作出这样的批示？

一方面，孙中山的批示，多少有迎合邓泽如等人或者平息党内质疑之声的意图。他要向他们表明，他对共产党是有警惕的。

另一方面，孙中山所从事的是推翻封建制度的资产阶级革命。他一生数经挫折，几临危难，屡仆屡起，其目的都是为了统一中国，为了实现建立资产阶级共和国的理想。而中国共产党的奋斗目标，是要推翻资本主义，最终建立共产主义社会。这在孙中山来说当然是不能接受的。所以，他多次公开声明，自己从来没有想到有将中国变为共产主义社会的可能，也无意于在中国宣传共产主义，因为他和国民党其他一些重要领导人都不信仰共产主义。[22]

甚至到晚年，孙中山仍然认为中国不能实行苏维埃制度。1924 年他在北上途经日本时对记者说：“中国有中国的制度，俄国有俄国的制度。因为中国同俄国的国情，彼此向为不相同，所以制度也不能相同。”“中国将来是三民主义和五权宪法的制度。”[23]

孙中山这样表达自己的态度并无不妥之处。作为一个资产阶级革命家，他坚持自己的理想，是情理之中的事。同时，他也是从他所代表的阶级利益出发，来决定对共产党的态度的。

注　释

1.《中共中央文件选集》第 1 册，中共中央党校出版社 1989 年版，第 8 页。

2.《中共中央文件选集》第 1 册，中共中央党校出版社 1989 年版，第 31—32 页。

3.《中共中央文件选集》第 1 册，中共中央党校出版社 1989 年版，第 37、45—46 页。

4.《中共中央文件选集》第 1 册，中共中央党校出版社 1989 年版，第 66 页。

5. 关于西湖会议的开始时间，有 28 日、29 日两种说法。在马林的工作记录上写着：“8 月 28 日至 30 日：杭州会议，讨论与国民党合作问题。”参见《马林与第一次国共合作》，光明日报出版社 1989 年版，第 83 页。

6. 陈独秀：《告全党同志书》1929 年 12 月 10 日，中国人民解放军政治学院党史教研室编：《中共党史参考资料》第 5 册，第 394 页。

7. 决议内容参见中共中央党史研究室第一研究部编：《共产国际、联共（布）与中国革命档案资料丛书》第 2 卷，北京图书馆出版社 1997 年版，第 436—437 页。

8. 马林：《和孙中山在一起的日子》（1926 年 2 月），《马林与第一次国共合作》，光明日报出版社 1989 年版，第 373 页。

9. 1923 年 6 月中共三大召开时，党员为 420 人。同年 11 月召开三届一次中央执委会会议时，《中局报告》中有"大会后党员增加不过百人"之语。参见《中共中央文件选集》第 1 册，中共中央党校出版社 1989 年版，第 188 页。故本文有此"500 人"左右的说法。

10. 王耿雄：《孙中山与上海》，上海人民出版社 1991 年版，第 235 页。

11. 陈独秀：《国民运动》，《前锋》第 1 期，1923 年 7 月 1 日。

12. 《陈独秀、李大钊、蔡和森、谭平山和毛泽东同志致孙中山的信》（1923 年 6 月 25 日），任建树主编：《陈独秀著作选编》第 3 卷，上海人民出版社 2009 年版，第 91 页。

13. 《马林致越飞和达夫谦的信》（1923 年 7 月 18 日），中共中央党史研究室第一研究部编：《共产国际、联共（布）与中国革命档案资料丛书》第 2 卷，北京图书馆出版社 1997 年版，第 423 页。

14. 《马林致越飞和达夫谦的信》（1923 年 7 月 18 日），中共中央党史研究室第一研究部编：《共产国际、联共（布）与中国革命档案资料丛书》第 2 卷，北京图书馆出版社 1997 年版，第 424 页。

15. 《马林致达夫谦和越飞的信》（1923 年 7 月 20 日），中共中央党史研究室第一研究部编：《共产国际、联共（布）与中国革命档案资料丛书》第 2 卷，北京图书馆出版社 1997 年版，第 426 页。

16《共产国际、联共（布）与中国革命档案资料丛书》第 1 卷，北京图书馆出版社 1997 年版，第 428—433 页。

17. 崔书琴：《孙中山与共产主义》，（台）传记文学出版社 1984 年版，第 50 页。

18. 邵力子：《党成立前后的一些事情》，《"一大"前后》（二），人民出版社 1980 年版，第 68 页。

19. 胡汉民：《革命与反革命最显著的一幕》，《革命理论与革命工作》，总第 1306—1307 页。

20. 即鲍罗廷。

21. 吴相湘编撰：《孙逸仙先生传》，（台）远东图书公司 1984 年 3 月增编版，第 1584—1586 页。

22. 参见王耿雄：《孙中山与上海》，上海人民出版社 1991 年版，第 224 页。

23. 吴相湘编撰：《孙逸仙先生传》，（台）远东图书公司 1984 年增编版，第 1737 页。

十一　国民党一大

1. 鲍罗廷来了

1923 年 10 月 6 日，孙中山的大元帅府来了一个非同寻常的人。为了迎接这个人，孙中山已派他的秘书在码头守候了三天。

此人就是苏联政府派来的政治经验丰富的老布尔什维克——鲍罗廷。

鲍罗廷，原名格鲁森贝格，化名英国人、银行家、布朗、尼基福罗夫，1884 年生于俄国。1903 年加入俄国社会民主党（布尔什维克），代表该党里加委员会于 1905 年 12 月出席了在芬兰塔墨尔福斯召开的布尔什维克代表大会和 1906 年 4 月至 5 月在瑞典斯德哥尔摩召开的俄国社会民主党第四次代表大会。回国后不久，被反动当局逮捕，后被驱逐出国。1908 年定居于美国芝加哥，使用化名“鲍罗廷”。十月革命胜利后，鲍罗廷于 1918 年 7 月回国。1919 年，他参加了创立共产国际的工作，随后作为俄共（布）的工作人员参加了共产国际第一次代表大会。

1923 年 7 月，斯大林亲自建议俄共（布）中央政治局派鲍罗廷到中国的南方去工作。7 月 31 日，俄共（布）中央政治局以电话联系的方式采纳了这一提议。

8 月 2 日，俄共（布）中央政治局正式通过决议如下：

（1）任命鲍罗廷同志为孙逸仙的政治顾问，建议他星期四与加拉罕同志一起赴任。

（2）责成鲍罗廷同志在与孙逸仙的工作中遵循中国民族解放运动的利益，决不要迷恋于在中国培植共产主义的目的。

（3）责成鲍罗廷同志与苏联驻北京的全权代表协调自己的工作，并通过后者同莫斯科进行书信往来。

（4）责成鲍罗廷同志定期向莫斯科送交工作报告（尽可能每月一次）。[1]

就这样，俄共（布）中央政治局以三个“责成”明确规定了鲍罗廷在中国的行动准则和义务。这里尤其需要注意的是第一个“责成”，其中指出鲍罗廷在中国工作的中心是扶助孙中山国民党，而不是帮助中国共产党发展。

鲍罗廷到中国后曾有许多令共产党人不解甚至愤怒的作为，大多都是囿于这个规定而不得已而为之。

共产国际代表鲍罗廷

鲍罗廷是同苏联驻华全权代表加拉罕一起抵达北京的。在北京，他们对即将在中国南方开展的工作进行了详细的研究。在鲍罗廷离京赴沪前，加拉罕还特地为鲍罗廷写了一封介绍信，让他带给孙中山。信写得相当热情洋溢：

亲爱的孙博士：

莫斯科长期以来一直强烈地感受到我们的政府在广州缺少一个常驻的、负责的代表。随着鲍罗廷的被任命，我们已经朝这个方向迈出了重要的一步。鲍罗廷同志是我党的一位老党员，参加俄国革命运动多年。请您不仅把鲍罗廷同志看做是政府的代表，而且也把他看成是我个人的代表，您可以像同我谈话一样，坦率地同他交谈。您可以相信他所说的一切，就像我亲自告诉您的一样。他熟悉整个形势，而且在他动身去南方之前，我们进行了一次长谈。他将向您转达我的想法、愿望和感受。

希望鲍罗廷同志到达广州之后，将会更快地推动形势的发展，将会使形势发展大大地超过到目前为止所能达到的速度，这一速度是我所深感遗憾的，衷心祝愿您的事业成功，我向您致以友好的问候。

您的

加拉罕

鲍罗廷的赴广州之途并不顺利。

为了避免在香港遇到英国人的纠缠，鲍罗廷先从北京到上海，然后于9月29日登上一艘去广州的小轮船，船上除了乘客外，还装有200只绵羊。不料途中遭遇台风，船被吹到了台湾岛沿岸，包括鲍罗廷在内的乘客最终得以获救，不过200只羊全部送了命。

经过这样一番折腾，直到10月6日，鲍罗廷才到达广州。

早饭后，鲍罗廷向迎接他的魏秘书和喻育之等人询问了一些关于广州的情况，并把加拉罕给孙中山的信交给了他们。

几个小时之后，鲍罗廷被带到了孙中山的大本营。见到孙中山的第一面，鲍罗廷吃惊地发现，孙中山竟与日本著名的共产党人片山潜极为相像，只是比片山潜显得更为年轻些，更加精神些。

孙中山同鲍罗廷的首次会见的情景是怎样的？关于这个问题以前没有见到任何记载。幸运的是，在俄罗斯的解密档案中，保存着细心的鲍罗廷对这次会面的详细记录：

> 他非常热情地接待了我，让我在他身边坐下，默默地打量了我几秒钟。
>
> 我向他转达了莫斯科和全权代表加拉罕同志的问候，并表达了加拉罕同志在合适的时机同他会见的愿望，之后我扼要地向他说明我来广州的目的，并向他提出了几个与国内局势有关的，特别是与广东局势有关的问题。然后他向我询问了俄国的情况，他主要关心我们的军事和工业情况。我回答了他的问题，有意为在我所希望的话题上进一步交谈打下基础。例如，我向他讲了我们军队的情况，主要是让他注意我们的政治工作，那是我们取得胜利的主要因素。当我详细地向他描述这方面的工作时，他立即说："这项工作我们没有，我们应该有。"
>
> 这时他的私人秘书陈友仁走了进来，他几天之前被任命为航空工业负责人。孙把陈介绍给我，他很快积极地加入谈话。
>
> 首先他抱怨缺乏必要的航空装备，特别是在弄到发动机方面遇到困难。他把这些困难归咎于孙所管理的地区实际上受到了外国列强的封锁。谈到履行中国同这些列强签订的条约问题，列强则认为孙也有这个责任，但与此同时，鉴于他们无论从法律上还是从事实上都不承认孙的政府，所以也根本不找他算帐。陈友仁说："他们认定我们负有各种义务，而没有任何权利。外国人征

收捐税，用来抵偿中国政府过去承担的债务，多余的部分交给北京独裁者。这种税收在广州每年达1200万元左右。但孙的政府不能从中得到分文，当孙有一天想把海关控制在自己手里时，英国人则把海关迁到沙面（外国租界），在那里它可以在炮艇的保护下更平安地行使自己的职能。此外，他们还把外国列强互相承担的义务（向中国输入军火）用到孙的政府头上，并且不得不采取走私的办法。”这时孙逸仙好像是为自己作辩解似的指出，暂时他还要待在广州，他身后有英国殖民地（香港），他根本无法同帝国主义进行任何斗争，因为帝国主义已把他的手脚束缚起来了。他提出这样一个观点：如果他能够在中国中部或蒙古建立根据地，那么他就能够很自由地对帝国主义采取行动。

至于中国中部，一切都取决于他的军队能在多大程度上顺利地向北挺进。他还期待着他的代表在莫斯科谈判的结果[2]。显然，他对这次谈判寄予厚望，而蒙古根据地对他更具有吸引力。

他说：“蒙古具有更大的优越性，这首先是因为我在北方比在南方有更多的信徒。”在北方，他没有敌人，而在南方，敌人很多。他认为，只能这样。在南方，他是在一方面有外国封锁，而另一方面有无数条战线的情况下领导着政府工作，他不得不采取一些不仅可能引起人民的仇视而且也可能引起某些朋友的仇视的措施。

相反，在蒙古，身后有友好的俄国，他可以实行“更公开和更坚定的政策”。

现在他认为必须把广东控制在自己手中，这就需要扩大和巩固军队。为此他需要援助，他估计，这种援助可以通过海参崴向他提供。可以利用不经香港的海参崴—广州航线。但利用海参崴—广州航线还需要某种表面上的理由，这很容易做到，因为广州需要建筑材料，鱼、大豆、鹿角等。所有这些都可以运到这里来交换中国产品。这条航线可以立即建立他所急需的同俄国的直接联系。有的装备，绝对不能没有，而由于封锁又无法弄到，但可以从海参崴提供。例如他指出，他那里有飞机制造厂，但是没有发动机。他还说，只要他留在广州，同俄国的直接联系是绝对需要的。志愿船队的轮船在海参崴和广州之间哪怕每月航行一次，就可以为他建立这种必要的联系。[3]

与鲍罗廷第一次交谈即提出援助问题，可见当时孙中山是多么急切地期待着俄国的援助。他希望紧随鲍罗廷而来的，是苏联源源不断的各种援助。

初到广州的鲍罗廷对周围的一切都是陌生的。身处远离祖国几千里的异国他乡，鲍罗廷对这里的风土人情几乎一无所知，对这里的语言更是不懂，他身边只有几个年轻的苏联驻广州工作人员，在中国唯一能够给他以指示的加拉罕亦尚在千里之外。他所面对的是一个个陌生的面孔，他对他们并不了解，只能凭着自己对俄共（布）中央政治局指示精神的理解来进行工作。

然而，鲍罗廷并没有感到孤立，因为这里最有权威的人——孙中山——给了他充分的理解和信任。

鲍罗廷到达广州之时，孙中山正在热心于实现他的两套军事计划中的第一套计划。这两套军事计划是：举行北伐。在彻底打败陈炯明之后，向吴佩孚发起进攻，最终夺取北京政权；如果北伐失败，则实行第二套计划，即在西北建立根据地，然后向南发动进攻。孙中山明确告诉鲍罗廷，这两套计划都需要苏联的物力和人力支持。

对于孙中山来说，他一直在试图揭开苏俄革命的成功之谜。他问过马林和达林，也与其他苏俄代表有过接触，但他对具有丰富革命实践经验的鲍罗廷更加信任。由于双方都精通英语，无须翻译就能进行思想交流，所以在最初的一段时间里，孙中山每周都要同鲍罗廷交谈几次。对于英语带给他们谈话的方便，孙中山颇为幽默地对鲍罗廷说："殖民主义使中国蒙受巨大的灾难，可是他们的语言倒成了您向中国同志传授革命经验挺不错的工具。"

孙中山向鲍罗廷提出与苏俄革命有关的各种各样的问题，并向鲍罗廷阐明自己的北伐计划。在这些谈话中他们逐渐增加了了解，建立了友谊，同时也体会到了不同思想和观念的互相碰撞。

孙中山试图说服鲍罗廷相信他的军事计划能够成就中国的统一，而鲍罗廷却认为孙中山应该先行改组国民党，并在军队中建立必要的政治工作制度，此外还要与群众建立联系，为国民党建立基础，然后才谈得上统一中国的问题。

孙中山虽然对鲍罗廷的劝告没有作出不快的反应，但却不以为然，仍然饶有兴趣地向鲍罗廷大谈自己庞大而不现实的军事计划。[4]

后来发生了一件事，使孙中山在鲍罗廷面前再也不妄谈他的所谓军事计划了。

鲍罗廷对这件事作了详细的记载：

有一次他邀请我一起视察保卫着通往广州的要道的炮台，这次视察进行了两天。我们住在他的快艇上，常常坐在甲板上长谈。他平静地听我说话，有时突然望着某座山头或谷地说：“我将在这儿建一座军火库，而在那儿建一些甚至英国军舰也不敢接近的防御工事。”他还阐述了广州周围的一些防御工事计划，为了实现这些计划将不仅需要中国的所有资金，而且还需要全世界的资金。这种状况丝毫也没有使他感到难为情。视察炮台以后，我们又顺流而下视察了他所看中的那个谷地，他设想在那里建造一座大型军火库，但我们还没有靠近这个地方就遭到了土匪的袭击。快艇上的一名水手被一枪打死，我们自己为躲避子弹不得不钻进一个底舱隐藏起来。我多少有点喜欢发生这样情况，这是我曾对他说过的必须在农民中做工作的最好例证，因为发生的袭击来自农民，他们手执武器在保卫自己的稻田。在回来的路上，他没有再说那些倾注了个人心血的计划。几天之后他任命我为改组国民党的顾问和指导员。[5]

1923年10月18日，孙中山正式发出公函：“委任鲍罗廷为国民党组织教练员。”

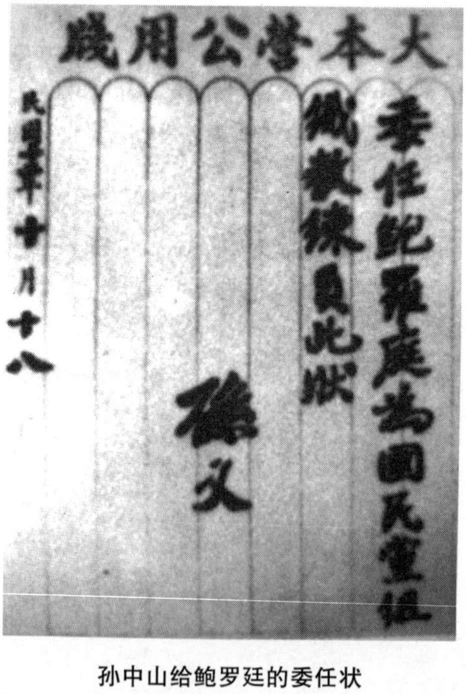
大本營公用箋
委任鮑羅庭為國民黨組織教練員此狀
孫文
民國十二年十月十八

孙中山给鲍罗廷的委任状

从此以后，孙中山在鲍罗廷指导下，将大部分精力投入改组国民党的工作上。

2. 改组国民党

鲍罗廷到广州后发现，自从中国国民党成立以来，一直没有制定一个明确的党的纲领。这对于多年从事革命工作的鲍罗廷来说，简直是不可思议的事情。一个没有明确纲领的政党，怎么能够知道自己如何领导革命直到成功呢？

鲍罗廷看到，由于没有明确的党纲，国民党人不懂得，要使中国摆脱半殖民地半封建的地位，就必须同帝国主义作斗争。相反，他们回避这个问题，甚至设法寻求同帝国主义妥协。希望在外国人眼里以一个与义和团运动毫无共同之处的、有声望的民主主义政党的姿态出现，害怕在帝国主义面前损坏自己的名誉。

鲍罗廷感到，国民党领导人并不把帝国主义看成是中国最大的危害，那些本该被视为中华民族眼中钉的租界，在许多国民党人看来，实际上是一个应该仿效的模范城镇。

经过一段时间的了解，鲍罗廷断定：国民党不是任何一个阶级利益的代表，更不是劳动群众利益的代表，它不代表中国的真正民族利益，而这种民族利益要求同帝国主义进行无情的斗争。因为帝国主义是造成中国目前混乱局面的唯一罪魁祸首，是中国摆脱半封建的军阀专制统治的唯一阻力。正因为如此，国民党就逐渐失去了在反对清朝统治斗争时期曾经有过的那种意义，成了一座“空中楼阁”。

对于国民党的了解使鲍罗廷深感忧虑，他知道，要把这样一个党改造成能够承担起民族解放领导力量的党，非下大功夫不可！

鲍罗廷首先要做的，是帮助孙中山对国民党进行改组。

孙中山倒是非常配合鲍罗廷对国民党改组的工作。他经常召集国民党上层领导人开会，讨论与改组有关的所有问题，并亲自审查纲领、章程等。

1923 年 11 月 25 日，孙中山发表《中国国民党改组宣言》，指出：“夫意志不明，运用不灵，虽有大军，无以取胜，吾党有鉴于此，本其自知之明，自决之勇，发为改组之宣言，以示其必要。”

同一天，孙中山在广州大本营发表《国民党过去失败之原因与今后努

力之途径》的演讲，开宗明义地指出："今后奋斗的途径，必先要得民心，要国内人民与吾党同一个志愿，要使国内人民皆与吾党合作，同为革命而奋斗，必如此方可以成功，且必有此力量，革命方可以决其成功。"

在演讲的过程中，孙中山指着身边的鲍罗廷向众人说："现在一位好朋友鲍君，是从俄国来的。因为要学俄国的方法，所以我请鲍君做吾党的训练员，使之训练吾党同志。鲍君办党极有经验，望各同志牺牲自己成见，诚意去学他的方法。"[6]

孙中山给予鲍罗廷充分的信任，将改组国民党的工作交由他指导，请他参与起草国民党第一次全国代表大会的重要文件。鲍罗廷通过与孙中山的接触，也对孙中山加强了了解。他在1923年12月的札记中写道：

> 在广州呆了两个月之后，首先我确信，让广东控制在孙逸仙手中，从实现我们力求在中国推行的那些计划的角度来看和首先从改组国民党的角度来看，都是极端重要的。
>
> 从最近两个月已经做的工作中可以看出，广东不论在改组国民党方面，还是在一般地发展国民革命运动方面，都能够成为我们整个工作的中心。任何一个省都不可能像广东那样成为国民党的领导和发展中心。……广东掌握在国民党手中具有特殊的意义，失去它就意味着失去唯一的工作基地。[7]

愉快的合作是在互相信任的基础上形成的。通过初期的了解，孙中山相信他能够借助鲍罗廷的政治经验和工作能力将国民党的事情办好。鲍罗廷则在孙中山的支持下，开始谨慎地、有分寸地着手改组国民党。

鲍罗廷知道孙中山十分看重军队，他向孙中山建议：要对整个军队进行改组，要以党来指挥军队，为此需要成立军官学校，并造就一批政工干部。为了使国民党能够得到群众的支持，鲍罗廷还建议应在劳动立法方面进行改革，调整土地关系，改善小资产阶级的状况。

对于孙中山来说，要完全理解鲍罗廷向他介绍的俄国革命情况，以及怎样借用俄国革命的经验使中国革命取得成功，绝非易事。但他没有退缩，他以自己的理解去诠释俄国革命成功的秘诀，并尽量从中国革命的需要出发，将俄国革命的经验介绍给他的追随者们。

孙中山认为，俄国革命之所以成功，其中最主要的有三点：一是有一个强大的政党和一批为党的目标奋斗的党员；二是与民众结合；三是有革命的军队。

孙中山对他的追随者说："俄国革命之能成功，全由于党员之奋斗。国民党之所以奋斗历年而不能成功者，是由于意志不明，运用不灵。希望通过此次改组，使吾党造成一中心势力。各同志从今日起，要认真去干革命事业。吾等要从今日起，大家固结团体，以团体而奋斗，不专尚个人的奋斗；要靠党员的成功，不专靠军队的成功。"

民众的支持是革命胜利的保障。这一点，孙中山以前并没有认识到，当鲍罗廷将这一点作为俄国革命的成功经验介绍给他之后，他结合自己多年革命的经历，将这一经验进行了消化理解，总结出"得其心者得其民，得其民者得其国"的至理明言。在人民与军队之间，究竟以何者为重？孙中山毫不含糊地回答："自然当以人民之心力做基础，为最足靠。若单独倚靠兵力，是不足靠者，因为兵力之胜败无常。"[8]

革命党要奋斗而没有革命的军队，是难以成功的，这一点孙中山曾有深切的体会。当鲍罗廷将这一问题明确为建立军校以培养革命军事人才、改组现有的军队以适应革命的需要后，孙中山也强烈地意识到了建立革命军队的迫切性。他在总结以前革命失败的教训时，认为党不能指挥军队是失败的原因之一。他说："由于我们革命，只有革命党的奋斗，没有革命军的奋斗，所以一般官僚军阀便把持民国，我们的革命便不能完全成功。"[9]

不过，孙中山对鲍罗廷在广州的工作并不是完全理解的，对于鲍罗廷的一些建议也未必能够完全接受，因为毕竟他们两人之间存在着思想深层的巨大差异。所以，尽管鲍罗廷采取谨慎的、渐进的策略，但他的主张仍有一些无法得到孙中山的支持。

一次，鲍罗廷为国民党中央起草了一个包括土地改革和劳动制度在内的建议。经过鲍罗廷的工作，此建议已得到中央执行委员会的批准。但是，要使这些建议成为法令并生效，必须经孙中山的认可和签署。

鲍罗廷想找到孙中山，说服他签署这些建议。但是，他四下寻找都找不到。他又去找廖仲恺，廖仲恺也不知去向。鲍罗廷明白，他们是在有意躲避他。

对于鲍罗廷的改革建议，孙中山是不赞成的，但他没有采取直接否定的方式，而是以另一种看似委婉的方法——躲避——拒绝了鲍罗廷。因为他不愿意直接与鲍罗廷发生冲突或不快。

无论孙中山对鲍罗廷的建议是否能够全部接受，所有的人都看到这样一个事实：自从鲍罗廷到广州后，国民党的改组步伐在日益加快。

1923 年 12 月，鲍罗廷收到了共产国际执委会《关于中国民族解放运动和国民党问题的决议》。当他把决议浏览过一番后，顿时觉得眼前一亮：

廖仲恺

国民党的政纲应该按照这个决议的精神来制定！

原来，在这个决议中，共产国际执委会指出了国民党过去在进行反封建斗争中存在的问题，说明了在民族解放运动中依靠工人阶级和广大人民群众的必要性；决议还就如何在中国革命的新形势下重新理解孙中山的民族主义、民权主义、民生主义，作了详细的阐发。

鲍罗廷决定以此为根据，帮助国民党制定包括政纲在内的国民党宣言。

不久，鲍罗廷即起草了一个宣言草案。12月末，国民党中央执行委员会上海执行部第一次会议对这个草案进行了讨论。鲍罗廷、廖仲恺、胡汉民、汪精卫、瞿秋白等人参加了会议。与会者用了整整一个晚上的时间，就草案的各个部分发表了各自的意见。

会后，鲍罗廷根据大家的意见，又亲自将它修改出来，再由瞿秋白将其译成中文交给汪精卫。汪精卫又对草案进行了加工和改写。

当这个草案被瞿秋白重新译成俄文再交回到鲍罗廷手中时，鲍罗廷立即发现，经过汪精卫加工后的草案，已明显反映出那些著名的国民党人的思想是多么混乱。

从上海回到广州后，鲍罗廷不得不再次组成廖仲恺、胡汉民、汪精卫和他自己参加的四人委员会来讨论草案。1924年1月14日、15日，他们对宣言草案进行了热烈讨论。尤其是在讨论到三民主义时，鲍罗廷不得不一次又一次地说服国民党的领导人接受共产国际对三民主义的重新解释。

到1924年1月中旬，作为国民党代表大会"精神生命"的《中国国民党第一次全国代表大会宣言》草案终于基本拟就。《宣言》包括了"中国之现状"、"国民党之主义"、"国民党之政纲"三大部分，其主要内容是重新解释的三民主义和国民党的对内对外政策。

"中国之现状"，回顾了辛亥革命之后中国的状况和立宪派、联省自治派、和平会议派、商人政府派的错误主张，声明："吾国民党则夙以国民革命、实行三民主义为中国唯一生路。"

"国民党之主义"，重新对三民主义作了符合时代潮流的解释：

对于民族主义，《宣言》指出有两个方面：一则中国民族自求解放。国民党之民族主义，其目的在使中国民族得自由独立于世界。故民族解放之斗争，对于多数之民众，其目标皆不外反帝国主义而已。二则中国境内各民族一律平等。承认中国以内各民族之自决权，于反对帝国主义及军阀之革命获得胜利以后，当组织自由统一的（各民族自由联合的）中华民国。

对于民权主义，《宣言》提出：于间接民权之外，复行直接民权，即为国民者，不但有选举权，且兼有创制复决罢官诸权。国民党之民权主义，为一般平民所共有，非少数人所得而私也。凡真正反对帝国主义之个人及团体，均得享有自由及权利；而凡卖国罔民以效忠于帝国主义及军阀者，无论其为团体或个人，皆不得享有此等自由及权利。

对于民生主义，《宣言》指出：其最要之原则不外二者，一曰平均地权；二曰节制资本。平均地权的内容是：由国家规定土地法、土地使用法、土地征收法及地价税法。私人所有土地，由地主估价呈报政府，国家照价征税，并于必要时依报价收买之，反对土地权为少数人所操纵。节制资本的内容是：凡本国人及外国人之企业，或有独占的性质，或规模过大为私人之力所不办者，如银行、铁路、航空之属，由国家经营管理之，使私有资本制度不能操纵国民之生计。

"国民党之政纲"，阐述了国民党对内对外政策。对内政策宣布了国民党的政治经济政策，确定人民有集会、结社、言论、出版、居住、信仰之完全自由权。对外政策郑重宣布：一切不平等条约，如外人租借地，领事裁判权，外人管理关税权，以及外人在中国境内行使一切政治权力侵害中国主权者，皆当取消，重订双方平等互尊主权之条约。

鲍罗廷认为，此宣言包括了国民党在代表大会上所应当坚持的立场，这是他不懈努力的结果。

孙中山手书：天下为公

3. 会前的分歧

1923 年 11 月 26 日，国民党临时中央执行委员会第 10 次会议决定，在次年 1 月举行中国国民党第一次全国代表大会，同时决定每省出代表 6 人，海外总支部、支部约 12 人参加会议。

当时，国民党在全国各地并没有健全的地方组织，就是在广州，国民党组织也不完善。因此，大会代表产生的方式是多种多样的：有孙中山直接指派的；有由共产党提名，孙中山批准的；有由几个老国民党员联合提名，孙中山同意的；有由各省党员分别推选的。通过以上几种方式，共产生了 216 名代表，其中有 20 多名共产党员。

国民党第一次代表大会即将召开，而这次大会怎样开？要达到什么目的？孙中山并不十分清楚。他甚至对会议的性质也不是很明确。他只是认为，既然要召开这样大规模的一次会议，那么最好是将他在上海时撰写的《建国大纲》在会上公开通过，从而使广州政府取代北京政府，成为全国性的政府。

孙中山为什么会有这种想法呢？因为前不久他在进行争取关余斗争的过程中，列强拒绝将关余拨给广州政府的理由之一，就是广州政府只是个“地方政府”，而不是全国政府。

后来争取斗争固然取得胜利，但广州政府只是个“地方政府”这一现实，使孙中山深为遗憾。从那时起，他就决心要把广州政府改为全国政府。而且他认为，利用国民党代表大会的机会，公布他的《建国大纲》，并选举他为“总统”，就等于在广州建立起了全国性的政府。

为此，孙中山将国民党要人召集起来，向他们宣读了自己的《建国大纲》，要大家表态是支持还是反对。当然，所有的人都不会提出反对意见，他们都表示同意孙中山的主张。

于是，孙中山开始派人联系安福系，希望与其合组政府，同时着手制订政府未来的工作计划。

当鲍罗廷得知这个消息后，认为孙中山这样做有断送代表大会的危险，因为代表大会是要通过国民党的纲领，进而凝聚国民党的人心，为实现国民革命的胜利作准备，而不是孙中山所希望的那样。

鲍罗廷此时才明白，孙中山并不真正理解一个政党的代表大会与议会有什么不同。为了说服孙中山，同时又不伤害孙中山的感情，保证大会按照既定的程序进行，鲍罗廷不得不召集瞿秋白、廖仲恺、汪精卫、胡汉民等大会筹备委员会的主要成员商量对策。

会上，大家都认为，现在连广东都没有统一，根本不存在建立全国性政府的条件，所以立即宣布建立这样的政府显然不合适。

胡汉民说：“主要是我们党自身还没有准备好，我们的力量还没有强大到能在这方面采取实际步骤的程度。在代表大会上，我们应该只讲必要性，只讲党承担对这个口号的宣传工作。”

但为了不使孙中山失望，鲍罗廷也认为，在大会上虽然不提立即建立全国性政府，可以提出“建立全国性政府”的口号，并根据这个口号鼓动宣传，以使群众对成立这样的政府有所思想准备。对此提议，大家一致表示赞成。

会后，廖仲恺和汪精卫将大家商量的结果转告了孙中山，没想到孙中山一口回绝。不得已，他们只得找鲍罗廷帮忙。鲍罗廷对此有如下记录：

第二天，廖和汪精卫来到我这里要求我同孙谈谈他还想宣布自己的政府为全国政府的问题。尽管他们援引了反对孙采取这样的步骤的种种理由，但是孙没有让步。他们说：“我们与他共事

汪精卫

已20年，我们知道，任何理由都不能改变他作出的决定。”他们补充说：“在我们党内有如此巨大意志力的领袖，这当然很好，但也常有这种情况，当我们感到他在沿着斜坡向下滑时，我们却无能为力。”

就此我回答他们说，我同孙共事已经有3个月了，我知道，能够从他那里争取到什么和不能争取到什么。如果委员会能去他那里说服他现在不宣布成立全国政府，而像委员会已经决定的那样，只限于提出有必要成立这样的政府的口号，以使代表大会为党作出宣传这一口号的决议，那么我也参与此事，尽我所能争取孙同意这样做。

但是他们认为去找他是完全没有用的，并说只有我一个人能对他施加影响。

鲍罗廷决定亲自出马。

他找到孙中山，就建立全国性政府问题同孙中山进行了一次非常认真的长谈。谈话的结果令鲍罗廷十分满意：孙中山同意取消自己的决定，只限于由代表大会表示赞成有必要成立全国政府，并向全党发出指示，在群众中为全国政府的口号进行强有力的宣传鼓动工作。[10]

4.《宣言》的危急时刻

经过一段时间的精心筹备，召开国民党第一次全国代表大会的条件已经成熟。

1924年1月15日，苏联驻华全权代表加拉罕致电孙中山，对即将召开的国民党代表大会表示祝贺，贺电说：

> 兹以诚挚之意，庆祝我公与大会之成功。予深信国民党之事业在公指导之下，实为中国人民之民族解放运动的最好希望。苏俄对于中国人民为民族自由与独立之勇猛奋斗表示友爱与同情，并至其同情与希望于我公。公须知凡被世界帝国主义所压迫者，皆吾人之兄弟，凡为人民争自由者，皆吾人之同志，盖皆在一共同之奋斗中也。予兹致意于友爱之中国人民，愿凡为革命奋斗者，皆能坚毅从事。中国人民之民族自由与独立万岁！中国人民之先锋国民党万岁！国民党之首领孙逸仙先生万岁！中俄人民之亲善万岁！世界被压迫各民族之解放与联合万岁！[11]

1月20日，中国国民党第一次全国代表大会在广州开幕。大会由孙中山主持。出席开幕式的代表165人，其中共产党员有20多人。

这是中国国民党自成立以来第一次召开这样的大会，也是国共携手合作的盛会。它标志着中国两个最先进的政党在反帝反封建的旗帜之下走到了一起。

当天，广州举行了群众游行，并在代表大会礼堂前的广场上召开了群众大会，一些参加大会的代表讲了话。这一活动使得代表大会显得尤为隆重。

大会开幕的当天，孙中山就国民党改组发表了演说。他回顾了几十年革命所遇到的挫折和困难，比较了中国革命和俄国革命，探寻了中国革命失败的根源，然后向与会者说：

> 此次改组，就是从今天起，重新做过。古人有言：“以前种种譬如昨天死，以后种种譬如今日生。”由今日起，将十三年种

种宝贵最难得的教训和经验来办以后的事，以前有种种力量来创设民国，以后便有种种力量改造政府。由今天起，按照办法条理，合全国而为一，群策群力，努力而行，则将来成功必定更大。此即为今后之第一大希望。此次改组，即本此意。改组之能成功与否，全凭各同志之能否负责联络与努力奋斗而定之。若能如此，则中国事业大有可为。我国人民身受十三年痛苦，吾党此次应在最短时期内解放之，将国家障碍完全消灭。[12]

孙中山在演说中还特别强调了《中国国民党第一次代表大会宣言》的重要性。他说：

这个宣言，系此次大会之精神生命。此宣言发表后，应大家同负责任。诸君系本党各省代表，宣言通过后，须要负责回各省报告宣传。此宣言将国民党之精神、主义、政纲完全发表，并应使之实现。此宣言今后即可管束吾人之一切举动，故须详细审慎研究。大家通过后，不能随意改变，都应遵守，完全达到目的，才算大功告成。[13]

尽管孙中山改组国民党的决策是坚定的，心情是迫切的，但国民党内成分复杂，立场不一，对于改组国民党和接纳共产党的态度也就五花八门，其中有相当一部分人抱着怀疑和敌视的态度。

从加拿大前来参加国民党全国代表大会的华侨代表黄季陆到达广州后，曾多次在孙中山面前陈述容许共产党员跨党加入国民党的不利之处。黄季陆回忆说：

我举出美国大西洋月刊所报道的一椿事实为例，那报道中是叙述共产党渗透进一个名为美国农民党内把持操纵的事情经过原委，我从那件事实中便对共产党的作风和思想感到深恶痛绝，但总理并不确信共产党有如此恶劣，他说国民党人多，共产党人少，不会发生作用。我立即表示国共两党如砂与石之不能混合，共产党是有组织、有计划的行动，虽然他一时不能操纵把持我们整个的党，但是他们挑拨离间，分化中伤，将使本党永陷入混乱艰苦之中。反复陈明利害，总理最后闻言默不作语。我以为总理或为我言所动。归寓之后，乃奔走同志之间，力劝反对容共，林森、谢持、邓泽如、方瑞麟等十余同志都赞成我的意思，我们曾数度在广州太平沙一个住宅中开会，并且作了一个决议案，但是都无人愿意署名提出，若干老党员顾虑太多，虽表反对，但是不愿出名，我几次奋勇表示愿意出名，可是他们又认为资格不够，结果大会于元月二十日开幕，到了二十八日这个案子还因为无人出头没有提出来。[14]

在代表大会上，国民党代表们意见最大的还是是否接纳共产党人为国民党员的问题。

1 月 20 日，大会开幕的当天，在专为代表们举行的宴会上，江苏代表茅祖权当众宣称："如果共产党人接受我们的纲领，那么，他们就应该放弃自己的纲领，解散自己的政党。否则，就不要加入国民党。"

孙中山听后马上阻止说："20 年以来，党员总是阻挠我革命，总是丢掉民生主义。跟随我的很多，但总是想打他个人的主意。真正跟我来革命的，如汪精卫先生一样的人不出 20 个。今日还有人阻挠我容纳革命的青年！"[15]

毫无疑问，此时孙中山联共的态度是坚决的。

孙中山等步入国民党一大会场

但孙中山不能释怀的，仍然是在代表大会上通过《宣言》还是通过《建国大纲》的问题。尽管他已答应鲍罗廷将建设全国性政府只作为一个宣传口号，但由于《宣言》中鲜明地反对帝国主义的用语引起了海外代表

的不满，他们担心因此损害到自己在国外的利益，纷纷找孙中山提出意见，遂使孙中山再次产生了取消《宣言》代之以《建国大纲》的想法。

1月23日，按日程是代表大会对《中国国民党第一次全国代表大会宣言》进行表决的日子。孙中山经过反复考虑，在这天清早打发人将鲍罗廷请到大会秘书处。

待鲍罗廷坐定，孙中山开口就问：是否最好取消《宣言》，代之以提出《建国大纲》？

孙中山的问题使鲍罗廷心里一惊。

在鲍罗廷关于此事的记录里，这样表述当时的感受：

> 这些恰恰是我所担心的。还在动身去他那里时我就确信，他正是要提出这个建议。不仅从保持代表大会一致的角度来看，而且从消除任何摩擦的角度来看，他最好是取消委员会提交的宣言，提出他本人的纲领，从而保持一切不变。右派不会有任何理由反对他的纲领，相反，他们还会表示欢迎，把它视为摆脱宣言提出的那些该死问题的最好办法。[16]

鲍罗廷看过孙中山的《建国大纲》，他认为，那里面根本没有触及中国目前的局势，也没有指出摆脱这种局势的任何出路，而是充满了令人难以置信的空想。按照这个纲领的设想，是要满足人民吃、穿、住、行这四个主要要求。由于在纲领中没有一句话谈到所指的是什么样的人民，能用什么办法来实现这一切，应在中国创造什么样的条件来实现孙中山的乌托邦，所以小资产阶级的国民党人自然都乐于接受这个纲领。而在国外，已经资产阶级化了的国民党人担心党主张反对帝国主义，有可能招致对他们的驱逐，所以更欢迎《建国大纲》。而孙中山想避免同他们发生任何摩擦，也同意取消《宣言》，代之以《建国大纲》。

鲍罗廷知道，此时到了真正危急的时刻，取消《宣言》就意味着召开代表大会毫无用处，就意味着国民党的那些毫无意义的空话依然存在。

但孙中山在下决心之前能够征求鲍罗廷的意见，说明他对鲍罗廷还是非常尊重的，也说明他还在犹豫之中。

这给了鲍罗廷挽救《宣言》的一线机会。

鲍罗廷在他的札记中叙述了他劝说孙中山放弃《建国大纲》的过程：

> 对孙向我提出的问题，我自然作了否定的答复。一般说来，

要说服孙相信什么是很难的，更何况所谈的是，用他的话说，他为之工作了20年的那些主义。要使他相信他的纲领不适用，就意味着要同他重温整个乌托邦历史，并使他成为一个马克思主义者。我们与之打交道的人，根本不知道革命是怎么一回事，不知道应该怎样来争取和实现革命，等等。此人完全忽略了现在国民革命运动应当做什么，而不是过100年后它将做什么。他是个健忘的人，很难在短时间内改变他的整个思维方式。所以这一次我只指出，他的纲领需要加工和完善，应该把它印出来，但无论如何不能把它同宣言混为一谈，宣言第一次较明确地谈了党的迫切任务和党如何理解自己的主义。我把事情想象成这样，如果说孙的纲领暂时不会带来什么好处，那么无论如何也不会有什么害处，何况不能用任何力量强迫他取消这个纲领。随着时间的推移他自己会明白，用乌托邦是不能解决中国国民革命运动所面临的问题的，并且他自己会取消这个纲领；他自己会明白，如果代表大会通过阐明国民党整个立场的宣言，那么正是宣言，而不是孙的纲领，将成为以真正革命的国民党为首的中国国民革命运动发展的基础。孙的乌托邦纲领反正很快就会被人遗忘，就像他迄今所说和所写的一切被忘却一样，而宣言作为对中国迫切问题的反应和回答，将成为运动的指导性和决定性文件。国民党内所有精明能干和相当出色的人们，恰恰会集合在这个宣言的周围。

我再说一遍，当孙向我提出是否最好取消宣言的问题时，我作了否定的回答，这时出现了维系着国民党当前命运的危急时刻。这个关头，孙应该决定，是坚持自己的纲领，从而转向右派，还是接受宣言，同左派一起前进。

在长时间的交谈中，我不得不使用各种各样的论据，这以后孙为了把他的纲领也印出来，作出了对宣言有利的决定。

……

整个谈话期间，孙不同寻常地频繁点头并作出其他赞同的表示，谈话结束时，他握住我的手走下楼来，坐到主席的位置上，很高明地提请委员会就宣言所作的报告和进行由它引起的辩论。在行动纲领通过时，他本人第一个投票赞成，然后孙作了下面简短的讲话，证明我们的谈话没有白白进行。[17]

为使《宣言》能够在大会上顺利通过，孙中山特意发表了讲话。他说：

> 此次我们通过宣言，就是从新担负革命的责任，就是计划彻底的革命。终要把军阀来推倒，把受压的人民完全来解放，这是关于对内的责任。致对外的责任，要反抗帝国侵略主义，将世界受帝国主义所压迫的人民来联络一致，共同动作，互相扶助，将全世界受压迫的人民都来解放。[18]

之后，正如鲍罗廷所记载的，孙中山成功地主持了对《宣言》的讨论。当大会进行到对《宣言》进行投票的议程时，孙中山第一个投了赞成票。

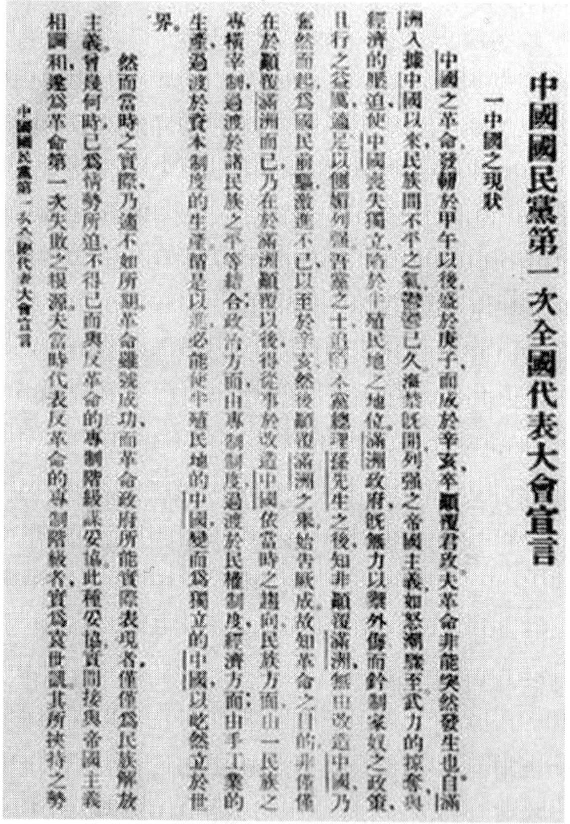

中國國民黨第一次全國代表大會宣言

一 中國之現狀

中國之革命，發軔於甲午以後，盛於庚子，而成於辛亥，卒顛覆君政。夫革命非能突然發生也，自滿洲入據中國以來，民族間不平之氣，抑鬱已久。海禁既開，列強之帝國主義如怒潮驟至，武力的掠奪與經濟的壓迫，使中國喪失獨立，陷於半殖民地之地位。滿洲政府既無力以禦外侮，而鉗制家奴之政策，且行之益厲，適足以側媚列強。吾黨之士，追隨本黨總理孫先生之後，知非顛覆滿洲，無由改造中國，乃奮然而起，爲國民前驅，激進不已，以至於辛亥，然後顛覆滿洲之舉，始告厥成。故知革命之目的，非僅僅在於顛覆滿洲而已，乃在於滿洲顛覆以後，得從事於改造中國。依當時之趨向，民族方面，由一民族之專橫宰制，過渡於諸民族之平等結合；政治方面，由專制制度過渡於民權制度；經濟方面，由手工業的生產過渡於資本制度的生產。循是以進，必能使半殖民地的中國，變而爲獨立的中國，以屹然立於世界。

然而當時之實際，乃適不如所期，革命雖號成功，而革命政府所能實際表現者，僅僅爲民族解放主義。曾幾何時，已爲情勢所迫，不得已而與反革命的專制階級謀妥協。此種妥協，實間接與帝國主義相調和，遂爲革命第一次失敗之根源。夫當時代表反革命的專制階級者，實爲袁世凱，其所挾持之勢

中國國民黨第一次全國代表大會宣言

国民党一大宣言

孙中山真不愧是一位伟大的革命家！他不仅能够在作出决定前征求鲍罗廷的意见，而且能够在自己的意见被否定后，全心全意地宣传《宣言》的主旨。这一点是难能可贵的，也是鲍罗廷始料未及的。

现在，一般权威人士对国民党一大通过的《宣言》是这样评价的：

经过重新解释的三民主义包含了新的内容和新的革命精神，后人称之为新三民主义。新三民主义的政纲同中国共产党的民主革命纲领在基本原则方面是一致的，因而成为国共合作的共同纲领。[19]

从这个意义讲，孙中山最终使《宣言》在国民党一大通过，是一个具有重大历史意义的抉择！

《宣言》通过的第二天，孙中山向加拉罕发电说：

本会的目的，在继续辛亥革命事业以底于完成，使中国脱除军阀与夫帝国主义之压迫以遂其再造。夫以积弱而分裂之中国而自然之富甲于天下，实为亚洲之巴尔干，10 年之内或以此故而肇启世界之纷争；故为保障亚洲及世界之和平计，其最善及唯一之方，惟有速图中国之统一及解放。

本会深信，全世界之自由民族，必将予以同情，而俄国人民来此先声，尤为吾人所感激。中俄两国人民行将共同提挈，以进于自由正义之途。[20]

5. 合作正式形成

1924 年 1 月 21 日，世界革命的伟大导师列宁因病在莫斯科附近的哥尔克村逝世。

1 月 25 日，当消息传到广州时，孙中山以悲痛的心情来到代表大会会场，中断了大会正在进行的议程，向代表们宣布了这个不幸的消息，并对与会者说：

大家都知道，俄国革命在中国之后，而成功却在中国之前，其奇功伟绩，真是世界革命史上前所未有。其所以能至此的缘故，实全由其首领列宁先生个人之奋斗，及条理与组织之完善。故其为人，由革命观察点看起来，是一个革命之大成功者，是一个革命中之圣人，是一个干革命中最好的模范。……现在俄国的

首领列宁先生去世了，于俄国和国际上会生出什么影响来，我相信是决没有的。因为列宁先生之思想魄力、奋斗精神，一生的工夫全结晶在党中。他的身体虽不在，他的精神却仍在。

孙中山由此联想到他与国民党的关系，便接着说："从前在日本，虽想改组，未能成功，就是因为没有办法。现在有俄国的方法，以为模范，虽不能完全仿效其办法，也应信效其精神，才能学得其成功！本党此次改组，就是本总理把个人担负的革命重大责任分之众人，希望大家起来奋斗，使本党不要因为本总理个人而有所兴废，如列宁先生之于俄国革命一样，就是本总理的最大希望！"[21]

孙中山讲演完毕，又请鲍罗廷介绍列宁的业绩。

为了表示对世界无产阶级革命领袖的沉痛哀悼，大会根据孙中山的提议，当即通过了三项决议：（一）电唁苏联致哀；（二）休会三天，广州各机关下半旗三日，以示哀悼；（三）广泛宣传列宁的生平及其事业。

当天，广州市政府大楼、孙中山的大本营，都降下半旗。孙中山特意致电苏联驻华全权代表加拉罕，对列宁的逝世表示哀悼。他在电文中说：

当伟大的列宁离开苏俄朝气蓬勃的生活之际，我请求您向您的政府代达我的深切的哀悼。然而他的名字和对他的纪念将永远长存，人们将继续珍视他那种造成最高度的政治家和有创造力的领袖的英雄品质。他的著作也将长存，因为他的著作是建立在一定会掌握和统治未来人类的思想和希望的这样的社会观念上的。[22]

为了悼念列宁，中国国民党还于2月24日在广州市立第一公园举行了追悼列宁逝世大会。参加会议的有广州各界人士六万多人。孙中山亲笔书写了"国友人师"的祭幛，并在会上发表了一篇言简意赅的悼词：

中华民国十三年二月，俄国苏维埃政府领袖列宁先生之丧，孙文既与同人追悼，乃述哀词曰：

茫茫五洲，芸芸众生，孰为先觉，以福齐民？
伊古迄今，学者千百，空言无施，谁行其实？
唯君独立，万夫之雄，建此新国，跻我在同。
并世而生，同洲而国，相望有年，左提右挈。
君遭千艰，我丁百厄，所冀与君，同轨并辙。

敌其不乐，民乃大欢，邈焉万里，精神往还。
天不假年，与君何说，亘古如生，永怀贤哲！[23]

休会三日之后，国民党代表大会继续开会。

广州市立第一公园

1月24日晚，在国民党章程审查委员会会议上，上海代表何世桢提出："任何其他政党的成员，不得成为国民党党员。"其意思很明确：国民党内不能有跨党党员存在。加入国民党的共产党人，要么退出国民党，要么退出共产党，二者只能选择其一。

国民党内排斥共产党人的情绪，使与会的共产党人感到，不对这些情绪加以反击，会直接影响到国共以后的关系。

为了统一思想，共同对付难以避免的争论，1月25日，参加国民党一大的中共党员召开了一次党团会议，参加者有李大钊、毛泽东、谭平山、张国焘、李立三、瞿秋白、鲍罗廷也出席了会议。

会上，李大钊说："我们应当发表一项声明，说明我们加入国民党，是为了帮助国民党改组和发展国民革命运动。我们不是要从国民党攘窃什么。如果国民党不需要我们帮助，那就不要。如果有任何怀疑，那就要讲明。我们的主席[24]清楚我们加入国民党的整个过程，清楚我们为进行什么斗争而结成一条战线。"

会议最后根据鲍罗廷的建议，决定组成一个由李大钊负责的三人小组，起草一个声明，准备在大会上进行反击。

1月28日，在国共合作问题上果然又生出一场风波。

在讨论国民党总章的审查报告时，广州代表方瑞麟忽然要求发言，他说："本党党员不得加入他党应有明文规定，主张在第一章第二条之后增加一条，文为'本党党员不得加入他党'"。此议一出，约有10多人举手"附议"。

早有准备的李大钊当即要求发言。在得到会议主席胡汉民允许后，他说：

> 诸位同志们：兄弟深不愿在本党改造的新运中，潜植下猜疑与不安的种子，所以不能不就我个人及一班青年同志们加入本党的理由及其原委，并我们在本党中的工作及态度，诚恳地讲几句。
>
> 兄弟们到广州来，承本党总理及党中先进诸同志欢悦的接受，令我们在国民革命的工作上得有尽其绵薄的机会，我等不能不敬服本党总理及党中先进诸同志热诚的促进负有国民革命的使命的国民党的精神。但有少数先进的同志终不免对于我等加入本党致其怀疑者，使此怀疑不能涣然冰释，则于本党改造的新机中，即预伏一种妨害将来发展的危机，此断非吾之所愿，想亦非先进诸同志之所愿。用是不能不将我等加入本党的理由开诚布公地讲出来，以求得一共同的了解而消除那方在潜萌的危机。

李大钊从中华民族遭受帝国主义和封建军阀的压迫讲到组成国民革命联合战线的重要性，然后说：

> 我等之加入本党，是为有所贡献于本党，以贡献于国民革命的事业而来的，断乎不是为取巧讨便宜，借国民党的名义作共产党的运动而来的。因为在今日经济落后沦为帝国主义下半殖民地的中国，只有国民革命是我民族唯一的生路，所以国民革命的事业，便是我们的事业，本党主张的胜利，即是我们的胜利。我们以此理由，不但自己愿来加入本党，并愿全国国民一齐加入本党。这种发展本党的责任，是要先进诸同志与我们共同担负的。
>
> 有一部分同志疑惑因为我们加入了本党，本党便成了共产党，

这亦是一种的误会。我们加入本党是接受本党的政纲，不是强本党接受共产党的党纲。试看本党新定的政纲，丝毫没有共产主义在内，便知本党并没有因为我们一部分人加入，便变成共产党了。

……

总之，我们加入本党，是几经研究再四审慎而始加入的，不是胡里胡涂混进来的，是想为国民革命运动而有所贡献于本党的，不是为个人的私利与夫团体的取巧而有所攘窃于本党的。……我们加入本党的时候，自己先从理论上事实上作过详密的研究。本党总理孙先生亦曾允许我们仍跨第三国际在中国的组织，所以我们来参加本党而兼跨固有的党籍，是光明正大的行为，不是阴谋鬼祟的举动。不过，我们既经参加了本党，我们留在本党一日，即当执行本党的政纲，遵守本党的章程及纪律；倘有不遵本党政纲不守本党纪律者，理宜受本党的惩戒。我们所希望于先辈诸同志者，本党既许我们以参加，即不必对于我们发生疑猜，而在在加以防制。[25]

李大钊的发言字字有力，句句在理。不少代表听罢连连点头，起而发言表示支持。这样，方瑞麟的提议被否决。[26]

李大钊

1月30日上午，会议开始选举中央执行委员会。

由孙中山提议，会议选出中央执行委员24人，他们是：胡汉民、汪精卫、张静江、廖仲恺、李烈钧、居正、戴季陶、林森、柏文蔚、丁惟汾、石瑛、邹鲁、谭延闿、覃振、谭平山（共产党员）、石青阳、熊克武、李大钊（共产党员）、恩克巴图、王法勤、于右任、杨希闵、叶楚伧、于树德（共产党员）；选出候补中央执行委员17人，他们是：邵元冲、邓家彦、沈定一（共产党员）、林祖涵（共产党员）、茅祖权、李宗黄、白云梯、张知本、彭素民、毛泽东（共产党员）、傅汝霖、于方舟（共产党员）、张苇村、瞿秋白（共产党员）、张秋白、韩麟符（共产党员）、张国焘（共产党员）。

1月30日下午，选举中央监察委员会。由孙中山提议，会议选举邓泽如、吴稚晖、李石曾、张继、谢持为中央监察委员；选举蔡元培、许崇智、刘震寰、樊钟秀、杨庶堪为候补中央监察委员。

选举结束后，大会即举行闭幕式，由孙中山主持并致《闭会词》。孙中山在致辞中说：

> 党员的奋斗，是和军队的奋斗一样。军队在奋斗的时候，如果司令官的命令，一时不对，当兵士的都要服从，照原命令去共同前进。若是都能前进，或者将错就错，也能打胜仗。……本党党员从前常有自以为是的，便是独断独行。所以弄到全党的精神非常涣散，革命事业不能成功。以后要我们革命事业完全成功，便要大家一致行动，团结精神。
>
> 我们这次在广州开会，是重新来研究国家的现状，重新来解释三民主义，重新来改组国民党的全体，从此以后，大家分到各地方，便要希望一致去奋斗。……因为见到从前的奋斗尚不充分，所以这次要开大会，把全党改组。从前奋斗不充分的原因，是由于没有办法，从此以后有了办法，就要诸君担负责任，拿这个办法，去替国人发生一个新希望。[27]

孙中山致辞完毕，全体代表向党旗行三鞠躬礼。大会在“国民党万岁!”的口号声中宣告结束。

中国国民党第一次全国代表大会是具有重大历史意义的会议。

此次大会通过了著名的《中国国民党第一次全国代表大会宣言》，重新解释了三民主义，实际上确立了联俄、联共、扶助农工的三大政策，为国共合作奠定了政治基础。

同时，大会通过了中国共产党党员和社会主义青年团员以个人身份加入国民党的原则，选举了有中国共产党党员参加的国民党中央执行委员会，改组了国民党。

此次大会是国共合作正式建立的标志。

此次大会是孙中山晚年推进中国革命的一大历史功绩。

注 释

1.《联共（布）中央政治局会议第21号记录》（1923年8月2日），中共中央党史研究室第一研究部译：《共产国际、联共（布）与中国革命档案资料丛书》第1卷，北京图书馆出版社1997年版，第265—266页。

2. 1923年8月，孙中山派出以蒋介石为团长的“孙逸仙博士代表团”赴莫斯科。

3.《鲍罗廷关于华南形势的札记》，中共中央党史研究室第一研究部译：《共产国际、联共（布）与中国革命档案资料丛书》第1卷，北京图书馆出版社1997年版，第365—367页。

4. 鲍罗廷有这样的记载：“开始时他试图将谈话转到军事上，竭力使我相信，最好他在这条战线上有这样的军队，而在另一条战线上有那样的军队。有时他提出要根据某些战役的结局来改组问题，他设想在这此次向北京的远征。”参见中共中央党史研究室第一研究部译：《共产国际、联共（布）与中国革命档案资料丛书》第1卷，北京图书馆出版社1997年版，第372页。

5.《鲍罗廷关于华南形势的札记》（1923年12月10日），中共中央党史研究室第一研究部译：《共产国际、联共（布）与中国革命档案资料丛书》第1卷，北京图书馆出版社1997年版，第372—373页。

6.《孙中山全集》第8卷，中华书局1986年版，第438页。

7.《鲍罗廷关于华南形势的札记》（1923年12月10日），中共中央党史研究室第一研究部译：《共产国际、联共（布）与中国革命档案资料丛书》第1卷，北京图书馆出版社1997年版，第374页。

8. 参见《孙中山全集》第8卷，中华书局1986年版，第430—431页。

9.《孙中山全集》第10卷，中华书局1986年版，第291页。

10.《鲍罗廷的札记和通报》（不晚于1924年2月16日），中共中央党史研究室第一研究部译：《共产国际、联共（布）与中国革命档案资料丛书》第1卷，北京图书馆出版社1997年版，第486—487页。

11.《苏联全权代表加拉罕致孙中山电》（1924年1月15日），中共中央党史研究室第一研究部编：《共产国际、联共（布）与中国革命档案资料丛书》第2卷，北京图书馆出版社1997年版，第570页。

12.《中国之现状及国民党改组问题》，《孙中山全集》第9卷，中华书局1986年版，第101页。

13.《中国之现状及国民党改组问题》,《孙中山全集》第9卷,中华书局1986年版,第102页。

14. 李云汉:《从容共到清党》,第176—177页。

15. 见子任:《国民党右派分离的原因及其对于中国前途的影响》,《政治周报》第4期,1926年1月10日。

16.《鲍罗廷的札记和通报》(不晚于1924年2月16日),中共中央党史研究室第一研究部译:《共产国际、联共(布)与中国革命档案资料丛书》第1卷,北京图书馆出版社1997年版,第471页。

17.《鲍罗廷的札记和通报》(不晚于1924年2月16日),中共中央党史研究室第一研究部译:《共产国际、联共(布)与中国革命档案资料丛书》第1卷,北京图书馆出版社1997年版,第473—476页。

18.《对于中国国民党宣言指趣之说明》,《孙中山全集》第10卷,中华书局1986年版,第126页。

19.《中国共产党历史》第一卷(上册),中共党史出版社2002年版,第116页。

20.《孙中山复苏联全权代表加拉罕电》(1924年1月24日),中共中央党史研究室第一研究部编:《共产国际、联共(布)与中国革命档案资料丛书》第2卷,北京图书馆出版社1997年版,第571页。

21. 刘芷芬编:《孙总理在中国国民党第一次全国代表大会演说词》,大会秘书处1924年2月印本,第24—25页。

22.《人民日报》1956年11月6日。

23.《广州民国日报》1924年2月25日。

24. 指孙中山。

25.《中共中央文件选集》第1册,中共中央党校出版社1989年版,第604—607页。

26. 汪精卫、廖仲恺发言均见中国第二历史档案馆编:《中国国民党第一、二次全国代表大会会议史料》(上),江苏古籍出版社1986年版,第52—53页。

27. 刘芷芬编:《孙总理在中国国民党第一次全国代表大会演说词》,大会秘书处1924年2月印本,第32—35页。

十二　黄埔军校

1. 创建军校的动力

1924 年 1 月国民党一大的召开，使孙中山创办国民党自己军校的愿望有了实现的可能。

由于没有自己的军队，孙中山长期以来不时遭到军阀的挤对，甚至出卖。最令孙中山难忘的，还是在他 1923 年 2 月重回广州之后。

那时，为了使革命根据地得到巩固，首要的任务就是要消灭盘踞在惠州城的陈炯明。但大本营建立不久，桂军首领沈鸿英就与直系军阀勾结起来，企图夺取广东地盘。他以移防为名，将部队集中于韶关、新街、高塘一带，伺机背叛。

这年的 4 月 15 日，沈鸿英在新街宣布就任北洋军阀政府委任的“广东军务督理”。随后，桂军一万余人在李易标等人指挥下，向广州东门外和观音山等地进攻。

孙中山得知情况后，立即宣布撤销沈鸿英的桂军总司令职务，并命令滇军杨希闵部、桂军刘震寰等部反击叛军。

4 月 19 日，沈军沿粤汉线溃退。5 月 9 日，沈军从韶关败退。7 月，李济深部占领梧州。至此，战事以沈军的彻底失败而告结束。

不久，在打击陈炯明余部战斗中，孙中山再度面临军阀的捣乱。当时为了彻底消灭盘踞在东江和惠州的陈炯明叛军，孙中山命令驻守广州的杨希闵、刘震寰部开赴前线。

杨希闵、刘震寰担心攻破惠州城后，孙中山要他们带部队北伐，而他们是根本不愿意北伐的，所以便想出了一招，指使部下天天闹着要饷，借故不出发。

孙中山哪里知道杨、刘的用心。为了给滇、桂军发饷，他指示大本营秘书长胡汉民以大元帅的名义写了一份到市政厅提款 20 万元的手令，然后派大本营上校咨议张猛带着手令去提款。

张猛到了市政厅，从早晨 8 点半等到 11 点，才见市长孙科上楼来办公。孙科一见手令，就说：“我不会印银纸，哪里有这么多钱。”说着，就把手令撕毁丢入纸篓，然后下楼坐上汽车扬长而去。

孙中山得知部队因为没有领到饷不出发，又气又急，马上打电话找来孙科，把他训斥了一通。

孙科挨了训，心里很生气，便下到二楼秘书室找胡汉民出气。他恶语攻击胡汉民，说胡汉民假借命令索钱，害得他们父子不和，边说边顺手就拿起手杖要打胡汉民。

正在这时，孙中山被楼下的吵闹声惊动，便走了下来。他看见孙科对胡汉民凶恶的态度，气得几乎失去了理智，随手将守在楼梯口的卫士的驳壳枪拿过来，追打孙科。一边追，一边大骂："你这个野仔，反革命仔，我要枪毙你！"

孙科一看情势不好，急忙向大门口跑去。孙中山一直追到大门口，连穿在脚上的草拖鞋也跑掉了。

孙中山与孙科

事后，由邹鲁、古应芬出面，要孙科向胡汉民斟茶认错，事情才算结束。

然而，滇军和桂军领了军饷，开到前方，却不肯出力打仗。孙中山得知此情，便召集杨希闵、刘震寰及各军、师、旅长训话。他说：

你们联名请我返粤主持国家大计，又天天向我要钱要械，却不肯出力打仗，一味坐地分肥，以为广东是你们的安乐窝，保存自己的实力，为自己利益打算。这样的军队不革命有什么用。老实对你们说，我是为了国家大事而来的，不是为了升官发财而来的。如果你们不愿意跟我革命，你们要反革命，来造反，我是不怕的。如果你们要革命，就跟我来，准备北伐，打倒军阀，统一中国。只看眼前，放弃革命，一心霸占广东，毫无远见，最终敌人会消灭你们的。广东的肥猪肉不能长吃，吃得多了会得病的。[1]

孙中山的训话对于这些没有革命理想的军阀来说，等于是对牛弹琴。果然，不久又发生了闹饷风潮。

一天，刘震寰、杨希闵部下约100多人，其中有一些是伤病员，齐集到位于士敏土厂的大元帅大本营的外面，吵吵闹闹地要求清发欠饷。

这时，孙中山正在楼上办公，听到卫士来报，就携同卫士长姚观顺和黄惠龙下楼，他面部严肃而和蔼地对士兵们说：

我们闹革命是为全中国同胞谋安乐的，大家都有父母妻儿、兄弟姊妹，我们今天辛苦一时，都是为全国同胞包括自己的亲人着想、出力，将来他们会永远记着我们的。我们吃一点苦，是很值得、很有代价的。各位兄弟都是来做革命工作的，我们打败了敌人，就是减去百姓的痛苦。我们的文武官员、士兵，目前一样艰苦，一样忍受。希望你们以国家为重，以老百姓为重，以革命为重。个人吃点辛苦甚至冒着生命危险，只要是为国家，为老百姓，就有价值，就是光荣。黄花岗你们也常到的。黄花岗的七十二烈士，当年万分勇敢、艰苦、危险，去打倒清廷帝制黑暗世界，他们吃的是自家的饭，自动地以极少人数和枪弹，敢于进攻清朝的总督衙门，他们是何等勇敢！他们虽然死了，何等光荣！现在我们要平定广东的内乱，出师北伐，打倒军阀。你们参加到革命队伍，是光荣的，勇敢的。我要求你们回到队伍去，有伤病未医好的，好好医理；操练的安心操练，服从军令，不要受人唆摆；总以革命为重，国家为重。[2]

孙中山的话深深打动了在场的士兵，他们主动向孙中山立正、敬礼。孙中山举手还了礼，温和地对他们说：“大家返去。”士兵们便很有秩序地离开大本营，回到了部队。一场闹饷风潮就这样平息了。

创建革命根据地的艰难，使孙中山特别认识到军队的重要性。而创建军校培养自己的军事人才，还是在他与马林第一次交谈后，经马林提醒才有的想法。后来，在与莫斯科代表的交往中，建立军校更是双方都感兴趣的话题。

孙中山通过俄国革命的经验，深刻认识到：俄国革命所以能够成功，是因为有了革命军做革命党的后援，而中国革命只有革命党的奋斗，没有革命军的奋斗，所以革命便不能完全成功。

于是，孙中山下定决心，要创办国民党自己的军校，培养自己的革命军事人才。

2. “这是革命的黄埔”

其实，早在1923年10月15日，中国国民党党务讨论会就研究了建立军官学校的问题，还通过了“建立陆军讲武堂于广州”的提案。

此后，孙中山主持召开了数次会议，对创建军校问题进行讨论。甚至在当年的11月26日，在中国国民党临时中央执行委员会第10次会议上，还作出如下决定：（1）军校名称定为“国民革命军官学校”；（2）蒋介石为校长；（3）陈翰誉为教练长；（4）廖仲恺为政治部主任；（5）廖仲恺负责军校筹备工作；（6）校址定为东园。

决定是作了不少，但直到1924年1月国民党一大召开时，创建军校的事情仍然停留在纸上。

1月24日，国民党一大正式议决创办“陆军军官学校”。同一天，孙中山任命蒋介石为陆军军官学校筹备委员会委员长，邓演达、王柏龄等七人为筹备委员，并聘请鲍罗廷为政治顾问，加伦为军事顾问。

1月28日，孙中山亲自勘定距广州约20公里的黄埔岛为军校校址。

黄埔岛曾是一个要塞，建于1870年。在黄埔军校创建时，岛上还保留着当年保卫海岸用过的大炮。岛上原有一所陆军学校，为清末两广总督岑春煊的幕僚周善提议创办的，当时叫“将弁学校”，开办不久即停办。校舍虽由番禺县黄埔区政府保管，但多已荒废，里面堆放着杂物。校舍的左边还有一所海军学校。孙中山决定将这两所学校的校舍修整后拨给黄埔军校使用。

国民党一大结束后，由蒋介石、李济深、王柏龄、邓演达等人组成的军校筹备委员会成立。2月8日，在广州市南堤2号设立筹备处，开始进行具体的筹建工作。

不料在筹备军校的过程中，蒋介石却遇到了不顺心的事。

驻守广州的滇、桂军对于创办军校十分不乐意。一次，滇军第三军军长范石生当面奚落蒋介石说："你在黄埔办什么鸟学校，你只有那么几根'吹火筒'，我只派一营人就可完全缴你的械。"

蒋介石知道在广州的军阀不赞成办黄埔军校，担心他们会不断找麻烦，万一将来到军校闹事，会有无穷的麻烦，另外，他对孙中山处理人事等一系列做法也多有意见，再加之筹备经费一时难以到位，便产生了撂挑子的想法。

2 月 21 日，蒋介石在未征求任何人意见的情况下，指使秘书王登云遣散军校筹备处。他给孙中山留下了一份辞呈，内称："自维愚陋，不克胜任，请另选贤能。"然后便不辞而别。

此时，军校正在进行招生考试之际，廖仲恺得知此事后，便对筹备处的人说："你们应该了解，办黄埔是党要办的，而且一定要办成。你们中间有不少人是蒋介石邀请来的，你们应该以君子受人以德的态度帮助他。如果党要办，蒋介石不要办，或因此办不成，蒋介石要开罪于全党的，将来他如想回来再参加革命，怕也很困难了。所以，筹备工作照常进行。"

蒋介石走了，但军校的筹备工作不能停下来，孙中山只得给已身兼数职的廖仲恺再次加码，要他暂时代为筹备军校。

廖仲恺只好殚精竭虑，推动筹备工作继续进行。在他的领导下，筹备处一方面对军校进行基本建设，改造了校舍，选任了工作人员；另一方面对大批报考生进行测试，录取了第一期 500 余名学员。

后来，经过孙中山、廖仲恺、胡汉民多次函电，并派许崇智到蒋介石的奉化老家劝说，蒋介石才于 4 月间回到广州。

5 月 3 日，孙中山任命蒋介石为陆军军官学校校长兼粤军参谋长。

5 月 5 日，黄埔军校开学，新生进行编队整训等工作。

6 月 16 日，军校全体师生在黄埔岛隆重举行军校正式开学典礼。

这天，军校内外喜气洋洋。当孙中山和夫人宋庆龄从舰艇上走下来时，欢呼声、军乐声、礼炮声立时响彻云霄。

迎着排列整齐的学员队伍，孙中山走进黄埔军校。他浏览了教职员名册和教学计划，并巡视了讲堂和寝室。之后，他来到了学校的礼堂，开学典礼在这里举行。

先请党旗、校旗就位，再唱校歌、军歌，然后由胡汉民宣读孙中山为军校写的训词：

孙中山在黄埔军校

三民主义，吾党所宗；以建民国，以进大同。
咨尔多士，为民前锋。夙夜匪懈，主义是从。
矢勤矢勇，必信必忠。一心一德，贯彻始终。

孙中山接着发表演说：

今天是本校开学的日期。我们为什么有了这个学校呢？为什么一定要开这个学校呢？诸君知道，中国的革命，有了十三年，现在得到的结果，只有民国之年号，没有民国之事实。像现在看来，中国革命十三年，一直到今天，只得到一个空名。所以中国十三年的革命，完全是失败；就是到今天，也还是失败。

孙中山接下来把中国革命同俄国革命作了比较，说明创建革命军队的重要性。他说：

俄国遭了那样大的艰难，遇了那样多的敌人，还能够在六年之内，把所有的障碍一概打消，革命是彻底的成功；我们革命的时期比较俄国的要长一半，所遇到的障碍又不及俄国的大，弄到如今革命还是不能成功呢？俄国发生革命的时候，虽然是一般革命党员做先锋，去同俄皇奋斗，但是革命一经成功，便马上组织革命军；后来因为有了革命军做革命党的后援，继续去奋斗，所以就是遇到了许多大障碍，还是能够在短时间内大告成功。而我们革命，只有革命党的奋斗，没有革命军的奋斗；因为没有革命军的奋斗，所以一般官僚军阀便把持民国，我们的革命便不能完全成功。

孙中山对于黄埔军校寄予了很大的希望，他说：

> 我们今天要开这个学校，是有什么希望呢？就是要从今天起，把革命的事业重新来创造，要用这个学校内的学生做根本，成立革命军。诸位学生，就是将来革命军的骨干。有了这种好骨干，成了革命军，我们的革命事业，便可以成功；如果没有好革命军，中国的革命，永远还是要失败。所以今天在这里开这个军官学校，独一无二的希望，就是创造革命军，来挽救中国的危亡！[3]

孙中山的演讲历时一个半小时之久。演讲完毕，听众齐呼：“孙总理万岁！”“国民党万岁！”

> 怒潮澎湃，党旗飞舞，这是革命的黄埔！
> 主义须贯彻，纪律莫放松，预备做奋斗的先锋！
> 打条血路，引导被压迫民众。
> 携着手，向前行，路不远，莫要惊。
> 亲爱精诚，继续永守，发扬本校精神。

这是黄埔军校的一首校歌。其中“亲爱精诚”四个字，是孙中山亲自为黄埔军校写的校训。

孙中山对黄埔军校寄予厚望，他希望军校学生团结互助，将来成为革命的精英。

3. 艰难起步

黄埔军校刚开办时，面临的最大困难是经费短缺。

当时，广州虽然是国民革命的大本营，孙中山是最高权力的拥有者。但实际上，这里却是军阀杨希闵、刘震寰把持的天下。他们借讨伐陈炯明有功，驻军广州，把持广州的财政和一切税收机关，对孙中山采取阳奉阴违的态度。对于孙中山建立黄埔军校这一举措，他们是不赞成的，于是便利用手中的权力，百般刁难，制造种种障碍。

当时，廖仲恺为了筹措军校的经费，尽心竭力，使出了浑身解数，有时竟不得不委曲求全地向杨、刘求助。张治中对此曾有一段感人的记述：

> 那时候广东的财政和一切税收机关，统统把持在军阀手里；而这班军阀根本是反对黄埔，根本就不愿我们黄埔成立与存在的。我们常常听到廖先生同我们讲起筹款时种种困难的时候，他几乎落下泪来。他晓得本校明天的伙食就没有了，他在今天就四出奔跑设法，一直到了下午八九点钟，还没有得着一个钱的时候，他只好跑到这一批军阀的公馆里去。
>
> 这一些军阀总是正靠在烟榻上抽大烟，我们廖先生本来是一个革命党员，对于这一班军阀的情形怎么能看得惯？但是他为了要养活五百个革命青年，他不得不为我们牺牲身份，而并且也靠在大烟床上陪着军阀谈笑，等到军阀高兴了，他才提出某一个地方有一笔款子可以让他去收一收，只说有一个紧急的用途，始终不敢提起是为黄埔学生的伙食，然后这班军阀才答应了廖先生，然后我们这五百个热血青年，才不至于断饮。
>
> 当时学生生活怎样呢？学生的服装只是一套灰布的衣服，没有袜子，赤着足穿着草鞋。住的房子更是简陋得很，当时只有一部分学生借用从前黄埔陆军小学的瓦房来住的。此外就完全住在临时用芦席搭成的棚子，睡的是用竹子担起的床。曾记得我们校长（蒋介石）常常讲到这种困难情形，与我们廖先生商量，而廖先生总是安慰他说："你尽管专心去教育学生吧，关于经费方面，都由我负责。"大家没有饭吃的时候，就由他去筹划，所以我们想到这种情形，廖仲恺先生真是"黄埔的慈母"。[4]

黄埔军校的学生是来学军事的，因而不能没有枪。

孙中山在军校开学前，就批准发给黄埔军校 300 支粤造七九式毛瑟枪。但当时广州的兵工厂，并不以军校为重，只知道唯军阀的马首是瞻。廖仲恺交涉了不少时日，说了不少好话，到开学时，才仅仅得到 30 支枪，只能

勉强供卫兵守卫之用。开学后 3 个月，武器的事仍然如石沉大海，毫无继续供给枪支的迹象。

万事开头难。

而孙中山是一个不怕难的革命家。

为了把军校真正建立成培养革命军事干部的摇篮，孙中山紧紧依靠苏联顾问和中国共产党人，采取了一些有力措施。

一是借鉴苏联红军的经验，建立了中国军队史无前例的党代表制度。他特意任命廖仲恺为军校党代表，并规定，党代表的职权是监督军校的各项工作，军校的一切命令必须有党代表的签署。为了加强党对军校的领导，孙中山亲自兼任军校总理。决定由军校总理、校长、党代表组成校本部，作为军校最高领导机关，隶属于中国国民党中央执行委员会。

黄埔军校校长蒋介石

二是设立政治部，负责军校的政治思想教育工作。孙中山认为，要使军人具有革命精神，便先要了解党的主义和实现主义的方法，先有了革命主义，才有革命目标；有了革命目标，才发生奋斗精神。明白了三民主义，才能够干革命事业。因此，黄埔军校十分重视政治思想教育，以保证贯彻以主义建军的原则，把政治教育提到与军事训练同等重要的地位，培

养学生爱国、革命的精神，这是黄埔军校区别于一切旧式军校的一大特色。

三是严格选拔学员，保证学员质量。军校对应考考生的年龄、学历、身体和思想状况都有明确的规定和要求：年龄在18岁以上，25岁以内；学历为旧制中学毕业及与中学相当程度之学校毕业；身体要求营养状态良好，强健耐劳，无眼疾、痔疾、肺病、花柳病等；政治上要求为中国国民党党员，能了解国民革命速须完成之必要者，或具有接受国民党主义之可能性，无抵触国民党主义之思想，有国民党党员之介绍者。

孙中山还经常抽时间到军校演讲，促使学员本着“亲爱精诚”的校训，尽快成长为对革命战争有用的人才。

4. 苏联的援助一波三折

自从1923年5月越飞向孙中山传达了苏联即将援助国民党的信息后，孙中山一直在等待着援助的到来。为了促使苏联尽快履行承诺，当年8月，孙中山派出了以蒋介石为首的“孙逸仙博士代表团”一行四人赴俄，同苏联领导人具体商讨援助国民党的问题。

孙中山对于蒋介石等人的访苏寄予厚望，他在给列宁、契切林、托洛茨基的信中介绍了他的“参谋长和密使”蒋介石以及代表团此行的目的。

9月17日，孙中山在致加拉罕的信中又说：

> 我派他（即蒋介石。——引者）去莫斯科讨论我在那里的朋友可以通过什么途径和方法帮助我在国内的工作。特别是蒋将军要和贵国政府及军事专家一起提出一项由我的军队在北京西北及以远地区进行军事行动的建议。兹授予蒋将军全权代表我行事。[5]

孙逸仙博士代表团于9月2日抵达莫斯科，在苏期间拜访了俄共（布）中央领导人，同共产国际执委会举行了会谈，参观了苏军部队和军校，接见了在莫斯科的国民党员和中国留学生。根据临行前孙中山的要求，代表团向苏联外交人民委员契切林、苏联革命军事委员会主席托洛茨基和斯克良斯基递交了孙中山确定的《国民党未来军事计划》。

这个计划提出，国民党未来军事计划的核心，是在苏联的帮助下，按照红军的模式在中国北方的中蒙边界地区建立一支军队，然后从那里出发勉强供卫兵守卫之用。开学后 3 个月，武器的事仍然如石沉大海，毫无继续供给枪支的迹象。

万事开头难。

而孙中山是一个不怕难的革命家。

为了把军校真正建立成培养革命军事干部的摇篮，孙中山紧紧依靠苏联顾问和中国共产党人，采取了一些有力措施。

一是借鉴苏联红军的经验，建立了中国军队史无前例的党代表制度。他特意任命廖仲恺为军校党代表，并规定，党代表的职权是监督军校的各项工作，军校的一切命令必须有党代表的签署。为了加强党对军校的领导，孙中山亲自兼任军校总理。决定由军校总理、校长、党代表组成校本部，作为军校最高领导机关，隶属于中国国民党中央执行委员会。

黄埔军校校长蒋介石

二是设立政治部，负责军校的政治思想教育工作。孙中山认为，要使军人具有革命精神，便先要了解党的主义和实现主义的方法，先有了革命主义，才有革命目标；有了革命目标，才发生奋斗精神。明白了三民主义，才能够干革命事业。因此，黄埔军校十分重视政治思想教育，以保证贯彻以主义建军的原则，把政治教育提到与军事训练同等重要的地位，培

养学生爱国、革命的精神，这是黄埔军校区别于一切旧式军校的一大特色。

三是严格选拔学员，保证学员质量。军校对应考考生的年龄、学历、身体和思想状况都有明确的规定和要求：年龄在 18 岁以上，25 岁以内；学历为旧制中学毕业及与中学相当程度之学校毕业；身体要求营养状态良好，强健耐劳，无眼疾、痔疾、肺病、花柳病等；政治上要求为中国国民党党员，能了解国民革命速须完成之必要者，或具有接受国民党主义之可能性，无抵触国民党主义之思想，有国民党党员之介绍者。

孙中山还经常抽时间到军校演讲，促使学员本着“亲爱精诚”的校训，尽快成长为对革命战争有用的人才。

4. 苏联的援助一波三折

自从 1923 年 5 月越飞向孙中山传达了苏联即将援助国民党的信息后，孙中山一直在等待着援助的到来。为了促使苏联尽快履行承诺，当年 8 月，孙中山派出了以蒋介石为首的“孙逸仙博士代表团”一行四人赴俄，同苏联领导人具体商讨援助国民党的问题。

孙中山对于蒋介石等人的访苏寄予厚望，他在给列宁、契切林、托洛茨基的信中介绍了他的“参谋长和密使”蒋介石以及代表团此行的目的。

9 月 17 日，孙中山在致加拉罕的信中又说：

> 我派他（即蒋介石。——引者）去莫斯科讨论我在那里的朋友可以通过什么途径和方法帮助我在国内的工作。特别是蒋将军要和贵国政府及军事专家一起提出一项由我的军队在北京西北及以远地区进行军事行动的建议。兹授予蒋将军全权代表我行事。[5]

孙逸仙博士代表团于 9 月 2 日抵达莫斯科，在苏期间拜访了俄共（布）中央领导人，同共产国际执委会举行了会谈，参观了苏军部队和军校，接见了在莫斯科的国民党员和中国留学生。根据临行前孙中山的要求，代表团向苏联外交人民委员契切林、苏联革命军事委员会主席托洛茨基和斯克良斯基递交了孙中山确定的《国民党未来军事计划》。

这个计划提出，国民党未来军事计划的核心，是在苏联的帮助下，按照红军的模式在中国北方的中蒙边界地区建立一支军队，然后从那里出发向吴佩孚和北京政府发动进攻。

然而，苏联领导人除同意在苏联军事学校里为国民党培养军事干部以外，基本否定了国民党的军事计划，而是要求国民党重视政治工作，不要只迷恋于军事行动。

可见，苏联对孙中山国民党予以军事支援的条件，是孙中山必须改组国民党、放弃单纯军事行动、重视政治工作、重视工农群众等。在没有实现这些条件之前，俄共（布）领导人是不会轻易决定给国民党以援助的。

所以，尽管孙中山曾通过多种方式，一再要求尽快给国民党以援助，但俄共（布）领导人还是坚持这样一个理念：先使孙中山和国民党人认清，其主要力量应放在开展政治工作上，要密切同人民群众的联系，特别是同工农基本群众的联系，以便建立国民党真正强大的社会基础。

莫斯科方面在援助孙中山问题上犹豫不决的另一个原因，就是对孙中山能否在广州坚持下去，并形成可以与吴佩孚抗衡的力量持怀疑态度。

为了得到有关孙中山方面的确切消息，莫斯科向在北京的苏联驻华全权代表加拉罕发出电报，要他转告孙中山：莫斯科准备提供援助，但他究竟能坚持多久？怎样向他提供物资援助？另外，为了坚持下去，他能否与陈炯明谈判合作问题？

莫斯科的意思是，既然孙中山的力量战胜不了吴佩孚，莫如与陈炯明捐弃前嫌，联起手来，共同对付吴佩孚。

加拉罕奉旨对孙中山进行了了解，然后通过鲍罗廷向莫斯科回电说：

> 孙中山认为坚持下去的希望是有的，但他不能确定期限。从我个人方面来说，我认为，由于没有固定不变的兵力对比，所以某种偶然的情况，诸如某位将军的背叛，从北面和西面同时进攻，吴佩孚立即把大量兵力调往南方等，在任何时候发生都可能是致命的。然而，既然原则上已决定提供援助，就应该毫不拖延地解决这个问题，而且应该加速解决这个问题。[6]

加拉罕的催促并没有使莫斯科动心，援助孙中山的问题仍然处于讨论阶段。因为，莫斯科还担心：如果孙中山通过接受苏联的援助而战胜吴佩孚，在北京掌握了政权，他能否对苏联表示友好？或者对苏联作出比现在的北京政府更多的让步？

出于这种担心，契切林给加拉罕发电说："必须同孙中山签订一个政治协议，否则他会骗人。"

加拉罕当即回信表示："这个政治协议的实际意义将是微不足道的。如果我与孙中山签署了这样一个协议，那也是因为我在执行您的指示，而不是我由衷地相信它的必要性。因为，即使孙逸仙同意签订一个能向我们提供比我们准备从北京政府得到的东西稍多一点的协议，那么在他执政的那一天，我们也不能根据这个协议要求他履行那些会恶化中国对苏态度的义务，因为这将意味着在政治上葬送他，这将意味着向全体中国人民宣布，充当帝国主义走狗的北京政府比孙逸仙的国民革命党从我们这里得到了更多的好处，意味着孙逸仙出卖了中国，因为他必须向我们作出比北京政府更多的让步。"

加拉罕在信中告诉契切林，国民党在代表大会召开前后，其状况开始发生重大变化：

> 国民党正在变成一个真正生气勃勃的、积极的、组织良好的国民革命党，这是我们在任何其它国家都没有的。无论是在印度，还是在土耳其、波斯，都没有这样一个举足轻重的国民革命党，我现在要强调的是，正是国民党处于我们的影响之下，正是国民党对我们的威望充满尊敬和崇拜，正是这个党，它如此驯服地接受我们的指示和共产国际的决议。……应该最坚决地放弃对国民党的一切批评，因为这种批评会妨碍实施我们早已决定向它提供的援助。如果我们不根本改变对中国国民革命运动的态度的话，我们应该提供这种援助，看来，我们没有这样做。[7]

在加拉罕的一再催促下，俄共（布）领导人根据来自中国的各方面的消息，再次对国民党的发展进行了评估，这才决定派出军事和政治顾问到广州，同时开始准备实施其武器弹药的援助计划。

国民党一大召开期间，苏联支援国民党的第一批军事顾问抵达广州，他们是：波里亚克、格尔曼、捷列沙托夫、斯莫连采夫、切列潘诺夫。

孙中山非常高兴地同顾问们见面，他在谈话时说：中国独立的主要敌人是帝国主义，军阀等国内敌人全靠帝国主义的支持。我们的首要任务就是要按照苏联式样建立一支军队，准备好北伐的基础。[8]

由于筹建军校急需大批有政治觉悟、有丰富经验的军事干部，鲍罗廷和加拉罕于1924年4月16日向莫斯科发出电报，提出：（1）选派50名工作积极的军事人员组成顾问团来广州；（2）让具有丰富的作战经验，能使孙中山敬服的同志率领这个顾问团。

苏联顾问切列潘诺夫：《中国国民革命军的北伐》

为了培养中国的革命军事人才，苏联政府非常重视选派顾问的条件。因此，当时有许多出色的苏联红军将领来到广州，担任黄埔军校和国民党军队的军事和政治顾问。他们中有炮兵顾问贝斯查斯特洛夫、军需顾问吉列夫、交通顾问德喇特温、政治顾问卡拉绰夫、代首席顾问沃里金、步兵顾问普里贝列夫、工兵顾问瓦林、政治顾问罗加觉夫、卫生顾问阿赫蔑多夫、交际顾问阿利等多人。

5月，苏联红军的著名将领巴甫洛夫来到广州，担任孙中山的军事总顾问。

巴甫洛夫到任后，很快帮助孙中山制订了一个改组军队的计划。该计划提出，在共产党人帮助下，把归附广州政府的地方军阀部队进行合并，通过严格的军事、政治训练，使其成为受孙中山统一领导的革命军队。这个计划的主要内容是：

在军队中建立政治机关，派一些党代表到各军各师去；在黄埔军校开办培养军政干部的短期训练班；由一名参加国防委员会的国民党中央执行委员会委员负责在军队中开展政治工作；统一规划军事学校和部队中的军事训练；在黄埔军校中建立两个团的校军，并特别注意对它进行训练。

孙中山采纳了巴甫洛夫的这些建议，并成立了以他为首的国防委员会，其他成员有胡汉民、廖仲恺、蒋介石及军队将领，以巴甫洛夫为军事顾问。

7 月 15 日，孙中山主持召开国防委员会第一次会议。会议讨论并通过了巴甫洛夫提出的改组军队和军事防御的计划。

孙中山很倚重巴甫洛夫，他希望巴甫洛夫在建立革命军队方面大显身手。然而，十分不幸的是，7 月 18 日，巴甫洛夫在前往广东东部地区视察时，在石龙落水遇难。

孙中山对巴甫洛夫的殉职十分惋惜和悲痛。他说："苍天创造了很多造福于人类的天才。巴甫洛夫将军是一位无畏和高尚的人，是参加过多次战斗的一名英雄。他作为一名士兵和学者前来帮助中国。他制订了很多显露出他的才干的计划。在所有的人都期待着他能将自己的杰出工作进行到底之际，他以身殉职，这是一大悲剧。"[9]

在致苏联人民委员会主席的电报中，孙中山表达了对巴甫洛夫的悼念之情。电报说：

> 沉痛悼念巴甫洛夫将军逝世，他是俄国为着中国自由而战的第一位捐躯者。我国近邻——贵国的这位勇敢而崇高的儿子并没有白白地牺牲。他的牺牲密切了俄中两国的关系，使国民党更加坚定地把为争取民族自决的斗争进行到最后胜利。[10]

7 月 23 日，广州国民政府为巴甫洛夫举行了隆重的军人葬礼。

一大批苏联顾问们来到广州，确实成了一道风景。与他们一起工作的中国人在尽快熟悉着他们，而他们也在尽量使自己适应陌生国度之中一切陌生的东西。特别是对于同他们打交道的人，他们都怀着好奇心其进行观察、研究，并得出自己初步的印象。

一位军事顾问曾对黄埔军校几位重要人物作了如下生动的描述：

> 蒋介石当时四十岁上下，他脑袋不大，头发稀疏，推着平头。他一对凶狠的眼睛不安地转来转去。他的举止矫揉造作，竭力保持一付军人仪表。在听取鲍罗廷谈话时，他不时发出一些断断续续的声音，仿佛是乌鸦的叫声，以此表示他的赞许。他的笑声是虚伪的，笑的时候眼神仍然是凶狠的。
>
> 王茂如（柏龄）将军是一个十分消瘦的中年人。他的圆脑

门、尖下巴，以及说起话来龇牙咧嘴，向对方伸出右手，叉开的手指半蜷着的习惯都引人注目。那样子活像一只快死的猫，惊慌地用爪子朝着它认为有危险的地方乱抓一气。王茂如是个顽固的保守派，头脑迟钝，他总是企图对某种早已过时的、不需要的东西抱住不放。

何应钦将军像块木板似的直挺挺地坐在椅子角上，他的双手端端正正地平放在双膝上。他留着“裁绒似的”短发，眼睛近视，戴着一副金丝眼镜，微笑时咧着两片薄嘴唇，左肩微微耸起。瞧着这一切，会以为在我们面前的是一名端坐在头排的用功的小学生。其实，这是一个奸贼，一个十足的奸贼！[11]

苏联顾问们刚一开始工作，就遇到了许多意想得到和意想不到的困难。据军事顾问切列潘诺夫回忆说：

最初我们遇到的最大困难是没有译员。无论是英语或是汉语我们都讲得很蹩脚，当然，也就不能检查教员的理论知识水平，或者审查他们的教案，并对其进行必要的修改了。所以，独立主讲某一学科更是无从谈起。

由于教员本身的知识水平参差不齐，因而学生的训练极不一致。我们首先解决的第一个课题，便是多少合理地安排各门功课的教学时间。从加速培养学生（一期只有六个月）的考虑出发，我们决定以大部分时间进行实际操练。

不料，在这一点上，我们立刻遇到了王茂如将军的固执反对。为了在某件事情上说服他，得花许多时间，而且并不一定总能说服他。

对于新鲜事物，教员们也是极力加以反对的。他们都重讲授，轻示范。甚至连、排长们也犯这样的毛病。后来，他们渐渐地开始接受并采纳我们的意见。[12]

在苏联顾问们辛勤的工作之下，军校的教学工作从一开始就奠定了一个比较好的基础。

在军事教学方面，尽量采用最先进的军事理论和军事技术进行讲授与训练。课程分为学科和术科两大类：前者授以步兵操典、射击教范、战术学、兵器学、交通学、筑城学、卫生学、地形学及军制学等军事理论；后

者以制式教练、战斗教练、突弹射击、行军宿营、战斗联络等军事实战技术训练为主。军校从第二期开始，施行分科教学，分步兵、炮兵、工兵、骑兵、辎重、交通、无线电、航空等兵种。在教学中，按计划循序渐进，严格要求，力求知行合一，以提高学员实战指挥能力。

在政治教育方面，以孙中山的三民主义和马克思主义、社会主义理论教育为主要内容。开设的课程早期有《三民主义》、《帝国主义的解剖》、《社会发展史》等8门；后期有《中国国民党史》、《三民主义》、《社会主义》、《军队政治工作》、《中国政治经济状况》、《工人运动》、《农民运动》及《经济学》等26门。在教学中采用讲授、讨论、问答相结合的方式，并出版刊物，组织宣传队，使教学灵活多样。

10月7日，苏联援助广州的武器终于运抵黄埔，计有8000支配有刺刀的步枪，每枪另配子弹500发，总价值达56.4万卢布。

对于正需要武器的黄埔军校来说，这无异于雪中送炭。就连思想非常右倾、后来跟着蒋介石反苏反共的王柏龄，当时也欣喜若狂，专门在《黄埔季刊》发表文章说："我们不能不感谢我们革命的朋友苏联。也惟有革命的朋友，才有这样的帮助。"

当时孙中山正在韶关，准备督师北伐。当他得知苏联援助的武器已经到达之后，非常重视对这批武装的分配和使用。10月11日，他专门写信给蒋介石，提出自己的意见：

> 新到之武器，当用于练一支决死之革命军。其兵员当向广东之农团、工团、并各省之坚心革命同志招集，用黄埔学生为骨干。练兵场在韶关，故望兄照前令办理，将武器速运来韶，以免意外，至要至要。此意请转知鲍顾问，并请他向各专家代筹妥善计划，及招致特种兵之人才，为荷。

此后，苏联政府又继续向广州提供军械援助。在1926年，苏联将各种军火分四批运到广州：第一批有日造来复枪9000支，子弹400万发，军刀1000把；第二批有苏造来复枪9000支，子弹300万发；第三批有机关枪40挺，子弹带4000个，大炮12门，炮弹1000发；第四批有来复枪5000支，子弹500万发，机关枪50挺，大炮12门。

除了武器弹药之外，据鲍罗廷估计，苏联政府向黄埔军校提供的开办费和经常费，达到300万卢布，相当于当时中国货币270万元。

注 释

1. 参见张猛：《攻打惠州城》，《中山先生轶事》，中国文史出版社 1986 年版，第 57—59 页。

2. 参见罗海云：《平息闹饷风潮》，《中山先生轶事》，中国文史出版社 1986 年版，第 74 页。

3. 《孙总理讲演集》，黄埔军校政治部 1926 年印本，第 1—14 页。

4. 张治中：《五百师生的艰苦创校》，《黄埔军校史料》（1924—1927），广东人民出版社 1982 年版，第 67—68 页。

5. 中共中央党史研究室第一研究部编：《共产国际、联共（布）与中国革命档案资料丛书》第 2 卷，北京图书馆出版社 1997 年版，第 534 页。

6. 《加拉罕给鲍罗廷的信》（1923 年 12 月 27 日），中共中央党史研究室第一研究部译：《共产国际、联共（布）与中国革命档案资料丛书》第 1 卷，北京图书馆出版社 1997 年版，第 391 页。

7. 《加拉罕给契切林的信》（1924 年 2 月 9 日），中共中央党史研究室第一研究部译：《共产国际、联共（布）与中国革命档案资料丛书》第 1 卷，北京图书馆出版社 1997 年版，第 414—416 页。

8. 切列潘诺夫：《中国国民革命军的北伐》，中国社会科学出版社 1981 年版，第 90 页。

9. 勃拉戈达托夫：《中国革命纪事》，生活 · 读书 · 新知三联书店 1982 年版，第 165 页。

10. 转引自切列潘诺夫：《中国国民革命军的北伐》，中国社会科学出版社 1981 年版，第 125 页。

11. 切列潘诺夫：《中国国民革命军的北伐》，中国社会科学出版社 1981 年版，第 94 页。

12. 切列潘诺夫：《中国国民革命军的北伐》，中国社会科学出版社 1981 年版，第 109 页。

十三　合作之惑

1. 检举共产党

国共合作后，共产党人把国民党的事情当作自己党的事情，全力推动国民党组织的发展和工作的开展。在国民党没有组织的地方，他们积极创建组织，在国民党有组织的地方，他们积极推动改组工作。

这些事情分散在各地进行，起初国民党人并不十分地在意。及至各地组织建立起来后，他们这才发现，共产党人在国民党中央和地方党部占据着许多重要职位。

在国民党中央，组织部部长谭平山，农民部部长林祖涵，工人部秘书冯菊坡，农民部秘书彭湃，组织部秘书杨匏安，均为共产党员。

在地方，上海执行部，毛泽东、恽代英，北京执行部的李大钊、于树德，汉口执行部的林祖涵、李立三、项英，湖北省党部的董必武、陈潭秋，湖南省党部的何叔衡、夏曦，浙江省党部的宣中华、沈定一，四川省党部的吴玉章，直隶省党部的于方舟、李永声，江苏省党部的侯绍裘，陕西省党部的杨明轩、刘含初，热河党部的韩麟符等等，都是共产党员。

这一发现使国民党老党员大为震惊，他们对共产党人的在国民党内积极工作的举动大惑不解，担心共产党这样搞下去会“反客为主”，利用国民党来发展共产党自己的势力。

正是在这种戒备和防范心理的促动下，北京、上海、广州、汉口等地不断出现国民党人检举共产党人“违纪”的事情，后来竟发展成几百人联合署名，向国民党中央提交反对共产党“跨党”案。到1924年8月，类似的提案已达20多件，涉及党员达2000余人。

就以国民党汉口执行部为例。

1923年10月，为了帮助国民党进行改组和发展地方组织，经孙中山同意，共产党人刘芬、项英、李慎广等在汉口成立了国民党湖北省党部筹备处。国民党一大后，1924年4月28日，国民党汉口执行部正式成立，执行委员中林祖涵、李能郅（立三）、许伯昊、林育南、项德隆（英）、于若愚、廖乾五、刘芬、李慎广均为共产党人，这使得其中的国民党人从一开始就有着防范心理。

果然不久，覃振即以“武汉国民党员”的名义写了一封检举书，送达国民党中央监察委员会。书中说：

顷据此间调查所得，刘芬、李能郅、廖乾五三人，均系江（亢虎）[1]陈（独秀）党徒……凭借吾党名称，实行彼党计划，例如陈氏嫡系项德隆辈，自称中央特派员，公然滥发传单（项德隆签字之油印传单一纸附呈），擅委本党干事，同人等对于传单上中央名义，百思莫得其解。谓为陈党中央乎？则陈辈现入本党，自不应另立团体，败我纪律。谓为本党中央乎？则本党中央委员并无其人，惟器与名，何可以假；以此借名招摇，诪张为幻，如以大者例之，则视我总理为克伦斯基[2]，而自视为列宁；如以小者论之，则是蓄意操纵本党，结小群以遂其把持之私，务虚声以行其煽惑之实。揆之我总理筚路经营中兴本党之苦衷，当不愿其有此。[3]

国民党汉口执行部是个短命的机构。成立才刚刚一个月，刘芬、杨德甫、许白昊等人就被湖北督军萧耀南逮捕，林祖涵被躲避危险亦到了广州，汉口执行部几近瘫痪。7月7日，国民党中央决议：“汉口执行部暂告结束，所有湘鄂陕各党务，统归上海执行部办理。”

国民党汉口执行部撤销后，在武汉的一些国民党人并没有停止对共产党的“检举”。

这年8月，一个名叫张德惠的国民党员亲自从汉口跑到广州，向国民党中央提出对共产党的“控诉”。他以京汉铁路总工会总干事代表委员会的名义，列举了共产党人在京汉铁路工人中的种种“罪恶”，并请国民党“驱除恶魔”。他在呈文中说：

吾侪工人未尝闻一共产党员能宣传本党主义者，其所叫嚣者不外马克斯马克斯而已。……敝路工人欲加入国民党时，而张国焘等谓必先加入共产党，而后可以加入国民党。夫工人之欲加入国民党是热诚也，而共产党反从中阻挠，其用意岂非欲厚集共产党之势力以图攻倒国民党乎？

这个弹劾共产党的呈文报到国民党监察委员会后，正好给邓泽如、谢持等人提供了排共的炮弹。他们遂以监察委员名义写出审查报告，并报请国民党中央执行委员会处理。报告说：

综核本案情节，实系共产党员欺压劳工，劳工对之既失信仰，转而向本党呼吁。今共产党员既跨本党党籍，其为各级党部职员者又不乏人，乃握本党之权而努力于共产党之宣传与组织，其为害于本党之发达生存，至为重大。况本党主义及政纲以保障及扶持劳工为要素。今既有此现象，则劳工虽表同情于本党，亦将为此跨党之伪党员破坏无余。本党前途，宁无失望！故本会对于京汉路劳工对于本党之关系，认为有注意之价值，而非将与共产党有关系之本党党员（既不忠实于本党且为京汉路劳工所愤恨之党员）严加惩戒，不能适生存，谋发达，而且不能实举扶植劳工之效。[4]

既然存有防范和戒备心理，就会时时留意共产党人的一举一动。

不知通过什么途径，邓泽如、张继、谢持等人获取了中国社会主义青年团刊印的一些材料，其中包括中国社会主义青年团第二次大会决议案及宣言、团刊第七号和中国共产党第三次全国代表大会的有关文件。他们如获至宝，开始大做文章。

2. 质问鲍罗廷

6月18日，邓泽如、张继、谢持以国民党中央监察委员名义，上书孙中山及国民党中央执行委员会：

现查得中国社会青年团第二次大会议案及宣言（一九二三年八月十五日刊行）、团刊第七号，即扩大执行委员会特号（一九二四年四月十一日刊行）及其他印刷事实，经本委员会审查认为中国共产党员及中国社会主义青年团之加入本党为党员者，实为共产党党团在本党中活动。其言论行动皆不忠实于本党，违反党义、破坏党德，确于本党之生存发展，有重大妨害，本党改组以来首重纪律，今共产党、社会青年团加入本党之诸党员，认定其违反纪律之处，尤为严重，关系巨大，不敢忽视。特列举事实加具意见，提出贵会，希即从速严重处分，俾本党根本不致动摇、不胜迫切企望之至。

上书中列举了所谓有文字证明的事实，将其视为共产党的“重大阴谋”。那么，他们所说的事实是什么呢？

原来他们不满的，是中国社会主义青年团在《关于中国共产党第三次

邓泽如

大会报告决议案》中有如下规定："本团团员加入国民党，当受本团各级执行委员会之指挥，但本团之各级执行委员会，当受中国共产党中央及其各级执行委员会对于团员加入国民党问题之种种指挥。本团团员在国民党中（1）应赞助中国共产党党员之主张，与其言语行动完全一致。（2）本团应保存本团的独立的严密组织。"[5]

他们还对中共三大《关于国民运动及国民党问题议决案》中的两段话甚为反感。

第一段话是："我们加入国民党，但仍旧保存我们的组织，并须努力从各工人团体中，从国民党左派中，吸收真有阶级觉悟的革命分子，渐渐扩大我们的组织，谨严我们的纪律，以立强大群众共产党之基础。"

第二段话是："我们在国民党中，须注意下列各事：（1）在政治的宣传上，保存我们不和任何帝国主义者任何军阀妥协之真面目。（2）阻止国民党集全力于军事行动，而忽视对于民众之政治宣传，并阻止国民党在政治运动上妥协的倾向，在劳动运动上改良的倾向。（3）共产党党员及青年团团员在国民党中言语行动都须团结一致。（4）须努力使国民党与苏俄接近时时警醒国民党，勿为贪而狡的列强所愚。"[6]

他们认为，从这些话可以看出，共产党是在欺骗和蒙蔽孙中山与国民党人。

邓泽如等人列出上述所谓事实后，提出如下五点意见：

（一）本委员之意见如下：本报告书之提出：（甲）非反对共产党、社会主义青年团之加入本党。（乙）非反对或排斥共产党员社会主义青年团员之加入本党为党员者之个人。（丙）完全为本党之生存发展起见，认为绝对不宜党中有党。（丁）共产党员、社会主义青年团员之加入本党为党员者，纯系共产党在党员之一种党团作用。既有党团作用则已失其为本党党员之实质与精神，完全不忠实于本党，且其行为尤不光明（秘密之决议如彼，李大钊发表之意见书如此）。

（二）本党总理允共产党员、社会主义青年团团员跨党，系为联络世界革命起见。然界限极明，观李大钊在本党第一次全国代表大会所发表之意见书，足见当时彼等之陈说于总理者亦确如此。在彼等之计，以为共产党之议决，社会青年团之议决，皆属秘密的。今既为本党查得，诈谋毕露。与准其跨党之旨，完全相反。欺蒙总理以求售其计划，可谓阴狠极矣。

（三）中国共产党员、中国社会主义青年团团员既全体加入本党，彼等欲以共产党对于时局之主张强本党办理，即如中俄交涉，主张北京签字恢复邦交一事。彼等只知有第三国际共产党，何尝计及本党耶？虽跨党尤恐不免发生此类抵牾之问题，况固有党团作用乎？

（四）彼等既为本党党员，则无论在何种印刷物中，对本党主义及本党政府军事政治之行动，均不应妄加攻击或批评。《向导》、《新青年》等刊对于本党之议论，瑕瑜互见，尚可曰两刊物非本党之报。至《觉悟》固本党民国日报之附刊也，竟有“国民革命为资产阶级不彻底之革命”之宣传，此等宣传实于本党不利。党团行于内，言论发于外，本党根本未有不动摇矣。

（五）即退一步言：不课彼等以本党党员应具之义务与责任，而但言合作，此种行动已摧破合作之界限，而妨害合作之精神，非速求根本解决不可。[7]

谢持等人把搜集到的所有材料提交给国民党中央执行委员会第39次会议，由于对这些材料的意见不一，张继和谢持在会上与廖仲恺发生了激烈

的争执，会议不欢而散。

但张继、谢持并不肯就此罢休。

6 月 25 日，张继和谢持找到孙科，要他作翻译，一同到广州东山鲍罗廷的住所去质问鲍罗廷。

于是，张、谢二人与鲍罗廷有了下面这样一场对话：

监察委员曰：今日吾二人以中央监察委员资格与君说话。

鲍罗廷曰：余以中国国民党训练员资格与君等说话。

监曰：君见过此等小册子乎？

鲍曰：未见。

监曰：君知此次发生问题之真相乎。

鲍曰：只在上海闻陈独秀君云党内发生问题。昨日胡汉民汪精卫二君来，亦提起党内问题。

监曰：即是一个问题。

鲍曰：指“非必要时不宜取敌视态度”之谓乎。(团刊中语)

监曰：非尽如是。乃共产党在国民党内之党团问题。

鲍曰：此问题须由根本解决，勿论及枝叶。

监曰：诚然。我认为中国共产党不能自己作主，须受第三国际指挥。第三国际为苏俄所创造，又须受苏俄指挥。然则俄国对中国革命，究取何种态度？是否只求友国民党，抑同时扶助共产党双方并进乎？

鲍曰：余先述国民党之真相，再提此问题。遂列举金佛郎问题、德债问题、中俄协定问题、吴佩孚捕杀工人问题，皆关系极大者，不见国民党有何等主张。中央执行委员，已开会数十次，不见议事日程有关于国民大问题之讨论。……

监曰：请君不必历数此等缺点，本党确不能免，或尚可加举数十条。今春改组，全由于此。今既改组，先须解决组织上之大问题。本体上既发生问题，作用如何，可暂不提。组织上最重要问题，是否承认党中有党，即指共产党及社会主义青年团在国民党内组织党团而言。

鲍曰：党中分派，是不能免。党之中央执行委员会，实际上不能作党之中心。当然党内发生小团体，有左派右派之分，如方瑞麟等对中俄协定之宣言，可认为右派，共产党则为左派。

监曰：君以共产党加入国民党，而在党内作党团活动，认为合理乎？

鲍曰：国民党已死，国民党已不成党，只可说有国民党员，不可说有国民党。加入新分子，如共产党者，组织党团，可引起旧党员之竞争心，则党可复活。

鲍又曰：小册子何时发刊？

监曰：一为去年八月，一为今年四月。

鲍曰：不错，共产党加入国民党三个月之后，见国民党不振作，中央执行委员会提不起来，并有许多右派分子加杂其中，乃不得不组织党团。

监曰：依吾辈见解，君所用方法，欲令国民党复活者，实足以使国民党死亡耳。使多数小团体在同一范围内相倾轧相竞争，乃致死之道也。

鲍曰：诚然。诚可致国民党死命，惟不希望如是结果。希望右派左派相争，发生一中央派，作党之中心。

监张曰：余个人素来赞成共产党加入国民党，共同从事革命。此次问题发生，仍主张友谊解决。今闻君之言论，则不能不变更主义。国民党是一腐败革命党，余亦不能不全否认。假如君所说共产党是新生革命团体，如斯则两种性质不相容，不如分道扬镳。腐败者团结起来加以改良，新生者一往直前。两无阻碍，分作两起，岂不更佳？

鲍曰：第三国际认定，中国革命只能用国民党党纲，不能用他种主义，故使中国共产党及社会主义青年团全部加入国民党，如有不奉命令者，则认为违反命令。

监曰：中国共产党及社会主义青年团，是否全体加入本党，抑则加一部分？

鲍曰：不知。按原则说，应该全体加入。

鲍又曰：假令将共产党分出去，共产党或者更换党名，而主义仍与国民党同，徒分离革命实力也，前途必不利。

监曰：吾辈亦非绝对主张分离者，惟党团作用万不能容许耳。

鲍曰：今日两者本互相利用。国民党利用共产党，共产党利用国民党，惟两相利用之结果，国民党便多得利益。

监曰：此为一重要问题，正愿与君明言。中国革命与俄国革命，互相提携，或可得互相利用之好结果。如只有中国共产党加

入国民党，自今春以来，只见有害，不见有利。

鲍曰：中国共产党历史甚短，在中国社会无十分势力，假使只有一个共产党人，为国民党计，亦当招之来，不可挥之去。

监曰：中国共产党原无足轻重，因其不过第三国际之差遣。第三国际为苏俄所创，俄国对中国革命政策，将由中国共产党人加入中国国民党以操纵左右也。俄国认中国共产党为俄国之子，中国国民党或可为俄国之友，尚不可知，余之观察如是。

鲍曰：误解。然吾知国民党人许多反对与俄国共产党合作。

监曰：社会主义青年团决议案及团刊第七号所登载关于国民党者，君是否认为正当？

鲍曰：此两种印刷品，未经莫斯科本部审查认可，尚不能承认。

监曰：如君所说，国民党已成待毙之人，中国共产党及社会主义青年团为一复活剂，将打注射针而救济乎？

鲍曰：事相类而话不能如此说。我们合作，我们合作。

监曰：国民党腐败分子，仅而退步的而已，并未表明反对民党宗旨，亦未组织团体与本党相抗衡。即使有一时的组织，亦不过一时之作用而已，并未将国民党作一对相的研究物。照此两种印刷物观之，共产党持永久之计划，将国民党作一对相，日日以如何对付国民党为切要目的，国民党不能不认共产党团为本党本体上之大问题。

鲍曰：无妨。凡党皆有左右派之分。

监曰：国民党与共产党只能说是两党，不能说是两派。君如认之为合理，吾不料所谓组织者，竟如斯，直欺人之谈耳。

鲍曰：中国国民党宗旨最适用，中国尚可用一百年，假使国民党改为共产党，吾亦不赞成，只有提皮包离广州。

监曰：诚如君所言。反面说，在中国行共产主义，尚须待至一百年之后，共产党全体既加入国民党，实行国民党革命主义，又何必另挂中国共产党招牌，保留共产党组织？

鲍曰：国民党中央干部尚未能组织完好，不能指挥全体党员，又未能对全国最有关系之问题时时有所主张，共产党不能取消自己的组织。

鲍又曰：国民党依多数决议，可自由的驱逐共产党员出党，但不希望如此作。

监曰：今日谈话只如是，改日再接续讨论。[9]

对于国民党人的这些反共排共活动，孙中山是表示反对的。

在俄罗斯的解密档案中，对孙中山的态度有如下记录：

自1924年1月国民党代表大会以来，反共分子开始聚集在国民党元老，如：邓泽如、冯自由、刘成禺、蔡元培等人的周围，准备进行反对共产党人的斗争。他们举行了几次群众大会并煽动侨居国外和殖民地的“过激情绪”，让他们起来反对共产党人。但是孙逸仙召集中央委员会会议，训斥了他们，孙逸仙的严厉斥责暂时制止了他们的行为。[10]

3. 短兵相接

孙中山靠个人威望是不能从根本上解决主张排共的国民党人思想问题的。

在解密档案中，笔者发现一份题为《国民党中央执行委员会第40次会议情况通报》的文件，记载了1924年7月3日召开此次会议的有关情况。

据这份文件记载，在会上，国民党人张继与共产党人谭平山发生了激烈的争论。

争论是在讨论孙中山的一个提议时发生的。孙中山的提议是：邀请鲍罗廷担任国民党中央政治委员会顾问。

张继对此提议表示反对。他首先介绍了他和谢持在6月25日与鲍罗廷谈话的情况，然后说：“鲍罗廷无论如何不能当我们党的顾问，因为他说国民党已经死亡。”接下来他又列举出了一些所谓事实，最后总结说，“鲍罗廷的行为并不高尚。”

争论由谭平山的反驳开始：

谭平山：张继所说的高尚是庸人的高尚，而不是革命者的高尚。鲍罗廷是革命者，他的行为符合革命党关于高尚的概念。需要选择一种方法把一切被压迫民族联合起来，反抗帝国主义，恢复自由，使所有的民族都独立，解放中华民族。所有能使革命达到此目的的方法，就是革命者的高尚。鲍罗廷实际上在帮助中国，帮助革命。我们怎么能够说鲍罗廷不对呢？

张继：俄国在革命之后就妄想获取指挥和控制东方革命的权力。

谭平山：确实是这样。俄国在革命以后知道革命在东方的重要性，知道所有半殖民地应该联合起来进行革命。这就是为什么第三国际致力于把所有被压迫民族联合起来同帝国主义作斗争的原因。我们应该知道，革命的问题不仅是中国的问题，而且是整个东方的问题，因为欧美帝国主义国家已经联合起来组成共同战线，向他们的东方殖民地发动共同的进攻。只要中国革命不与东方其它被压迫民族联合起来，它就无论如何不能使中国摆脱帝国主义的剥削，因此，能够帮助进行革命的第三国际，根本不是贪图权力。国民党本应感谢第三国际，我不明白为什么张继先生怀疑第三国际的好处。

张继：国民党不可能与共产党人联合，这有例证：土耳其与共产党人有过联系，但现在有几十名共产党人被土耳其共和党枪杀了，由此可以得出：与共产党人合作对他们来说只不过是一种宣传而已。

张继

谭平山：我们还不知道是否真的共产党人被土耳其共和党枪杀了，如果确有其事，那么这只能证明为革命的自由而献身的土耳其共产党人的勇敢。事实上正是因为有了共产党人，土耳其才成为共和国。如果共和党人枪杀了共产党人，那么他们就应该为自己的罪行负责。同时这也证明了共产党人的勇敢和对自己的事业和原则的忠诚。可见，他们无所畏惧，无往不前。这样的伟大事业，不只是土耳其共产党人在完成，而且中国共产党人在当前的中国国民革命运动中也在完成，中国共产党立即决定从言论转向行动，同国民党合作，不考虑自己的后果。如果国民党突然不满意，比如把我抓起来，枪毙我，我也不会后悔，因为我知道，我的同志们会按照我们的政策，继续完成工作。

张继：苏联与中国北方政府签订了协定，这就是一种不光彩的行为，因为它同时又与革命政府[11]签订条约并保持密切的友好关系。

谭平山：张继同志现在所谈的是一个被误解了的外交举动。我认为，国民党反对中苏协议没有任何好处，为什么呢？因为国民党正在为全体人民的利益而斗争，而协议具有同样目的。如果国民党反对这个协议，那么全中国人民就会认为，我们是由于不同政党之间的纠纷而完全忘记了人民的利益，但这是谎话，因为我们党是维护全体人民的利益的。这样做，人民又怎么能相信我们呢！此外，这也会成为我们敌人手中的好材料。我们应该明白，一个放弃在中国的一切权力并废除损害中国主权的条约的国家，是对我们最友好的国家。在中苏协议中我们可以看到，苏联放弃了所有不平等条约，因此我们和我们的党应该认为苏联是对我们最好的国家。而张继同志不把苏联看作这样的国家，甚至毫无根据地攻击它，这是与我们党的原则背道而驰的。

谭平山发言之后，张继没有继续答辩。但争论并没有就此结束，而是将话题转入到更敏感的问题——国共关系上。

张继：国民党内的共产党员会控制国民党的事业和行动。

谭平山：如果张继同志认为共产党员在加入国民党以后所发挥的积极性是不可接受的，那么这个问题倒是应该加以解决。解决的办法只能是这样的：1. 解散整个中国共产党，2. 遣散所有在国民党中登记的共产党员。然而，因为中国共产党加入了共产国际，所以没有共产国际的认可，这个问题是不可能得到解决的。国民党可能从共产国际那里得到这个认可，但我并不认为它会这样做。关于这个问题我还想说几句。还在我们加入国民党之前，它的主席曾允许我们保留原来的组织，后来他经常对我们全体成员讲到这一点。我们在国民党中应该具有积极性，但是共产党员的这种积极性不属于我们党的积极性。需要解决的问题是，共产党员在国民党中工作是否有利。我敢说，在最近几个月内我们的活动给国民党带来了好处，如果我们有什么过错话，可依照章程处罚我们。

张继：自共产党员加入我党以来，他们只给我们带来了麻烦。

谭平山：国民党内发生的麻烦事并不是因为共产党员加入的缘故，而是因为缺乏组织性。一个由各阶级组成的党，不可避免地要发生麻烦事。至于混乱，我认为恰恰相反，正是共产党员与国民党的合并给党带来了许多好处，而不是麻烦。事实胜于雄辩。我请张继先生拿出事实来证明共产党员给国民党造成了许多麻烦。

谭平山

谭平山停顿片刻，但张继没有回答。

谭平山：如果您没有证据，您怎么能说这样的话呢？我可以举出许多事实证明我所讲的话。自国民党改组以来，它进步了，对此共产党员作了许多促进工作。每个有共产党员工作的区党部，很快成立了委员会，工作进行得有条不紊和正确无误。另一方面，在没有共产党员的地方，工作进行得不顺利，什么任务都没有完成。……我没有看到共产党员给国民党制造任何混乱。如果张继先生仍然坚持自己的意见，那么他可能认为下列情况是混乱，即我们与你们党合并之后，军阀曹锟、吴佩孚停止了进攻，帝国主义者的压迫不那么残酷。如果是这样的话，那么国民党最好不要宣布革命，因为有朝一日革命开始，我们必然要经受许多混乱。

张继：在我们国民党中没有右派和左派，但是在共产党与国民党之间存在着反对派。

谭平山：国民党内有两种人，即共产党员与非共产党员，但外部我们有两个党，即国民党与有着自己独立组织的共产党。

张继：鲍罗廷说过，再过一百年后才能在中国实现共产主义。如果是这样，那么现在就不需要它。

谭平山：现在在中国需要有共产党，因为它是一个无产阶级的党。虽然在中国无产阶级还很少，但终究是有，因此应该有共产党。还有几个不很重要的论据，我现在不谈了。

谭平山与张继的争论持续了两个小时。

从会议记录看，经过这俩人长时间的唇枪舌剑，与会者的同情显然倾向到谭平山的一边。文件这样写道：

张谭之间的辩论持续约两个小时，张不再回答。然后汪精卫说，张继说了许多多余的话。鲍罗廷同志对于中国革命来说确实很宝贵，他在援助工作中是忠于革命的。张继所讲的话对他是很不公正的。鲍罗廷受总统邀请担任各项事务的教练员，这比当政治局顾问管的事更多，这就是为什么张继认为他在当时连顾问也不能当的原因所在。顾问是总统任命的，对此我们无可非议。至于两党之间的争论，我们应该找到把它们联合起来和加强工作的办法。廖仲恺说，“国民党”这个词已死亡，这是真的。如果党

员不努力工作，不服从党规，就意味着这个党已死亡。至今还有许多组织不赞同党章。

张继气愤地站起来，胡汉民主席制止了他，他说，廖仲恺讲的是另一个问题，需要召集中央执行委员会专门会议来研究这个问题。林森也为共产党讲了话，他说，如果共产党遵守国民党的宣言和原则，那么国民党就不应该搞分裂。柏文蔚指出共产党加入国民党后为它带来的好处：加强了国民党政权和它与共产国际的真正联系。邵元冲建议召开专门会议并请总统直接征求第三国际意见。[12]

为了对张继等人的提案作出答复，会议当即决定三条办法：（一）发表一个表示态度的宣言，以求统一认识；（二）召开中央执行委员会全体会议，作认真的讨论；（三）呈请总理孙中山作决定。

7月7日，国民党中央通过了汪精卫、邵元冲主持起草的《中国国民党关于党务宣言》，其中指出：

革命之基础，自以联合全民共同奋斗，始能益显其效力。故凡有革命勇决之心，及信仰三民主义者，不问其平日属何派别，无不推诚延纳，许其加入，态度本极明显。惟数月以来，党内党外间多误会，以为已加入本党之共产党人，其言论行动尚有分道而驰之倾向，于是反对派得肆其挑拨，同志间遂于怀疑而发生隔阂；社会群众之莫明真相者，更觉无所适从。中央执行委员会有指导党务及解释党义之责任，兹为解免党内外误会及隔阂起见，特郑重声明：

本党既负有中国革命之使命，即有集中全国革命分子之必要。故对于规范党员，不问其平日属何派别，惟以其言论行动能否一依本党之主义政纲及党章为断。如有违背者，本党必予以严重之制裁，以整肃纪律。同时特呈请总理在短时期内召集中央执行委员会全体委员会议，以期讨论周详，妥筹解决。[13]

4. 怀疑孙中山

邓泽如、张继、谢持等人反对共产党跨党的活动和对共产党人公开的挑衅，一时间为国共关系蒙上了一层厚厚的阴影，使得所有关心国共合作的人都在担心，这种合作还能不能进行下去？国民党人的排共活动能不能受到制止？

对于曾为国共合作和国民党改组倾注了大量心血的鲍罗廷来说，他非常希望国共合作能够走上坦途，国民党能够在他的指导下和共产党人的帮助下，逐渐成为坚强有力的党。但是国民党右派越来越猛烈的进攻，使他一时丧失了信心，担心自己难以完成斯大林和俄共（布）中央政治局交付的使命。

1924 年 7 月 5 日，鲍罗廷在给共产国际领导人的报告中，谈到了国民党对共产党人态度问题，他说：

> 在对待共产党人的态度问题上，国民党内部的右派和左派，实行了一定程度的联合，包括孙中山在内。如果不担心自己的党会彻底孤立，那么除少数人以外，几乎所有国民党人都会参加反对共产党人的斗争。[14]

认识到问题如此严重，鲍罗廷不由得顾虑重重。他本来认为国民党内希望同共产党联合的还是占绝大多数，排共势力不过是一小部分，只要国民党左派和共产党人联手，就一定能够将国民党右派的气焰压制下去，或者将他们开除出党。然而，现在他发现，国民党内的左派也好，右派也好，甚至包括孙中山在内，在对共产党的问题上，态度几乎是一致的。

7 月 6 日，鲍罗廷给在北京的苏联驻华全权代表加拉罕发电，进一步透露了自己的担心：

> 让左派去打击右派是困难的，这样做国民党必然灭亡，而且在几个月内就会灭亡。

鲍罗廷对孙中山失望了。他怀疑孙中山能否维持国共合作的局面，能否保持国民革命运动的正确方向。他认为，如果孙中山同国民党右派妥协，背弃了他的联共政策，那么，苏联支持他就是毫无意义的。

于是，鲍罗廷告诉加拉罕，苏联最好拒绝对孙中山国民党提供援助。

加拉罕接到鲍罗廷的电报后，立即意识到事情的严重性：如果鲍罗廷在国民党内工作失败，如果国共合作破裂，这不仅仅是关系到鲍罗廷和他自己的名誉问题，而且关系到苏维埃俄国的名誉问题。

于是，加拉罕决定给鲍罗廷回信，对其悲观态度提出质问，了解广州究竟发生了什么事。加拉罕在信中写道：

> 您认为让左派去打击右派是困难的，这样做国民党必须灭亡。不仅如此，您甚至还确定灭亡期限为几个月。由于我不知道这种悲观主义结论的根据是什么，所以使我有些惶恐不安。……因为如果真的发生某种不幸，而莫斯科不能及时得到通报，我想这样是令人不快的丑事。因为莫斯科应该了解情况，因为终究他们要为中国的工作负责。

至于是否向孙中山提供援助，加拉罕认为，事情还没有糟到那种地步，孙中山还有可能接受反对帝国主义和向右派进攻的建议，所以拒绝提供援助是不适宜的。

加拉罕在信中对鲍罗廷大加鼓励，指出还有许多希望能够促使国民党走上反帝的道路，并表示他本人将写信给孙中山，告诉孙中山他在北京正在做对孙中山有利的工作。[15]

加拉罕的回信给了鲍罗廷新的勇气，他似乎又看到了光明的前景。

与此同时，鲍罗廷又得到了孙中山新的任命。

7 月 11 日，孙中山决定成立国民党中央政治委员会，以辅助计划政治方针，并指派胡汉民、汪精卫、廖仲恺、谭平山[16]、伍朝枢、邵元冲为委员，孙中山自任主席，同时聘请鲍罗廷任高等顾问。

孙中山的任命似乎证实了加拉罕的话，鲍罗廷再也不犹豫了，他决定继续帮助国民党工作。

7 月 15 日，在中共广州支部全体会议上，鲍罗廷就共产党人在国民党中的工作问题作了报告，他明确说：

> 迄今为止，国民党在自己的实际活动中还没有完全放弃第一次代表大会通过的行动纲领。现在还可以利用合法的方式在广大劳动群众中进行工作，以便深化国民革命运动，加强工农潮流，因此共产党人不应该退出国民党。

这次会议接受了鲍罗廷的主张，认为共产党人应该把广州作为国民革命运动的基地，彻底抛弃退出国民党的想法。

鲍罗廷决心继续对孙中山和国民党施加影响，不管遇到多大困难，他决心组织起国民党左派的运动。他还决定通过办一份进步的报纸，将国民党左派团聚起来。

注　释

1. 江亢虎（1883—1954），1911 年创立了“中国社会党”。十月革命后，曾撰文宣传社会主义，并于 1921 年 5 月访问苏俄，受到列宁等人的接见。但他不是共产党员。覃振的检举书将其与陈独秀并提为“共产党徒”，显然是不对的。

2. 1917 年俄国二月革命后，克伦斯基任资产阶级临时政府的司法部长，7 月任总理。一般认为，克伦斯基反对布尔什维克党的武装起义，阻挠革命运动的发展。

3. 李云汉：《从容共到清党》，台北 1987 年版，第 285 页。

4. 李云汉：《从容共到清党》，台北 1987 年版，第 318 页。

5. 中国新民主主义青年团、中央委员会办公厅编：《中国青年运动历史资料》1925—1924，第 361 页。

6. 《中共中央文件选集》第 1 册，中共中央党校出版社 1989 年版，第 147 页。

7. 见罗家伦主编：《国父年谱》增订本下册，第 1097—1098 页；吴相湘编撰：《孙逸仙先生传》，远东图书公司 1984 年版，第 1628—1629 页。

8. 指《中国社会主义青年团第二次大会决议案及宣言》。

9. 参见《谢持、张继与鲍罗廷问答纪要》，《鲍罗廷在中国的有关资料》，中国社会科学出版社 1983 年版，第 11—15 页。原文标点全为句号，本文依现行规定作了改动。

10. 《国民党中央执行委员会第 40 次会议情况通报》（1924 年 7 月 3 日），中共中央党史研究室第一研究部译：《共产国际、联共（布）与中国革命档案资料丛书》第 1 卷，北京图书馆出版社 1997 年版，第 497 页。

11. 指广州政府。

12. 中共中央党史研究室第一研究部译：《共产国际、联共（布）与中国革命档案资料丛书》第 1 卷，北京图书馆出版社 1997 年版，第 498—502 页。

13. 上海《民国日报》1924 年 7 月 20 日。

14. 转引自格鲁宁：《共产国际与中国共产主义运动的形成》（1920—1927），载《共产国际与东方》，1969 年莫斯科版。

15. 《加拉罕给鲍罗廷的信》（1924 年 7 月 12 日），中共中央党史研究室第一研究部译：《共产国际、联共（布）与中国革命档案资料丛书》第 1 卷，北京图书馆出版社 1997 年版，第 503—506 页。

16. 由于谭平山坚辞不就，故改任瞿秋白为政治委员会委员。

十四　解决“共产派”问题

1. 左右为难

国共合作之后，如何处理两党之间的关系，考验的不仅是两党党员，更是两党领袖的智慧。

孙中山对国民党内的排共情绪，一般是采取斥责制止的态度。但持排共态度的这些人，绝大多数都是国民党的老党员，有些是追随孙中山多年的国民党元老，有些是在他身处逆境是倾心相助的有功之臣。对于这些人，孙中山不会不顾旧日友情，像共产党人所希望的那样与之进行所谓的坚决斗争，或将他们开除出党。更何况，孙中山本身对共产党也有一定防范心理，国民党内的排共情绪，未必不会在他心里产生共鸣。

但是，孙中山与这些老国民党员不同的，是他比他们站得更高、看得更远。为了消灭军阀、统一中国的大局，孙中山能够容忍并积极利用共产党人，使其在国民党内发挥积极作用，带动国民党人一起完成革命大业。所以，他不同意立即将共产党人排除在国民党之外，而是希望共产党人在他的领导之下和他允许的范围内进行工作。

不过，孙中山也时时流露出一些对共产党不满的言论。这些言论传到共产党人耳朵里，便生出许多纠纷来。

在一次中共广东区委联席会议上，谭平山发言时说：

> 孙博士同我们的韩麟符同志谈话时公开讲，中国共产党人在共产国际面前破坏国民党的威信，说什么国民党是一个不好的党。博士说，列宁本来是想要他当共产党的创始人的，因为陈独秀在民众中没有多大的影响，而他过去和现在都有很大影响。可是，中国共产党人破坏了国民党的威信，结果陈独秀成了共产党的创始人。……博士曾对国民党人说，中国的共产党完全不值一提，都是些在政治上没有修养的年轻人，不值得重视，让他们去闯，不要管他们。

谭平山认为，孙中山看不起共产党，根本不想同共产党人一道工作，所以共产党很难同国民党再继续合作下去，最终只有两条路可走：要么消灭反革命的右派，根据国民党的纪律把他们开除出去，要么建立一个新的国民革命党。[1]

当时，身在上海的陈独秀，也时时感到国民党排共的压力。

上海的国民党人不仅在文章中对共产党大加攻击，而且向国民党中央监察委员会提出了9宗检举案，其中有：上海大学毕业生程永言等16人请取缔共产党案；何治溉等51人的《请开除跨党分子案》；南方大学全体国民党员学生党人的《请斥逐所有跨党祸党共产分子案》；旅沪国民党员施承谟等55人上书孙中山的《请斥退共产党案》；任重等8人的《请摈斥共产党案》；邓嘉缙等7人的《检举共产党案》；何世桢等20人的《检举共产党案》；曾贯五、石克士等的《检举共产党案》；何子培、杨峻峰等的《检举共产党案》。

陈独秀对这些检举案所起的作用十分关注。他听说，孙中山虽然不会马上抛弃共产党人，但根本无意去制止国民党右派对共产党人的攻击。他还听说，国民党中央执行委员会将于8月10日举行会议，讨论和决定与共产党的关系问题。

陈独秀认为，共产党人虽然出于维护团结的目的，尽量忍耐与国民党合作，但为了完成国民革命的使命，对于国民党右派的进攻和国民党的右倾政策，不能不加以纠正和抵制。

为此，陈独秀特向全党发出通告，指示共产党人应做好以下几方面工作：

（一）应由我们所指导的各团体或国民党党部，对于国民党中央执行委员会表示不满于右派的意见。右派重要的错误是：（A）不愿反对帝国主义的列强；（B）反对中俄协定，并根本反对苏俄，说是国民党之敌；（C）压迫兵工厂工人组织工会，阻止圣三一学生退学；（D）纵容江门佛山商团摧残工人农人；（E）排斥共产派。

（二）我们的同志应在国民党各级党部开会时提出左右派政见不同之讨论。

（三）今后凡非表示左倾的分子，我们不应介绍他入国民党。

（四）须努力获得或维持“指挥工人农民学生市民各团体的实权”在我们手里，以巩固我们在国民党左翼之力量，尽力排除右派势力侵入这些团体。

（五）各地急宜组织“国民对外协会”，一方面是建筑反帝国主义的联合战线之中坚，一方面是形成国民党左翼或未来的新国民党之结合。[2]

从这个通告可以看出，陈独秀已要求共产党人适时地向国民党右派进行反击。

与此同时，陈独秀对如何继续与国民党共事仍然顾虑重重。

7 月 13 日，在给维经斯基的信中，陈独秀不无沉重地谈到了自己的顾虑：

> 8 月 10 日，国民党中央执行委员会将在广州举行会议。根据国民党中央执行委员会广州分部的声明，这次会议将讨论和决定所谓的共产党问题。据说，孙中山虽不会马上抛弃我们，但根本无意制止反动派对我们的攻击。……
>
> 至于国民党目前的状况，我们在那里只看到了右派反共分子，如果说那里有一定数量的左派，那是我们自己的同志。孙中山和另外几个领导人是中派，而不是左派（即使是戴季陶也不过是左翼理论家），所以现在支持国民党，就只会是支持国民党右派，因为他们掌握着党的所有机构。在他们的对内政策中表现出反工人倾向，而在对外政策中表现出反苏倾向。如果以后还以这种精神（援助反动派）给以支持，那么这就会对远东的革命产生很大影响。这是一个需要解决的严重问题。……我们认为，对国民党的支持不能沿用以前的形式，我们应该有选择地采取行动。这就是说，我们不应该没有任何条件和限制地支持国民党，而只支持左派所掌握的某些活动方式，否则，我们就是在帮助我们的敌人，为自己收买反对派。[3]

就在陈独秀的信发出不久，8 月 1 日，上海国民党右派分子周颂西、喻育之、曾贯五、石克士等在南方大学召集各区国民党党部代表会议，讨论处置共产党的问题。会议由曾贯五主持，石克士记录，由喻育之宣布共产党人“破坏国民党之事实”。会议进行之中，反共的国民党员即与共产党人发生冲突，造成人员受伤。

次日，喻育之等又到国民党上海执行部寻衅闹事，将邵力子痛打了一顿。

事后，上海执行部的共产党人毛泽东、恽代英、施存统、邓中夏、沈泽民、韩觉民、王基永、杨之华、李成、刘伯伦等联名上书孙中山，对国民党右派的反共活动提出抗议。

上海国共两党党员之间的磨擦，使陈独秀更为担心。国共关系是否走到了尽头？

2. 息事宁人

国共两党是否就此分手？

在国民党内工作的共产党人都认为，国共两党应该分手。因为他们在国民党内的工作不仅得不到肯定，反而动辄得咎，他们抱怨说，只要共产党员仍然和国民党捆在一起，共产党就一事无成。

在国民党的大本营广州，共产党人对同国民党合作共事的困难程度感受更深一些。在一次中共广东区委联席会上，谭平山就发牢骚说，国民党的工人部长参与镇压工人罢工，农民部长在工作时大抽其鸦片，你叫我们在工人部和农民部的党员怎么工作呢？我为此向中共中央多次报告过这种情况，中共中央的来信说得很坚决：共产党员无论如何不得同国民党中派一道去镇压罢工和压迫工人。当国民党中派领导人执意反对工农的时候，共产党员可以退出工人部和农民部，同工人农民一道进行反对中派的斗争。而事实上，不要说退出国民党，就是要退出国民党中央党部，又谈何容易？

对于谭平山的这些牢骚，鲍罗廷不是不知道，但他清楚，共产党人退出国民党，就意味着斯大林一直坚持的国共合作政策归于失败，也意味着苏联与国民党合作的失败。然而，他无论如何不能向共产党人全盘亮出这个底牌，他只是对他们说：只要退出国民党中央的一个部，那就意味着退出国民党。而退出国民党，就意味着共产党已经取得的大量阵地都会白白丧失掉。

那么，在必须与国民党继续合作的前提下，如何才能以国民革命大局为重，协调好双方关系，既可维持共产党人留在国民党内，又要使国民党解除对中共垄断与共产国际关系的疑虑，这就成为迫在眉睫的问题。

鲍罗廷思来想去，忽然想起前不久有人提出，在国民党内设一个特殊的组织，它能知道共产国际和中国共产党对国民党的态度，能经常得到莫斯科的指示，甚至不用探听共产党的“秘密”，国民党就可以知道共产国际对自己的态度，这样就可以从容地处理与共产党的关系，也可以协调同共产国际的关系。如果没有这样一个组织，大家难免会疑神疑鬼。鲍罗廷想到这里，心情豁然开朗，认为这个主意不错，可以成立一个“联络委员会”，由国民党、共产党各若干人和他本人组成，用来处理国共两党之间的有关问题，同时协调共产国际与国共两党的关系。这实际上是将国民党和共产党放在同一平台上与共产国际交往。这个主意形成后，他就与孙中山交换了意见，最后决定将其提交国民党中央执行委员会一届二中全会讨论。

8 月 15 日，国民党中央执行委员会一届二中全会开幕。8 月 19 日，会议开始讨论弹劾共产党案的问题，相关提案达 34 件之多。国民党中央监察委员张继首先报告说：

“我现在将中央监察委员报告书的主旨及意见说明如下：（一）共产派在党中为党团活动之事实及其刊物；（二）海内外党人与共产派分子冲突之真象；（三）共产派分子加入本党之原始以信义为依归，现在发生纠纷，应负其责；（四）第三国际共产党是否适宜于中国社会情形；（五）革命党人应有自尊精神，以俄为挚友则可，以俄为宗主则不可；（六）党人尊重情感，为共患难之要件；（七）最后办法，主张实际上的协同工作，名义上跨党益滋纷扰。”说到这里，他总结说，“我们总的思想是要求共产党员友好地同国民党分手。”

张继说完之后，覃振谈了汉口执行部的情况，然后说：“依我之见，此时非速谋救济方法不可，否则纠纷会日益扩大。我提出解决办法两点：（一）纪律上之必要，国民党员不得任意加入其他政党，凡共产党员加入本党者，应专从事本党工作，不得援引本党党员重行加入共产党及为共产党征求党员；（二）组织上之必要，在中央党部加设国际宣传委员会，由总理指派组织之，以本党三民主义贡献于国际，国际主张亦得以输入中国。凡关于第三国际与本党共产派之一切任务，均由本委员会为中心，以期共济，庶成为有实力有系统之进行，一切骈枝故障自然消除矣。”

此时，瞿秋白再也坐不住了，他说：“如果国民党是第一次代表大会宣言的党，即革命的、反帝的党，那么共产党员无需在党内建立党团；如果现在国民党中确有那么一些不愿意进行革命和反帝斗争的分子，那么这种使国民党全党革命化的共产党员支部的存在不仅是允许的，而且是必要的。况且，即使从形式上看，共产党党团也不存在任何问题，因为孙先生在接受共产党员加入国民党时就同意保持共产党存在的独立性。共产党独立存在本身就意味着，虽然共产党员加入了国民党，但他们依然像过去一样要遵循共产党的决定，因为他们仍然在共产党内。”

对于瞿秋白的话，有的人表示赞同，有的人则表现出一副不以为然的样子。瞿秋白接着说：“现在，我提出以下几个问题：（一）三民主义之政党，是否能容纳马克思派；（二）国民党是否必要容纳一切思想上虽有异同而对于现时中国之政见上相同之革命分子；（三）共产派即马克思派加

瞿秋白

入本党，完全为参加国民革命促进本党之进行，然此派是否有党团行动，此种党团行动是否有害抑系有利于本党之发展；（四）若有类似于党团之行动，则是否不问其对于本党之利害，即因此而不容纳；（五）因监察委员会提出‘好好的分家’，即分立问题，这就意味着孙中山违背自己同意共产党独立存在的诺言。故提出上列数点，请会议注意。”

瞿秋白发言之后，又有一些委员发表了意见。赞成继续合作的人说：“其实并不存在什么共产党党团的事，因为共产主义和国民党主义在现时的历史时期是一样的。共产党员的过错只是在其党的决议中，即中央监察委员会所找到的决议中，用了粗俗的、不礼貌的语言评论国民党员。但这是小事。”

8 月 20 日，国民党中央政治委员会举行第六次会议，出席会议的有胡汉民、汪精卫、廖仲恺、伍朝枢、瞿秋白、鲍罗廷。会议通过了《关于在国民党内之共产派问题》、《关于国民党与国际革命运动之联络问题》两个草案，并将其作为政治委员会的意见，向国民党中央执行委员会全体会议提出。

《关于在国民党内之共产派问题》共有四条，说明了建立国共联合战线的必要性，并以国民党章程规定为依据，指出共产党人加入国民党并不违背党章。其中第三条说：

中国共产党并非出于何等个人之空想，亦非勉强造作以人力移植于中国者，中国共产党乃中国正在发展之工业无产阶级自然的阶级斗争所涌现之政治组织。中国共产党之组织既系如此，则自不能不为国际无产阶级政治组织之一部。即使吾人能以人力解散现存之中国共产党，中国无产阶级必不能随之消灭，彼等必将另行组织。故中国国民党对于加入本党之共产主义者，只问其行动是否合于国民党主义政纲，而不问其他。至于本党之外存在之中国共产党，作为非共产主义政党之国民党，对其存在及其党员之行动，殊无监督之必要。因本党只应就本党纲领与章程以管理一切党员。共产主义者之接受本党党纲，而加入本党，即当视为本党党员以管理之。

第四条则提出："因本党之外存在着中国共产党，国民党内之共产主义者有从事'支部活动'之嫌，故中央政治委员会下设国际联络委员会，其任务之一，是尽力弄清共产党对国民党之态度，以达到相互了解，消除误会之目的。"[4]

《关于国民党与国际革命运动之联络问题》共五条，它们是：

一、在中国国民党中央执行委员会政治委员会内设国际联络委员会。二、国际联络委员会受政治委员会之管辖。三、国际联络委员会之委员由总理任命之。四、国际联络委员会之职务于下：（1）与世界各国平民革命运动联络。（2）与世界各国内被压迫民族革命运动联络。（3）与第三国际联络。五、国际联络委员会与第三国际之联络，其概要的方法于下：（1）协商中国国民革命与世界无产阶级革命运动的联络方法；（2）协商中国共产党之活动与中国国民党有关系者之联络方法。

至此，鲍罗廷关于设立"国际联络委员会"的设想以国民党中央政治委员会集体名义确定下来，并对其职能进行了细化。

8 月 21 日，国民党中央执委会全体会议继续开会，讨论国民党内共产派问题。会议开始后，首先由汪精卫说明政治委员会的两个提案。他说：

政治委员会所拟两个提案系贡献于全体会议，为谋根本解决党内纠纷，促进党务发展的意思，综核现在党人纠纷情形，约有三派：一是认共产派合作为有害；一是认共产派合作为有益；一是认共产派跨党无害，而有秘密党团作用则有害，若能使这个秘密公开，则党团作用自可消除。从此三点观察，症结所在甚属明了，所以政治委员会拟了这两个提案供讨论。再有须注意者，共

产党与共产党员不同，共产党员为共产党守秘密是当然的，只有本党直接与第三国际从联络方面来协商，庶彼此不致误会，无所容其秘密矣。

张继对政治委员会的两个提案均不满意，他知道，如果这两个提案被通过，他们分共的目的就难以达到，所以他说："此案不在政治委员会的职权范围内，无所谓意见。但请以本监察委员提出报告各案，暂时作为悬案。"

傅汝霖也附和着说："政治委员会草案可惜在监察委员提案之后，不能认为可以解决党内纠纷。"

汪精卫见他们均以监察委员名义提出反对意见，便说："李石曾监察委员来信说：'弟非国际共产党，亦非参与两党合作之人，但两党既已合作如前，万不宜分裂于后。'"

会议主席的胡汉民提出："这次党内纠纷主要原因，即在发现团刊之后，情感愈形险恶。但细察团刊内容，用语不当处固多，而内容确无其他恶意，不能即认为是一个有阴谋的党团。现在唯一的解决方法，是照政治委员会草案办理甚为适当。"

汪精卫进一步解释道："共产派系承第三国际之命而加入本党的，纵有猜疑之处，以与第三国际协商是正当的办法。"

共产党员于树德争辩说："此次党内纠纷不完全由共产派发生。例如北京市选举，系民权社、少年建国团的内部冲突，现在却都诬为共产派所把持，应请监察委员注意。"

张继说："这还需要审查。"

瞿秋白说："监察委员职权只问案由，不宜问共产派与否，应该以纪律为准。"

张继不满地回击："本委员职责所在，此次提案有慎重必要，容待考虑。"

这时，胡汉民要全体与会者就政治委员会提出的两个草案付表决，多数人举手表示同意。

会后，国民党中央执行委员会根据会议决议，向全体党员发表《关于容纳共产分子之训令》，指出：

中国共产党之活动，有关于国民革命者，本党实有周知之必要；否则对于国民革命，无从齐其趋向与步骤。中国共产党对于

> 其党员加入本党者，施以指导，俾知对于本党应如何尽力，尤于本党之党务进行，党员纪律，有直接间接的关系，本党更不能不过问。倘使中国共产党关于此等决议不付之秘密，本会敢信党团作用之嫌疑，不无从发生；而今者补救之方法，亦惟对于此点而求处置。
>
> 顾中国共产党员对于中国共产党之关系，有守秘密之必要；而中国共产党对于第三国际之关系，亦有守秘密之必要。本会有见于此，故决议在中央执行委员会政治委员会内，设国际联络委员会，其职务之一，即在直接协商中国共产党之活动，与本党有关系者之联络方法。如是则本党之最高党部一方面对于中国共产党负保守其秘密之义务；一方面对于本党党员负了解本党与中国共产党之关系之义务。党内之共产派所被党团作用之嫌疑，必无形消释。而党员之对于共产派，亦无所其猜忌。[5]

《训令》还告诫有关党员："党内共产派同志平日无论言论著作，往往有意的或无意的于国民革命之主张不免参差，因而被其他党员之指摘，以为于参加国民革命之初衷，得毋刺谬，甚且有人为无诚意者。而诸党员对于共产派问题，又往往激昂过甚，逸于常轨，此皆所谓意气用事。本会于此不能不申以告诫：'君子之过也，如日月之食焉，人皆见之；及其更也，人皆仰之。'诸党员对于道义上，应有此觉悟；对于同志间关系，尤应有此忏悔。往者不可谏，来者犹可追，其各留神省察。"

这种息事宁人的说法，既难以消除国民党排共势力的影响，又难以使共产党人相信以后不会再受攻击。

而且，用成立"国际联络委员会"的方式来解决国共两党之间的纠纷，在张继等人看来不过是异想天开，因为他们既不相信共产党，也不相信苏联和共产国际，他们自然不会赞成通过加强与共产国际联络的办法来解决两党纠纷。

对于这些人的心思，孙中山十分清楚。因此，他准备在即将闭幕的国民党一届二中全会上，将自己的想法和盘端出。

3. 孙中山发怒

8月30日，是国民党一届二中全会闭幕的日子。下午2时，全体中央委员聚集在广州大学大礼堂，会议在孙中山主持下开始。

在俄罗斯保存的档案中，有一份《孙逸仙在国民党中央全会最后一次会议上的讲话》，详细记录了有关会议的情况。现笔者根据这份档案，将会议的进程作一叙述。

会议开始后，由会议秘书长程潜报告了前几次会议的情况，最后总结说："关于国民党内之共产派问题，会议最后形成了三个文件来解决这一问题，这三个文件是：《关于国民党内之共产派问题的决议案》、《关于国民党与国际革命运动之联络问题的决议案》、《关于同志们就双重党籍党员争论问题的训令》。此外，那些提交全会而来不及讨论的问题将移交中央委员会主席团。"

孙中山开始致闭幕词了。他的第一句话是向与会者提问：

"你们能否确信，在全会通过决议后同共产党员就不会再有磨擦和争论了呢？"

李烈钧和程潜回答："如果从现在起全体同志同心同德地积极地进行国民革命工作，我们认为不会再有磨擦。"

张继说："这要看今后的事实。"

孙中山说："我认为这种冲突是不这么容易消除的。我的看法是，关于国民党内共产党员问题的争论不是局部问题，而是原则问题。在重审全部文件时，我明白了，问题不在于似乎一些人（共产党员）有错误行为或写了反对我们政策的文章，另一些人因此而与共产党员斗争，绝对不是这样。那些反对共产党员的人根本不了解我们自己的主义。"

原来国民党内纠缠于共产党人是是非非的那些人，倒是他们自己对党缺乏起码的了解！

孙中山接着说："我们从事革命工作已30多年，革命尚未成功，根本原因就在于此，同志们不了解自己党的主义。俄国革命之所以完成得那么快，那么彻底，就是因为革命党党员的自觉性和训练有素，他们了解自己党的主义。因此俄国组织的方法对我们来说是最好的典范。因而我请鲍罗廷同志担任我们的顾问，任命他为我党教练员。在党改组之前我们详细地讨论了这个问题，决定召开代表大会。现在代表大会已开过，党已进行了改组。"

接下来，孙中山要杀鸡给猴看了。他说：

起初，当党作出决定：党要进行改组时，冯自由同志并不反对，两个月内他从未讲过任何反对改组的话，当时他是临时中央委员会委员。但是，当中央委员会刚选出，他因未能入选，就向我们的敌人（香港《大公报》）供出了他所知道的关于改组和党的全部情况。冯自由因为未被选为中央委员而煽动一伙人反对共产党。我相信冯自由一个人不可能煽动很多人，但他入党已20多年，在同志们中有一定影响，有些同志不自觉地附和他。现在我以党主席的名义宣布开除冯自由出党。

冯自由

可以想见，孙中山突然宣布决定可能在会场上引起怎样的反响，说不定此时正有人心里打着小鼓呢。

孙中山开始向与会者讲解民主主义与共产主义的关系：

同志们说我的民生主义不是共产主义。他们不了解民生主义与共产主义原则上不存在任何差别，差别只在于其实现目的的方法不同。起初共产党员是反对民族主义和民权主义的，但是俄国革命的经验告诉他们，俄国革命所从事的大部分工作是民族主义的工作。因此，中国共产党根据共产国际的决定承认民族主义和民权主义，决定加入我党。另一方面，民生主义和共产主义基本上是一样的，因此我们决定接受共产党员加入我党。现在如果有人说我的民生主义不是共产主义，那么这位同志的“民生主义”

可能与我的民生主义不同。如果在全会以后还有同志说不了解我的主义，再无端挑起是非，我们就将采取对冯自由一样的方法来对待他们。

孙中山停下话来，环视所有的与会者。

这时，张继突然说："开除冯自由您有这个权力，但是不了解民权主义的党员大有人在，而且国外华侨都不了解。此外，我与冯自由持有同样的立场，因此我也请求处罚我。"

孙中山不动声色地说："您只是不了解和不明白，您的立场与冯自由的立场是完全不同的。至于谈到华侨，他们大多数人在美国、英国，他们在那里被帝国主义的宣传所欺骗，认为俄国革命是危害人类的洪水猛兽。他们已习惯看到英国的、美国的共产党员被捕入狱。况且，他们曾给予第一次中国革命以帮助，然而他们既没有得到政权，也没有得到财富，因此华侨反对革命不是从今天才开始的。我们党不需要那些参加革命是为了追求个人利益的党员。三民主义中的民族主义只是手段，而民生主义才是革命的最终目的。如果我们抛弃了这个目的，那么我们还要革命干什么呢？假如这样，我也就抛弃革命了。"

孙中山接着讲了辛亥革命的历史，指出黄兴和宋教仁是主张妥协的，而正是由于他们当时的不坚定性与无纪律性，阻碍了革命的胜利。

张继打断孙中山的话说："过去主席您宣传的思想是先统一中国，在此之后才开始实现三民主义，现在我们反对民生主义正是基于这个思想。"

孙中山被张继激怒了！

他提高嗓音说：

我们甚至连党都统一不起来，就更谈不上国家了！党员应绝对服从自己的领袖和他的领导，因此我们在过去组织了中华革命党。那时每一个党员都宣誓，但后来表明，宣誓归宣誓，党员根本不尊重我的指示。我们的同志，还有我们的军队只有当命令对他们有利时才服从，反之往往拒绝服从。如果所有的国民党员都这样，那我将抛弃整个国民党，自己去加入共产党。[6]

张继知道自己惹恼了孙中山，便又打断孙中山的话，半开玩笑地说："如果主席将成为共产党员，那么我们大家也都是共产党员了。至于开除冯自由出党，中央委员会秘书处可以下令执行。"

孙中山也缓和了口气，强调指出：“我们革命运动的目的是民生主义。而现在广州的工人和农民的情况非常严重，应予以重视。最后陈廉伯[7]与帝国主义联系密切，反对革命。甚至我军的某些将领也附和陈廉伯。这些将领与陈廉伯签署了停战条件。但我不承认这些条件，因此，‘老虎武装’[8]问题对我来说还没有得到解决。现在外国人与商人携手共同反对革命。政府已经收到英国总领事的最后通牒，通牒中说：‘如遇中国政府向城市开火，我们驻广州的军队将全力对付政府。’同时廖行超将军和范石生将军对我说，如果政府抢商人的粮食，他们将出来‘维持秩序’。请问，这是什么意思?”

孙中山实际上提请大家注意，眼下在对待陈廉伯的问题上，广州政府已经受到英国和西南军阀的威胁。

在结束讲话前，孙中山再一次详细解释了民生主义与共产主义之间根本没有任何差别，只是为达到目的所走的道路不同。

会议在沉闷的气氛中宣告闭幕。[9]

国民党一届二中全会的决议和训令虽然也照顾到了国民党内反共派的情绪，但张继、谢持、邓泽如等人对会议的结果仍然甚为不满。这些人虽然闹腾了一番，掀起了一场排共、反共的轩然大波，但最终还是没有达到排共的目的。

由于孙中山在大会闭幕时的讲话中公开宣布开除冯自由，也公开批评了排共倾向，所以张继、谢持、邓泽如对孙中山产生了不满情绪，认为正是孙中山对共产党人的庇护，才使他们难以达到对共产党人实行制裁的目的。同时，他们也感到很失落，觉得在广州已经没有可以容身的地方了。

10 月 17 日，张继向孙中山提出辞呈：“自八月大会以来，共产派背行无忌，继耻与为伍，请解除党职兼除党籍。”之后，张继便离开广州前往上海。

张继走时，谢持正在病中。待病稍好，谢持便向孙科借了些钱，也悄悄地离开广州到了上海。

邓泽如虽没有出走，但也基本上置身于党外，对党内的事情不闻不问。

至于冯自由，虽然孙中山宣布开除他的党籍，但他决心斗争到底，在广州待不下去，他就跑到北京，继续挑起反共反俄大旗。

4. 陈独秀不满

陈独秀对于国民党中央一届二中全会是寄予希望的，事前，他还专门

搞了关于反帝运动计划、关于工人运动的原则、关于惩罚国民党右派的反动行为的三项提案，希望这次全会能够在左派占上风的情况下通过这三项提案。他更希望这次全会能够对国民党内的反共排共活动有所抑制。

然而，事情的发展却大大出乎陈独秀的意料之外。

当陈独秀从瞿秋白的来信中得知，三项提案一个也没有提交国民党中央全会讨论，而鲍罗廷却建议孙中山成立一个“国际联络委员会”来控制共产党的消息后，非常气愤。他立即召开紧急会议，并在8月27日直接致电鲍罗廷和瞿秋白，强硬规定：

一、禁止在国民党会议上进行任何有关共产党问题的辩论，并对此辩论不予承认，禁止瞿秋白以党的名义在国民党会议上发言；

二、中共中央拒绝承认国民党下属的为解决两党问题而设立的国际联络委员会；

三、责成我们的同志在全会上对反革命分子采取进攻态势，从防御转入进攻的时机已经到来。[10]

但是，这个决定传到广州后，并没有得到应有的重视，更没有阻止国民党全会通过有关决议。

8月底，在上海的中共中央领导人得知国民党中央全会已通过了关于设立“国际联络委员会”的决议后，愤怒至极。蔡和森等人强烈要求致电莫斯科，控告鲍罗廷和他所实行的妥协路线。

9月7日，陈独秀致信维经斯基，对鲍罗廷的做法表示强烈不满。他在信中说：

国民党中央执行委员会全会已经闭幕，这次会议对我们是一个很大的打击。孙中山等人的态度在口头上保持中立，他们不能同我们的同志争吵，也不敢得罪右派和反动派，但实际上，他们利用反动派施加的压力和他们的反共宣传来压制我们，目的在于把中国共产党置于国民党的领导之下，或至少使中国共产党对它开放。我们必须反对这种行为。可是鲍罗廷同志不是站出来反对，而是建议他们成立所谓国际联络委员会，隶属于国民党政治委员会，并且拥有解决国共两党问题的全权。中国共产党中央执行委员会绝对不同意这个建议，并指出，鲍罗廷同志上了孙中山等人的圈套。中国共产党中央执行委员会给鲍罗廷发去电报，说明了孙中山等人的这个阴谋，以及这个建议和我们党绝对不承认任何这类决定将带来的不良后果。但遗憾的是，在国民党中央执行委员会全会上作出了这种决定。

在远东的工作中，中国的工作是最重要的。像我们这样年轻的党，很难把工作做好。我们始终需要共产国际的好的建议和指示。请建议共产国际提醒鲍罗廷同志，同孙中山打交道必须十分谨慎，否则他还会上圈套，还要提醒他始终要同我们党进行协商。[11]

同时，中共中央还派高君宇立即赶往广州，向中共广东区委传达中共中央的指示：拒绝国民党全会决议，决心抵制鲍罗廷的妥协政策，鲍罗廷无权领导广东地区党组织的工作；瞿秋白到上海向中共中央汇报国民党中央全会的情况。

瞿秋白遵照中央指示，立即赶往上海。到上海后，他向陈独秀等人就国民党中央全会的情况作了详细汇报。最后他懊悔地说：

在国民党中央执委会扩大会议期间，国民党中派根本没有打算同我们闹分裂，而只是想利用右派来威胁我们，使我们屈从于它，不对他们拟定的干涉共产党事务的计划提出异议。我和鲍罗廷没有看清问题的实质，错误地认为，我们应该帮助中派哄骗右派。这样一来，同中派达成了妥协，采取了防御立场，因此落入了中派设置的圈套。

10月8日，中共中央根据瞿秋白的汇报，专门作出《就瞿秋白同志关于广东政治路线的报告的决议》。

在这个决议中，中共中央指出，由于鲍罗廷的让步，共产党在国民党中央全会上遭到了两大失败：

（1）我们对反动派镇压措施的决议案，在会议开始时没有提出，为的是不造成紧张的示威气氛，结果我们落到被告席上而未占有反右斗士的地位。因此，中派得以不声不响地回避对右派镇压措施的问题，很顺利地对我们发起攻势，并向会议提出预先准备好的干涉中共事务的决议案；

（2）《国民党内共产派问题》决议案的第四条说："因本党之外存在着中国共产党，国民党内之共产主义者有从事支部活动之嫌，故中央政治局下设国际联络委员会，其任务之一是尽力弄清共产党对国民党之态度，以达到相互了解，清除误会之目的。"在国民党内成立干涉共产党事务的机构，是国民党中派很早的想法，是由孙逸仙博士在会前直接提出来的，现在采取了国际联络委员会的形式。……鲍罗廷同志和瞿秋白同志在国民党政治局会议上默认了关于国民党内共产派问题的决议案的第四条，并让它通过了。中共中央执委会认为，这等于共产国际和中共承认国民党有权成立调查共产党活动的机构，这一条将被国民党用来作为干涉共产党活动的依据。

《决议》对鲍罗廷提出了尖锐的批评，指出：

鲍罗廷同志犯了许多错误，他过高地估计了国民党中派的作用并同它达成了妥协，还有在实行自上而下对国民党的改造政策时犯的错误。特别大的错误是他支持国民党的军事行动。……中共中央执委会非常不满的是，鲍罗廷同志作为共产国际代表同党的执委会联系很少，也不同它讨论决议和对国民党的态度的改变，而是单独行事。即便在这种情况下他不犯什么错误，那么这种状况也会破坏统一，破坏工作制度，这对国民革命运动来说是有害的。[12]

10月10日，陈独秀致信共产国际远东部，对鲍罗廷的行为再次提出批评，信中说：

中国无产阶级、中国国民革命应当采取联合行动的策略，而共产国际代表同中共也应当对国民党采取共同行动。然而鲍罗廷同志从不同我们党协商，好像在中国不存在共产党。结果，对国民党没有采取联合行动。按照党的意见，国民党必须停止北伐，必须放弃广东政府，但鲍罗廷坚持另一种意见，他为孙中山的军事行动制订了计划并支持这样的观点：占领广东省无论对于对内政策还是对于对外政策都具有很大意义。在如此重要的政治问题上的这种意见分歧给广东同志造成了混乱，他们遵循的是两种不同的意见，无法对国民党施加影响。我们在国民党内的工作也面临很大威胁，所以我们希望共产国际给他提出警告。

中共中央对鲍罗廷的意见引起了共产国际执委会的极大重视。不久，共产国际执委会即派维经斯基来中国，具体解决双方之间的矛盾。维经斯基经过一段时间的了解，致信中共中央，对他们的意见作出如下答复：

像以前一样，你们必须同鲍罗廷同志协调自己的工作。我认为，过去的许多误解都已过去，主要是因为鲍罗廷没有实际可能同你们保持接触，而在过去的半年间中国的复杂局势要求保持这种接触。

现在在中央的方针与鲍罗廷同志之间我已找不到原则性分歧。造成你们与鲍罗廷之间产生误解的两个主要的组织和策略上的原因，现在已经消除。

陈独秀

（1）在广州成立的由国民党代表、中国共产党代表和共产国际执委会代表组成的国际联络委员会，不具有国际性质，也就是说它不直接与共产国际发生关系，不（在亚太范围内）进行国际性工作，而将渐渐成为调解中共中央与国民党人之间某些冲突或

误解的机构。

（2）你们给各地国民党工作提出的预算，将提交专门成立的有共产党人和鲍罗廷同志参加的预算委员会研究，这样，基层工作的问题就会被提出来。[13]

经过维经斯基的调解，陈独秀与鲍罗廷在相当一段时间内相安无事，但他对于孙中山国民党的反感心理，似乎并没有减轻。

国共两党在合作道路上究竟还能走多远？无论是陈独秀，还是孙中山，都无法作出明确的回答。

注　释

1.《中共广东区委联席会议记录》（1924 年 10 月 1 日、3 日、6 日）。

2.《中共中央文件选集》第 1 册，中共中央党校出版社 1989 年版，第 282—283 页。

3.《陈独秀给维经斯基的信》（1924 年 7 月 13 日），中共中央党史研究室第一研究部译：《共产国际、联共（布）与中国革命档案资料丛书》第 1 卷，北京图书馆出版社 1997 年版，第 507 页。

4.《国民党中央执行委员会第二次全会讨论与共产党人关系问题情况通报》（不早于 1924 年 8 月 30 日），中共中央党史研究室第一研究部译：《共产国际、联共（布）与中国革命档案资料丛书》第 1 卷，北京图书馆出版社 1997 年版，第 523 页。

5. 李云汉：《从容共到清党》，（台）1987 年版，第 330—331 页。

6. 中共中央党史研究室第一研究部译：《共产国际、联共（布）与中国革命档案资料丛书》第 1 卷，北京图书馆出版社 1997 年版，第 526 页。

7. 为广州汇丰银行买办、广州商团团长。

8. 即广州商团。

9. 中共中央党史研究室第一研究部译：《共产国际、联共（布）与中国革命档案资料丛书》第 1 卷，北京图书馆出版社 1997 年版，第 524—527 页。

10.《中共中央致鲍罗廷、瞿秋白电》，1924 年 8 月 27 日。

11.《陈独秀给维经斯基的信》（1924 年 9 月 7 日），中共中央党史研究室第一研究部译：《共产国际、联共（布）与中国革命档案资料丛书》第 1 卷，北京图书馆出版社 1997 年版，第 528—529 页。

12.《中国共产党（中央）执行委员会全体会议就瞿秋白同志关于广东政治路线的报告作出的决议》，中共中央党史研究室第一研究部译：《共产国际、联共（布）与中国革命档案资料丛书》第 1 卷，北京图书馆出版社 1997 年版，第 532—534 页。

13.《维经斯基给中共中央和鲍罗廷的信》（1925 年 2 月 15 日），中共中央党史研究室第一研究部译：《共产国际、联共（布）与中国革命档案资料丛书》第 1 卷，北京图书馆出版社 1997 年版，第 578—579 页。

十五 联蒂和反蒂

1. 寻求外援

孙中山的联帝与反帝，混合着对列强的羡慕与追求、悲愤兼怨恨，故而表现出一个爱国者强烈的历史责任感和别无选择的自卑感，演绎出了气吞山河又英雄志短的悲壮乐章。

孙中山与西方国家的关系，可以追溯到他从事革命斗争之初。当时为了进行反清斗争，孙中山便极力寻求西方国家的理解和支援。

国民党中有一批像孙中山这样的人，用当时英国驻广州领事的话来说，就是“和西方人混在一起，吸收了改革和进步思想的人”。这些人不满中国的专制统治，期望改变中国被动挨打的命运。但他们不想单打独斗，也不想与列强为敌，而是通过向西方公开他们革命的目的，努力替自己的革命制造一种有利的国际舆论。与其他人相比，孙中山对于这个策略的运用无疑更胜一筹。

孙中山有着坚定的意志和强烈的爱国心，正是靠着这种最具感召力的个人魅力，吸引着为数众多的外国朋友，并通过他们的支持和呼吁，来达到自己的目的。如 1895 年广州起义失败后，他的朋友们立即伸出援助之手，一个葡萄牙的朋友帮助孙中山从澳门逃脱；一位美国传教士协助救出了一位起义首领；美国驻广州领事试图搭救陆皓东，但没有成功。

在孙中山 30 余年的革命生涯中，有三分之一的时间居住在日本，并把日本作为革命活动的基地之一。为取得日本政府、军部、政界、财界、大陆浪人的支持和援助，孙中山与日本各界广泛交往，并与其中一些人结为好友，其中最为著名的宫崎滔天、犬养毅、头山满等，都是孙中山革命的鼎力支持者。

在孙中山的一生中，最能体现出外国朋友对他倾心相助的，莫过于他在伦敦蒙难之时。

广州起义失败后，孙中山被清政府当作叛逆，通报驻外各使馆和领事馆密切注意孙中山的动向，相机缉拿。

1896 年 10 月 11 日，孙中山在伦敦被捕，关在清政府驻英公使馆。清政府驻英公使龚照瑗用 7000 英镑的高价，向格来轮船公司租了一艘 2000 吨的轮船，造了一只木箱，准备把孙中山装在箱里，秘密运回国内。

孙中山被关在使馆的三楼上，同外界隔绝了联系。最后由于使馆中女工贺维（英国人）的帮助，他才与康德黎取得联系。康德黎是孙中山在香

孙中山、宋庆龄与日本友人梅屋庄吉的夫人

港学医的同学，他把消息告诉给他们的老师孟生后，两人开始四处奔走，设法营救。在与英国外务部、伦敦警察署和清政府驻英使馆交涉未果的情况下，他们只好通过《地球报》将“可惊可骇之新闻”、“革命家被诱禁于伦敦”的消息报道出去。

在强大的社会舆论压力下，英国政府派遣代表向清政府驻英公使进行交涉，要求按照国际公法和国际惯例，迅速释放私捕人犯。9 月 23 日下午，孙中山在被羁囚 12 天后，终于被释放。当他走出使馆时，街头围观的英国人纷纷向他挥手致意。

坏事就这样变成了好事。伦敦蒙难后，孙中山的声名大振。第二年，他将这次经历写成《伦敦被难记》，成为后人研究这段历史的第一手资料。

1917 年、1921 年、1923 年，孙中山三次在广州建立政权，从而在中国政府形成南北分立之势。虽然广州革命政府也具有中央政府的形态，但列强只承认北京政府是中国唯一的合法政府，并不承认广州政府。所以，寻求列强承认广州政府，并尽可能提供经济援助，成为孙中山积极与列强交往的根本目的。

在西方国家中，孙中山最期望能向他施以援手的，就是美国。

孙中山少年时代在檀香山接受过先进文化，从事反清活动后又多次往返美国，得到在美华侨的倾力支持。他对美国有着无比的好感，认为美国是世界上最文明、最富强的国家。他为之奋斗的最终目标，就是在中国建立像美国那样的制度。他曾说："我们必须倾覆满清政府，建设民国。革命成功之日，效法美国选举总统，废除专制，实行共和。"[1] 他认为美国总统林肯提出的"民有""民治""民享"的政府，是把全民政治阐释得最完全最简明的一种。

1914 年第一次世界大战爆发后，孙中山极力争取美国阻止中国政府参战。1917 年 6 月 8 日，孙中山给当时的美国总统威尔逊发去一封电报，请求他利用在协约国中的影响，使中国避免卷入战争。但威尔逊没有同意他的请求。

1918 年第一次世界大战结束后，11 月 18 日，孙中山发电报给威尔逊，对停战协定的签署表示祝贺，并阐释了他为什么反对中国参战。他说，中国的参战行动，只能助长中国的军国黩武主义，目前中国的南北之争，实际上就是纯粹的军国主义和民主政府之争。他呼吁威尔逊拯救中国的民主。

次日，孙中山又写信给时任美国驻北京公使莱因斯。信中说：

> 只有通过您，才能使总统和美国人民了解中国事态的真实情况。您的责任确属重大。民主政治或黩武主义在中国的胜利，在现阶段，大大依赖于阁下对我国无依无靠的人民的道义上的支持。[2]

孙中山对美国政府领导人和官员的示好，并没有得到应有的回报。相反，从美国外交档案中可以看出，自中华民国成立以后，美国驻华外交人员的报告中，始终视孙中山为"捣乱分子"、"投机分子"，并认为他"个性好大喜功"，是个"鲁莽而没有原则的冒险主义"、"极好虚荣之人"。[3]

在民国初年信息并不发达的时代，美国政府制定其对华政策的依据，主要信息来源就是驻华使馆人员的报告。这些对孙中山不利的报告，显然影响了美国政府对孙中山的态度。

孙中山并不了解其中的原因，认为南方政府得不到列强承认，可能是"名号"没有取好。他说："所以数载以来，北京政府尚自命为中央政府，外人用以承认之；而视我等则为土匪，视护法区域则如土匪区域，无他，所取之名义狭而不正也。”[4]

1921 年，孙中山在广州第二次建立政权后，于当年通过国共两院参议员非常会议，选举自己为“中华民国非常大总统”。

5 月 5 日，孙中山在广州宣誓就职后，写信给美国总统哈定，请求其立即承认广州新政府。他在信中说：

> 我们视美国为民主之母和自由与正义之战士，在中国处于水深火热之时，美国对于中国的无私友谊和援助，已经多次向我们显示出来。……民主在中国之成败，几乎取决于美国的态度。[5]

这封信由美国驻广州副领事卜莱士寄送美国国务院，不料竟被美国国务院未加拆看即退回。

孙中山手书：博爱

同年 9 月，孙中山又给美国哈定总统写了封信。为了确保该信能到哈定手上，孙中山要他的秘书陈友仁寄给美国国务卿修司，请求修司面呈哈定。然而当这封信于 11 月 3 日送到修司手上后，他并没有送呈哈定，而是归档了事。

可以说，对于孙中山要美国承认新政府的请求，美国国务院未作出任何积极反应。

孙中山争取美国的支持历经数载，毫无结果，但仍然热情不减。直到 1922 年 5 月中旬，他还向前去采访他的一位美国作家宣称：“如果美国承认我，统一的绊脚石就会消失。”

孙中山所以一而再、再而三地向美国示好，是因为南方政府成立后，非常需要得到列强的承认，也非常需要得到列强的经费援助。

而美国的对华政策，是完全以美国的国家利益为出发点的。为了维护美国在华利益，它当然希望维持一个统一稳定的中国，也希望中国政府能够唯它的马首是瞻。而北京政府恰好具备这些条件。相反，由于孙中山在中国闹革命，要推翻中国现政府，美国政府便把他当作中国统一的障碍，认为他在制造暴乱，当然不会向他伸出援手。

孙中山总是满怀希望地寻求美国的承认和支持，但直到他逝世，这个愿望也未能实现。

对于英、法、德、日等国，孙中山也是通过各种关系极力争取，但很少能如愿以偿。

就拿日本来说，这是孙中山交往时间最长，也是交往最为广泛的一个国家。孙中山对日本也有重重的期待，但日本最终还是拒绝了他。

应该说，在孙中山革命之初，日本曾给予了一定的支持，并使日本成为孙中山革命的重要基地，他在这里组织革命团体，网罗革命志士，制定起义计划，筹措起义经费，购买起义武器等等，从一定程度上来说，没有日本的支持，就没有孙中山和资产阶级革命党人那么多次武装起义。

但是，在日本，除了孙中山的朋友是真心地支持他革命外，日本官方的支持或默认则是出于其本身利益的考虑，他们希望通过支持孙中山在中国形成更大的亲日势力，以便将来从中国攫取更大的利益。所以，当孙中山在辛亥革命后将临时大总统的权力让予袁世凯之后，日本便开始全力支持袁世凯。

1913 年 8 月，孙中山在二次革命失败后流亡到日本后，他的一举一动几乎都处于日本军警的严密监视之下。他希望从日本取得经济上、军事上的支持，以发动反对袁世凯的武装斗争，可是，扑面而来的正是弥漫于日本朝野的分割中国的滚滚黑雾。尤其令他忧虑的是，日本财界、军界、政界不少人正在准备支持袁世凯，企图借助袁世凯之手实现他们侵华的总目标。

为了改变这一局面，孙中山于 1914 年 5 月 11 日致函日本首相大隈重信，强调“现在支那，以袁世凯当国，彼不审东亚之大势，外佯与日本周旋，而内阴事排斥，虽有均等之机会，日本亦不能与他人相驰逐”。信中允诺，在他领导的革命胜利后，将致力于中国的建设，到时“支那可开放全国之市场，以惠日本之工商”。[6]

可是，孙中山并没有打动大隈重信，大隈的秘书青柳笃恒反倒将信的内容密告中国驻日公使陆宗舆，让陆宗舆转告袁世凯，既向袁世凯显示了恩威，又使袁世凯得以利用舆论来攻击孙中山，在革命党人中制造混乱。

此后，孙中山又于 8 月下旬两次会见立宪国民党党魁犬养毅，于 11 月初会见在军部很有地位的教育总监上原勇作，口头重申了给大隈重信的信函中所述的内容，要求日本方面不再支持袁世凯，而对中国革命党人采取积极态度。但这些努力仍无结果。

1915 年 1 月，日本以支持袁世凯复辟帝制为条件，向袁世凯提出了旨在最终灭亡中国的二十一条要求。

孙中山得知此情后，于 2 月 5 日同陈其美一起，与前满铁理事犬冢信太郎、满铁社员山田纯三郎共同拟定了一份《盟约》草案，并于 3 月 14 日由孙中山向日本外务省政务局长小池张造正式提出，要求日本政府考虑以此为基础，与孙中山正式签约。

《盟约》草案共 11 条，其中包括，凡他国对东亚重要外交事件，两国应及时相互通知协定；为日中协同作战方便，中华陆海军使用的军械弹药应采用与日本同一式样，聘用外国军人应主要聘用日本军人；为日中政治上之提携，中华中央政府及地方官厅聘用外国人应以日本人为主；为日中经济上协同发达，中日银行及其支行应设于日华重要都市，中华矿山、铁道及沿岸航路的经营者需外国资本合办应先与日本协议；日本为改良中华弊政，给予必要的援助；日本协助中华改良内政、整顿军备、建设健全的国家；日本赞助中华改正条约、关税独立、撤废领事裁判权等事业。[7]

孙中山为争取日本对中国革命的支持，不惜作出重大的民族牺牲，以满足日本在华扩张的许多要求。然而，孙中山的这个破釜沉舟之举，既没有得到日方的响应，也没有阻止日方同袁世凯进行关于二十一条的肮脏交易，反而被日本政府利用来透露给袁世凯，一边在革命党人中增加思想混乱，一边要挟袁世凯尽快承认二十一条，否则日本将同孙中山结盟。

此后，孙中山虽仍对日本抱有幻想，但严酷的事实使他的幻想一次次破灭。

1919 年，中国爆发了五四反帝爱国运动。孙中山在接受记者采访时，公开斥责“近年以来日本政府每助吾国官僚，而挫民党”，“日本武人逞其帝国主义之野心，忘其维新志士之怀抱，以中国为最少抵抗力之方向，而向之以发展其侵略政策”。[8]

对于日本强迫中国签订的各种不平等条约和所掠夺的各种权益，他说：

> 这二十一条款所决定的，差不多完全把中国主权让给日本了。……二十一条款和军事协约，是日本制的最强韧的铁锁链，来绑中国手脚的。实行二十一条款之统一的中国，就是日本把中

国整个征服去了。我们革命党，一定打到一个人不剩，或者二十一条款废除了，才歇手。[9]

这是孙中山首次非常明确地表示了自己对二十一条的真实态度。

先前，孙中山为了使革命获得成功，从而有力量废除所有不平等条约，才不得不忍痛表示愿意作出重大牺牲。现在，在全国人民反对日本侵华阴谋的浪潮不断高涨时，孙中山进一步看清了日本支持中国反动势力和利用中国革命党人的真实意图，这也促使他旗帜鲜明地表示自己的真正立场。

但无论如何，孙中山始终都没有把日本当作自己的敌人。他只是希望中国的这个近邻，能够认识到发展两国关系的重要性。他一再提醒日本方面要有远大的眼光，不要只注意眼前的蝇头小利。他指出，日本应当帮助中国来废除不平等条约，收回海关、租界与领事裁判权。日本即使暂时有些不利，但从长远看来，“中国同日本合作之后，中国固然可以进步，日本当然要更进步”[10]。他在神户接见《中外商业新报》特派记者时说：

我认为两国全体国民应当为了东洋民族，广而言之应为全世界被压之民族，携起手来争取国际的平等，离开这个目的而谈论两国的友好乃是错误的。[11]

2. 鲍罗廷：“国民党不是反帝的”

关于孙中山对列强的态度，以及他与列强交往中屡屡受挫的原因，1923 年 10 月到广州帮助孙中山工作的苏联顾问鲍罗廷，曾有过非常精辟的分析。他说：

尽管孙总是不去寻求同帝国主义的斗争，而是寻求同帝国主义的妥协，但帝国主义还是没有去迎合他，也不可能去迎合他。这是因为，首先帝国主义不相信他。美国人对孙持怀疑态度，因为他与日本人调情。特别是他与他在德国的代表的通信于 1922 年公布以后，他们更加确信这一点。从这些信件中可以清楚看出，他正在为促成日本、俄国和德国的同盟而工作。但日本人不相信

他，因为他同美国人调情，这一点从他同美国大使舒尔曼的谈话中特别能看出来。而英国人关心的只是把他控制在广州，但不扩大他的势力：广州越弱，香港就越强大。广州不明朗和不稳定的政治局势可以使经济重心转移到香港。……

无论如何，谈论美国人、日本人或英国人迎合孙的任何实际步骤都是完全没有必要的。相反，尽管孙过去曾保证说他准备祈求美国的民主、英国的友谊，尽管他的某个“朋友”可能进入日本内阁，但是等待着他的仍然是失望。[12]

不过，作为一个以推翻国际帝国主义统治为职业的革命家，鲍罗廷更在意的，还是孙中山国民党对美、英、日等国的态度。

对于孙中山国民党与列强之间剪不断理还乱的关系，鲍罗廷深为不满，甚至一度怀疑苏俄是否应该支持孙中山。鲍罗廷在他的札记中，记述了自己对孙中山国民党与列强关系的看法。他写道：

如果说，国民党在其言论、纲领和宣言中有时也谈到帝国主义问题的话，那么这是因为现实生活本身迫使它涉及中国的国际地位问题，而实际上，国民党始终要么竭力完全回避问题，要么设法寻求同帝国主义的妥协。从主观上说，国民党不是反帝的。即使中国人民同帝国主义处于直接的和很明显的对抗时，国民党也避免就这种对抗作出某种具体的表示，更不用说为了国民革命运动而组织和利用这种对抗了。

……

希望在外国人眼里以一个与义和团运动毫无共同之处的、有声望的民主主义政党的姿态出现，害怕在他们面前损坏自己的名誉，甚至在一些最先进最革命的国民党人那里，贯穿他们的全部活动、他们的所有“著作”的一条红线，就是完全向外国人奴颜婢膝、讨好巴结，要不然就完全是小资产阶级的庸俗行为。在代表大会的筹备期间，而主要是在讨论须提交代表大会的纲领或者宣言时，我就清楚地了解了这种追求声望欲和恐惧感。要想知道孙是多么善于忘却他针对帝国主义所说过的一切，只要读一下孙逸仙同美国大使舒尔曼不久前（1923 年 12 月）[13]的一次谈话就足够了。[14]

不可否认，鲍罗廷在同孙中山接触的过程中，对孙中山有了越来越多的好感，这也成为他倾力帮助孙中山改组国民党，以提升国民党凝聚力的主要推动力。同样不可否认的是，只有同孙中山有了近距离的接触，鲍罗廷才真正体会到，孙中山是一个非常独特的政治家，要了解他真实的政治面貌，就犹如雾里看花一样，是很难看真切的。

国民党一大后，当国共两党领袖都在为最终实现合作而松了一口气的时候，鲍罗廷并没有感到丝毫的轻松。相反，国民党一大期间发生的许多问题，令鲍罗廷不得不思考：自己究竟在帮助一个什么样的人？这个人值不值得苏维埃俄国给予经费和武器支持？

在札记中，鲍罗廷对“孙关于帝国主义的思想”、“孙和实际生活中的帝国主义”、“孙和俄国”三个问题，进行了详细的叙述，并将自己在这三个问题上的看法毫无保留地，可以说是赤裸裸地表述了出来。

作为苏维埃俄国的代表，鲍罗廷当然不能容忍孙中山既联俄又联帝的“两面”做法，他把孙中山形容为帝国主义手中的“工具”，说为了讨好一个又一个的列强，孙中山反而使自己陷入矛盾之中。但鲍罗廷又不能不承认，孙中山确实也有反对帝国主义的言论，甚至有时还很激烈。

鲍罗廷试图用自己储备的政治素养来给孙中山的政治态度下一个准确的定义，但他发现，这样做实在很难。他在札记中写道：

> 在他（指孙中山。——引者）身上，就像在一滴水上一样，反映了国民党——从共产主义者到新加坡商人的斑斓色彩。孙是个共产主义者，是国民党左派，是国民党中派，又是国民党右派。有时他的言辞极端革命，比我们共产党人还革命；有时他又忘记了所有革命词藻而成了小资产阶级的庸人。他忽而激烈抨击帝国主义者，忽而又对美国大使舒尔曼说，美国人应当干预中国事务，从而背叛了自己国家的真正民族利益。
>
> ……
>
> 到现在为止，能够在多大程度上把民族主义革命者孙从小资产阶级的空谈家中拯救出来还很难说。有时我觉得，无论给这头老狼喂多少东西，他还是盯着“自由民族”，他始终期待着以此来拯救中国。[15]

不过，孙中山很快就会以实际行动让鲍罗廷看到，他并不是帝国主义的附庸，苏联支持国民党是值得的。

实事求是地讲，孙中山终其一生，都在进行着联帝和反帝的活动。这看起来似乎是二律背反，但如果回到孙中山的时代，站在孙中山的角度，他这样的选择就完全可以理解了。

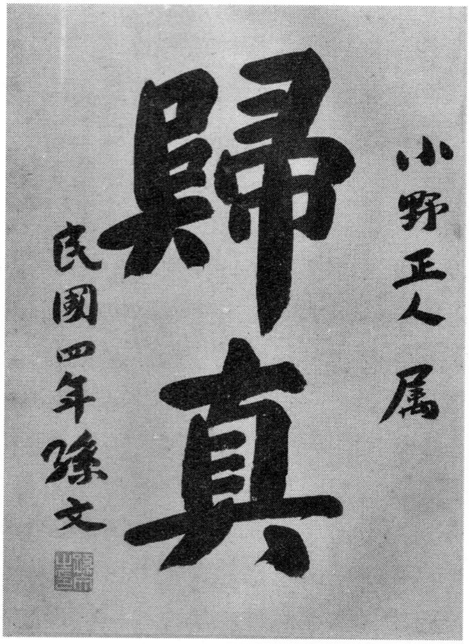

孙中山手书：归真

当时，孙中山所面临的现实问题，是使中国摆脱列强的控制，促进中国社会的发展。要使中国摆脱列强的控制，就必然要反帝；而要使中国社会发展，又必然要联帝，因为只有对外开放，吸收世界各国发展经济的先进经验和先进技术，才能使中国迅速发展起来。在这种情况下，孙中山根据他所处的地位和力量的弱小，采取实用主义的策略，既要反对列强的侵略，争取民族独立，又要请求列强对他的谅解和支持，以便努力达到既能使革命取得成功，又能摆脱帝国主义控制的两个主要目标。

但是，争取关余的斗争无论如何应该看做是孙中山对抗帝国主义的一个亮点。

3. 争取关余

1923 年 2 月，孙中山第三次在广州建立政府后，面临着严重的财政危机。为解决财政捉襟见肘的困难局面，孙中山除采取各种政策增加财政收入外，还开展了争取关余的斗争。

所谓“关余”，是指海关税收在扣除用以支付对外赔款和外债后的剩余部分。此项关余是中国南北政府的重要财政来源。但是，历来却由外籍税务司控制。

1917年孙中山在广州建立护法军政府时，经北京公使团同意，关余按13.7%的比例，先后6次拨付护法军政府，并指定由军政府的外交兼财政总长伍廷芳领收。

1920年3月，护法军政府分裂，伍廷芳携印信及上述款项前往香港。从此北京公使团将关余全部交给了北京政府。

1921年，孙中山在广州再次建立政权后后，曾要求公使团交付应拨的款项，但遭到了拒绝。现在，面对严重的财政危机，孙中山决心与公使团交涉，要回原来分配给广州政府的关余。

1923年9月5日，广州政府照会公使团，要求拨付广州政府应得之关余。10月23日，广州政府再次向公使团发出备忘录，促使它尽快履行将关税余额分配给广州的要求。但公使团未给予答复。

按说，广州政府收回对关税余额的支配权，于法于理都是说得通的。从法律上讲，从1919年到1920年间，广州政府已经得到海关税收余额的应收部分，并被授权处理这笔款项；从道义上讲，在南方征敛的钱，交给北京政权，被用以作为向广州政府作战的资金，而广州政府又不得不向老百姓加重税收。所以，广州政府在给公使团的备忘录中说，“现在所执行的分配关余的计划是不合法的，不良善的，并且是不公正的”。

为了打破公使团的沉默，孙中山采取了进一步的行动。他向在广州的英国人詹姆士·杰米逊爵士表达了自己将采取的行动，并要其转告英国驻华公使罗纳德·麦克利。这年11月20日，詹姆士·杰米逊果然向罗纳德·麦克利发出了这样的警告：

> 继续因循拖延是办不到的。孙博士已经表示了这样的观点：如果论争导致战争，他对于大不列颠把他战败一事，只能感到高兴。因为这样一来，英国势将承担扼杀窒息中国民主的责任。在推翻英国权势的斗争中，布尔什维克党人和印度鼓动者正在寻求孙中山的合作，但是，迄今为止，孙中山对于他们的建议，采取了充耳不闻的态度。孙博士提出警告：把他作为朋友对待，可能比把他当成敌人要略胜一筹！[16]

遗憾的是，孙中山的策略未能收到预想的效果。

12 月 3 日，公使团致电广州政府，指责广州政府“拟径行迫胁收管广北税关，此种干涉税关之举动，使团断难承认，倘若竟然为此，当以相当之强硬手段对付。”

公使团的恐吓没有使孙中山屈服。12 月 5 日，广州政府外交部复电公使团指出，“中国海关始终为中国国家机关，本政府辖境内各海关，自应遵守本政府命令。且关税之汇交北京，不啻资助其战费，以肆其侵略政策，……此乃完全中国内政问题，无与列强之事”。

当关余斗争几达白热化程度时，12 月 7 日，列强重演炮舰政策故技，英、美、法、日 4 国调集军舰 9 艘进入广州白鹅潭，扬言要炮轰广州。

孙中山对帝国主义的强盗行径作出了强硬反应。

他在接见《字林西报》记者时表示，广州政府决不畏惧列强的炮舰政策，决不改变截留关余的主张。

当记者问“各国如从事阻止截留，是否将与各国抗？”时，孙中山回答：“予力不足与抗，然为四大强国压倒，虽败犹荣，果尔将另有办法。”

孙中山还向美国人民发出了一封抗议美国军舰威胁广州的电报，其中巧妙地利用了美国历史上抵抗英国的一个事件。电报说：

> 税收从各种权利来说属于我们，此人神所共鉴。我们必须禁止把钱拨给北京，让他们购买武器来屠杀我们，正如你们的先辈对于英国茶叶输入波斯顿港口而停止付税给英国一样。难道华盛顿和林肯的国家曾经在自由中预告了她的信念，并且要把解放者转变为压迫者吗？[17]

孙中山的电报在美国和加拿大的华人中引起强烈反响，他们纷纷发电给美国总统和国务卿，抗议美国军舰威胁广州。

习惯了以武力侵略中国的列强，并不在意孙中山的抗议，反而将广州白鹅潭集结的军舰数量增加到 16 艘。

然而，孙中山也是不会轻易被压服的。

12 月 19 日，广州政府财政部长叶恭绰、外交部长伍朝枢正式致函北京总税务司安格联，指出：关余应如何处置，外人无权干涉，本政府辖境内之关余又非北京非法政府所能擅取，其应归我政府所有，毫无疑义。命令安格联：将本政府管辖地域内本年各海关一切税收，除对于以关税作抵之外债及赔款，应按比例摊扣清还外，所余之款须妥为保管，候本政府命令支付，嗣后亦须按照以上办法，每月结算一次，以重税收。至于自民国九年3月以后所有积存，本政府应得之关余，着由海关税收项下如数补还。

12月21日，孙中山命令广州海关税务司，同时通知香港总督，着即将关余妥为保管以听候广州政府命令，并将1920年3月以后所欠关余照数归还。如不遵命，将予撤换。

12月29日，孙中山发表《关于海关问题之宣言》，追溯了关余问题交涉的经过，重申广州政府的立场，表明广州政府采取行动势在必行。

与此同时，孙中山还利用其他场合，表明自己的态度。

在岭南大学，孙中山向学生发表讲话时说，中国现在处于半殖民地的地位，这简直比高丽、安南做奴隶的地位还要低。现在许多外国的炮舰集合于省河，这是一种奇耻大辱！他提醒学生们不要沦为亡国奴。

在有外国教授参加的座谈会上，孙中山向美籍教授发问："如果16或18艘外国兵舰驶入纽约港口，恫吓震慑这座城市，并且干涉她的内政，你们又将作何感想？"他还警告说："中国人民有着深沉绵长的记忆，你们不可能一下子洗刷自己的恶言秽行！"

据当时参加座谈的人说，当时孙中山的情绪非常激动，几乎达到难以控制的程度，乃至所有在座的人无一例外地感到理屈词穷。

孙中山收回关余的斗争，得到了中国共产党的积极支持。

中国共产党专门发出《中央通告第十一号》，通知全体党员召集紧急会议，发起反英运动。通告说："广州政府现拟收回海关用人管理权，本属正当办法。乃英人竟因此派兵占领海关，当此英帝国主义进攻最横暴之日，各区及地方同志应即召集全体紧急会议，筹备联络各团体发起剧烈的排斥英货运动，并通电全国主张收回全国海关，以恢复国家应有之主权。"[18]

12月25日，中共中央又发出通告第十三号指出：

> 目前广东海关问题，广东政府原来之目的固然仅在关余，然相持之际已发展到用人问题，吾党此时应一面声援广东政府并督促其根本的收回全国海关主权，勿仅仅争在关余；一面主张收回全国海关主权，废除协定关税制，以排斥英货美货为武器，若军阀有表同情者，虽与之合作亦在所不惜。
>
> 各地同志应立即尽力之所能设法联络各团体，以地方公团名义，散放传单，通电全国，游行示威，发起抵货。[19]

中国共产党将广州政府收回关余的斗争目标提高为收回全国海关主权，使这一经济意义的斗争进而转为含有强烈政治意义的斗争，使全国人民看到，他们的行动不仅在支持一个广州政府，而是向列强争取主权。这样，使广州政府更具号召力和凝聚力。

中共中央执行委员蔡和森专门发表《为收回海关主权事告全国国民》一文，明确告诉全国人民，“现在中国人民只有两条路可走：一是永远屈服为奴；一是起来与外国帝国主义奋斗。而孙中山氏对于收回粤海关主权的坚决表示，便是这种奋斗的第一步。”他大声疾呼：“亲爱的全国国民，你们快快醒来罢！代表你们利益的革命领袖现在已在英美帝国主义的炮口威胁底下，你们还不迅速起来为他的后盾吗?”

一时间，全国各地纷纷通电，支持广州政府的正义斗争。

全国学生联合会发出宣言，散发传单，积极宣传对帝国主义实行经济绝交。上海公民大会发表《警告全国同胞书》，指出：“海关关余扣留案，纯系我国内政问题”，“凡属中华民国国民，自应拒约力争，收回固有之权”，表示愿为广州政府外交后盾。

上海商界也发出联合通电，称：“粤海关余拨付政府，供北方军阀，直蹈粤人民于万劫不复之地，且无故为外人干涉，派舰入粤，……广东政府已为国民公认，已先起而反对，我工商人愿为后盾，虽赴汤蹈火在所不辞。”

12 月 16 日，广州各界以共产党员刘尔崧等领导的广东工会联合会为主导，召开了有两万人参加的公民大会，要求收回关税主权和抵制英美货物。会后，前往英国租界对面的沙基游行，高呼“打倒帝国主义”的口号，并派代表前往大元帅府，递交了《广东公民大会要求大元帅孙中山收回关余请愿书》，书中表示“誓为政府后盾，请愿帅座即日收回关余。伏乞赐准施行，勿为列强所屈”。

群众的支持使孙中山很受鼓舞，他亲自接见了请愿代表，当面表示“三日后用正式手续提取关余”。

12 月 24 日，广东工会联合会、新学生社等 70 余团体又举行示威，发表对内对外宣言，坚决要求收回关税主权，抗议帝国主义者的侵略行为。

在孙中山几十年的革命生涯中，从未像现在这样得到如此众多的人民群众的拥护和支持；他所从事的革命斗争，从未像现在这样被人们所理解。他终于看清了：只有把国民党融于坚决的反帝反封建的斗争之中，才能得到最广泛的同情和支持。

1924 年 1 月 22 日，在中国国民党第一次全国代表大会上，与会代表一致通过《海关问题决议案》，指出："北京政府现为不法武人、官僚所盘踞，为我国人所否认，我西南政府辖境内之关余，若仍听北庭支配，实无异赍盗以粮，应请我政府迅速收回，以供建设之用，至列强派兵舰来粤示威，直不啻助北庭以压迫我政府，干涉我内政，此种举动，实我国人所同愤。……我们应主张正义，坚持到底，收回我政府应得之关余，务使正义得伸，达到我们的目的。"[20]

为了支持关余斗争，整个广州已形成一种同仇敌忾的气氛。在这种气氛中，孙中山更加坚定了收回关余的决心。他亲自书写了英文宣传品，交给他的卫士们和副官，让他们到在广州省河上停泊的外国军舰上去散发，提醒在外国海军官兵，要主持正义，不要做非正义的事情。

在所有一切交涉和抗议等都无法奏效的情况下，孙中山决定采取强制手段。据当时在大元帅府工作的张猛回忆：

孙中山副官——张猛

中山先生派卫士长姚观顺，带两个中队士兵采取行动。士兵们改装便衣，暗藏左轮手枪或驳壳枪，在海关税务司上班后，立即将整个海关大楼层层围住。每层楼楼梯口站立两人，厕所门口站立一人，另派一班人在楼上巡逻。中山先生带领陈友仁、宋子文、罗桂芳直入税务司办公室，要求税务司交出关余。争辩半日，税务司仍不交出。中山先生怒不可遏。姚观顺是美国西点军

校毕业的，是有名的“牛精”，气得要拿人。中山先生对税务司人员说：“不准你们动。”坐到下午两点钟，整个海关人员都未吃饭，便群起咒骂税务司。税务司迫不得已，交出一百万元。中山先生在税务司办公室要电话到沙面，责备英总领事，要他通知外国军舰退出白鹅潭，并要英领事来海关大楼，与税务司一同签字，说明以后不再有类似事情发生。事实上，关余存款有几百万元，中山先生得此一百万元不算多，但解决了大部分军费和行政费，更重要的是打击了帝国主义者的嚣张气焰。[21]

1924 年 1 月 3 日，美国驻华大使舒尔曼南下广州，与广州政府外交部长伍朝枢商讨了解决关余争议的方案。

1 月 6 日，孙中山与舒尔曼晤谈两小时，对解决问题的方案达成初步谅解。

4 月 1 日，公使团正式决定，将广东海关关余拨付广州政府。

关余斗争取得了胜利！

这次事件使孙中山在国内赢得广泛赞誉。美国学者史扶邻曾评价说：这个事件使孙中山获得极大的宣传效果，使得他在中国人心目中的声望霍然而起。[22]

这是孙中山在反帝外交上取得的首次胜利！这一胜利在他革命的一生中具有十分重要的意义，也是他晚年革命斗争中辉煌的一页。

4. 平定商团叛乱

继关余斗争之后，孙中山又向帝国主义列强扶植下的广州商团射出了革命的利箭。

广州商团成立于 1912 年，原是商人的自卫组织。1919 年，陈廉伯继任广州商团团长后，开始积极扩充商团势力。由于陈廉伯是英国汇丰银行广州分行的买办，财大气粗，又有英国人做靠山，因此很快将广州商团变成一个由他控制的武装集团。

英国人很看好这股力量。1923 年孙中山在广州重建革命政府后，英国人便对陈廉伯说：“如果你能够运动商团反对政府，我们英国便帮助你组织商人政府，你陈廉伯就是中国的华盛顿。”

在英国人的怂恿、支持和拉拢下，陈廉伯从国外大量购买军火，极力扩充武装，并且北通曹锟、吴佩孚，东连陈炯明，同时勾结佛山的商团和乡团，利用沙面租界作为基地，积极策划反对广州政府的行动。

广州商团与政府的第一次交手，是在1924年5月。

5月下旬，广州市政厅公布了《统一马路两旁铺业权办法》，宣布拟收取铺底税款。陈廉伯乘机指使商人，组织广州商界“铺底维持会”，向广州政府请愿，反对抽收铺底税，并声言如达不到目的，即行罢市。与此同时，广州商团开始联络广州市附近的乡团酝酿罢市。

当时孙中山为了维持广州经济和市场的正常运转，并不想与商团搞僵关系，不得已于5月26日以广东省长、广州市长的名义发出布告，宣布取消《统一马路两旁铺业权办法》。

广州政府的软弱并未使商团善罢甘休。

5月27日，广州商团擅自召开有108埠商团参加的广东省商团代表会议，决定于8月13日成立“全省商团联防总部”，由陈廉伯任总团长。会上通过了购置武装巡舰案、筹设商团军制弹厂案、联防总部下设军事参谋案、联络各属乡团案等，会议规定“联防总部为广东全省商团最高命令统率机关”，总团长陈廉伯有代表联防总部对内对外处置一切的权力。

会后，联防总部在陈廉伯主持下，订立了《自卫章程》，公开提出有欲打击予之抱持者，则认其对敌，可以出于一战，声称“要以平民武力革除不良政府”。

陈廉伯

面对商团愈来愈盛的气焰，孙中山方有抑制之意。8月初，孙中山指示广东省长廖仲恺，发出暂时禁止商团联防总部成立的布告和训令。

陈廉伯见政府略显强硬态度，便以联防总部名义抛出一个文告，称成立联防团体，是商民借以自卫，此举“政府允准，属幸事，即不允准，我辈人民亦不能不力筹自卫”；商民的“自卫之权”，绝不许任人剥夺而放弃之！

为了进一步扩充商团的武装力量，陈廉伯在英国汇丰银行的支持和怂恿下，向德商南利洋行定购长短枪 9841 支、各式子弹 337.42 万发，由悬挂丹麦国旗的挪威商船“哈佛号”偷运广州。

孙中山得知商团秘密购买的枪械运抵广州后，于 8 月 9 日以“瞒领护照”和“私运枪械”为由，下令扣留。

8 月 10 日，永丰、江固两舰奉孙中山命令，将私运军械的挪威商船截获，将它由白鹅潭押至黄埔，船上所运枪械全数卸下，封于黄埔军校内，随即吊销陈廉伯骗去的运械入口的护照。

陈廉伯闻知军械被扣，知道事情不妙，一面从广州潜往香港，一面指使广州商团以罢市相威胁。

8 月 14 日，广州商团 1000 多人集合到大元帅府请愿，要求发还被扣枪械，并扬言不还枪械就要罢市。

8 月 18 日，在广州商团煽动下，广州银钱业宣布罢市，并且拒收广州政府银行发行的纸币。

8 月 20 日，广东省省长廖仲恺下令通缉陈廉伯。

同一天，商团联防总部迁往佛山，由佛山大地主陈恭受主持召开紧急会议决定：全省商团一致对付政府，一面渐次集中全省商团军，一面准备各属总罢市。

8 月 23 日，陈恭受派人向广州政府提出三项要求：第一，无条件发还被扣全部枪械；第二，准许商团成立全省联防总部；第三，取消广州政府对陈廉伯的通缉令。他还以“粤省商团全体团军”的名义，致电大本营及广州政府，对孙中山和廖仲恺等人进行恫吓：“现查此项团械，政府一日不发还，即全省商民一日不得安居乐业。”

广州商团为了达到威胁广州政府的目的，在全省散发传单，煽动了 100 多处罢市风潮，还通电各县商团，要他们驱逐县长，宣布独立。

孙中山以强硬的态度对抗商团的威胁，警告商团，如不开市，将命令军队炮轰、火烧广州最繁华的商业区西关。

为了助广州商团一臂之力，8 月 28 日，英帝国主义公然派出 9 艘军舰驶入白鹅潭，炮口对准大元帅府。

8 月 29 日，英国驻粤代理领事翟比南向广州政府发出通牒：“本总领事现接驻粤海军军官来讯谓，经奉香港舰队命令，如遇有中国当道向城市开火时，英海军即以全力对待之。”[23]

面对香港英国当局支持商团作乱的武力讹诈政策，孙中山于 9 月 1 日发布《为商团事件对外宣言》、《致英国麦克唐纳尔政府抗议电》，强烈抗议英国政府粗暴干涉中国内政，及其从外交、精神、物质等方面赞助反革命商团的行为，明确宣告，今后将开一时期，为努力推翻帝国主义之干涉中国，扫除完成革命工作之最大障碍而斗争。

孙中山鲜明的立场得到了廖仲恺的坚决支持。廖仲恺以广东省省长名义发出通缉首恶分子陈廉伯、陈恭受的电令后，随即派员抄没陈氏家产。他还发出劝谕停业商店开市的命令，强调各店应即“大开门户，照常贸易”，如再“闭门停业，则军事处置，断不容缓”。

然而，在广州政府和国民党内部，对处置商团的态度并不一致。

扣械事件发生后，在党政部门身居要职的伍朝枢、许崇智、孙科等人，主张和平审慎，便以息事宁人。驻广州的滇系军阀范石生、廖行超等勾结商团，公开反对孙中山解散商团和武力制止罢市的正确主张。

面对广州政府内部的反对之声，考虑到商团事件的复杂性，孙中山开始举棋不定。

见孙中山有退缩之意，鲍罗廷便提出应采取如下强硬措施：宣布戒严；警告不开业的商店将没收它们的财产；禁止从市内运出有价值的物资，借以打击商团的总罢市。

孙中山没有接受鲍罗廷的意见，他想避开和商团及其支持者英帝国主义的直接冲突。他于是求助于日本驻粤领事天羽英二，希望其从中调停。天羽英二经过一番“调停”后，只是以首席领事的身份通告孙中山，不得损害外国居留民的生命财产，否则“受损害国可采取必要之手段”，并没有给孙中山任何实质性的帮助。

8 月 29 日，范石生、廖行超等人在孙中山默许下，与商团达成“调停”六条件，内容包括：政府发还扣械、撤出市区驻军、取消对两陈的通缉令、商团改组后报政府立案、停止全省罢市、报效政府军费 50 万元等。之后，全省商人罢市风潮随即消歇。

与广州商团的斗争使孙中山对是否需要继续保持广州作为革命基地产生了怀疑，他遂产生了放弃广州这个是非之地，以全力北伐的想法。在给蒋介石的信中，他说：

“惟广东一地，现陷于可致吾人于死之因有三。其一，即英国之压迫。

此次罢市风潮，倘再多延一日，必有冲突之事发生。而英舰所注意者必大本营、永丰、黄埔三处，数十分钟便可粉碎，吾人对彼绝无抵抗之力，此因此次虽幸免，而此后随时可以再行生。此不得避死救生一也。其二，即东江敌人之反攻，现在已跃跃欲动，如再石碑之事发生，则鹿死谁手，殊难逆料。其三，则客军贪横造出种种之罪孽，亦必死之。因有此三死因，则此地不能一刻再居，所以宜速舍去一切，另谋生路。现在之生路，即北伐为最善况。”

9月3日，江浙战争爆发，随即引发了直奉大战。张作霖致电孙中山，希望能采取一致行动。在这种情势下，早与皖、奉订有三角反直军事同盟的孙中山，便决定与段祺瑞、张作霖采取联合“倒直”的军事行动，同时以此摆脱商团所造成的政治危机。

9月5日，孙中山在大元帅府召集北伐第五次军事会议，决定：两星期内，所有滇、桂、湘、豫、赣、山、陕各军一律出师北伐。会议还决定：孙中山亲自统兵出发韶关；以谭延闿为北伐军总司令，分兵进击江西、湖南；以胡汉民留守广州代行大元帅职，兼广东省长；以廖仲恺为北伐军需总监，兼政府财政部长。

同日，孙中山发布讨伐曹锟、吴佩孚宣言，向全国人民宣告：曹、吴“穷凶极戾，诚邦家之大憝，国民之公仇。比年以来，分崩离析之祸烈矣，探其乱本，皆由此辈孤鼠凭藉城社，遂使神州鼎沸，生民邱圩”，所以革命军将“克日移师北指，与天下共讨曹、吴诸贼！”[24]

对于孙中山的这个决定，鲍罗廷是持反对态度的，他认为广东军队刚刚改组，同商团的交战即将爆发，现在北伐是危险的，会妨碍广东成为革命根据地。但孙中山不接受这个意见。

9月12日，孙中山决定亲率湘军、赣军、豫军及滇、粤军之一部进抵韶关。当天，他给加拉罕写了一封信，表明自己对帝国主义和苏联的态度。信是这样写的：

亲爱的加拉罕同志：

我明早将赴韶关，但在此行之前，我想写个便条告诉您，我完全同意您在7月11日信中对中国目前形势所发表的一切杰出的论点。

您从本月1日发表的我的宣言[25]和本月8日《广州英文日报》副刊发表的我对《拳匪纪事》的谈话（这些文件的复制件我将给您附上）中可以看出：中国同世界帝国主义展开公开斗争的时刻

现已到来。在这场斗争中，我向您的伟大的国家寻求友谊和援助，这种友谊和援助将能帮助中国从帝国主义强大鹰爪下解放出来，能帮助恢复我国的政治和经济独立。

近日内，我再给您写封较详细的信。现在，请接受我兄弟般的敬意和良好的祝愿，祝愿您身体健康！

你的诚挚的　孙　文

1924年9月12日于中华民国

广州国民政府大本营[26]

9月18日，孙中山以中国国民党名义发布《北伐宣言》。

9月20日，北伐军各部在韶关举行北伐誓师典礼，随后，北伐第一路军万余人向江西南部进发，第二路军8000余人向湖南南部挺进。

对于广州商团的反政府活动，共产党人的反应似乎更积极和强烈一些。

8月24日，在共产党人组织下，广州工农大众及市民学生等两万余人，集会声讨陈廉伯等人罪行。会议发出通电，表明“誓作政府之后盾”，要求政府将所扣团械“全数没收，拨为组织工团军、农、团军之用”。[27]

8月27日，由彭湃和施卜等共产党人任主要职务的广州工团军、农民自卫军同时宣告成立。两天后，工团军和农民自卫军800余人同赴大本营向孙中山请愿，要求明令讨伐商团，表示愿为前驱。

9月初，广州工代会发出通电严正指出，广州商团“私通北洋军阀，勾结英国帝国主义者，瞒运大帮军火进口，阴谋推翻革命政府，阻止国民革命进行，其罪已无可逭。所扣留之军火，实无发还之理由”。[28]

在共产党组织和领导下，广州的人民群众随时准备听从孙中山和广州政府的号令，投身讨伐商团叛乱的战斗。

孙中山率军北伐后，代行大元帅职的胡汉民对商团继续持宽容妥协态度。

9月15日，胡汉民任命李福林为警务处处长和广州市政厅长，任命商团军干事李朗如为公安局局长。9月20日，胡汉民又宣布取消对陈廉伯、陈恭受的通缉令，发还其被封的财产，并按照有关手续发还商团部分枪械。

然而，商团并不买胡汉民的账，他们对只发还部分枪械表示拒绝，要求将所扣枪械全部发还。

10月初，商团决定以大罢市、停纳税等手段，逼迫政府发还所扣枪

胡汉民

械。10 月 9 日，商团发出第二次罢市的通牒，准备掀起更大规模的叛乱。

胡汉民闻讯惊慌失措，急忙电告孙中山，希望将所扣枪械全部发还给商团。

10 月 9 日晚，孙中山命令蒋介石依照胡汉民转呈的李福林所拟妥协办法，发还商团枪械；并严令蒋介石将黄埔军校迁往韶关，实际上就是放弃广州。

10 月 10 日晨，李福林等赶赴黄埔，将封存于黄埔的 4000 支枪械运至广州长堤，发还给广州商团。

商团见政府步步退让，软弱可欺，便愈发猖狂。商团军耀武扬威地巡逻在街市，封锁通道，并在西关一带凭险构筑炮台、工事。他们还到处张贴反革命标语，喊出"孙文下野"、"打倒孙政府"等口号，明目张胆地吁请陈炯明回来主政。盘踞东江的陈炯明也立即派兵向广州进攻。

事态已经发展到了十分严重的地步，广州政府面临着最后抉择：要么向商团妥协，导致政府垮台；要么坚决镇压商团军。

中共领导人陈独秀此时意识到了事态的严重性。10 月 10 日，陈独秀在给共产国际远东部的绝密信中写道：

关于广东商团问题，孙中山和中派（只有共产党人代表国民党中的左派）一开始决定用武力来镇压以这些商人和帝国主义者为代表的反动派，但后来，当商团同滇军和国民党右派联系（特别是外交使团）向他和中派施加压力时，一方面他们知道，他们无力镇压反动势力，另一方面由于直隶与江苏开战，他们改变了最初计划，决定开始进行北伐，并任命孙为总司令。现在孙已去韶关。所有这些情况导致放弃了对商团的镇压计划。

更有甚者，中派首领胡汉民竟向商团作出让步，把广州的警察力量交给其首领李朗如，而把市政厅交给了与这些军队有联系的军阀李福林，旨在以这种方式来驱逐孙科（孙中山之子，原广州市长）和吴铁城（广州警察局长）。

中派想通过这些途径使右派同这些军队断绝联系，而实际上胡汉民想利用与他有联系的这些军阀和部分商团部队来打倒孙科及其一伙，以便自己掌权。他想在中派和商人阶级之间建立联系，也就是要造成更反动的局面。[29]

事情的发展真是被陈独秀不幸而言中。

就在陈独秀写信的当天，10 月 10 日下午，商团军在西濠口、太平南等处，公开举行武装叛乱，开枪射击庆祝双十节游行的工团军和学生，打死打伤数十人，捕去数十人[30]。

广州政府面临的严重形势引起孙中山的高度重视，他清楚地认识到，要保证自己第三次建立的革命政府不被反对势力推翻，决不能再对商团采取迁就软弱的态度。

10 月 10 日清晨，当孙中山获悉商团发出第二次罢市的通牒后，当即密电胡汉民、许崇智、蒋介石等人：

“商人罢市，与敌人的反攻同时并举，是叛迹显露，万难再事姑息。生死关头，惟有当机立断，如果确有其事，则用干部及其他学生，协同福军忠勇之士，临门劝告，如有不从，即日将货铺充公，此事当向西关最反对政府之店户办起。……万勿犹豫，以招自杀”。[31]

10 月 10 日，商团残杀游行群众后，孙中山即电令胡汉民、许崇智、蒋介石等严行查办。

当晚，广州政府成立了平定叛乱的最高指挥机关——革命委员会，孙中山亲任会长，廖仲恺、许崇智、汪精卫、蒋介石、陈友仁、谭平山任委员，周恩来、陈延年、杨匏安、阮啸仙、刘尔嵩等共产党人都在革命委员会内工作。

10 月 12 日，孙中山迭电蒋介石、廖仲恺、许崇智等人，要他们宣布商团谋反罪状，“立决死之誓，必尽灭省中之奸兵奸商，以维持革命之地盘”。

10 月 13 日，商团军在沙面秘密集会，阴谋扩大叛乱。蒋介石等人多次致电孙中山，请其班师，巩固省垣。

孙中山在蒋介石等人的请求下，决定保卫广州，即令参加北伐的全部警卫军和部分湘军、粤军，星夜从粤北班师回省城。

10 月 14 日，孙中山下达平定广州商团叛乱手令：“兹为应付广州临时事变，未平定期内，所有黄埔陆军军官学校、滇军干部学校、兵工厂卫队、警卫军，统归蒋中正指挥，以廖仲恺为监察，谭平山副之。此令。”

孙中山还电令胡汉民及广州各军：“收缴商团枪支刻不容缓，务于二十四点钟内办理完竣，以免后患。否则，东江逆敌反攻，必至前后受敌。望诸兄负责速行，不可一误再误。”

当天，胡汉民奉孙中山令宣布解散商团军。

傍晚，革命委员会和广州政府令蒋介石指挥黄埔军校学生军，会同各军事学校武装和回到省城的北伐军一部，以及工团军、农民自卫军向商团军发起进攻。

经过数小时激战，黄埔学生大队以火攻焚毁商团设于西关的街垒，平叛各部迅速进占西瓜园、太平门、普济桥等处，商团军即刻土崩瓦解，商团军首恶分子逃往香港，其余向政府缴械投降。

10 月 16 日，商团代团长李颂韶请求“缴械赎罪”，罢市各店先后开门复业。

10 月 19 日，驻佛山的政府军队解散了佛山商团。

至此，商团叛乱被平定，清除了广州政府一个心腹之患。

商团叛乱是国共合作之后广州政府首次遇到的最严重事件，它对国共两党的关系来说，也是一次严峻的考验。此前，国民党内为共产派问题争论不止，共产党人随时面临着国民党右派的攻击，似乎两党的关系已走到了尽头。但在这次平定商团叛乱中，国共两党同心协力，共同战斗，使局面转危为安，事实证明了孙中山联共政策是正确的，它使国共两党领导人都清楚地看到：国共两党还应该继续合作下去。

平定商团叛乱虽然是直接针对广州革命根据地内部的反动势力，但它打击的却是英帝国主义的嚣张气焰，它与关余斗争一起，是孙中山晚年所领导的具有重大意义的反帝斗争。如果说争取关余的斗争是为了经济利益而反帝，那么镇压商团叛乱则是为了政治利益而反帝。以孙中山为首的广州政府以完全不同于北京政府的外交姿态向列强和世人宣告：帝国主义长期以来在中外关系中形成的“强权外交”的态势已经改变！

反帝斗争对于资产阶级革命家孙中山来说，既是一个进步，也是一次超越。它表明孙中山高举起反帝旗帜，开始以新的姿态跨入中国历史前进的洪流之中，从而奏响了他生命之曲中最华彩的乐章。

注　释

1. 《孙中山全集》第1卷，北京，中华书局1981年版，第255页。

2. 启·雷·姜：《流产了的美、中关于中国革命的计划，1908—1911》，《太平洋历史评论》第41期。

3. 沈正晃：《中山先生与卜莱士——驻华美国外交人员对广州护法政府看法之研究（1917—1921）》，高雄，中山大学中山学术研究所硕士论文，第37、58、74页。

4. 《国父全集》第2册，第400页。

5. 启·雷·姜：《流产了的美、中关于中国革命的计划，1908—1911》，《太平洋历史评论》第41期。

6. 《孙文收翰》（大正3年5月11日），参见早稻田大学图书馆收藏《大隈文书》B269（四）。

7. 《各国内政关系杂纂·中国之部·革命党关系》第16卷《孙文致小池张造函》。函件以日文写成，有孙文亲笔签名。参见《日本外交文书》大正年第2册，第271—274页。

8. 孙中山：《答日本〈朝日新闻〉记者问》，《孙中山全集》第5卷，第72页。

9. 孙中山：《在上海欢迎美国议员团时的演说》，《孙中山全集》第5卷，第298—300页。

10. 孙中山：《在长崎对中国留日学生代表的谈话》，《孙中山全集》第11卷，第370—371页。

11. 林家有、李明主编：《孙中山与世界》，吉林人民出版社2004年版，第390页。

12. 《鲍罗廷的札记和通报》（不早于1924年2月16日），中共中央党史研究室第一研究部译：《共产国际、联共（布）与中国革命档案资料丛书》第1卷，北京图书馆出版社1997年版，第429—430页。

13. 据另一资料表明，这次谈话是在1924年1月6日。孙中山在与舒尔曼的谈话中提出，美国是中国人唯一相信的国家，希望美国出面在中国的某一地方召开一个中国领导人会议，讨论和平统一和裁军问题。参见［美］韦慕廷：《孙中山——壮志未酬的爱国者》，中山大学出版社1986年版，第202页。

14. 《鲍罗廷的札记和通报》（不早于1924年2月16日），中共中央党史研究室第一研究部译：《共产国际、联共（布）与中国革命档案资料丛书》第1卷，北京图书馆出版社1997年版，第420—421页。

15. 《鲍罗廷的札记和通报》（不早于1924年2月16日），中共中央党史研究室第一研究部译：《共产国际、联共（布）与中国革命档案资料丛书》第1卷，北京图书

馆出版社 1997 年版，第 433—434 页。

16. ［美］韦慕廷：《孙中山——壮志未酬的爱国者》，中山大学出版社 1986 年版，第 197 页。

17. ［美］韦慕廷：《孙中山——壮志未酬的爱国者》，中山大学出版社 1986 年版，第 199 页。

18. 《中共中央文件选集》第 1 册，第 209 页。

19. 《中共中央文件选集》第 1 册，第 212 页。

20. 荣孟源主编：《中国国民党历次代表大会及中央全会资料》，光明日报出版社 1985 年版，第 39—40 页。

21. 张猛：《接收关余》，《中山先生轶事》，第 108—109 页。

22. 陈世岳译：《孙中山的生平与时代》，《中山社会科学季刊》第 6 卷第 4 期，第 174 页。

23. 中国社会科学院近代史研究所中华民国史研究室编：《中华民国史资料丛稿大事记》第 10 辑，中华书局 1986 年版，第 136 页。

24. 《孙中山全集》第 11 卷，第 15 页。

25. 即孙中山发表的《为广州商团事件对外宣言》。

26. 中共中央党史研究室第一研究部编：《共产国际、联共（布）与中国革命档案资料丛书》第 2 卷，北京图书馆出版社 1997 年版，第 710—711 页。

27. 《工团反对商团起械之文件》，《广东扣械潮》第 2 卷，第 38—39 页。

28. 《广州市工人代表会通电》，《孙中山镇压广东商团叛令电》，《历史档案》1982 年第 1 期。

29. 中共中央党史研究室第一研究部译：《共产国际、联共（布）与中国革命档案资料丛书》第 1 卷，北京图书馆出版社 1997 年版，第 538—539 页。

30. 关于伤亡数字，还有另一种说法。敖光旭在《共产国际与商团事件——中山及国民党镇压广州商团的原因及其影响》一文中写道：“乱枪之中工团军及学生军死六人，商团重伤三人，伤若干。负责警戒的李福林部及公安局保安队以工团军有意劫械去百余人。”参见林家有、李明主编：《孙中山与世界》，吉林人民出版社 2004 年版，第 224 页。

31. 《孙中山致胡汉民密电》1924 年 10 月 10 日，南京第二历史档案馆藏。

十六　走近工农

1. “不知不觉者”

孙中山来自于民间，他了解广大劳动人民的疾苦，同情广大劳动人民的不幸，所以立下了“拯斯民于水火”的志愿。

但由于历史的局限，孙中山在很长时间内并没有看到蕴藏在劳动人民中的巨大的革命潜力，只把劳动人民当作“不知不觉者”，认为这些人只能靠“先知先觉者”去拯救。所以，在他动员革命力量和领导革命起义时，总是把注意力放在绿林、会党、军阀或青年学生等身上，从来都没有把生活在社会下层的工农作为发动的对象。

在孙中山革命的前期，他虽然有时也从壮大革命党的目的出发，号召“纠合同志”，“以精神为结合”创造一个“党员渐众，党务渐隆”的革命党，但他发展党员的对象也主要是在知识分子中，至于广大民众，则没有予以应有的重视。

既要革命，首先要有一个领导革命的政党，其次要靠这个政党来发动尽可能多的人民群众一起为革命事业而奋斗，尤其是在半殖民地半封建的中国，帝国主义和封建势力的力量过于强大，而革命势力又过于弱小，如果不把最广大人民群众动员起来，要战胜反动势力是不可能的。

孙中山虽然以百折不回的精神，屡仆屡起，始终领导着革命党不懈奋斗，但由于未能充分地依靠和动员人民群众，所以未能实现把中国这个经济、文化落后的国家，建设成为独立、民主、富强的国家的伟大理想。

但难能可贵的是，随着时代的发展，孙中山以非凡的与时俱进的革命气概，突破了他所领导的旧民主主义的束缚，不断从失败的教训中总结经验，不断刷新自己的思想，终于在他的晚年认识到，一个革命的领导者必须“适乎世界之潮流，合乎人群之需要”，才能对革命和国家作出最大的贡献。

孙中山最早认识到“民心”的重要，是他第一次在广东建立政权后受到排挤，愤而出走上海，在上海闭门著书的时候。那时，经过多年轰轰烈烈的革命实践之后，他有了一个可以清理自己思想和思考深层问题的基础和时间。他从总结历次革命失败的原因入手，开始体会到自己在领导革命的过程中尚有许多缺陷，其中有一条就是忽视了对人民大众的动员。

在孙中山这一时期的著作中，如《民权初步》、《孙文学说》，开始论述“启迪国人”的重大意义。他在《民权初步》一书的自序中提到：中国之所以不能利用自己优越的条件赶上世界先进国家，是由于人心涣散。因此，他强调，要使中国革命成功，要振兴中华，使中国富强，首先要发达民权，而要发达民权，则应从团结人心、纠合群力开始。

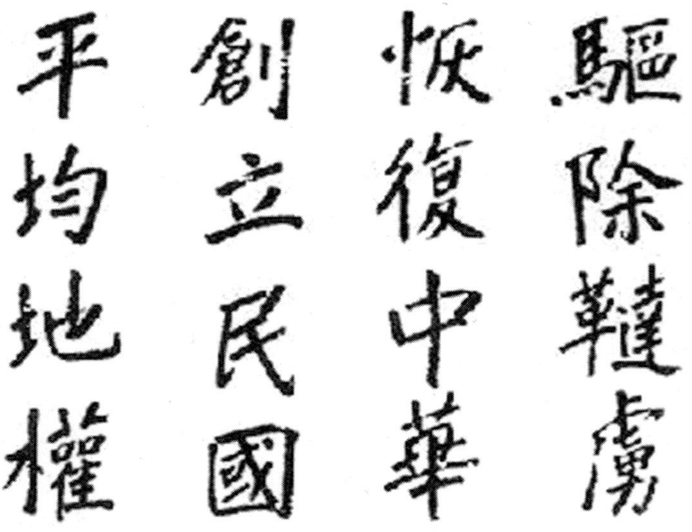

孙中山手书：驱除鞑虏、恢复中华、创立民国、平均地权

在《孙文学说》一书的自序中，孙中山再次强调宣传群众的重要性，他写道：“夫心也者，万事之本源也”，“满清之颠覆者，此心成之也，民国之建设，此心败之也。”因而，他写《孙文学说》的目的，就在于“以政治哲理，发挥平生所志，与民国建划暨难易行之理，撰这一编，以启迪国人，俾灼知共和政治之真相为何，国民之所宜自力者为何。”他还写道：“文著书之意，本在纠正国民思想上之谬误，使之有所觉悟，急起直追，共匡国难。”[1]

当然，孙中山这时候的思想还停留在以新思想、新学说灌输于国民，使国民普遍觉悟，一致起来为革命、为国家献身，他所着重的是教育人民，而不是从分析中国的国情出发，认识到工农大众在民主革命中真正的地位和作用。

1919 年爆发的五四爱国运动，尤其是 6 月 3 日上海工人为支持学生举行大罢工，标志着中国工人阶级从此登上了历史舞台，以从前任何阶级所没有的坚决革命的态度参与到反帝爱国运动的行列，这使当时关注五四运动并热情支持五四运动的孙中山看到，工人阶级参加政治斗争的热情和他们参加政治斗争之后所显示出来的强大力量，是他所领导的革命斗争所从来没有见过的。

在孙中山指导下，上海《民国日报》附刊《星期评论》开始关注世界和中国劳工运动的情况，对劳工运动的历史和现状进行了大量的研究和介绍，帮助关心中国革命前途的人加深对劳工运动的认识。

与此同时，上海《民国日报》和《觉悟》还发表文章，对于当时的工人运动给予舆论上的援助和支持，主张组织和发动工农。资产阶级中先进的革命党人终于认识到了：商界、学界离开了工农的帮助，没有真正的力量。[2]

显然，通过五四运动，以孙中山为首的国民党人，对中国革命的形势、动力、对象等问题的认识在逐渐加深。虽然他们不可能科学地分析和阐明当时中国社会的基本矛盾和特点，不可能对谁是真正的敌人、谁是真正的朋友这个革命的首要问题有十分清楚的认识，但他们已经开始认识到唤起民众的重要性。

1921 年，孙中山在广州第二次建立政府后，对于即将成立的海员工会极为关心，亲自命名为“中华海员工业联合会”，并派代表参加工会的成立仪式。

当上非常大总统的孙中山，对于普通劳动群众的重视和关怀，体现在他平时的工作之中。为了接近群众，倾听群众的呼声，孙中山在总统府大门的附近专门设了一个会客室。

在这个会客室里，孙中山每天都要接见来自各个阶层的人。工、农、商、士、学等，他都乐于接见。他对来访的客人一向是随到随见，从不以公务繁忙或别的什么原因把客人拒之于门外。据当时担任大总统卫士的宓熙回忆：

> 经常有当地农民在田里干完活之后，赤脚荷锄来到总统府，口称：“老总，我要见大元帅。”对所有这样的群众，中山先生都亲切予以接见，从不使来访者失望。中山先生还经常告诫卫士说：“老百姓都是穷苦人，你们对老百姓一定要客气些。”……会见时，当中山先生一进入会客室，客人就站立起来，向中山先生行鞠躬礼，中山先生点头答礼。而后，中山先生就让座，请客人吸烟、喝茶。当时吸的烟都是土货烟丝，烟丝和小纸条都摆在盘里，由客人自己卷；茶水是事先泡好在茶壶里，也是由客人自己倒来喝。客人在中山先生面前并不拘束，好像老朋友一样，行动自若，随便交谈。中山先生亲切、和蔼、平易近人的形象，一见

面就能使人受到感召。

有一天上午，在我担任守卫的两小时内，中山先生接见的十二位客人，……又来了一位农民，单独会见中山先生。在中山先生客气地招呼他坐下喝茶吸烟之后，他就伤心地哭起来，对中山先生说："我一家五口人，全靠我一个人种田维持生活，到收割的时候，收的粮食要给地主七八成，自己养的鸡也要给他几只，自己养的猪到过年杀了出卖时，地主那里也要先给他几十斤，不给就不让我种田。因此请大元帅救救命，帮助解决痛苦，免得一家人饿死。"中山先生听了这位农民的哭诉，显得非常同情，亲切地对农民说："你们的痛苦我知道的，这就是封建制度不好，土地归地主所有，你们向他租地耕种，就要给他地租，不然你们就种不了地。这个制度不改变，你们种田的人永远也不会有好日子过。所以我们要革命，革命就是要推翻封建制度，改变为耕者有其田的制度。到那个时候，你们一家不但不受苦，而且生活会过得一天比一天好。"中山先生又说："要达到耕者有其田的制度，不是说一句就行了，而是要父老们组织起来，团结起来，在我们革命党领导之下，打倒军阀，赶走侵犯我们中国土地的列强。你明白了吗？"这位农民听了中山先生一席谈，心情陡然兴奋，十分高兴地回答说："我明白了，我回去后一定和乡亲们说，要大家拥护你。"这位农民欢欢喜喜地告辞了。[3]

这一时期，孙中山还多次表示了对劳动运动的支持，宣布"凡关于改良劳工情形之运动，余皆赞同之。"他还将劳工参政的问题提了出来。

尽管如此，孙中山在理论上对人民大众在革命中的地位和作用还是没有进行深刻的探讨，也还没有把革命的基础建立在广大劳动人民，尤其是工人和农民的力量上面。

促使孙中山的认识发生进一步变化的，是陈炯明叛变给他的打击和启示。

在陈炯明叛变后，孙中山处于孤立无援的境地，处境十分艰难。这时，工农群众与他站在了一起。

6 月 22 日，在孙中山困守永丰舰之时，黄埔附近的千余农民自动组成义勇队，与孙中山的海军共同保卫黄埔，同陈炯明叛军作殊死的搏斗。

7 月 11 日，广州市的电力、自来水和铁路工人联合罢工，要求陈炯明叛军撤出广州，给了孙中山有力的声援。

工人农民的自发行动使孙中山很受感动和启发，他开始认识到，要同陈炯明和军阀势力作斗争，不以工农作为革命的基础，革命断无可以取胜的道理。

8 月 24 日，孙中山在对报界谈话时说："今国民共望统一，即友邦亦望我统一，盖统一与否实关中国存亡。惟能否达到目的，全视国民奋斗力如何。"

1923 年 1 月 1 日，孙中山在发表《中国国民党改进宣言》中指出："今日革命则立于民众之地位，而为之向导，所关切者民众之利害，所发抒者民众之情感"，"故革命事业由民众发之，亦由民众成之"，并且初步提出了"制定工人保护法"、"改良农村组织，增进农人生活"等政策。

然而，由于孙中山在重新执掌广州政权后忙于打仗，这些好的政策并没有得到很好的落实。所以，原来对孙中山回广州抱有很大期望的民众，现在反倒有了不满情绪。

鲍罗廷在 1923 年 10 月到广州后，就发现孙中山在广东人民中的威信并不高。在他关于华南形势的札记中，有这样的记述：

> 广东人民对孙的政府持强烈反对态度。广州的工人加上手工业者共有 35 万人。孙从上海回来时，他们曾热烈欢迎他，现在他们对他的政府的命运漠不关心，对其胜败根本不感兴趣。城市小资产阶级，因前线时胜时败和敌军经常性进犯而深受无政府状态之苦，一听到令人胆颤的消息，要么关闭自己的店铺，要么藏身于外国列强的旗子之下。苦力们一批批被抓走，送往前线，强制劳动，因此城市里的交通工具明显不足。这种现象又损害了商业，滥征捐税引起了更多的误解和仇视，而没有给国库增加收入。至于农民，他们把孙同陈的斗争看做是只降临到他们头上的一种不幸。他们不再纳税，不再把粮食卖给军队，最终拿起武器来在某个地方从后面袭击部队。
>
> 对所有这一切孙都未予注意。他甚至也不关心要在报界对一些事件作出某种说明。报纸上每天都刊登相互矛盾的前线捷报，而对失败只字不提，要么很突然地压到人民头上。仔细阅读这些报纸就会发现，好像敌人在本着使广州本来就混乱的气氛更添混乱的思想指导着报界。孙甚至从来都没有看过这些报纸，更不要说对中国其他地方或国外发生的事情的关心了。[4]

2. 扶助农工

随着工农运动的高涨，中国工人阶级、农民阶级在反帝反封建斗争中的强大威力初步显示出来，孙中山看到中国革命的希望在于工农劳动群众的觉醒。他在总结以往革命屡遭挫折的原因时，终于开始认识到没有发动和没有依靠群众这一弱点。这一认识随着改组国民党工作的进行，随着他联俄、联共政策的确立而逐渐加深。

孙中山决心扩大国民党的基础，将国民党建筑在人民群众的势力之上。他指出：中国的大事业太大，需要四万万人的力才容易做成功，不是一两人的力可以做得到的。要使中国进步，造成一个三民主义、五权宪法的国家，非用群力不可。欠缺人民心力，无异无源之水，无根之木。

孙中山强调，国民党要想立于不败之地，今后奋斗的途径，必须先得民心，使国内人民与国民党同一个志愿，使国内人民都与国民党合作，同为革命而奋斗。尤其要注意的是，国民党要为国民中被压迫阶级而奋斗，国民党的基础应当建筑在被压迫群众之上，国民革命就是全国国民为反抗统治者的压迫而进行革命斗争。国民革命是中国的资产阶级、农民阶级、无产阶级所共同需要的，中国国民党就是为满足这些阶级的共同要求而产生的。[5]

因为有这样的认识基础，所以，在中国国民党第一次代表大会上，由孙中山亲自主持通过的《中国国民党第一次代表大会宣言》，第一次系统地阐述了国民党工农政策，从而宣告孙中山的“扶助农工”政策正式形成。

这个宣言指出，中国是个贫穷落后的农业国家，各阶级所受的痛苦以农民为最甚，所以国民党主张给农民以土地，在农村兴修水利，开办农民银行，以使农民享人生应有之快乐。关于工人，宣言指出：工人生活绝无保障，大批失业，国家应制定劳工法，以改良工人的生活。正由于工农生活的困苦，他们要求解放的心情才至为迫切，反抗帝国主义和封建统治的要求才最为强烈。宣言指出：

国民革命之运动，必恃全国农夫、工人之参加，然后可以取胜，盖无可疑者。国民党于此，一方面当对于农夫工人运动，以全力助其开展，辅助经济组织，使日趋于发达，以期增进国民革命运动之实力；一方面又当对于农夫工人要求参加国民党，相与为不断之努力，以促进国民革命运动之进行。盖国民党现在正从事于反抗帝国主义与军阀，反抗不利于农夫工人之特殊阶级，以谋农夫工人之解放。质言之，即为农夫工人而奋斗，亦即农夫工人为自身而奋斗也。[6]

国共合作后，广东成为工农运动能够比较自由发展的唯一区域，在孙中山及其革命政府大力支持下，由于共产党人在其中的具体工作，广东工农运动在原来的基础上，蓬勃开展起来。

孙中山对于农民运动的开展给予了热情的关注和支持。

1924 年 7 月，孙中山亲自审核批准颁行国民党中央农民部草拟的《农民协会章程》。该章程共 14 章 86 条，对于全国各级农民协会的组织都有详细规定，它开宗明义强调："农民协会为本三民主义解放劳动阶级之意旨，集合全国受压迫之贫苦农民而组织之，其目的在谋农民之自卫、并实行改良农村组织，增进农人生活。"

同月，孙中山在给出席广州农民联欢会的党员发表演说时，高度评价了广大农民在国民革命中的地位和作用，号召农民团结起来，武装起来，与革命政府合作。他说：我们革命党实行三民主义，第一件事是留心农民，便要救济农民的痛苦，要把农民的地位提高。农民要从根本上解除自身的痛苦，就应自己有觉悟，自己知道自己的地位是重要的，要结成大团体，组成农民自卫军，这样，农民便是中国第一等的主人翁。他还号召广大农民党员回乡后，联络广大农民兄弟，为农民争利益。

在孙中山关心下，国民党中央执行委员会专门设立了农民部。1924 年 3 月 19 日，农民部初步确定了农民协会和农民自卫军的规划。不久，又成立了农民运动委员会，派出农民运动特派员到广东各地去开展农民运动。

为支持农民运动的开展，孙中山领导的陆海军大元帅大本营先后两次发出赞助农民运动的宣言。

1924 年 6 月 19 日，大元帅大本营在第一次宣言中，宣布本政府的任务是贯彻三民主义，实行国民革命，其中特别任务，在于督促占全国国民大多数之农民，使之加入国民革命运动。宣言在列举了广大农民所受之痛苦后，指出为农民解除种种压迫的方法，是应即时组织农民协会；此种农民协会之性质，为不受任何拘束、完全独立之团体。农民协会为防御土匪兵灾起见，可以在一定计划之下，组织农民自卫军。各级农民协会对于横暴之官吏，有警告、控告及请求罢免之权，还有代理地税之征收及解决地

税问题之权。

此宣言发出后，由廖仲恺主持下的广东省政府即命令各县县长，遵照宣言精神和《农民协会章程》，切实组织农民协会及农民自卫军，支持农民运动的发展。

农民有了政府的支持，革命斗争精神逐渐高涨起来。1924 年 10 月，广宁县农会和农团军掀起了第一次“减租”斗争，提出改变以前“佃四主六”的纳租比例，将原租减少四成：三成归还佃户，一成归农会作办公费用。

广宁县农会在《减租宣言》和《给田主的一封信》中，声讨地主对农民的残酷剥削，号召全县农民协会会员奋起反抗田主的压迫与盘剥。当时广宁的地主豪绅依仗民团武装对抗农民的减租要求，叫嚣“虽打死也不减升合”、收租时“佩齐枪剑”下乡。

这时，大元帅大本营根据彭湃等人的请求和报告，认识到广宁农民减租斗争的成败，关系到整个农民运动的发展，决定迅速派出大元帅铁甲车队和粤军第三师一部，赴广宁保护农会，剿办土匪。随后，又加派卫士队百余人携大炮前往助战。广宁农民自卫军在政府援兵配合下，消灭了由江汉英把持的民团地主武装 800 多人，使减租取得了胜利。

在此基础上，大元帅大本营再次发布对农民运动宣言，重申国民党中央和政府拥护农民利益、援助农民斗争的政策。

这一时期，孙中山也特别注意政府及他本人在农民中的形象。当时曾发生过一件孙中山亲自向农民道歉的事。据田桓回忆：

这年（1924 年）9 月，中山先生再次决定北伐，亲自率领北伐军驻节韶关，在铁路边设立大本营行营。附近的农民得知先生到了韶关，纷纷议论说，孙文是帮助我们农民的，是我们的亲人，我们一定要去看望他，向他倾吐受地主剥削压迫的痛苦。当时先生忙于部署军事，没有想到农民会来见他，也没有传令卫士队和传达处容许农民来见。

有一天，沿着路轨跑来两个农民，满头大汗，像有什么急事要办。他们虽不是衣冠楚楚，却也穿着得干干净净。当他们越过路轨快到警戒线时，荷枪实弹的卫士大喝：“站住！你们到哪里去？”他们说：“我们是来看孙文的。”卫士一听直呼大元帅的名讳，非常恼火，就不问情由地把他们赶走了。

农民热情而来，败兴而去，心有不甘，他们商量了一下，请人写了一封信给中山先生，质问孙先生为什么说的是一回事，做的又是另一回事，不让他们拜访。信上有人名，有地址，先生看了以后，不但没生气，反而高兴地说："农民敢于写信来质问我，说明他们已经觉醒了，觉悟提高了，这是大好事！"于是把所有卫士队的班长集合起来训话，用极其浅显、通俗的话说："我们唯一的任务是革命，现在快要北伐打仗。打起仗来，除了靠军队以外，更重要的是靠工人、农民。没有工人，我们用的枪炮子弹从哪里来？没有农民，我们吃的粮食、蔬菜和穿的衣服鞋袜从哪里来？因此我们一定要接近工人、农民。最近有两位农民越过警戒线来见我，被卫士挡住，不许来见，这是不好的。今后农民要来见我，不管他们满身泥巴，蓬头赤脚，卫士们一定要采取欢迎的态度，客客气气地让他们来见我，不许拦阻。"同时，先生还命令副官处回信，约那两位农民来大本营谈话。到时，先生亲自接见，并向他们道歉。由于此事影响，此后便时有工人、农民来见中山先生，每次都满意而归，因此进一步推动了工农运动的发展。[7]

面对广东农民运动日益发展的形势，国民党中央农民部秘书、中共广东区委农工委员彭湃，向国民党中央提出设立"农民运动讲习所"，以培养农运干部的建议。这一建议得到了国民党中央执行委员会第30次会议的批准，并将创办农民运动讲习所列为当前开展农民运动第一步实施方案中的一项，委托农民部着手经办。

彭湃

经过彭湃废寝忘食的筹建，1924 年 7 月 3 日，广州农民运动讲习所第一届学员 38 人正式开学。

孙中山对农民运动讲习所的工作很关心，8 月 21 日，当第一届学员学习期满，举行结业典礼时，百忙中的孙中山亲临祝贺，并作了重要讲话。

孙中山对于共产党员在农民运动讲习所的工作，是极其信任的，他总是鼓励他们放手去干，所以农讲所开办的各项实际工作，几乎全由共产党员担任。

农讲所共办了六届，第一、五两届的主任是彭湃，第二、三、四届的主任分别是罗绮园、阮啸仙、谭植棠，第六届实行所长制，所长是毛泽东。各届农讲所的教员，大部分也都是由共产党员担任。除了以上几位都是农讲所的教员外，来农讲所任教的共产党员还有陈延年、周恩来、萧楚女、恽代英、安体诚、张秋人、周其鉴、林祖涵、赵自选、于树德、李立三等人；苏联顾问鲍罗廷、加伦等人也给学员们上过课或发表过演讲。

在孙中山、廖仲恺等人的支持下，由于共产党人的努力工作，农民运动讲习所办得生气勃勃，有声有色。在两年多的时间里，共培养出来自 20 多个省市的 772 名毕业生和 25 名旁听生，学员毕业后分配到各省去做农民运动，成为各地农民运动的组织者和领导者，为全国轰轰烈烈的农村大革命作出了巨大贡献。

孙中山在关心农民运动的同时，也对工人运动给予了极大的关注和支持。

广东省是中国工人运动的发祥地之一，在这里，国民党在国共合作之前就与工人运动发生了联系。1921 年 5 月，孙中山在广州第二次建立革命政府后，就曾亲赴当时的广州总工会发表演说，表示“余愿为你们的工人总统”。在孙中山革命政府支持下，广州的工会组织在当时就发展到 130 多个，其中规模较大的有 85 个。

1922 年 1 月至 3 月，香港海员在共产党员领导下，举行了长达 8 个星期的反帝大罢工。孙中山及其革命政府对海员的正义斗争给予了深切的同情和支持，向罢工团体提供全部财政资助，使此次罢工取得了胜利。

当时，共产国际代表马林正在广州，他在这里看到了国民党在工人中的活动，看到了国民党与工人之间的密切联系，从而对孙中山领导下的国民党产生了极其深刻的好感。他后来之所以设法排除一切障碍，极力促成国共党内合作，与他这时对国民党所产生的好感不无关系。

在国民党改组和国共合作初始时期，孙中山仍一如既往地赞助和支持工人运动。

国民党一大期间，当孙中山得知参加会议的北京代表张国焘要请假提前离开广州，回北京去筹备全国铁路工人代表大会时，不仅批准了他提前离开，而且对他说：去主持铁路工人代表大会，比出席这次大会还重要而迫切，应当从速赶往北京。

在张国焘临行前的晚上，孙中山还派人送给张国焘一封信和2000两银元，委托张国焘将这些钱捐给铁路总工会，并祝贺这次铁路工人代表大会成功，希望他个人的工作能够顺利发展。[8]

国民党中央工人部，是以廖仲恺为部长，以共产党员冯菊坡为秘书的一个专门主持工人运动的机关。为了贯彻国民党一大确定的“扶助农工”政策，工人部积极号召工人组织起来、联合起来，为争取自身的政治、经济权利而斗争。

1924年5月1日，在中共广东区委和国民党中央工人部支持下，广州市工人代表大会开幕。廖仲恺主持大会，孙中山亲临大会作了精彩的演讲。他号召中国工人要从今日起，立一个志愿，组织一个工人大团体。他指出，中国工人有了团体，就可以提高自己的政治、经济地位，参与反帝斗争，废除一切不平等条约，可以作全国人的指导，作国民的先锋，在最前的阵线上去奋斗。他勉励工人阶级要学习苏俄工人，勇敢地担负起解决中国政治问题、提高国家地位和把中国变为世界上头一等强国的责任。

这次会议通过了统一工人运动的20多个决议，成立了广州工人阶级的战斗指挥部——广州工人代表会议执行委员会，推举廖仲恺任委员会委员长。

10月1日，孙中山以大元帅名义，命令颁布由国民党中央工人部起草，经工代会执行委员会讨论修订的《工会条例》。《条例》共21条款，其中规定：工会与雇主团体立于对等之地位；工会在其范围以内，有言论、出版及办理教育事业之自由；工会或工会联合会，得与别省或外国同性质之团体联合或者结合；工会享有维护会员间之利益、调查或仲裁会员与雇主之争执及冲突事件、在必要时得根据会员多数决议宣布罢工等权力。

由于“扶助农工”政策的实施，在国共共同努力下，工人阶级的反帝反封建斗争首先在广东恢复与开展起来。

1924年7月15日，广州沙面租界的800多名华工和巡捕，在共产党员李森等领导下，为反对英法租界当局制定的侮辱中国工人的12条“新警律”，举行了声势浩大的反帝罢工。孙中山及广东政府坚决支持这一正义斗争。

罢工开始的当天，孙中山即指派陈友仁赴沙面租界及领事团交涉，向英国领事提出取消“新警律”的严正要求。他指出：“惟此次颁布之新警律，专为苛待华人而设，而其他居留沙面之各国人，均不受此新警律拘束，此种不平等之待遇，华人方面绝难承认。”

8月初，英、法沙面当局致函广东省政府，提出制止沙面罢工的要求。省长廖仲恺在复函中严正指出：此次沙面工人罢工，全由沙面英、法工部局颁布新律所激动而成，对此因愤激而起的罢工风潮，省府实无从预为防范和制止。

英、法当局无奈，又派两国领事与“居中调停”的日本领事一起去谒见孙中山。当他们提出请大元帅命令沙面罢工各华人立即复工的要求后，孙中山拒绝了他们的要求，回答说：“此次沙面华人罢工风潮，系出于工人之自动，政府似未便干涉，以压迫民意。”[9]

在孙中山和廖仲恺等人的直接关怀和支持下，共产党人领导的沙面罢工取得了最后胜利，沙面当局不得不宣布取消“新警律”，并补发工人罢工期间的薪金。

孙中山关心工人运动的健康发展，对于在工人中造成不良影响，给革命政府脸上抹黑的人，坚决处分，决不手软。开除马超俊职务一事就是一个显著的例子。

由于孙科的推荐，国民党员马超俊当上了广东兵工厂的厂长。不料，马超俊是个贪得无厌的人，他长期积欠工人薪金、盗卖兵工厂枪械弹药给地主武装、土匪，还经常用护厂武装恫吓工人。工人们要求组织工会，马超俊认为在兵工厂顶多只能成立俱乐部，不准组织工会。

工人们将他们的要求反映到廖仲恺那里，廖仲恺表示坚决支持工人，他说：“兵工厂工人组织工会有什么不好？铁路工人组织工会，参加东江讨陈（炯明）战争很有成绩。兵工厂工人也可以像他们一样干起来。你们马上回去选出代表，把工会搞起来，我用电话通知马厂长就行了。”马超俊见工人们得到了廖仲恺的支持，才只好同意了工人的要求。

工会成立后，工人在国民党特别市党部秘书、共产党员罗绮园率领下，向马超俊展开了索薪斗争。马超俊找出种种借口，一拖再拖，就是不发。工人们气急了，在工厂内外挂起了一长列瓦煲，两旁写有“出粮无期，沙煲挂起”八个大字。

马超俊见状大怒，咒骂工人“有意捣乱，形同造反”，命令护厂队把工人代表扣留起来。

马超俊的行为激起全厂工人的愤怒，也在广州市引起了强烈反响。廖仲恺得知此事后，马上用电话警告马超俊，批评他破坏扶助农工的政策，命令他立即释放被扣的工人代表。

马超俊怕丢掉自己的厂长职务，只得释放了工人代表。但他还是不想给工人发还所欠的工薪，便指使他的老婆出马，邀请工人代表吃饭，说：“马厂长和大家都是机器工人，什么事情都容易商量，现在大家急要钱用，我可以先给大家。”说着，就给在座的每人50港币。这显然是一种收买行为，只要代表们拿了她的钱，就不好再带领工人索薪了。结果，只有一位代表收下了钱，其他人一概拒绝。

工人代表回到工厂，马上召开全厂工人大会，公布马超俊收买工人代表的卑鄙行为。那个收了钱的代表也在会上承认了错误，当场把50元港币交了出来。

马超俊的兄弟马治和当时是工厂的总务科长，他得知工人正在开大会，便强令护厂队包围了会场，扬言要将工人代表拘捕治罪。工人们为了保护自己，立刻回车间取出机关枪与护厂队对峙起来。马超俊闻讯赶回厂里，怕激怒工人惹出更大的漏子，便急忙喝退护厂队，让工人回家静候解决。

为了打击工人的斗争精神，破坏工会组织，马超俊诬蔑工人聚众要挟，图谋不轨，开列了一张黑名单，呈请政府缉拿工人代表。当时任公安局长的吴铁城，他本来对工农运动的兴起就比较反感，也不问明青红皂白，就下令拘捕了许多工人。马超俊立刻趾高气扬起来，他将公安局的通缉令和厂方恫吓工人的布告在厂内外大肆张贴。

当时孙中山正在韶关督师北伐，廖仲恺也已经辞去了广东省省长的职务。国民党右派正想借此事件给工人运动一个沉重的打击。但兵工厂的工人并没有因此而屈服，他们列举了马超俊12条罪状，请求廖仲恺并转请孙中山查明办理。

孙中山接到工人的请求，得知事情的全部经过后，十分震怒，立即下令撤销马超俊的兵工厂厂长职务，释放被捕工人，委派朱中和负责查办。

广州工人听到这个消息后，无不欢欣鼓舞，奔走相告，交口称赞大元帅孙中山。

3. “耕者有其田”的坚守

土地是农民的命根子。要使农民拥护革命，首要的是解决土地问题。但以何种方式解决这个问题，不同阶级立场的人有不同的考虑。接受了布

尔什维主义的共产党人，主张以狂风暴雨般的激烈方式，即“打土豪，分田地”的方式；接受了西方民主主义的国民党人，尤其是孙中山，则主张以温和的方式，即能使农民得到土地又不使地主受损失的方式。

自从 1923 年 10 月鲍罗廷到广州之后，这两种方式就一直在进行着博弈，但直到孙中山逝世，他也没有接受鲍罗廷所代表的布尔什维主义的方式。

鲍罗廷初到广州时，就向国民党领导人提出，为了巩固广州革命根据地，有效抵抗陈炯明军队的进攻，只能按照莫斯科的计划来改组国民党，同时争取广大民众的支持。而争取民众的方式，不外乎让农民得到土地，让工人享受 8 小时工作制，拿到最低限度的工资，并且每周休息一天。他强调说，只要采取这些措施，广州政府就会把工人和农民团结在自己身边。

孙中山不愿接受鲍罗廷的这些改革建议。但他避免和鲍罗廷正面交涉，而是写了一封信让廖仲恺交给鲍罗廷。信中说，国民党领导层内部有许多人反对鲍罗廷的土地改革和劳动改革计划，而且他们还告诫孙中山说：鲍罗廷正号召在广东实行苏维埃化。孙中山在信中告诉鲍罗廷，如果这就是鲍罗廷的愿望，那么他不可能表示赞同。

很显然，孙中山对苏维埃化顾虑重重，而且他不想失去那些反对鲍罗廷改革计划却同自己已有 20 多年交情的支持者。

鲍罗廷不得不告诉国民党人，劳工法令与土地法令将会有助于国民党实现统一中国和使中国获得自由的历史目标，他并辩解说，他的建议与苏维埃化毫无相似之处，希望中央执行委员会赞同颁布这两个法令。在鲍罗廷的一再劝说下，国民党中央执行委员会倒是采纳了他的建议，决定颁布有利于工农的劳工法令与土地法令。

但是，这两个法令只有经过孙中山的签字才能有效。而孙中山呢，却一再拖延，迟迟不予签发。

在不愿与鲍罗廷正面交锋的情况下，孙中山又给鲍罗廷写了一封信，提出他如果支持这两个法令，将会伤害国内外支持他的国民党人的感情，因为对这些人来讲，苏维埃化问题是实实在在的。不过，他将接受鲍罗廷制定的某些有关城市工人的法令，至于土地改革，希望在采取行动以前直接同农民商量一下。[10]

国民党一大前，共产国际执委会主席团作出《关于中国民族解放运动和国民党问题的决议》，其中对三民主义作了新的解释。国民党一大通过的《中国国民党第一次全国代表大会宣言》中关于三民主义的论述，就是以此为蓝本的。

不过，通过比较可以看出，关于土地问题，两个文件的表述是有区别的。共产国际执委会主席团的《决议》中这样写道：

> 民生主义也不能解释为由国家把土地收归国有。必须向缺乏土地的广大农民群众说明，应当把土地直接交给耕种这块土地的人，消灭不从事耕作的大土地占有者和人数众多中小土地占有者的制度，因为他们一部分人经营商业，一部分人担任国家官吏，他们以货币地租和实物税来盘剥农民。国家还应当减轻农民的捐税负担，应当大力帮助农民解决灌溉、由人口稠密地区向人口稀少地区移民、开垦荒地等问题。[11]

国民党一大宣言关于土地问题是这样表述的：

> 国民党之民生主义，其最要之原则不外二者：一曰平均地权；二曰节制资本。……私人所有土地，由地主估价呈报政府，国家就地价征税，并于必要时依报价收买之，此则平均地权之要旨也。[12]

前者提出，“应当把土地直接交给耕种这块土地的人”，其办法是“直接交给”；后者提出“平均地权”，其具体办法就是国家收买后再分给农民，可以理解为“间接交给”。

“直接交给”和“间接交给”，虽只有一字之差，其解决土地问题的途径就截然不同了。前者意味着由农民直接从地主手中夺得土地，后者则意味着由国家作为中介，使农民从地主手中得到土地。“直接交给”意味着采用激烈的方式，而“间接交给”则基本是采取和平的方式。

孙中山是赞成和坚持后一种方式的。

1924年8月10日，国民党中央执委会农民部顾问弗兰克曾就农民问题与孙中山、廖仲恺有过一次谈话。

在俄罗斯新解密的档案中，保留着这次谈话的记录稿。

记录显示，孙中山在谈话的一开始，非常客观地谈到国民党与农民之间缺乏联系，并分析了原因。记录如下：

> 孙逸仙博士就农民问题与弗同志交谈时说：“我的中国革命

观始终认为，中国强大的国民运动和争取摆脱外国帝国主义统治的斗争应该由广大民众来进行，而首先由农民来进行。迄今为止我和国民党还没有与农民接触。在国民运动中出现这一大的疏忽主要是由我的拥护者们的社会成分造成的。”他笑着说，“我本人是资产阶级出身，我的大部分拥护者属于大学生阶层、城市知识分子，有相当一部分属于商界。因此，我们没有合适的人去深入农村，在那里扎根。……”

孙中山在谈话中提出，广州农民运动讲习所的第一批学员就要毕业了，他很想去给学员们讲几课。通过讲习所和其他学校的毕业生，国民党将能够将农民组织到农民协会之中。

孙中山赞成弗兰克拟定的农民协会组织章程和计划。他说：“我们应该在整个广东建立农民协会，从而建立反对地主的强大工具。只有我们建立这些协会并把农民武装起来，才能彻底解决土地问题。”

不过，孙中山不赞成弗兰克在计划中提出的在农村进行反对地主的宣传。他说：

我决心将所有现在掌握在地主（出租土地的人）手里的土地转交给农民掌握和所有。但由于一些地区的地主无论在政治方面还是在经济方面都很强大并有很大影响，……我认为，在当前组织农民协会的形势下，进行任何反对地主的宣传都是策略性的错误，因为那样做会使地主在农民之前先组织起来。

弗兰克极力向孙中山申明在农村进行阶级斗争的必要性，但孙中山仍坚持自己的意见。这时，廖仲恺插话了，他也反对在农村中宣传阶级斗争。他举例说：

“在广宁地区我们已基本准备就绪的农民协会组织引起了武装冲突，在这次冲突中豪绅们把一部分农民吸引到了自己一边。区长（国民党员）也站在地方和豪绅一边，因此，政府不得不派遣一个多师的兵力到广宁镇压地主暴动，至今尚未平息。政府没有更多的军队可以派往广宁。如果在其他地区也发生类似的暴乱，这将威胁政府的生存。”

见弗兰克仍不明白他们为什么会反对农民与地主进行斗争，廖仲恺又解释说：“中国农村的情况很特殊，宗族关系还没有打破，地主、豪绅和农民往往是同一家族的成员，有同一个姓氏。由于农村是比封建结构还落后的宗法结构，阶级矛盾比较缓和，地主与农民之间的关系更像叔侄关系，而不像两个敌人之间的关系。”

无论弗兰克怎样解释自己的观点，最终还是没能说服孙中山和廖仲恺，他们坚持认为，在组织农民协会时期不应进行任何公开反对地主的宣传。[13]

8 月 21 日，是广州农民运动讲习所第一届学员举行毕业典礼的日子。这天，孙中山专程来到讲习所，对学员发表了演说。

在演说中，孙中山提出，派学员们到各地去联络农民，是国民党做农民运动所办的第一件事。他说，以前农民参加革命的很少，是因为他们的知识水平太低，不知道有国家大事，所以对于国家很冷淡，不关心国家大事。学员们到农村去联络农民，首先便要一般农民知道对于国家有什么责任。

孙中山说：“农民是我们中国人民之中的最大多数，如果农民不参加革命，就是我们革命没有基础。国民党这次改组，要加入农民运动，就是要用农民来做基础；要农民来做本党革命的基础，就是大家的责任。”

广州农民运动讲习所

孙中山在演说中，肯定了俄国实行的农村改革，认为俄国改良农业政治之后，便推翻了一般大地主，把全国的田土都分到一般农民手里，让耕者有其田。这是一种最公平的办法。因而，中国要仿效俄国这种公平办法，也要耕者有其田，才算是彻底的革命。

接下来，孙中山充分表达了自己对于实行“耕者有其田”的设想。

孙中山认为，就中国目前的状况来说，不能马上效仿俄国的“急进办法”。他说：

> 中国的人民本来是分作士农工商四种，这四种人中，除农民以外，都是小地主。如果我们没有预备，就仿效俄国的急进办法，把所有的田地马上拿来充公，分给农民，那些小地主一定是起来反抗的。就是我们革命一时成功，将来那些小地主还免不了再来革命。我们此时实行民生主义，如果马上就要耕者有其田，把地主的田都拿来交到农民，受地的农民固然是可以得利益，失地的田主便要受损失。但是受损失的地主，现在都是稍为明白事体的人，对于国家大事都很有觉悟，而一般农民全无觉悟，如果地主和农民发生冲突，农民便不抵抗。

那么，现在去搞农民运动，应该做什么呢？

孙中山将工作确定在“宣传”上，即启发农民了解自己的“痛苦”。他的想法是：“农民只要知道了痛苦，便一定觉悟。农民有了觉悟，自然要来向政府求救，解除他们的痛苦。”

在这里，孙中山再次强调了政府的“间接”作用，这实际上强调的是一种秩序：农民通过政府来“间接”得到土地，而不是由农民自己“直接”夺得地主的土地。只有维护这种秩序，才能避免“激烈”的斗争，使土地“和平”地分到农民手中。所以，孙中山明确表示，农民要同政府合作：

> 农民是多数，地主是少数，实在的权力还是在农民手内。如果由一府一省的农民推到全国的农民都能够联络起来，有很好的团体，农民要解除痛苦便有好办法，政府便可以靠农民做基础。对于地主，要解决农民问题，便可以照地价去抽重税，如果地主不纳税，便可以把他的田地拿来充公，令耕者有其田，不至纳租到私人，要纳税到公家。像这样的办法，马上就拿来实行，一定要生出大反动力。所以大家此时去宣传，一定要很谨慎，只能够说农民的痛苦，教他们联络的方法。先自一乡一县联络起，然后再到一府一省，……你们更要联络全体的农民来同政府合作，慢慢商量来解决农民同地主的办法。让农民可以得利益，地主不受损失，这种方法可以说是和平解决。我们要能够这样和平解决，根本上还是要全体农民来同政府合作。[14]

至此，孙中山已经将他的“耕者有其田”思想完全明确地表达了出来。

在孙中山一生的言论中，不乏对劳动群众的同情和怜悯。他的民权主义、民生主义，说到底就是要为广大劳动群众谋幸福。但是，我们必须清楚的是，孙中山“扶助农工”的政策，并不是支持工农进行激烈的革命斗争。他的“平均地权”、“耕者有其田”，并不意味着赞成农民以急风暴雨般的方式夺取地主土地。他的“节制资本”，也不是主张以暴力手段推翻资本家阶级，将其工厂和资本收归国有。他是希望将群众运动控制在自己所允许的范围内，希望以和平的方式、循序渐进地进行政治、经济和社会方面的变革。

而孙中山的这个政治态度，主张阶级斗争的共产党人自然是不能接受的。鲍罗廷就曾这样评价说：

> 孙反对剥夺地主（土地）（他主张生产国有化，尽管在中国生产发展水平很低）。他打算在保持古老的土地关系的同时，借助于税收和赎买来消除土地占有和土地使用中的不公正现象。让土地所有者自己报土地的价格。政府将根据土地所有者自己的报价进行征税。可是这样一来，土地所有者为了少纳税而不报土地的真实价格。对此孙回答说，那样政府就将按照这个价格购买土地。反之，这种情况会使土地所有者说出自己土地的真实价格，甚至高于真实价格，以便高价出售，这样一来缴纳的土地税也会更多。
>
> 用这种方法解决土地问题时，国民党关于使用土地平等的说法当然只是一句空话。[15]

可惜鲍罗廷在 1951 年 5 月 29 日过早地死于伊尔库茨克附近一个最残酷的集中营里，所以他同孙中山本人一样，没有机会看到孙中山“耕者有其田”的设想由国民党实践的结果。

其实，孙中山主张以和平方式解决土地问题也好，反对急风暴雨般的工农运动也罢，包括他对列强的态度，完全都是他资产阶级革命家的本性使然。我们既不能用一个无产阶级革命家的标准来要求他，指责他的言行；也不能超越他的资产阶级革命家的本质，根据某种需要对他的言行加以修饰或掩饰，以此来“拔高”他的形象。对于孙中山来说，这两种做法都是不客观的。

孙中山就是孙中山，是有着“资产阶级革命家”这一鲜明标记的孙中山。

注 释

1.《孙中山全集》第5卷，第66页。

2. 参见朱执信：《野心家与劳动阶级》，《朱执信集》，中华书局1979年版，第726页。

3. 宓熙：《大元帅府里的会见》，《中山先生轶事》，第165—166页。

4. 中共中央党史研究室第一研究部译：《共产国际、联共（布）与中国革命档案资料丛书》第1卷，北京图书馆出版社1997年版，第367—368页。

5.《孙中山全集》第8卷，第431—569页。

6. 荣孟源主编：《中国国民党历次代表大会及中央全会资料》，光明日报出版社1984年版，第18页。

7.《上海史料选编》1981年第2辑。

8. 参见张国焘：《我的回忆》（第一册），现代史料编刊社1980年版，第320页。

9.《领事团谒见帅座情形》，广州《民国日报》1924年8月8日。

10. 参见［美］丹尼尔·雅各布斯：《鲍罗廷——斯大林派到中国的人》，世界知识出版社1989年版，第119—120页。

11.《中共中央文件选集》第1册，中共中央党校出版社1989年版，第591页。

12. 荣孟源主编：《中国国民党历次代表大会及中央全会资料》，光明日报出版社1984年版，第17—18页。

13.《就中国农民问题与孙逸仙和廖仲恺的谈话》（1924年8月10日于广州），中共中央党史研究室第一研究部译：《共产国际、联共（布）与中国革命档案资料丛书》第1卷，北京图书馆出版社1997年版，第515—516页。

14.《帅座对农民运动讲习所训词》，《广州民国日报》1924年8月23日至28日。

15.《鲍罗廷的札记和通报》（不早于1924年2月16日），中共中央党史研究室第一研究部译：《共产国际、联共（布）与中国革命档案资料丛书》第1卷，北京图书馆出版社1997年版，第424—425页。

十七　中山北上

1. 冯玉祥政变

还在二次革命和护法运动期间，孙中山就与直系将领冯玉祥有联系，当时孙中山曾派国民党上层骨干劝说冯玉祥加入他的革命队伍，虽然未能成功，但当时冯玉祥并不反对孙中山。

出于对孙中山的敬佩之情，1920年7月，冯玉祥曾致信孙中山表示："私衷仰慕，已非一日，今欲追随，乞多指示"。[1] 冯玉祥后来在其自传《我的生活》中写道：自从读了孙中山所著《建国大纲》，"我完全成为中山先生的信徒了"。[2]

到1924年，孙中山的这个"信徒"终于做出了一件影响孙中山晚年的大事。

事情还要从第一次直奉战争之后说起。

1922年4月爆发的直系军阀吴佩孚与奉系军阀张作霖的大战，最终以张作霖失败而收场，直系独霸了北京政权。失败之后的张作霖，锐意整军经武，等待时机。

这期间，孙中山为了完成统一全国的大业，与张作霖和皖系军阀段祺瑞、卢永祥函件往来，互派代表，磋商联合反直事宜，最终形成反直的"三角同盟"。在反直三角同盟的影响和孙中山的劝说下，冯玉祥的思想产生了很大变化。

1923年12月，冯玉祥对孙中山派去动员他的代表马伯援表示："目前直系兵力数倍于我，如冒险行动，必遭失败，待时机到来，我一定有所举动，请将此意转达中山。"[3]

1924年9月，当直系的江苏督军齐燮元与皖系的浙江督军卢永祥之间开始爆发江浙战争后，在北方，张作霖麾下的奉军以援助卢永祥为借口，开始攻击直军。就此拉开了第二次直奉战争的序幕。

第二次直奉战争爆发后，吴佩孚任命冯玉祥为第三军总司令，率部参战。10月上旬，冯部到达滦平。由于长途行军，冯部官兵饥寒交迫，军心激愤，已有反叛之心的冯玉祥认为此时军心可用。

10月19日，冯玉祥接到留驻北京的旅长蒋鸿遇来电，称吴佩孚在山海关督战连败，丰台驻军已全部开赴前方，直军后方空虚。

冯玉祥认为班师时机已经成熟，当即召开全军将领会议，一致决定：将所部改为"国民军"，拥护孙中山的三民主义；冯玉祥部于10月21日班师回京，直系另两支部队胡景翼部、孙岳部及时响应。

10月21日下午，冯玉祥下令班师，命鹿钟麟率部兼程返京。10月22日，鹿钟麟部到达北苑，与由北京出城的蒋鸿遇部会合。当晚12时，派兵入城。在城防军接应之下接收了全城的防务，将总统府卫队缴械，将曹锟关在中南海延庆楼内，不准其与外间接触。一夜之间，冯玉祥部进占北京城的任务全部完成。

第二天清晨，早起的人们忽然发现街上变了样：到处都是臂缠红布白字袖章的国民军岗哨和士兵，大街小巷的墙上贴着国民军的安民告示和入城布告。市民们边看边说："老冯回来了！"

10月23日，冯玉祥抵达北苑。

冯玉祥

10月24日，冯玉祥与前来相会的胡景翼、孙岳召集王承斌、张之江、刘骥、鹿钟麟、李鸣钟、何遂等20余名高级将领，举行紧急政治军事会议。会议决定正式组成"中华民国国民军"，宣布脱离直系军阀系统，由冯玉祥任国民军总司令兼第一军军长，胡景翼任副司令兼第二军军长，孙岳任副司令兼第三军军长。

会议还决定停止曹锟的总统职权，在政府未正式组成前，由黄郛暂组"摄政内阁"作为过渡性政府。由于考虑到直系势力可能反击，会议决定以段（祺瑞）抑吴（佩孚），故邀请段祺瑞入京维持局面。对于会议为何作出这样的决定，冯玉祥有如下一段叙述：

> 正当会议未散的时候，果然接到报告，说吴佩孚已从前线撤回一部劲旅，正在回攻杨村。……为了应付当前军事上严重的困难，孙（岳）二哥便临时提议，请段祺瑞出山，以示与皖派联络。大家亦认为，一则目前困难非此不能打破；二则中山先生是否北上，尚不可知。
>
> ……
>
> 一时只看见了军事的成败，忽视了政治的后果。孙二哥这个提议，竟得全体赞成。真是差之毫厘，谬之千里。哪知由于这个临时动议，竟断送了此回革命的全功。[4]

当天，冯玉祥、胡景翼、孙岳等联名通电，主张停战议和，呼吁各方对一切政治善后问题会商补救之方，共开更新之局，并联合所属各军，另组中华民国国民军，誓将为国为民效用。

10月28日，冯玉祥、胡景翼、孙岳再次联名通电，提出速开和平统一会议的主张。在通电中，冯玉祥等人对中国军阀割据，连年混战，民不聊生的局面表示不满，希望实现和平统一和改革。

冯玉祥等人发动北京政变的消息，使在前线的吴佩孚大吃一惊。10月25日，吴佩孚在秦皇岛发出讨冯通电，指责说：

“冯玉祥倒戈相向，在国法为大逆，在个人为不义，其倒行逆施，反道败经，应与张作霖同科。因此，我要一面激励前敌将士东讨外叛，一面分领大军会师畿辅，清除内奸。”[5]

10月26日，吴佩孚率部队万余人回师天津，在杨村一带掘壕备战，准备向北京进攻。应吴佩孚的求援，同日，萧耀南自湖北派兵北上讨冯。10月27日，齐燮元、孙传芳、杜锡珪、蔡成勋、马联甲、杨树庄等直系将领通电讨冯。28日，河南省长李济臣自称豫鄂援吴军总司令，在郑州集合部队，准备北上。

面对直系的压力，冯玉祥、胡景翼、孙岳为促成山东郑士琦和山西阎锡山进兵阻截南方直系援军北上，于10月26日联名通电，拥戴段祺瑞为国民军大元帅。30日，张作霖也与刚由日本来到沈阳的卢永祥及奉军各将领联名通电，拥护段祺瑞为反直联军统帅。

10月28日，奉军与胡景翼部占领滦州，驻山海关和秦皇岛的直军被围困，直军除张福来、靳云鹏部相继搭乘轮船从秦皇岛运出万人外，其余八万余人均被俘。

同日，阎锡山占领石家庄，截断京汉铁路，阻止直系援军北上。

11 月 2 日，山东郑士琦截断津浦铁路，宣布中立，堵截由徐州北上之直系援军，并阻止败退的直军取道山东撤退。

这样，吴佩孚腹背受敌，走投无路，只好于 11 月 3 日率残部由塘沽乘运输舰南逃。

同日，国民军进入天津。

11 月 2 日，曹锟不得不宣布退职。同一天，成立了由黄郛任国务院总理的摄政内阁。

11 月 5 日，冯玉祥通过摄政内阁将清废帝溥仪驱逐出宫，并修改了清室优待条件，规定：即日起永远废除皇帝尊号；清室即日移出紫禁城，自由选择住所。将故宫一律开放，备充国立图书馆、博物馆之用。

当天，冯玉祥令北京警备总司令鹿钟麟和警察总监张璧，将宫内太监 470 余人、宫女百余人分别给资遣散，又用汽车 5 辆，送溥仪及清室后妃移居什刹海“醇王府”。

11 月 6 日，冯玉祥电请段祺瑞出山。11 月 21 日，段祺瑞入京，就任中华民国临时执政，黄郛的摄政内阁遂告结束。

此时，张作霖背弃“奉军不得入关”的协议，大批奉军开入关内，以图乘机扩大地盘，觊觎北京。段祺瑞和张作霖互相勾结，联手排挤冯玉祥，政局急转直下。

2. 北上？北上！

冯玉祥发动北京政变后，于 10 月 24 日致电孙中山，邀请他北上共商国是。[6]

对北京政变应该作出何种反应？是只限于发表一般的声明？还是采取更为积极的政策？孙中山一时还拿不定主意。

在孙中山为是否北上而踌躇不定之际，北方政局已呈现出错综复杂的状况：冯玉祥在北京政变后虽暂时控制着北京局势，但在张作霖咄咄逼人的气势下，根本不敢有任何进一步的举动。段祺瑞与张作霖暗中勾结，他们虽在中央政权问题上有分歧，但在独揽权柄而拒孙中山于中枢之外这一点上却是一致的。帝国主义各国也借北京政变之机，积极准备支持各自的走狗，进一步干涉中国内政。

在这种情况之下，中国共产党人提醒孙中山：这次直奉战争与北京政变的结果，必然要完成帝国主义宰制中国的所谓和平会议。中山先生对于军阀而实在是帝国主义在京津之间召集的和平会议采取什么态度呢？这不仅是一个策略问题，而且是革命本身的生死问题，稍一不慎，即要陷于绝境。

中共中央的意见是：对于军阀召集的会议，在原则上和策略上，中山先生不仅在消极方面要拒绝参加，而且要在积极方面号召人民起来反抗帝国主义宰制中国的阴谋，根本否认帝国主义的工具——祸国殃民应受国民制裁之军阀有召集会议冒称解决国是之权限。

基于上述考虑，中共中央反对孙中山北上，赞成只发表关于北京政变的宣言，但不采取积极参与事件的态度。其理由是：在北京除了美国决定把吴佩孚撤掉，代之以冯玉祥外，实质上没有发生什么特别的事情。人民不会由此而变得轻松些，国家的解放事业也不会有丝毫前进。

部分共产党人认为，孙中山北上意味着国民党重新参加争夺权利的斗争，这样就加强了国民党右派的力量，因为他们一直在觊觎军阀政府中的职位，如此一来必然会使国民党瓦解。所以，这部分共产党人提出，一旦孙中山北上，共产党就同国民党决裂。

另一部分人则从对冯玉祥不信任的角度出发，反对孙中山北上。他们认为，冯玉祥等人虽然把所部改编为国民军，并未改变军阀统治北京的形势。从冯玉祥的表现看来，他并不是进步军人，只是投机的军阀。孙中山若北上，就是与军阀妥协。

蔡和森还专门告诫孙中山，不可轻信军阀，小心上当受骗，“希望中山先生趁快发一根本反对军阀与帝国主义合作的和平会议之宣言，一以打断右派在外面招摇放盘的无耻勾当，一以开始代表人民利益反抗宰制四万万人民的阴谋之革命工作”。[7]

在国民党中央委员会内，也出现了反对孙中山北上的意见。反对者认为：国民党要捍卫自己曾经发表过的所有激进的宣言和纲领，就不能同北京政变的胜利者进行合作，因为后者当然不会同意国民党的激进纲领；如果抛弃这些纲领，与北方的盟友进行谈判以组织政权，这就意味着重复了过去所犯过的老错误，使革命运动为军阀服务。

一时间，党内党外、上上下下，议论纷纷，莫衷一是，使得本来就犹豫不定的孙中山，更加拿不定主意。

这时，鲍罗廷开始发挥他的关键作用了。

一次，在国民党中央政治局会议上，鲍罗廷向孙中山和国民党领导人阐述了自己的看法，他说：

“北京政变及其后发生的事件给国民党提供了一个登上国民革命斗争

大舞台并成为大政党的极好机会。如不利用这一机会，不仅从策略上看是错误的，而且在一个长时期内必然地、不可避免地会削弱国民党。对我们来说，整个问题在于如何积极利用这些事件。”

“那么我们该如何利用这些事件呢？”有人问。

“首先应该发表宣言，重申国民党在各个问题上的立场，提出符合时局要求的口号。但这还不够，孙先生应该带一个代表团北上，在各地公开捍卫自己的立场和口号。”

“这样不会激起冯玉祥等人的反感吗？”又有人问。

“现在无论是冯玉祥，还是胡景翼、孙岳，都没有下最后决心。而且他们一直是同情国民党的，他们会支持孙先生和他提出的把中国所有民族力量团结起来的主张的。”

鲍罗廷的话听起来很有道理，于是，国民党领导层中的大多数人转而支持孙中山北上。

鲍罗廷的看法也得到了加拉罕的支持。

但无论是鲍罗廷，还是加拉罕，他们心里都清楚：孙中山北上后，会处于安福派、直隶派以及外国列强的包围之中，这是有危险的。弄得不好，孙中山就会重蹈覆辙。但他们又认为，必须要冒这个险。只要孙中山有相当的应变能力，就会达到目的。

维经斯基也非常赞成孙中山北上，他在给季诺维也夫的电报中谈到：

> 孙逸仙参加天津战胜者会议是在政治上迈出了正确的一步。自中国革命以来，现在第一次出现了孙逸仙不仅仅在一个广东省可以起政治作用的局面。这种情况一方面是美日在远东的矛盾越来越尖锐的反映，另一方面也是中国国民运动日益高涨的反映。直隶集团的失败意味着美国试图把中国变成殖民地的计划遭到了破产，使中国新兴的民族军事力量得到了解脱，这些力量暂时可以不受帝国主义压力的左右而独立行动。目前国民党通过巧妙的随机应变可能成为吸引这些力量的政治中心。孙逸仙在为自己的活动赢得了扩大的政治舞台之后，应该利用这个舞台使中国广大民众看到，目前他在为国家的统一，为反对外国的压迫而斗争，而不是在争夺总统职位，不是在为国民党一党争夺政权。[8]

很显然，苏联驻华代表们看到的，不仅仅是孙中山北上这个简单的行动，而是其背后所隐藏的改变中国政治力量并进而改变中国政治走向的可能性。

鲍罗廷和维经斯基的态度，促使中国共产党人改变了看法，转而支持孙中山北上。

支持北上的意见占了上风，从而使孙中山也坚定了北上的信心，他相信此行必然加快国家统一的步伐。

10 月 27 日，孙中山致电冯玉祥："义旗聿举，大憝肃清。诸兄功在国家，同深庆幸。建设大计，亟应决定。拟即日北上，与诸兄晤商。"[9]

接到孙中山的电报，冯玉祥颇为欣慰，方与胡景翼、孙岳等于 11 月 1 日联名致电孙中山，督促他尽快北上。电文说："顷奉感电，深荷关垂。……国家元勋，爱国情切，宏谟硕画，佩仰夙深。万乞发抒谠论，俾国内人士知所遵从。并盼早日莅都，指示一切，共策进行，无任叩祷之至。"[10]

孙中山于 11 月 4 日复电冯玉祥等，表示接受邀请，即将北上。电文说："兄开始伟业，必能克底于成。承邀入都，义当就道。日来已由韶返省部署行事，数日之后即轻装北上，共图良晤。"[11]

与此同时，张作霖也发出数电，请孙中山北上。

1924 年 10 月 30 日，孙中山由韶关大本营返回广州，部署北上事宜。他任命胡汉民留守广州，代行大元帅职权，谭延闿任北伐联军总司令，驻守韶关，负责大本营事务，主持北伐。

11 月 3 日，孙中山出席了黄埔军校师生为他举办的告别会。在向师生们发表的演说中，孙中山阐述了此次北上的原因和目的。他说：从前革命，都是在各省，效力很小，要在首都革命，那个效力才大。现在大家知道，北京发生了事变，现在的事变，虽然不是完全的革命举动，不能说将来便不能再起革命。只要此时用功去做，以后或者可以得好结果。大家不可以为我到北京之后，马上就能发起一个中央革命。不过借这个机会，可以做宣传的工夫，联络各省同志，成立一个国民党部，从党部之内，成立革命基础。[12]

11 月 4 日，孙中山发布大元帅令，为北上事宜通告军民，指出："前以曹锟、吴佩孚祸国殃民，罪在必讨，故亲率诸军由韶入赣，以期北响中原，与天下共除残贼。连日……迭接……北京冯玉祥、胡景翼、孙岳诸将领来电，知曹吴凭借之武力摧毁殆尽，友军义勇奋发，海内闻知，莫不欣慰。……所有肃清余孽绥靖地方一切事宜，仍责成留暨各军总司令、广东省长妥善办理。"[13]

11 月 10 日，孙中山发表《北上宣言》，揭示了国民革命的目的，重申了中国国民党第一次代表大会宣言精神。尤为重要的是，孙中山在中国共产党和苏联顾问的帮助下，通过建立黄埔军校，培养和训练革命军队，已经彻底抛弃了依靠军阀打军阀的旧有做法，并且认识到了军队植根于民众中的重要性。他在《宣言》中这样说：

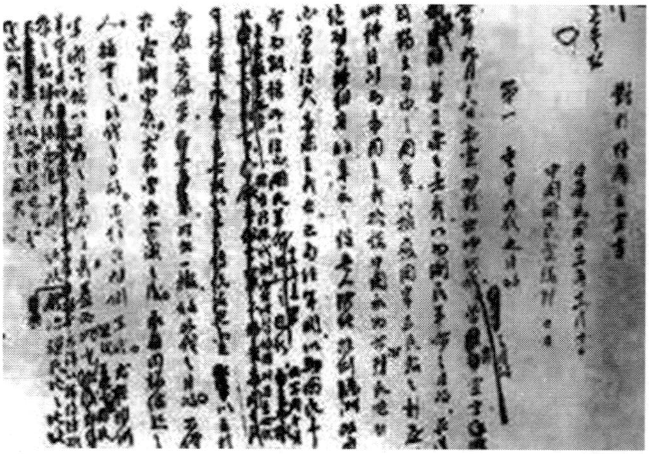

孙中山《北上宣言》原稿

凡武力与帝国主义结合者无不败。反之，与国民结合以速国民革命之进行者无不胜。今日以后，当划一国民革命之新时代，使武力与帝国主义结合之现象，永绝迹于国内。代之而兴之现象，第一步使武力与国民相结合，第二步使武力为国民之武力，国民革命必于此时乃能告厥成功。

孙中山接受了鲍罗廷和中国共产党的意见[14]，放弃了以前在《建国大纲》中提出的建设程序要经过“军政”、“训政”、“宪政”三个时期，转而赞成人民群众直接参与政治。《宣言》中提出，要召开国民会议，谋求中国的统一和建设，“国民之命运，在于国民之自决。本党若能得国民之援助，则中国之独立、自由、统一诸目的，必能依于奋斗而完全达到。”

《北上宣言》是孙中山一生中发表的最后一篇宣言，也是他最后一次申明自己的内外主张：对内要推倒军阀，使“曹吴覆灭之后，永无同样继起之人”；对外要“推倒军阀赖以生存之帝国主义”，废除不平等条约。[15]

孙中山终于在自己生命的最后阶段，喊出了最响亮的口号：打倒军阀！打倒帝国主义！

孙中山决定北上了，但他又放心不下广州。他知道，在离开广州的日子里，一切可预见和无法预见的事情都可能发生。为了保证他走后广州不致群龙无首，他留下了这样的手谕：

> 鲍罗廷的主张，就是我的主张，凡是政治上的事，总要听他的主张，你听他的主张，要像听我的主张一样。[16]

11月13日，广州的大街小巷热闹非凡。各机关和学校的门前都点缀着鲜花，张灯结彩。胡汉民、谭延闿、刘震寰、许崇智、杨希闵、伍朝枢、邹鲁、廖仲恺、吴铁城、范石生、李福林等大清早就来到大元帅府与孙中山告别。

是日，孙中山偕夫人宋庆龄以及随行人员20余人在欢送的鞭炮和锣鼓声中乘永丰舰离粤赴港。

1924年11月14日12时，孙中山一行在香港乘日本邮船春阳丸号启程赴沪。

跟随孙中山北上的人员是：中文秘书汪精卫、邵元冲、黄昌谷，英文秘书陈友仁，法文秘书韦玉，德文秘书朱和中，日文秘书戴传贤（在沪加入），参谋长李烈钧，高级参谋喻毓西，参军邓彦华、赵超，副官黄惠龙、马湘、吴雅觉，随员马超俊、吴一飞、罗宗孟、陈剑如，书记张乃恭，还有顾问鲍罗廷。

鲍罗廷之所以随同孙中山一起北上，是因为他估计中国将出现一个大的政治变动，至少是政权更迭，而孙中山在未来的斗争中究竟能否取胜，他还没有十分把握，因此他希望能就近对孙中山有所帮助。

也正是同孙中山一起北上，所以鲍罗廷对北上途中所发生的一切才有了就近的观察，也有了不同一般人的理解。

就拿孙中山一行乘日本邮船从香港赴上海一事来说，如果不是鲍罗廷事后的秘密报告，人们根本不会想到这其中还大有文章。鲍罗廷在报告中写道：

> 孙逸仙本应11月6日而不是14日[17]从广州出发。他应该乘英国的轮船由香港启程。由于最近他在广州与英国人进行了斗争，他不愿意这样做。9日从香港有一艘美国轮船开出，孙本来可以乘坐这艘轮船去上海。但是驻广州的日本人热情地建议孙乘14日的日本轮船。孙逸仙早有访问日本的想法，为的是试探一下对他的建立中、日、俄联盟思想的反应。现在日本人建议他乘日本轮船去上海，他认为这是日本在等待他的迹象。因此他高兴地接受了驻广州日本人的建议。我当时还提醒他注意日本人突然表现出这种殷勤可

能有什么与北方局势有关的目的。我问他："您是否认为，他们在尽力拖延您此行的时间。即使拖延几天也有很大意义，因为您不在北方，日本较容易利用北京的政变。"孙觉得这不可信：他的目光注视着日本，也正是着眼这一点他接受了广州日本人的殷勤。[18]

3. 访日内幕

孙中山北上的消息一传开，便引起了英国媒体的高度重视。

就在孙中山即将抵达上海的前夕，英国的《字林西报》发表一篇评论，提出"孙中山是广州大本营的大元帅，一举一动，都负有政治上的任务。上海租界之内完全是商务性质，负有政治任务的大元帅，住在这样的地方，是不是相宜?"评论认为，"上海不需要孙中山，应阻止他登岸"。英国的《大陆报》更是叫嚣"驱逐孙中山出上海"，"绝不要理睬孙中山所提出的废除不平等条约的要求"。

当然，孙中山能不能在上海停留，并不是英国人说了算的。

为了给孙中山北上制造声势，中国共产党专门在上海组织了热烈的欢迎队伍。11 月 17 日，当孙中山所乘的日本春阳丸号邮船抵达上海吴淞口时，万余民众汇集码头，齐声高呼："打倒帝国主义!""打倒军阀!"

在上海，孙中山看到了《字林西报》的短评，他对前来采访的记者说：

> 现在上海虽然是租界，但是根本上还是中国的领土。我是中国的主人，寄居上海的那些外国人都是客人。主人在自己的领土之内要做什么行动，当然可以做什么行动。他们客人决计是不能够干涉的。……倘租界当局有意阻碍吾在租界之居住，则吾对之有坚决手段之决心。……中国人民早已不能忍耐外国侨民在中国领土之飞扬跋扈。[19]

11 月 19 日下午，在上海新闻文教记者招待会上，孙中山发表了演说，他义正辞严地指出：

"中国现在祸乱的根本，就是在军阀和那援助军阀的帝国主义。我们这次来解决中国问题，在国民会议席上，第一点就要打破军阀，第二点就要打破援助军阀的帝国主义。打破了这两个东西，中国才可以和平统一，才可以长治久安。我这次往北方去，所主张的办法，一定是和他们的利益相冲突，大家可以料得我很有危险。但是我为救全国同胞、求和平统一，开国民会议去冒这种危险，大家做国民的人便应该做我的后盾。”[20]

11月21日，孙中山一行离开上海，乘日轮“上海丸”取道日本，再转赴天津。

孙中山和宋庆龄（前坐者）在经日本去天津的船上

关于孙中山北上取道日本的原因，国民党方面的解释是：

（11月19日）先生得随员报告，北京上海间交通，因受军事影响断绝。津浦铁路既久不通，而由上海往天津之轮船，搭客拥挤，在两星期以内，各船头等舱位，均经客预定完毕。先生乃嘱调查由沪赴日及由日赴天津之船期。至夜间得报，在十日之内，由上海至日本，均可有船达天津，乃即决定绕道日本。嘱随从人员，分别乘轮取道而行，以天津为齐集地点。只指定戴传贤、黄昌谷等数人，随同赴日。并谓借此机会，可在日本宣传对时局之主张，同时亦可会日本旧友，并征求日本国民对己所主张废除不平等条约之意见。[21]

多年来，这种说法一直被沿用，没有人对此说提出过质疑。但是，在鲍罗廷秘密报告中，对孙中山绕道日本的原因作了与传统说法完全不同的记载：

孙逸仙北上取道日本的问题是国民党代表团途中的第一个暗礁。有些同志认为，我们支持孙逸仙积极参与北方事件的整个策略会被这个暗礁撞得粉碎。但这些同志没有完全考虑到孙逸仙在日本能够指靠什么。应该说，如果我和加拉罕同志特别坚持不让孙逸仙去日本，我们也许会达到目的。但我们认为我方的这种坚持完全是多余的。相反，在孙逸仙的脑子里对日本的幻想根深蒂固，他早就有希望建立中、日、苏俄联盟的思想。为此他经常说，必须使日本同英国疏远，日本与美国已经决裂，现在只剩下英国了。现在时局向他提供了访日的机会，要阻拦他走这一步是非常不明智的。除了他从日本之行中获得的亲身感受，没有什么能作为消除他对日本的幻想的有力的论据。此次赴日只会使他变得聪明一些。后来可能真是如此。自从他由日本归来后，他很不愿意谈这个话题，只讲日本过5年后将发生革命，那时可能与日本更好谈判。

……

在上海，为了孙逸仙取道日本北上，日本人也做了不少工作。我认为，他们在这里也是为了同一目的：尽量使孙逸仙远离北方。

与此同时，日本人催促段祺瑞赴京。后来才知道，当孙逸仙已抵达天津并病倒时，日本人为了不让段祺瑞与孙逸仙有任何接触，在北京通过自己的医生散布谣言，说孙逸仙活不了8天，得了多种可怕的病。[22]

这就是说，孙中山取道日本不是因为什么交通问题，而是日本人在其中起了作用，同时也有孙中山个人的意愿。

究竟哪种说法更符合实际？世人只有自己来判断了。

再说孙中山在日本的活动。

其实，早在孙中山绕道日本之前，1924年9月，他就已经派出李烈钧作为特使访日。李烈钧在日本停留了约40天，与日本朝野各方面人士进行了多次会谈，其目的是了解日本朝野对直奉战争的看法，争取日本民间舆论对中日合作的支持。

孙中山派遣李烈钧赴日时，是否已经考虑自己要访问日本，尚不清楚。但李烈钧归国后，以在日本期间观察的结果劝告孙中山访日，确实起到了推动作用。

对于孙中山来说，他此次访问日本，主要目的是宣传自己对于时局的主张，争取日本人民理解他对日本的期望，获得他们的同情和支持。

日本朝野对于孙中山访日的反应并不强烈。当时，他们正专注于中国北方的政局，出于维持在“满蒙”权益的考虑，他们对握有东北第一实权的张作霖及其拥立的段祺瑞更为重视，所以减少了对于孙中山此行的关心。

在孙中山访日前，日本的舆论几乎一致认为他所从事的革命运动“带有危激性”。当孙中山访日的消息传到日本后，日本舆论则一致主张要牵制孙中山的国内政策和对外政策中的革命主张。

总之，日本对孙中山的访问是持不欢迎的态度。

对此，孙中山到日本后就感觉出来了。11 月 23 日，孙中山到达长崎后，毫不掩饰地谈到自己的“遗憾”。他说：

“日本国民的冷淡态度令人遗憾……全部日本国民对中国问题注意不足，令人遗憾。日本以国民之力进行的明治维新是中国革命的第一步，而中国革命则是明治维新的第二步。同是以国民之力进行的革命，从这种意义上来说，日中两国应该亲善团结，故在日本未将中国革命与明治维新同等看待，实在令人遗憾。”[23]

孙中山在长崎、神户、门司等地，除会见老朋友外，还出席了欢迎会，接见记者，发表演说，借以宣传他的政治主张和国民党的对外政策。

孙中山在演说时强调：要实现中国的和平统一，就要军阀绝种，而要军阀绝种，使要打破串通军阀来作恶的帝国主义；要打破帝国主义，必须废除中外一切不平等的条约。共管中国之说，是外国人做梦！中国同俄国革命都是走一条路。所以中国同俄国不只是亲善，照革命的关系，实在是一家。日本真有诚意来和中国亲善，便先要帮助中国废除不平等条约，争回主人的地位，让中国人获得自由身份。

孙中山呼吁日本人民支持中国废除不平等条约，中日携手成就“大亚洲主义”。他的呼吁虽然在一些日本民众中引起了反响，但并未产生预想的效果，更没有引起日本官方的重视。

此时，日本官方的眼睛正盯着一向亲日的段祺瑞。

孙中山在日本期间，日本政府没有邀请他到东京去，相反，段祺瑞的两个代表却受到了日本首相、外相及其他达官显贵的接待。

对孙中山访日报道和评论最多的东京《朝日新闻》，于 12 月 9 日发表评论指出：

“特别要谈一谈段执政与孙文的关系。关于内政问题两人虽都表明要意见一致，但在孙氏从广东出发后提出的新口号‘废除不平等条约’的运动上，两人之间未必能取得一致，从七日本社特派员与段祺瑞的会见中已得知此点，孙氏继续坚持其急进主张，其结果不但成支那之累，延长下去以此为出发点将在两氏间产生裂隙，吾人虽为外人但为两氏及为支那担忧。”

理想主义的孙中山这次碰到了实用主义的日本人，他几乎是空手而归。这个结果正好迎合了鲍罗廷当初的估计：“要阻拦他走这一步（访日）是非常不明智的。除了他从日本之行中获得的亲身感受，没有什么能作为消除他对日本的幻想的有力的论据。此次赴日只会使他变得聪明一些。”[24]

从孙中山本人而言，这次日本之行确实令他有点失望。这一点，可从孙中山对马伯援的一次谈话中看出。

孙中山从日本到天津后不久，马伯援即准备赴日。临行前，孙中山对他说：“你一定要去日本，可注意日本外交，彼国政治家眼光太近，且能说不能行，不似俄国之先行后说。日本的朝野，近对吾党，非常轻视，以为吾人未获得政权，你去努力吧。”

4. 扶病进京

1924年12月4日，孙中山抵达天津，受到2万多群众的热烈欢迎。鲍罗廷对当时的场面有这样的记载：

“在这里像在上海一样组织了欢迎游行，也像上海一样与租界当局发生了冲突。法国人禁止召开有孙逸仙发表演讲的会议，警察驱散了在将要举行群众集会的大楼附近的示威游行，撕毁了旗帜，等等。”[25]

孙中山到天津后，住在张园。

当时，张作霖正在天津，孙中山的随行人员建议孙中山应去拜访张作霖。于是，孙中山与张作霖有了生平第一次，也是最后一次晤面。据当时在场的鹿钟麟回忆说：

事先孙先生命汪精卫给张写了一封信，与之约定往访时间。李烈钧为孙先生访张曾向孙先生说：“当年刘邦会见项羽于鸿门，有张良、樊哙等随行，代为出谋献计，得以平安无事。现在总理往访张雨亭（张作霖），当然也要带一些人员同去，不知选派哪

孙中山抵达张园后同各界欢迎代表合影

些人随去适当?”孙先生经过一番考虑，决定派邵元冲、孙科、李烈钧、汪精卫等随行。那次张在天津是住在河北曹家花园，他得悉孙先生要来拜访，立即传谕部属，警戒得非常森严。等孙先生一行到了张的行辕门口，张摆起了架子，没有亲自出迎，是由张学良出来把孙先生等迎接进去的。到了会客厅，张也并没有立即出来会晤，等候许久，他才走来见面，意气傲岸地踞在上座，显示出唯我独尊、盛气凌人之概。孙先生看到这个样子，当然心中不高兴。宾主之间，默无一言，一时竟陷入僵局。经过一度静寂和沉闷，还是孙先生先开口说：“我昨天到了天津，承派军警前往迎接，对于这种盛意非常可感，所以今天特来访晤，表示申谢。”接着又说：“这次直奉大战，赖贵军的力量，击败了吴佩孚，推翻了曹、吴的统治，实可为奉军贺喜。”张听罢，这才开口说：“自家人打自家人，有什么大惊小怪的，更谈不上什么可喜可贺了。”张谈时，眉宇间流露出一番不欢喜的样子。这时李烈钧看到随孙先生前去的人全都很窘，忍无可忍，离座站起来说：“事情虽然是这样讲，要不是把国家的障碍像吴佩孚这流人铲除，虽想求国家进步和人民的幸福，这是没有希望的。今天孙总理对雨亭之贺，实有可贺的价值，也唯有雨亭能当此一贺啊!”张闻李言，这才显示出一副笑容来。这时孙先生又徐徐地说：“协和（李烈钧）的话说得对，回想自从民国以来，当面得到我

的贺词的也唯有雨亭一人而已。”谈至此，满座欢笑，才扭转过来方才的僵局。[26]

这次会谈还涉及孙中山的联俄政策。据鲍罗廷记载：

在会谈中张作霖向孙抱怨苏维埃俄国，说俄国在中国奉行的是帝国主义政策。尽管俄国说要完全相信他们的友谊等等，但他们不归还中东铁路和蒙古。孙逸仙亲自对我讲了这次会谈的情况，他说：“我过去不了解张作霖，这次我很有兴趣地听了他对各个问题的看法。我并不想让与我们站在决然不同立场上的人相信什么。”汪精卫参加了这次会谈，他说，孙逸仙在听张作霖讲话时，不住地摇头。[27]

张作霖与孙中山会面后，对孙中山的印象还是不错的，更何况他们还有几年来共同联盟反直的交情，也说得上是老朋友了。但张作霖对孙中山所不满的，就是孙中山坚持的联俄政策。他想趁孙中山在天津之际，劝告孙中山改变对帝国主义的态度，并与苏联一刀两断。那天与孙中山会面后，他对汪精卫说：

“我从前以为孙先生是个什么难说话的人，今日才知道他是一个温厚君子。只是北京各国公使，都不赞成孙先生，大概是因为孙先生联俄的缘故。你可否请孙先生放弃他联俄的主张，我张作霖包管叫各国公使都要和孙先生要好的。”

孙中山到天津后，才得知段祺瑞已经离开天津到北京就任临时政府的首脑，并准备召开善后会议。

段祺瑞在此前曾不止一次地电告孙中山，说在孙中山没有到达北方并亲自与他会谈之前，他是不会到北京去的。孙中山原指望他会信守诺言，没想到他竟会出尔反尔，对此孙中山甚为失望。但孙中山并不全怪段祺瑞，他告诉鲍罗廷：

“段祺瑞之所以这样做，是日本人和张作霖的过错，是他们催促段祺瑞快去北京掌握政权的。此外，他身边的安福派也只关心个人利益，他们怂恿段祺瑞尽快赴京。段祺瑞是个优柔寡断的人，他抵挡不住这些力量，所以违背了他对我作出的许诺。”

旅途的劳累和失望的心情，再加之感染风寒，孙中山突然病倒了。但他仍没有放弃参与国家政治的努力。

而此时段祺瑞虽然已在北京走马上任，但心里还没有底，还想借重孙中山的威望来召开善后会议，以确立他的政府的合法性。为此他经常派代表与孙中山、汪精卫等人联系。

12 月 18 日，孙中山接见段祺瑞的代表叶恭绰、许世英，听他们报告了北京的时局。当听到段祺瑞为了取得帝国主义支持，发表了致外国使团书，声明要“外崇国信”，承认帝国主义强加于中国的一切不平等条约，维持帝国主义在中国的既得利益和统治特权时，孙中山怒不可遏地说：

“我在外面要废除不平等条约，你们在北京偏偏要尊重那些不平等条约，这是什么道理呢?！你们要升官发财，怕那些外国人，要尊重他们，为什么还来欢迎我呢?”[28]

段祺瑞此时已顾不得孙中山的意见，于 12 月 24 日公布善后会议条例，规定只有四种人可参加善后会议：（一）有大功劳于国家者；（二）此次讨伐贿选制止内乱各军最高首领；（三）各省区及蒙藏青海军民长官；（四）有特殊之资望学术经验，由临时执政聘请或派充者，但不得逾过 30 人。

照此规定，善后会议必将完全为军阀官僚所垄断，与孙中山北上宣言中所号召的由公民团体代表参加的“国民会议”完全背道而驰。

孙中山不为段祺瑞的行为所动，仍然坚持召开国民会议的主张。为了促进国民会议早日召开，他陆续派出宣传员，代表他到辽宁、吉林、黑龙江、热河、绥远、直隶、山东、河南、江西、山西、陕西、甘肃等地，宣传召开国民会议的意义，动员各界民众支持召开国民会议。

许多年后，屈武还记得孙中山派他去陕西宣传国民会议时的情景，他这样写道：

> 那时，我在北京大学念书，中山先生要我赶到天津去见面。一见面，中山先生提到在上海接见我时的情形，问我西北的学生运动怎么样。中山先生说：“现在，军阀混战，民不聊生，长此下去，中国的政治无清明之日，民众将长期处于水深火热之中。唯一的办法，要举行有各省代表参加的国民会议，选出代表民意的合法政府，由民众来管理国家大事。”中山先生还说，他要派一批有志之士，到各地去宣传他的主张，希望我作为中山先生的私人代表，回到陕西家乡做这番工作。临分别时，中山先生交给我一份印好了的宣传大纲和一些宣传资料。
>
> 我回到北京，就准备去陕西执行中山先生交给我的任务。那

时，在北京的我的老岳丈于右任先生劝我不要冒险。我不听，留下一张条子，上写“风萧萧兮易水寒，壮士一去兮不复还”，就背着他到陕西去了。[29]

当时负责国民党北京市党部宣传工作的李世军，也由孙中山派遣去甘肃宣传国民会议。孙中山对他说：

“你年轻，正是革命的时候。你们甘肃是我国地理的中心，也是将来建设的中心。甘肃的同志太少了，要多做些宣传，多发展些同志。你能回去一趟，宣传宣传我《北上宣言》的政治主张吗？”

李世军回答：“总理给我的任务太光荣了，我能去。”

孙中山说：“你顺便见了当地军政长官，可代表我劝他们响应《北上宣言》的主张及召开代表性普遍的国民代表大会。”他还告诉李世军，主要是向当地知识分子、青年学生和农民、工人多宣传国民党的主义，最后鼓励说：“干革命，只要有勇气，什么事都能做到。”[30]

为了扩大国民会议的宣传，制止善后会议的召开，孙中山决定扶病进京。

12 月 31 日，孙中山乘火车抵达北京。

这天，北京城虽然是刮起了凛冽的朔风，灰暗的乌云压得低低的，但前门火车站早已被数不清的学生、民众挤得水泄不通。每个人手里都有一面彩色小旗，上面写着“首倡三民主义、开创民国元勋、中国革命领袖孙中山先生”等语。最前面是两面大幅标语，在欢迎的行列中迎风招展，一面写着：“欢迎民国元勋革命领袖孙中山先生”；一面写着：“北京各团体联合欢迎孙中山先生”。

受冯玉祥之命负责保卫孙中山安全的鹿钟麟见此情况，心中不禁忐忑起来，他担心秩序难以维持好，万一出了什么事故，对孙先生没有尽到保护之责，自己怎么担待得起？于是他决定驱车到永定门车站，请孙中山在那里下车进城，免得在前门车站下车因人多有所不便。

火车开进永定门车站后，鹿钟麟急忙登上孙中山先生乘坐的车厢，心里想：“我今天总算是有机会能够见到景仰多年的伟大革命领袖了。”但当他走进车厢时，不由大吃一惊：孙中山正躺在卧铺上，随行人员环侍在他的周围。从孙中山憔悴的面容上看，其健康情况已很不好。

孙中山见鹿钟麟来，很吃力地与他握了手，并说了些客气话。鹿钟麟说：“孙先生，前门火车站挤满了学生和民众，人太多，还是请您在永定门下车吧。”

孙中山理解鹿钟麟的用心，但是并没有接受他的要求。而是说："在永定门下车？那可使不得。我的抱负是什么，我的目的是什么，你当然是了解的。我是为学生、为民众而来的，我不能只为了个人安全打算，而辜负学生和民众对我的这番热情。请不必担心，我要在前门车站下车，学生们和民众们即使是挤着我也是不要紧的。"

孙中山到北京后受到热烈欢迎

鹿钟麟听了孙中山这番话，只好遵照他的意思，随车到了前门车站。事情完全出乎鹿钟麟的意料之外，当火车开进了前门站后，站在月台上的黑压压的欢迎人群里，没有一个人乱动，也没有一个人随便说话，只有数不清的红绿色小旗在风中瑟瑟作响。

孙先生从卧铺上站起来，由随行人员扶护着走下了火车，徐步走过欢迎的行列，含笑着答礼。

同一天，孙中山发表《入京宣言》：

"文此次来京，曾有宣言，非争地位权利，乃为救国。十三年前，余负推倒满洲政府，使国民得享自由平等之责任。惟满清虽倒，而国民之自由平等早被其售与各国，故吾人今日仍处帝国主义各国殖民地之地位。因而吾人救国之责，尤不容缓。至于救国之道多端，当向诸君缕述。惟今以抱恙，不得不稍俟异日。"[31]

中国共产党为了配合孙中山的北上行动，自11月中旬开始，在全国发起了声势浩大的要求召开国民会议和废除不平等条约的群众运动。

11月19日，中共中央发表了《中国共产党对于时局之主张》，在分析了帝国主义宰割中国的新阴谋后，指出：

"挽救此迫在目前危机之方法，不是各省军阀的和平会议或国是会议，也不是几头元老的善后会议，乃是本党去年北京政变时所主张的及中国国

民党现在号召的国民会议，只有这种国民会议才可望解决中国政治问题；因为他是由人民团体直接选出，能够代表人民的意思与权能。我们希望国民党领袖们努力号召全国人民的团体，促成此国民会议，并须努力使他们所主张的国民会议预备会急速在北京召集，更应努力反对军阀们拿什么各省军民长官会议来代替此会，执行此会职权。”[32]

中国共产党提出国民会议的预备会议，不仅是筹备国民会议，而且在正式政府未成立之前，即为临时国民政府——号令全国的唯一政府。所以，《主张》号召全国各阶级、各民众团体及反对帝国主义之各军，竭力拥护与赞助孙中山倡导的国民会议及其预备会议。

在孙中山的号召和中国共产党人的具体组织指导下，到12月中旬，全国绝大部分省市的人民团体都发表了通电、宣言，表示拥护召开国民会议，各地还成立了国民会议促成会。

孙中山到北京后，住在北京饭店。此时，他已不能接见宾客和处理事务，因而指派在北京的国民党中央执监委员组成一个国民党中央政治委员会，代表他行使权力，处理一切政治事务。参加政治委员会的人有汪精卫、李石曾、吴稚晖、于右任、丁惟汾、王法勤，还有共产党人李大钊、张国焘等，鲍罗廷仍为顾问。

政治委员会每星期开会两次，此外还有临时性会议。每次开会的时候，都首先由汪精卫报告孙中山的病况，因为他是政治委员会各委员与孙中山之间唯一的联系人，有时也报告一些从广东等地来的消息，此外就是到会者的个别报告。会议既无一定程序，又很少有事先准备好的提案。

参加政治委员会的只有李大钊和张国焘两个共产党员。他们按时到会，表情严肃地坐在那里，但很少发言，也不主动提案，深怕一言不慎，被人指责是乘孙中山病危之机，挑动国共间的纷争。

由于汪精卫不肯负起政治委员会的领导责任，所以会议缺乏组织和领导，大部分时间便被吴稚晖的漫谈所占用。吴稚晖是国民党元老，与孙中山私交颇厚，他行为怪异、语言尖刻，一般人都得罪不起。所以，他虽然在会上谈一些上下古今，与会议毫不相干的事，时而还夹杂着嬉笑怒骂的谑语，但并没有人敢当面顶撞他。

有一次，大家在会上提出，希望能见孙中山先生一面。但汪精卫说：“现在孙先生病重，不能接见各位。孙夫人也不愿孙先生接见宾客，怕影响他的病况。”

汪精卫的话引起了吴稚晖的不满，于是吴稚晖便开始引述历代的宫廷故事，说当一个皇帝病危的时候，往往为少数皇亲国戚、嫔妃太监、奸相权臣等所包围，发生种种蒙蔽天听、假传圣旨的事情。

汪精卫听了这些话，面红耳赤，坐在那里一言不发。在座的人也不知该如何是好，会议不欢而散。

作为政治委员会的顾问，鲍罗廷也经常参加会议。但他也总是小心翼翼的，在会上不多发言，以免自己卷入是非的旋涡之中。他有过几次重要的提案，都先征得孙中山的同意，并估计在会上能够通过，才提了出来。因此，他的提案一般都得到会议的支持。这样一来，委员会的成员都渐渐感到，重要的事情还是要鲍罗廷说出话来，才易于解决。

孙中山与鲍罗廷

只有吴稚晖敢于向鲍罗廷的权威提出挑战，遇到他不满意的提案，总是毫不退让地与鲍罗廷辩论。

当时，政治委员会面临一个重要问题：国民党是否参加段祺瑞的善后会议。

鲍罗廷的态度是，希望国民党能够参加善后会议。他认为，通过有条件地参加善后会议，可以更好地、更广泛地宣传国民党的行动纲领和政治主张。但孙中山认为这个善后会议是“善军阀、官僚之后，非善民国之

后”，便断然拒绝参加。

因为孙中山病情严重，鲍罗廷感到不好在他面前坚持说明国民党以一定的条件参加段祺瑞善后会议的好处。再者，他还听到孙中山身边的人说：“我们怎么能够参与所谓段祺瑞‘善后会议’这种卑鄙的勾当呢!”

鲍罗廷认为，虽然国民党人反对参加善后会议的理由纯属道义上的，但在这种情况下，他也不好再说什么。

政治委员会诸人虽然反对善后会议，但又认为直接拒绝会对国民党不利，所以想出了一个巧妙的拒绝办法，这就是提出两个段祺瑞根本无法答应的条件：（1）善后会议加入现代实业团体、商会、教育会、大学学生联合会、农会、工会诸代表；（2）善后会议虽可讨论军制、财政诸问题，而最后决定之权，当归于国民会议。1 月 17 日，这两个条件以孙中山名义致电段祺瑞。

段祺瑞当然不会接受这样的条件。于是，政治委员会便公开发表《中国国民党为决定不参加善后会议宣言》表示：对于善后会议不能赞同。其主要理由是：“本党总理1 月 17 日之复电，一方表示尊重民意之坚决态度，一方表示对于临时政府相当让步之精神。本党仍守此坚决及让步之旨，务期真正民意得以充分表现，为以解决时局之最高机关。”[33]

2 月 1 日，段祺瑞的善后会议在北京召开。[34]

国民党中央执行委员会于当天发表宣言，宣布“中央执行委员会仰体本党总理意志，议决对于善后会议不能赞同”，并声明全体党员均不与会。

2 月 10 日，国民党中央执行委员会郑重宣布《国民会议组织法》。指出，国民会议组织法应依中山先生对于时局之宣言而定，国民会议构成之分子，既以人民团体为主要，决不能以善后会议产生国民会议。甚望人民团体自行制定《国民会议组织法》，以期产生真正之国民会议。

3 月初，国民会议促成会全国代表大会在北京召开，开始了准备自行召集国民会议以奠国基的斗争。

5. 暗流涌动

在同段祺瑞斗争的同时，国民党内部的情况也在发生急剧变化。

在孙中山病情日益加重的情况下，许多国民党人，特别是一些国民党元老，从全国各地来到北京，开始为国民党的未来议论纷纷。

一些原来就反对国共合作的人，现在又重新捡起这个话题，希望国共分手，共产党人退出国民党，使国民党成为纯粹的民主主义者的政党。

最早跳出来的是冯自由。

从孙中山创立同盟会时起，冯自由就一直追随孙中山左右。辛亥革命、反袁斗争、护法斗争，他都是孙中山的得力助手，且一直身居国民党要职。孙中山在鲍罗廷指导下开始改组国民党后，冯自由对孙中山实行联俄联共政策不满，孙中山对他进行了公开斥责，并当众宣布要开除他的党籍，使他备感压力。虽然在其他领导人极力疏通下，国民党中央执行委员会实际上并没有做出开除冯自由的决定，但他还是很快离开了广东，转去上海，后来又到北京。

孙中山扶病进京后，冯自由联络了一批国民党的老同志，于1925年1月7日成立了一个“国民党海内外同志卫党同盟会”，还设立了“各省区国民党护党同志驻京办事处”，拉开架势，准备趁此机会解决同共产党的关系问题。

应该说，一般国民党老同志，对孙中山的联俄、联共政策都是有抵触情绪的，对愿意与共产党人合作共事的国民党员，特别国民党的重要人物如廖仲恺、汪精卫等，也是不满甚至是仇视的。现在孙中山已病入膏肓，他们认为与共产党分手的机会到了。

在“国民党海内外同志卫党同盟会”成立的当天，就出台了一个关于国共关系问题的决议，并议论了其他事项。据《晨报》报道，决议及所议事项如下：

（一）将加入国民党之共产党员，开除其国民党党籍；（二）国民党党务，不信任汪精卫等包办，请孙中山另外指定公正党员三人以上，办理党务；（三）共产党激烈分子谭平山到京，卫党同盟会应注意其行动；（四）推举冯自由、费公侠、张德惠等五人为代表，向孙中山要求一切。

第二天，卫党同盟会又与“各省区国民党护党同志驻京办事处”共同集会，议定联合行动方针和应向孙中山要求的事项。双方决定，暂不直接提出根本否定“容共”政策，驱逐共产派的要求，分由两会各自依据护党目的，发布公开文电，争取全党同情，以确保党权不落入共产党人之手。[35]

1925年1月10日，各省区国民党护党同志驻京办事处在某报社召开第七次委员会，披露谢持、张继等发现的所谓共产党秘密文件，并发表宣言称：“自汪精卫等勾结共产党加入本党，一年以来，朋比为奸，党德人道，几至决荡无遗。外受敌党之挑拨，内遇党义之争执。风雨飘摇，朝不保暮。念我总理三十年缔造之艰难，不禁痛心。兹特将本党监察委员谢

持、张继及各地同志去秋查获共产党人阴谋后向中央弹劾案内之文字要证，摘要披露，冀全党同志，奋起注意，共图挽救。”[36]

1月13日，“国民党海内外同志卫党同盟会”上书孙中山，提出七项解决共产党问题的要求：（1）中央执行委员会及各部会的共产党员一律免职；（2）与共党有关的党内印刷所、学校、杂志的津贴一概停止；（3）有关一切现阶段的政治问题，请在共产党员以外指定三人处理并经办之；（4）派往各省的宣传员，属于共产党籍者，一律撤换；（5）二全大会应在北京召开，时间越早越好，剔除共产党员之代表；（6）各地党员提出的弹劾共产党案件，应由纯粹国民党党员组织特别裁判委员会予以裁决；（7）本党一切事情，今后不许外国人干涉。[37]

在孙中山尚在人世的情况下，排共浪潮就来势汹汹，这显然是鲍罗廷始料未及的，他感到了莫大的压力。

鲍罗廷认为，“国民党右派”的这些活动，势必造成国民党的分裂，而国民党因此果真分裂，就意味着自己在中国工作的失败。对此，他作了最坏的打算：为了保持国民党的团结，他准备让共产党人脱离国民党。在向莫斯科的报告中，鲍罗廷透露了自己的想法：

> 这里我们无法回避分裂。我们甚至准备在共产党员问题上向他们（指国民党右派）让步。例如，如果共产党员在中央委员会或政治局内使右派感到厌烦，我们准备召回他们。在（国民党）中央机构中没有共产党员我们也可以做好工作。但是在保持党（指国民党）作为国民革命运动的有组织的、团结的领导的问题上，我们不能让步，也不应该让步。[38]

但是，接下来的变局又给了鲍罗廷以希望。

3月8日，冯自由等在北京大学成立“中国国民党同志俱乐部”。“中国国民党同志俱乐部章程”规定：本俱乐部以联络感情，拥护三民主义为宗旨，以创行三民主义之孙中山先生为总理，设总部于北京，由全国代表大会选举60人为总理事，组织总部理事会，辅助总理执行总部一切事务。一个月后，国民党同志俱乐部公布了一个59人的理事名单。

这实际上是以“中国国民党同志俱乐部”公开取代了中国国民党中央执行委员会。

冯自由等人分裂国民党的行径，一时间在国民党内外引起强烈反响。作为响应，上海的章太炎、唐绍仪组织了“辛亥同志俱乐部”；“各省区国民党护党同志驻京办事处”也改组为“中国国民党各省驻京护党委员联合会”，并发通电称：“总章第六十七条，中央执行委员会任期定为一年，该会竟于任满后仍假借名义，淆乱观听”，“兹特郑重宣言，该中央执行委员会自本年一月二十日起，所有一切行为，经已完全失效”。[39]

与此同时，抵制行动也在进行。

国民党中央执行委员会宣布开除冯自由、江伟藩、马素等人党籍，并且要求被“中国国民党同志俱乐部”列为理事者登报否认。于是，一批国民党老党员陆续发表声明，宣布与“中国国民党同志俱乐部”毫无关系，反对冯自由等人的分裂行为。曾经同冯自由等人一起反对联共的张继，此时也反对制造国民党的分裂。在国民党同志俱乐部成立大会召开的那一天，他专门去搅局，拍案大骂冯自由等叛党无耻，丧失人格，然后扬长而去。

国民党各色人等上演的这些闹剧，使鲍罗廷认识到，既然国民党的分裂不可避免，就不应该害怕。如果“国民党中派”能够团结在孙中山周围，如果他和共产党人能够灵活处理问题，那么，就可以一方面把那些对国民党毫无用处的分子分化出去，另一方面又保留那些还可以挽救的人。

对于鲍罗廷来说，这是最理想的一个结果。

但是，国民党的变数太大了，不仅鲍罗廷不会料到，大概所有的人都不会料到，在孙中山逝世后，国民党内的老“右派”很快就发展为“西山会议派”，成为真正与国民党中央分庭抗礼的组织。而新“右派”也渐渐崭露头角，并最终成为分共反共的急先锋。

不仅如此，鲍罗廷也没有料到，唯一能够凝聚国民党的只有孙中山。他更没有料到，在孙中山去世后，先是戴季陶主义出台，接着发生了刺杀廖仲恺的事件，然后又出现了西山会议派。到1925年底，国共关系日益恶化，国民党已经走向分裂。1926年前半年接连发生的中山舰事件和整理党务案，使鲍罗廷威信扫地，他头上的光环也黯然失色。鲍罗廷本指望通过与蒋介石在迁都问题上的较量挽回面子，结果却令他大失所望。余下的日子，他除了对中国共产党尚能发号施令外，对武汉国民党已经失去了影响力。直到这个时候，鲍罗廷才真正明白，原来自己在国民党中的权力来自于孙中山的认可。

而此时，面对病危的孙中山，鲍罗廷在无可奈何地等待着不可预知的一切……

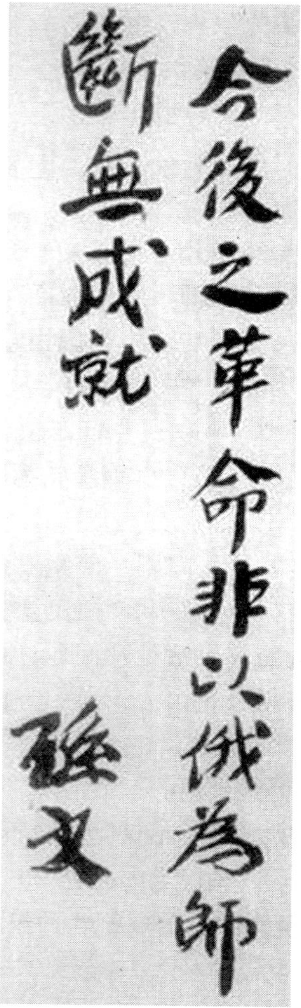

孙中山手书：今后之革命非以俄为师断无成就

注　释

1. 杨树标、杨发祥：《冯玉祥家事》，江西人民出版社 2003 年版，第 298 页。

2. 冯玉祥：《我的生活》，岳麓书社 1999 年版，第 352 页。

3. 中国人民政治协商会议安徽省委员会文史资料委员会等合编：《冯玉祥将军》，安徽人民出版社 1988 年版，第 324 页。

4. 冯玉祥：《我的生活》下，黑龙江人民出版社 1981 年版，第 406—407 页。

5. 上海《民国日报》1924 年 11 月 27 日。

6. 笔者在此沿用的是史学界一贯的说法。但湖北大学的田子渝教授在他的《走进史林》一书中则对此说提出质疑。他在搜集并分析了大量资料后提出："孙中山先生 1924 年 11 月是主动北上"，而不是"受邀"北上。参见田子渝著《走进史林》，长江出版社 2009 年版，第 156 页。

7. 和森：《北京政变与国民党》，《向导》第 89 期。

8. 《维经斯基给季诺维也夫的电报》（1924 年 11 月底），中共中央党史研究室第一研究部译：《共产国际、联共（布）与中国革命档案资料丛书》第 1 卷，北京图书馆出版社 1997 年版，第 555—556 页。

9. 《致冯玉祥等电》，《孙中山全集》第 11 卷，中华书局 1986 年版，第 252 页。

10. 上海《民国日报》1924 年 11 月 13 日。

11. 《复冯玉祥等电》，《孙中山全集》第 11 卷，中华书局 1986 年版，第 277 页。

12. 《在黄埔军官学校的告别演说》，《孙中山全集》第 11 卷，中华书局 1986 年版，第 264—266 页。

13. 《申报》1924 年 11 月 6 日。

14. 1923 年 8 月，中国共产党在《先驱》第 24 号发表《中国共产党对于时局之主张》，提出了“召开国民会议”的主张。

15. 《北上宣言》，《孙中山全集》第 11 卷，中华书局 1986 年版，第 294—297 页。

16. 子云：《鲍罗廷》，《中国青年》第 108 期，1926 年 1 月 2 日。另见朱亮基编：《蒋介石言论集》，中央图书局 1927 年版，第 10 页。

17. 关于孙中山从广州出发的日期，一般采用“11 月 13 日”说，如罗家伦主编《国父年谱》增订本下册第 1153 页说：“（10 月 30 日）先生自韶关回广州后，因粤局问题，未完全解决，故对北上之日期，最初定为六日，次改十一日，最后始定十三日成行。”但鲍罗廷这里写的是“14 日”。

18. 《鲍罗廷〈关于国民党〉的书面报告》（1925 年 1 月 24 日），中共中央党史研究室第一研究部译：《共产国际、联共（布）与中国革命档案资料丛书》第 1 卷，北京图书馆出版社 1997 年版，第 569 页。

19. 上海《申报》1924 年 11 月 18 日。

20. 《国民会议为解决中国内乱之法》，《孙中山选集》下卷，第 894 页。

21. 罗家伦主编：《国父年谱》增订本下册，第 1158 页。

22. 《鲍罗廷〈关于国民党〉的书面报告》（1925 年 1 月 24 日），中共中央党史研究室第一研究部译：《共产国际、联共（布）与中国革命档案资料丛书》第 1 卷，北京图书馆出版社 1997 年版，第 567—570 页。

23. 《东京日日新闻》1924 年 11 月 24 日。

24. 中共中央党史研究室第一研究部译：《共产国际、联共（布）与中国革命档案资料丛书》第 1 卷，北京图书馆出版社 1997 年版，第 568 页。

25. 中共中央党史研究室第一研究部译：《共产国际、联共（布）与中国革命档案资料丛书》第 1 卷，北京图书馆出版社 1997 年版，第 568 页。

26. 鹿钟麟：《孙中山先生北上与冯玉祥》，《孙中山生平事业追忆录》，人民出版社 1986 年版，第 480—481 页。

27. 中共中央党史研究室第一研究部译：《共产国际、联共（布）与中国革命档案资料丛书》第 1 卷，北京图书馆出版社 1997 年版，第 568 页。

28. 黄昌谷：《孙中山先生北上与逝世后详情》，上海民智书局 1926 年版，第 15 页。

29. 屈武：《三见孙中山》，《回忆与怀念——纪念孙中山先生文章选辑》，华夏出版社 1986 年版，第 42—43 页。

30. 李世军：《奉孙中山先生派赴甘肃宣传〈北上宣言〉》，《回忆与怀念——纪念孙中山先生文章选辑》，华夏出版社 1986 年版，第 85 页。

31. 《入京宣言》，《孙中山全集》第 11 卷，中华书局 1986 年版，第 533 页。

32. 《中共中央文件选集》第 1 册，中共中央党校出版社 1989 年版，第 304—305 页。

33. 《中国国民党为决定不参加善后会议宣言》，1925 年 2 月 2 日。

34. 与孙中山对抗的段祺瑞没有想到，此时自己的政治生涯也快走到尽头。当了临时执政的他，在此后的几年中受到奉系军阀挟制，日子并不好过。而 1926 年的三一八惨案，段祺瑞并未下令，而是他的卫队所为，但他也有不可推卸责任，从此背上永久的骂名。据说，段祺瑞在得知卫队打死徒手请愿的学生之后，很快赶到现场，面对死者长跪不起，之后又处罚了凶手，并从此终生食素，以示忏悔。1926 年 4 月，国民军抛弃了段祺瑞，直奉联合进入北京后，段祺瑞被迫离京入津，并通电下野。在天津日本租界当起寓公。九一八事变后，段祺瑞拒绝与日本人合作，于 1933 年移居上海。1936 年 11 月 2 日病逝，终年 72 岁。死后国民政府明令特予国葬。

35. 《晨报》1924 年 1 月 7 日。

36. 《国民派牺牲共产派》，《晨报》1924 年 1 月 13 日。

37. 《晨报》1925 年 1 月 14 日。

38. 《鲍罗廷的书面报告》（1925 年 2 月 14 日），中共中央党史研究室第一研究部译：《共产国际、联共（布）与中国革命档案资料丛书》第 1 卷，北京图书馆出版社 1997 年版，第 576 页。

39. 《国民党裂痕已显著》，长沙《大公报》1925 年 4 月 10 日。

十八　伟大的革命先行者

1. 壮志未酬

1925 年 1 月 4 日，为孙中山治病的克利博士与其他医生会诊后，断定孙中山患的是肝癌。

1 月 26 日，孙中山病情危重。下午 3 时，孙中山被送进协和医院施行手术。此时医生发现肝癌区域已经发脓，无法割治，只得将脓头割去，立即缝合。

手术的当天，在得知孙中山已经患有绝症之后，国民党临时中央委员会召集紧急特别会议，讨论应对这一噩耗的办法，大家一致主张应趁孙中山临危以前，请其立一遗嘱，以便在他身后全党同志有所遵守。鉴于孙中山的病况，乃决定由汪精卫拟出遗嘱初稿。[1]

2 月 18 日，孙中山出院，住进铁狮子胡同顾维钧宅静养。虽经中医诊治，但已于事无补。

医生出身的孙中山对于生死还是非常坦然的。当他从医生口中得知真实病情后，表示出非常乐观的态度，说要用至大至刚之气，以战胜病魔。

2 月 24 日，孙中山的病情加重，医生认为已回天乏术，不如趁他还清醒，请示遗言。于是，汪精卫、孙科、宋子文、孔祥熙四人被推为代表，进房见孙中山。

孙中山见他们进来，问：“你们有什么话要讲?”

汪精卫说：“当先生进协和医院时，许多同志都责备我们，为什么不请先生留些话给我们。先生病好了，便无所谓；假使不好，我们还可以听先生的教诲。我们知道先生是能够抵抗病魔的，我们是愿意帮助先生抵抗这些病魔。不过也想在你精神好些的时候，留些话给我们，在几十年后，也可以受用。”

孙中山回答：“如果我的病痊愈，我有许多话要说给你们；如果我死了，就由着你们去做，也不必说了。”

“我们还是愿意听先生教诲。”几个人有异口同声地说。

孙中山想了想，说：“我如果留下话给你们，对你们是有许多危险的。现在许多敌人正在围困着你们，我死之后，他们更向你们进攻。如果你们强硬对他们，是危险很大的。我看还是不说的好，这样你们对付环境会容易一点。我要说出话去，你们便很难应付险恶的环境了。”

汪精卫连忙说：“我们晓得大部分同志都能够听先生的话，什么危险、

什么生死问题，我们都不怕。先生教导我们很久，也可以相信我们是不怕危险不怕敌人的。”

孙中山听到这话，点了点头说：“我已经著有许多书了。”

“是的，你的建国方略、建国大纲、三民主义及第一次全国代表大会宣言，我们都要写上去的。但还想让先生总括地说几句。”

“你们要我说些什么??”

汪精卫说：“我们已预备了一个稿子。我来读给先生听。先生如肯赞成，即请签字，当作先生之言；如不赞成，就请另赐数语，我可代为笔记。”

孙中山表示同意。

汪精卫遂将准备好的政治遗嘱和家事遗嘱一一读给孙中山听。孙中山点头表示赞成。汪精卫见如此，便打开门，欲取笔请孙中山签字，不料孙庆龄在屋外的哭声传了进来。孙中山听见，便说：“你暂时收存起来，过几日再说，我还能活一些日子的。”

3 月 10 日，生命垂危的孙中山听到东征军在黄埔军校学生和东江农民军配合下，已经打垮陈炯明叛军，并且占领潮安、汕头的消息时，脸上露出欣慰的表情，立即指示电告广州留守府代行大元帅职权的胡汉民，要求前方军队应守纪爱民，千万勿扰百姓。

3 月 11 日上午 8 时，前去孙中山病榻前问候的何香凝发现孙中山两眼已经散光，便连忙出来告诉汪精卫：“现在不可不请先生签字了！”

汪精卫遂将遗嘱和墨水笔送上。此时孙中山手力微弱，颤动得很厉害，由宋庆龄托起他的手腕在遗嘱上逐一签上“孙文”二字。

这时，陈友仁拿出一份英文稿，这是他与鲍罗廷共同起草的《致苏联遗书》，由宋子文读了一遍，孙中山也在上面签了字。

在病床边侍守的宋子文、孙科、孔祥熙、邵元冲、戴恩赛、吴稚晖、何香凝、戴季陶、邹鲁等也依次在遗嘱的“证明者”下签名；汪精卫在“笔记者”下签名。

签字过后，孙中山遍视床前各人，吩咐遗嘱在他逝世后即公布。过了一会儿，他又叮嘱宋庆龄等人，表示“愿照其友人列宁之办法，以防腐药品保存其遗骸，纳诸棺内”，遗体“可葬于南京紫金山麓，因南京为临时政府成立之地，所以不可忘辛亥革命也！”[2]

当天下午，孙中山神志稍清醒时，又以党事国事训诫汪精卫等人，嘱咐全党同志努力实行“三民主义”。他说：“余此次来京，以放弃地盘谋和平统一，以国民会议建设新国家，务使三民主义、五权宪法实现。乃为痼疾所累，行将不起。……希望诸同志努力奋斗，使国民会议早日成立。”[3]如能“达到三民五权之目的，则本人死亦瞑目！”[4]

1925年3月12日9时25分，伟大的革命先行者孙中山因患肝癌医治无效，在北京与世长辞。终年59岁。

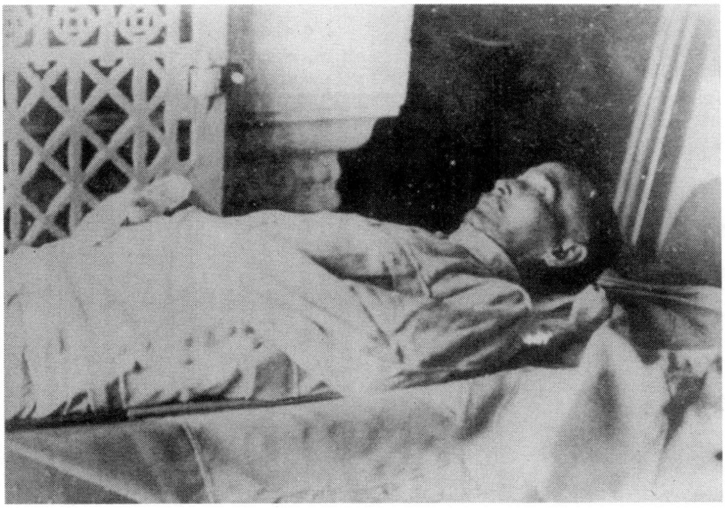

孙中山遗容

孙中山去了！

中国尚未统一，不平等条约尚未废除，军阀尚未消灭，总之革命尚未成功，孙中山却先去了！怀着未酬的壮志去了！

2. 遗嘱风波

孙中山留下的遗嘱共有两份，一为《政治遗嘱》，又称《国事遗嘱》，一为《家事遗嘱》。

《政治遗嘱》的内容是：

余致力国民革命，凡四十年，其目的在求中国之自由平等。积四十年之经验，深知欲达到此目的，必须唤起民众，及联合世界上以平等待我之民族，共同奋斗。

现在革命尚未成功。凡我同志，务须依照余所著《建国方略》、《建国大纲》、《三民主义》及《第一次全国代表大会宣

言》，继续努力，以求贯彻。最近主张开国民会议及废除不平等条约，尤须于最短期间，促其实现。是所至嘱！

《家事遗嘱》的内容是：

余因尽瘁国事，不治家产，其所遗之书籍、衣物、住宅等，一切均付吾妻宋庆龄，以为纪念。余之儿女已长成，能自立，望各自爱，以继余志。至嘱！

此外，还有一份《致苏联遗书》，其内容是：

苏维埃社会主义共和国大联合中央执行委员会亲爱的同志：

我在此身患不治之症。我的心念，此时转向于你们，转向于我党及我国的将来。

你们是自由的共和国大联合之首领，此自由的共和国大联合，是不朽的列宁遗予被压迫民族的世界之真遗产，帝国主义下的难民，将借此以保卫其自由，从以古代奴役战争偏私为基础之国际制度中谋解放。

我遗下的是国民党。我希望国民党在完成其由帝国主义制度解放中国及其他被侵略国之历史的工作中，与你们合力共作。命运使我必须放下我未竟之业，移交与彼谨守国民党主义与教训而组织我真正同志之人。

故我已嘱咐国民党进行民族革命运动之工作，俾中国可免帝国主义加诸中国的半殖民地状况之羁缚。为达到此项目的起见，我已命国民党长此继续与你们提携。我深信，你们政府亦必继续前此予我国之援助。

亲爱的同志，当此与你们诀别之际，我愿表示我热烈的希望，希望不久即将破晓，斯时苏联以良友及盟国而欣迎强盛独立之中国，两国在争世界被压迫民族自由之大战中，携手并进以取得胜利。

谨以兄弟之谊，祝你们平安！[5]

关于孙中山的遗嘱和《致苏联遗书》产生的过程，一直以来有两不同的说法。

当事人之一汪精卫，生前对于遗嘱产生的经过一直持这样的说法：遗嘱是2月24日，他在孙中山病榻前听孙口述后，笔录定稿的。[6]

当事人之一何香凝，生前说法与汪精卫一致。她说：孙中山的遗嘱有三个：《政治遗嘱》和《家事遗嘱》是由总理口述，汪兆铭在旁笔记；《致苏联遗书》，是由总理用英文讲述，陈友仁、宋子文、孙科等笔记的。她还说："本来孙先生口述遗嘱中是'联合世界被压迫民族，共同奋斗'，汪精卫因知道许世英（段祺瑞的代表）来说过不要得罪列强，就改写为'联合世界上以平等待我之民族，共同奋斗'"。[7]

而当事人之一吴稚晖的说法则与汪精卫、何香凝不一致。他说，遗嘱是汪精卫根据北京政治会议决议事先起稿，后经孙中山同意的。[8]

孙中山的私人秘书黄昌谷，在孙中山病重期间一直伴随左右，且担任国民党临时中央政治委员会秘书。他在1925年4月30日的演说中称，《政治遗嘱》和《家事遗嘱》都是汪精卫事先起好了稿子，于2月24日在病榻前念给孙中山听后，由孙中山同意定稿的。1925年5月23日，他又特别说明：汪精卫身为孙中山的秘书，代孙中山草拟文稿是正常的事。遗嘱稿虽系汪精卫起草，但经孙中山同意签字后，也就是孙中山的意思了。[9]

1925年2月28日印行的《向导》周报第104期，刊登了一篇署名"心诚"的文章，标题是《中山病危与国民党》，文中叙述了孙中山立遗嘱的过程：当汪精卫等人提出希望孙中山留下一些话语以教导全党时，孙中山说：我言遗嘱好是好，不过于你们有危险。众问何以故？孙中山说：政治敌人定要设法软化你们，你们如果不受软化还要继续革命，他们一定要杀害你们。汪精卫等人即发誓说：吾等愿继先生的志而奋斗，谁复怕危险者！孙中山听后说：好！我极赞成！乃"命汪笔记其政治遗嘱，记毕再命汪读一遍"，汪精卫读完，孙中山"面呈笑容，精神振奋"，随又令汪笔记其家事遗嘱。"此时中山则泪涔涔下矣，而宋夫人在外面的哭声亦已闻于室中，中山不忍夫人伤心，遂说改日再签名吧，此时我还不死"。

《向导》周报的文章正好验证了汪精卫、何香凝的说法。因为这篇文章发表在孙中山去世之前，且是最早公开透露孙中山立遗嘱之事，故而被一般后人所采用，认为遗嘱由孙中山口述，汪精卫笔录成稿是可信的。

但是，后一种说法也不是没有根据。一方面，吴稚晖、黄昌谷也是当事人，另一方面，从孙中山当时的病情来看，2月24日，孙中山已经"病危"，如何能够有条理地口授遗嘱，并且用英文讲出长篇的《致苏联遗书》呢？

笔者认为，从遗嘱的内容、篇幅以及孙中山的病情来看，这三份文件

事先起草好，然后由孙中山认可的说法，似乎更能让人信服。

如果这种说法属实，那么汪精卫和何香凝向外界传递的虚假信息又出于何种目的呢？无非是让国人相信孙中山遗嘱的权威性。其实，正如黄昌谷所解释的，遗憾虽然不是孙中山所写，但由他认可并签名，也完全可以算是孙中山思想的表达了。

正因为对遗嘱的来源有两种不同的说法，反倒引起了国民党内议论纷纷，有人便开始怀疑遗嘱的真实性，从而围绕遗嘱掀起了一场不大不小的风波。

1925 年 4 月，在北京召开的一次国民党中央执行委员会会议上，邓泽如首先跳起来，他大声叫嚷说：“今天一个遗嘱，明天一个遗嘱，遗嘱太多。谁知道是真是假！说不定是某个人伪造的呢！”

参加会议的吴稚晖，因为对遗嘱的起草和签署全过程了如指掌，所以对邓泽如不顾事实的胡说非常恼火，便指着他说：“你造什么谣！”

邓泽如也不甘示弱：“你是谁？你不就是汪精卫的走狗吗？”

“你浑蛋！”吴稚晖哪能受得了这个气，与邓泽如对骂起来。

会议不欢而散。

邓泽如为了达到否定孙中山遗嘱的目的，故意把水搅混。他在《顺天时报》上公开发表文章，声称孙中山的遗嘱是伪造的。

这篇文章一下子搅起了轩然大波！

在北京有影响的《晨报》载文称：对于邓泽如之说，至今无人提出反证，足知邓说之可靠。一些为军阀政客把持的报纸也跟着起哄，一时闹得满城风雨。

情况的发展迫使遗嘱证明人不得不联名致函各报，要求辩正。

吴稚晖为反击邓泽如，专门发表了一篇长达七八千字的文章，对邓泽如的造谣污蔑进行了一一批驳。

邓泽如在文章中说：孙中山遗嘱中的“联合世界上平等待我之民族共同奋斗”这句话，并不是指苏联，因为孙中山临终前若断若续用英语呼：“朋友乎？仇敌乎？”表示苏联不可靠，所以孙中山不可能在遗嘱中再提联俄，足以证明遗嘱是伪造的。

吴稚晖驳斥说：“孙中山先生一生之脾气，人人皆知，他曾怀疑过哪一件事么？他于去世两月前，犹在天津明白宣布联俄，腾于报章，何以临死又怀疑起来呢？”

不过，吴稚晖对孙中山的联俄政策有他自己的见解，他写道：遗嘱所言联合世界上平等待我之民族，并不专指苏联，谁愿平等待我，即与谁联合。英国到现在还是杀了人不赔偿，八十年来积下大量最不平等的条约，蛇蝎的俄罗斯来，竟已假仁假义，取消了二百年的不平等条约，一个是假都不肯假一时，一个是假得像煞有介事，则又何能感痛苦的国民党，不免有奶便是娘。遍索世界，不能不说，现在世界上以平等待我之民族惟苏联当此称呼。

针对邓泽如攻击孙中山的联共政策，吴稚晖则指出：有共产主义，遂有共产党，这是事情发展的必然趋势。然共产党鼓吹共产主义，乃是他们最后的希望，未必现在即行共产政策。国民党中的一些人与官僚尚来携手，独对共产党人不可通融么？孙中山先生同意联共，是因为有人驱逐共产党，共产党便想法独立存在，于是他要把共产党转化为国民党，共产党就自然不存在了。况且，一个叫人可怕的共产党，竟能应时世的要求，降了格来进三民五权的国民党，这无疑要算知道中国国情，不负主义，亦不负祖国了。[10]

为了对孙中山的遗嘱一事作出正式答复，国民党中央执行委员会在北京召开一届三中全会，作出一项重大决定：

“此后于开会时，由主席恭诵孙中山的遗嘱，全场起立，默致哀思。”

至此，喧嚣一时的假遗嘱风波才逐渐平息。

据记载，1925 年 4 月 23 日，在国民党中央执行委员会会议上开始第一次诵读孙中山的政治遗嘱。此后，这个仪式便成为国民党机关的例行活动。

3. 中外追悼

孙中山逝世后的当天，国民党中央执行委员会即致电共产国际执委会主席季诺维也夫和苏联领导人斯大林，报告了孙中山逝世的消息，并强调将继承孙中山的联俄政策。电文是：

> 孙中山于今晨逝世，临终前神志清醒。中国国民革命运动失去了一位领袖，他为创建能将中国人民从资本主义和帝国主义剥削下解放出来的政党而奋斗了一生。在这场斗争中，他把全世界受剥削的工人看作是革命运动积极的朋友。
>
> 孙中山的逝世留下了他解放中国的未竟的伟大事业，这个事业将由党全部承担起来。前进中的困难是很多的，因为我们正处

在与帝国主义分子合伙压迫压榨被压迫人民的反革命势力的包围之中。

领袖把原则和革命方法作为遗产留给了我们，他的遗训中的每一点都号召我们拯救被压迫的人类，给我们以克服通向胜利的所有障碍的信心。我们相信，在这项事业中，你们作为列宁的忠实学生，一定会同我们——孙中山的继承人站在一起。孙中山在弥留之际，希望能将他的尸体做防腐处理并葬在革命任命他为中国总统的地方——南京。[11]

同一天，加拉罕即命苏联大使馆和所有苏联驻华机构下半旗志哀。

斯大林在收到国民党中央执行委员会的电报后，当即召开会议研究对孙中山遗体的处理问题。

当时中国还没有对遗体进行防腐处理的技术，而苏联已经掌握了这项技术，列宁的遗体就是经过防腐处理后放在红场供人瞻仰的。鉴于这种情况，苏联政府决定派专家对孙中山的遗体作防腐处理，并专门从莫斯科运来一口水晶棺材，准备将孙中山的遗体安放在内供人们瞻仰。

3月13日，共产国际执委会主席季诺维也夫向国民党中央发出唁电说：

孙逸仙逝世之耗，将使全世界工人心中皆充满重忧。孙逸仙之死，适死于其毕生事业甫生效果之际。无产阶级革命运动与被压迫民族之反帝国主义运动此时正趋于一轨，势力亦渐臻增进，是故被压迫民族之反帝国主义运动唯有与世界无产阶级之反帝国主义运动携手并进方可臻于成功。……共产国际执行委员会将尽力向各国劳动群众解释孙逸仙事业之重大意义，深信共产国际之各支部皆竭力援助将完成孙逸仙大业之国民党，并深信与国民党合作之中国共产党亦能完成当前之伟大历史的事业。无论帝国主义者用尽阴谋，中国国民之民族自由独立运动终可成功。[12]

同一天，斯大林以联共（布）中央委员会书记的名义发出唁电：

俄国共产党中央委员会为失去国民党的领袖、中国工农争取中国人民的自由和独立、争取中国国家的统一和独立的民族解放斗争的组织者，向你们表示哀悼。俄国共产党中央委员会确信无

> 疑，孙中山虽然逝世，但他的伟大事业将永世长存，永远活在中国工人、农民的心中，中国国民党将不顾它的敌人而在伟大的反帝解放斗争中高举孙中山的旗帜、直至取得反对帝国主义及其代理人的斗争的最后胜利。孙中山去世了，孙中山的事业万古长存！孙中山的未竟事业万岁！[13]

孙中山的逝世，引起了世界震动。在莫斯科、东京、伦敦、纽约、旧金山、巴黎以及东南亚等地，都召开了追悼大会或进行了追悼活动。

在国内，3 月 15 日，中国共产党致唁电给国民党中央执行委员会，对孙中山先生的逝世表示悲悼，希望国民党中央执行委员会能够遵照孙中山的遗嘱，继承孙中山反帝反军阀的革命事业。唁电说：

> 国民革命尚未成功，贵党总理孙中山先生遽尔逝世，中国共产党中央执行委员会接此哀耗，不胜悲悼！中国共产党对于贵党总理孙中山先生临终之政治的遗嘱及其毕生反抗帝国主义反抗军阀之革命事业表示极深之敬意，并希望贵中央执行委员会承继此伟大的革命遗产，领导中国国民革命到底！
>
> 中国共产党相信中山先生的肉体虽然死了，中山主义——即反帝国主义反军阀的革命主义和他手创的国民党决不会如一般帝国主义者及军阀们的预料，随着中山之死而濒于危殆。中国共产党相信伟大的集合体指导革命，比伟大的个人指导革命将更有力。中国共产党更相信今后的国民党必须仍为中山的革命主义所统一，一切革命分子必然因中山之死更加团结一致。这种内部的统一是中山死后防御敌人进攻的必须保证；然而这种统一必须不是违背中山主义或修改中山主义的统一，而是真正建立在中山革命主义之上的统一；必须这样的统一才是真正的统一，也必须这样的统一才是防御敌人进攻的真正担保和完成中山志愿的真正前提。
>
> 中国共产党敢以上述的敬意与信念致于贵中央执行委员会之前，希望贵党于中山先生死后更增加勇气忠实的承继中山先生的遗产，积极进行打倒帝国主义打倒军阀的伟大事业。在这种情形之下，不仅中国共产党与中国工农阶级热烈的愿与贵党协力奋斗到底，即全世界无产阶级和第三国际下的一切友党皆将与贵党以恳挚之同情和援助。[14]

3 月 19 日，根据孙中山生前的嘱咐，孙中山的家人和好友按照基督教的仪式为孙中山举行了葬礼。出席仪式的一位美国人在他的日记中作了如下记载：

在唱诗班排成纵队鱼贯而入，走向通往靠近祭坛的鲜花凉亭的小教堂走廊的时候，除了传教师用中文朗读《圣经》的声音以外，整个会场寂静肃然。覆盖着国民党党旗的棺材被安放在大厅的高台下面，周围摆满了鲜花，上边挂着孙博士的巨幅照片，他身着普通老百姓的简单服装。接着，由邬博士祈祷，刘博士宣读简单的基督“十诫”。参加礼拜仪式的全体人员、一个女低音独唱歌手、双人男声四重唱歌手唱圣诗。所有这一切都进行得井然有序，但是，宗教仪式最突出的是乔治·徐（即徐谦。——引者）阁下和孔祥熙先生的讲话。乔治·徐是以前的司法部长，孔祥熙的妻子是孙夫人的姐姐，他在中国长期与基督教教会有联系。……

徐先生用清晰的中国官话扼要地列举了他的朋友孙中山的信仰，他用一段接着一段的引文，表明孙中山是如何深刻地被基督的精神和教导所激励驱使，“他是一个革命者，我亦如是。”“他来到世界拯救穷苦的人，命运乖蹇的人和那些处于奴隶境况的人。因此，我也力图如此行动。”“他谴责由犹太立法人所维系坚持的传统，祈求四海之内，皆成兄弟。正是因为这种类似的镣铐桎梏束缚着中国，所以我从事自己的改革运动。正是因为组织起来了的教堂如此对立分歧，造成分裂，所以我长期地放弃了我在教堂的成员资格。但是，我深信基督和他的教导，我曾努力使其成为自己的信念。”孔先生的讲话更加简短，但内容是同样地真诚坦白：在他死前仅仅一两天之前，孙博士召唤我到他病榻之前，他用自己的手把我双手握着，说：“你是一个基督教徒，我亦如是。我想告诉你，我经常感觉到的而你又愿意了解的事情。正如基督是上帝打发到人间来的一样，上帝因此也派遣了我来到这个世界。”[15]

仪式结束后，孙中山的灵柩移至中央公园。

3 月 24 日，举行公祭，先后有 70 多万人到孙中山灵前致祭。

4 月 2 日，孙中山的遗体移往北京香山碧云寺，整队参加送灵的群众

为孙中山设的灵堂

达30万人。

1926年6月1日，孙中山的遗体安葬于南京东郊紫金山南麓。

孙中山逝世之后，全国各地纷纷举行追悼大会，出现了许多脍炙人口挽联。

曾与孙中山有过密切交往的共产党人李大钊，为了祭奠孙中山这位革命的先行者，以其独有的感情，写出了一副长达214字的挽联，堪称传世佳作：

广东是现代思潮汇注之区，自明季迄于今兹，汉种子遗，外邦通市，乃至太平崛起，类皆孕育萌兴于斯乡；先生挺生其间，砥柱于革命中流，启后承先，涤新淘旧，扬民族主义，决将再造乾坤；四十余年，殚心瘁力，誓以青天白日满地红旗，唤起自由独立之精神，要为人间留正气；

中华为世界列强竞争所在，由泰西以至日本，政治掠取，经济侵凌，甚至共管阴谋，争思奴隶牛马尔家国；吾党适于此会，丧失我建国山斗，云凄海咽，地黯天悉，问继起何人，毅然重整旗鼓；亿兆有众，惟工与农，须本三民五权群策群力，遵依牺牲奋斗诸遗训，成厥大业慰英灵。

邵力子的挽联也颇耐人回味：

举世崇拜，举世仇恨，看清崇拜或仇恨是些什么人，愈见先生伟大；

毕生革命，毕生治学，倘把革命与治学分成两件事，便非吾党精神。

孙中山逝世后，与他有过 20 多年交情的康德黎博士，也就是在他于 1896 年在伦敦蒙难时援救过他的人，曾这样描述了对他的印象：

和字面真实意义相符的博爱，这就是孙中山突出的品格。口是心非，为非作歹，对于孙中山的品格来说，确实是冰炭不容的。在他的每一言行中，一种对于周围人们寒暖饥饱的亲切关怀是显而易见的。在现代人当中所梦想不到的大公无私的程度：一个活生生的崇高道德的榜样。……他的成功的秘密在于无私：他只是为了祖国的富强而不断追求探索，并非为了一己的飞黄腾达，……当祖国的利益将有所保障的时候，他准备和渴求引退。

我从来也不曾结识像孙中山这样的人，如果有人问我，要我把就所认识的最完美的人物举出名姓来，我将毫不迟疑地回答说：孙中山！在我们家里，他是最受欢迎的客人。孩子们和服务员们一样，对他表达了一种深切的关怀。他的柔和的脾气，他的温文有礼，他对于别人的设身处地的考虑和尊敬，他的饶有兴味的谈吐，以及他的亲切仁慈的风度，使人难以言传地为之倾倒，并且使我想到，他是一个与众不同的人物，一个执着于工作的献身者。[16]

4. 莫斯科中山大学

苏联领导人曾对孙中山寄予无限的希望，期盼他能统一中国，并建立一个亲苏的中国政权；期盼在他的领导下，通过国共两党共同努力，通过苏联的帮助，使中国成为继苏维埃俄国之后的又一个社会主义国家。这些期盼既出于对中国人民的同情，更出于对维护苏联远东安全的考虑。

然而，孙中山却在中国统一的前景刚刚显露出一线的曙光的时候逝世了，这对于苏联领导人来说，无疑是一个不幸的消息。在为孙中山的逝世感到惋惜之余，考虑到孙中山生前为联俄联共所作出的贡献，更考虑到孙中山死后国民党的政治走向，苏联领导人作出一项重大决定：在莫斯科创办一座以孙中山名字命名的大学，为国共两党培养革命人才，以此纪念这位为中国革命和中苏关系作出重大贡献的革命者。

据解密档案透露，创办中山大学的意向，最早是在 1925 年 3 月 19 日召开的联共（布）中央政治局会议上提出的。这次会议在听取了外交人民委员契切林关于中国问题的报告后，认为扩大东方劳动者共产主义大学中国分部，或者建立新的中国劳动者共产主义大学是适宜的，并责成东方劳动者共产主义大学校长布罗伊多和维经斯基就此问题拟定一份报告交政治局。[17]

4 月 2 日，联共（布）中央政治局会议举行了一个高级别的会议，参加会议的有政治局委员、政治局候补委员、中央委员、中央候补委员、中央监察委员会主席团成员。

从有关这次会议的记录中可以看出，这次会议讨论的一个议题，就是“关于建立中山大学问题”。这是苏联领导人第一次明确提出“中山大学”这个名称。

会议在听取布罗伊多、维经斯基和李维诺夫的报告后，作出两项决定：

> （1）认为在西伯利亚专为中国学生建立 500 人的中山大学是适宜的。（2）为说明建立大学、选择地址、确定其组成人员的措施，成立由布罗伊多、拉狄克和维经斯基三同志组成的委员会。委员会会议由布罗伊多同志召集。[18]

5 月 12 日，在征询政治局委员关于建立中山大学的意见时，大家提出，中山大学建在西伯利亚不如建在莫斯科更为合适。

5 月 15 日，联共（布）中央政治局根据政治局委员的意见，正式决定：（1）同意政治局委员会关于在莫斯科建立中山大学的建议。（2）其他方面的问题交中央组织局审议。[19]

8 月 13 日，在有联共（布）中央政治局委员、候补委员、中央委员、中央候补委员以及中央监察委员会主席团委员参加的会议上，大家听取了契切林的报告后，决定责成中央组织局再次研究中山大学的组织形式，注意不宜让它公开具有国立性质；决定批准拉狄克为中山大学校长。[20]

8 月 27 日，联共（布）中央政治局在听取了契切林的报告后，作出如下决定：

（1）同意成立组建孙逸仙中国劳动者大学促进会。

（2）批准组建孙逸仙中国劳动者大学促进会创立人由以下人员组成：①拉狄克、②布哈林、③托姆斯基、④列普谢、⑤洛佐夫斯基、⑥越飞、⑦欣丘克、⑧帕夫洛维奇、⑨安采洛维奇、⑩萨哈罗夫、⑪卢金、⑫梁赞诺夫、⑬西比里亚科夫·布罗伊多、⑭萨法罗夫、⑮斯捷潘诺夫－斯克沃尔佐夫、⑯霍多罗夫。

从教授中增补2—3名非党汉学家代表。[21]

9月17日，联共（布）中央政治局会议决定，批准中山大学总额为55万卢布的预算。这次会议决定，将中山大学正式命名为“孙逸仙中国劳动者大学”。[22]

从以上过程可以看出，苏联领导人对创办中山大学是高度重视的，决策也是非常及时和果断的。尤其是将学校校址从西伯利亚改为莫斯科，大大方便了学生的生活和学习，更有利于人才的成长。

10月7日，鲍罗廷在国民党中央政治会议66次会议上，正式宣布苏联领导人在莫斯科建立中山大学的决定，并建议国民党选派学生去学习。会议通过了这个提议，并成立了以鲍罗廷为顾问，由汪精卫、谭延闿、古应芬组成的选拔委员会，决定在广州、上海、北京、天津、武汉等地通过考试选拔学生。

但当时由于军阀割据、交通不便等原因，公开招考的方法只能在广州进行，这项工作主要是由国民党人来组织的；广州以外的省份便由组织上秘密推荐选派，这项工作主要是由共产党人来完成的。

第一次国共合作破裂后，1927年7月26日，国民党中央执行委员会声明“取缔”中山大学并与之断绝一切关系。

1928年9月17日，联共（布）中央政治局通过决议，将“孙逸仙中国劳动者大学”更名为“中国劳动者共产主义大学”。但习惯上称“中山大学”。

1930年2月25日，联共（布）中央政治局会议决定，停办莫斯科中山大学，该校尚未毕业的学生转入列宁学院。

中山大学在其存在的5年时间里，共招收了4期，培养了859名学生。这些学生绝大多数来自国内，也有少部分来自国外的华工和在法国等西欧国家勤工俭学的中国学生。这些学生中，有许多人后来成为国共两党的要员。在共产党方面，有张闻天、邓小平、杨尚昆、叶剑英、乌兰夫、林伯渠、董必武、伍修权、王明、秦邦宪、王稼祥等；在国民党方面，有蒋经国、郑介民、邓文仪、张镇、谷正纲、谷正鼎等。

据统计，1925 年至 1929 年，苏联总共向莫斯科中山大学投入 991.5 万多卢布。在当时苏联国内经济并不富裕的情况下，如此的高投入足以反映出苏联领导人对中国革命的重视程度。

5. 不尽的怀念

自从孙中山先生逝世至今，在将近一个世纪的历史长河中，无论政治风云如何变幻，孙中山的名字都一直回响在中国的上空。

“伟人孙中山”、“伟大民主革命先行者孙中山”、“国父孙中山”、“总理孙中山”……普通百姓呼唤着他的名字，力图世代传承他“振兴中华”的勇气，孙中山已经成为中华民族不屈的象征；国共两党呼唤着他的名字，力图在政治博弈中取得战胜对方的“尚方宝剑”，孙中山已经成为中国政治流动的血液。

孙中山不仅仅属于国民党，而是属于中华民族，属于全中国负有政治抱负的所有政党。

因此，我们看到，近一个世纪以来，无论国共两党的关系发生何种改变，中国共产党人对孙中山的怀念和崇敬之情没有改变。不仅没有改变，反而历久弥新。

1956 年 11 月 12 日，在纪念孙中山先生诞辰 90 周年之际，毛泽东主席以满腔的热情高度赞扬了孙中山和他的事业，并预见了 21 世纪的中国：

孙中山诞辰 90 周年纪念大会

纪念伟大的革命先行者孙中山先生！

纪念他在中国民主革命准备时期，以鲜明的中国革命民主派立场，同中国改良派作了尖锐的斗争。他在这一场斗争中是中国革命民主派的旗帜。

纪念他在辛亥革命时期，领导人民推翻帝制，建立共和国的丰功伟绩。

纪念他在第一次国共合作时期，把旧三民主义发展为新三民主义的丰功伟绩。

他在政治思想方面留给我们许多有益的东西。

现代中国人，除了一小撮反动分子以外，都是孙先生革命事业的继承者。

我们完成了孙先生没有完成的民主革命，并且把这个革命发展为社会主义革命。我们正在完成这个革命。

事物总是发展的。一九一一年的革命，即辛亥革命，到今年，不过四十五年，中国的面目完全变了。再过四十五年，就是二千零一年，也就是二十一世纪的时候，中国的面目更要大变。中国将变为一个强大的社会主义工业国。中国应当这样。因为中国是一个具有九百六十万平方公里土地和六万万人口的国家，中国应当对于人类有较大的贡献。而这种贡献，在过去一个长时期内，则是太少了。这使我们感到惭愧。

但是要谦虚。不但现在应当这样，四十五年之后也应当这样，永远应当这样。中国人在国际交往方面，应当坚决、彻底、干净、全部地消灭大国主义。

孙先生是一个谦虚的人。我听过他多次讲演，感到他有一种宏伟的气魄。从他注意研究中国历史情况和当前社会情况方面，又从他注意研究包括苏联在内的外国情况方面，知道他是很虚心的。

他全心全意地为了改造中国而耗费了毕生的精力，真是鞠躬尽瘁，死而后已。

像很多站在正面指导时代潮流的伟大历史人物大都有他们的缺点一样，孙先生也有他的缺点方面。这是要从历史条件加以说明，使人理解，不可以苛求于前人的。[23]

1996 年 11 月 12 日，在孙中山先生诞辰 130 周年纪念大会上，时任中共中央总书记、国家主席的江泽民发表了热情洋溢的讲话。他指出："孙中山先生是杰出的爱国主义者和民族英雄，是中国民主革命的伟大先行者。他在我国各族人民和一切爱国人士中享有崇高的威望。……孙中山先生给中华民族和中国人民留下许多宝贵的精神遗产，特别是他的爱国思想、革命意志和进取精神，值得我们永远学习、继承和发扬。"[24]

1997 年 9 月 12 日，江泽民在中国共产党第十五次全国代表大会上作报告时指出："一个世纪以来，中国人民在前进道路上经历了三次历史性的巨大变化，产生了三位站在时代前列的伟大人物：孙中山、毛泽东、邓小平。"报告认为，孙中山领导的辛亥革命是第一次历史性巨变：

> 第一次是辛亥革命，推翻统治中国几千年的君主专制制度。这是孙中山领导的。他首先喊出"振兴中华"的口号，开创了完全意义上的近代民族民主革命。辛亥革命未能改变旧中国的社会性质和人民的悲惨境遇，但为中国的进步打开了闸门，使反动统治秩序再也无法稳定下来。[25]

2006 年 11 月 12 日，在孙中山先生诞辰 140 周年纪念大会上，中共中央总书记、国家主席胡锦涛在讲话时强调，"孙中山先生为中国人民和中华民族建立的最具历史意义的伟大功勋"就是组织领导了辛亥革命，这次革命"推翻了清朝的统治，从而结束了在中国延续几千年的君主专制制度，为中国的进步打开了闸门，谱写了古老中国发展进步的历史新篇章"。讲话高度评价了孙中山不平凡的一生：

孙中山诞辰 140 周年纪念大会

> 孙中山先生的一生，是为近代中国的民族独立、民主自由、民生幸福而无私奉献的一生，是为实现国家统一、振兴中华而殚精竭虑的一生。孙中山先生追求真理的开拓进取精神和矢志不渝的爱国主义情怀，孙中山先生天下为公的博大胸怀和放眼世界的开放心态，孙中山先生生命不息、奋斗不止的坚强意志和鞠躬尽瘁、死而后已的高尚品德，是他留给我们的宝贵精神遗产。在我们为实现中华民族伟大复兴而奋斗的征程上，这一精神遗产仍然具有重要的启迪和教育意义，值得我们永远学习继承和发扬光大。正是因为他对国家和人民作出了杰出贡献，孙中山先生始终在全中国人民中享有崇高的威望，始终受到全中国人民由衷的景仰。[26]

讲话呼吁所有敬仰孙中山先生的中华儿女，包括大陆同胞、港澳同胞、台湾同胞、海外侨胞，更加紧密地团结起来，紧紧抓住时代赋予的机遇，勇敢担当历史赋予的责任，共同为实现祖国完全统一、实现中华民族的伟大复兴，为推动建设持久和平、共同繁荣的和谐世界而努力奋斗！

注　释

1. 对于孙中山的遗嘱是否由汪精卫起草，还是由孙中山口述，目前仍存不同说法。笔者乃采其中之一说。至于不同的说法，笔者将在下一节“遗嘱风波”中有所交代。

2. 上海《民国日报》1925年3月13日、16日。

3. 《与汪精卫的谈话》，《孙中山全集》第11卷，中华书局1986年版，第638页。

4. 上海《民国日报》1926年3月16日。

5. 中共中央党史研究室第一研究部编：《共产国际、联共（布）与中国革命档案资料丛书》第2卷，北京图书馆出版社1997年版，第711—712页。

6. 参见《国父年谱》（增订本）第1191页注（三八）；《政治周报》第8期第1页。

7. 参见《双清文集》（下）第178、201、460页；《回忆孙中山和廖仲恺》，第36页。

8. 参见《国父年谱》，第1191页注（三八）。

9. 参见尚明轩等编：《孙中山生平事业追忆录》，人民出版社1986年版，第661—670页。

10. 《吴稚晖答邓家彦书》，上海《民国日报》1925年11月16日。

11. 中共中央党史研究室第一研究部译：《共产国际、联共（布）与中国革命档案资料丛书》第1卷，北京图书馆出版社1997年版，第712—713页。

12. 中共中央党史研究室第一研究部编：《共产国际、联共（布）与中国革命档案资料丛书》第2卷，北京图书馆出版社1997年版，第713—714页。

13. 周文琪、褚良如编著：《特殊而复杂的课题——共产国际、苏联与中国共产党关系编年史》，湖北人民出版社 1993 年版，第 87 页。

14. 《中共中央文件选集》第 1 册，中共中央党校出版社 1989 年版，第 402—403 页。

15. ［美］韦慕廷：《孙中山——壮志未酬的爱国者》，中山大学出版社 1986 年版，第 295—296 页。

16. 转引自［美］韦慕廷：《孙中山——壮志未酬的爱国者》，中山大学出版社 1986 年版，第 4—5 页。

17. 中共中央党史研究室第一研究部译：《共产国际、联共（布）与中国革命档案资料丛书》第 1 卷，北京图书馆出版社 1997 年版，第 588 页。

18. 中共中央党史研究室第一研究部译：《共产国际、联共（布）与中国革命档案资料丛书》第 1 卷，北京图书馆出版社 1997 年版，第 594—595 页。

19. 中共中央党史研究室第一研究部译：《共产国际、联共（布）与中国革命档案资料丛书》第 1 卷，北京图书馆出版社 1997 年版，第 616 页。

20. 中共中央党史研究室第一研究部译：《共产国际、联共（布）与中国革命档案资料丛书》第 1 卷，北京图书馆出版社 1997 年版，第 649 页。

21. 中共中央党史研究室第一研究部译：《共产国际、联共（布）与中国革命档案资料丛书》第 1 卷，北京图书馆出版社 1997 年版，第 670 页。

22. 中共中央党史研究室第一研究部译：《共产国际、联共（布）与中国革命档案资料丛书》第 1 卷，北京图书馆出版社 1997 年版，第 675 页。

23. 《人民日报》1956 年 11 月 12 日。

24. 《人民日报》1996 年 11 月 13 日。

25. 《人民日报》1997 年 9 月 13 日。

26. 《人民日报》2006 年 11 月 13 日。

后　记

本人从20世纪80年代开始研究中国大革命史、共产国际与中国革命关系史，就涉及对孙中山的研究，不过那时是零散的。记得最早涉及孙中山的文章，是在我读博期间，写了一篇《〈孙文越飞宣言〉评析》，发表在《长白学刊》1994年第5期，此文被当年《新华文摘》第12期作了论点摘编，并获得东北师大首届学生科研成果一等奖。

1997年9月，江泽民在中国共产党第十五次全国代表大会上作报告时指出："一个世纪以来，中国人民在前进道路上经历了三次历史性的巨大变化，产生了三位站在时代前列的伟大人物：孙中山、毛泽东、邓小平。"报告认为，孙中山领导的辛亥革命是第一次历史性巨变。江泽民的报告在当时引起强烈反响，也促使我以更高更宽广的角度，将孙中山作为中国一个世纪以来的第一位伟人来认识和研究。

1998年，我的《推翻帝制——历史巨变与孙中山》一书由山东人民出版社出版；同年，与人合著的《世纪风流——孙中山、毛泽东、邓小平》一书由河北人民出版社出版。此后，我又撰写并发表《温和的碰撞与诚挚的合作——孙中山与鲍罗廷》（《党史文汇》1999年第5期）、《孙中山与莫斯科》（入选2004年9月在湖北大学召开的"孙中山与中国现代化"学术研讨会，并收入该会的论文集）、《容共与防共：孙中山对共产党的真实态度》（《湖北行政学院学报》2005年第3期）等文章。可以说，多年的研究为我写作有关孙中山的题材积累了相当厚实的基础。

在纪念辛亥革命爆发100周年之际，受东方出版社吴继平先生之邀，我撰写了这部《解密档案中的孙中山》奉献给读者。它以大量丰富的档案资料为依据，向读者讲述了一个有血有肉、有苦有乐、有对有错、有成功有失败的孙中山，一个没有被"神化"的孙中山。惟其如此，它才会引起读者更多的共鸣。

衷心感谢东方出版社和吴继平先生为本书的出版所作的努力！

作　者

2011年7月25日

责任编辑:吴继平
装帧设计:徐　晖

图书在版编目(CIP)数据

解密档案中的孙中山/姚金果 著. -北京:东方出版社,2011.10
(解密档案)
ISBN 978-7-5060-4323-6

Ⅰ.①解…　Ⅱ.①姚…　Ⅲ.①孙中山(1866～1925)-人物研究
Ⅳ.①K827=6

中国版本图书馆 CIP 数据核字(2011)第 198913 号

解密档案中的孙中山
JIEMI DANGANZHONG DE SUNZHONGSHAN

姚金果　著

東方出版社 出版发行
(100706　北京朝阳门内大街 166 号)

北京中科印刷有限公司印刷　新华书店经销

2011 年 10 月第 1 版　2011 年 10 月北京第 1 次印刷
开本:710 毫米×1000 毫米 1/16　印张:26.25
字数:450 千字　印数:0,001-7,000 册

ISBN 978-7-5060-4323-6　定价:56.00 元

邮购地址 100706　北京朝阳门内大街 166 号
人民东方图书销售中心　电话 (010)65250042　65289539